COUR D'ASSISES DE LOIR-ET-CHER.

SESSION EXTRAORDINAIRE,

OUVERTE LE 30 SEPTEMBRE 1832.

AFFAIRES

RELATIVES

AUX TROUBLES DE L'OUEST.

BLOIS,

IMPRIMERIE DE E. DÉZAIRS.

ACTE D'ACCUSATION

CONTRE

1° Joseph Chalet, âgé de 39 ans, tisserand, demeurant à Doué et né à Saint-Pierre-de-Chemillé; 2° Julien-Jean-François Légeard, âgé de 41 ans, marchand de ferraille, demeurant à Saint-Pierre-de-Cholet; 3° Jean Gervais, âgé de 24 ans, laboureur, demeurant au lieu du Grand-Chiron, commune de la Tour-Landry, où il est né; 4° Louis Chauveau, âgé de 28 ans, journalier, demeurant à Denée et né à la Jumelière; 5° René Musseau, âgé de 60 ans, tisserand, domicilié à Maulévrier, département de Maine-et-Loire; 6° Jean Fournier, âgé de 44 ans, tisserand, natif et domicilié à Maulévrier, département de Maine-et-Loire; 7° François-Narcisse Douet, âgé de 27 ans, journalier avant d'entrer au service militaire, sans domicile et né aux Andelys, département de l'Eure; 8° le sieur de la Sayette, propriétaire, demeurant au château du Plessis-Beauduruve, commune de Joue; 9° le sieur de Caqueray, ex-député de Beaupréau, demeurant à la Comterie, commune de la Jumelière; 10° Jean-Pierre Pourcau, âgé de 21 ans, domestique, demeurant à Saint-Georges-Dupuis-de-la-Garde, né à Carelle, département de la Mayenne; 11° Jean Renaudeau, âgé de 34 ans, tisserand, né et domicilié à la Tour-Landry; 12° René Faligan, âgé de 23 ans, cultivateur, né et demeurant à Coron; 13° René-Jean Chévrier, âgé de 20 ans, cultivateur, demeurant à Coron, né à la Tour-Landry; 14° Alexandre Delaunay fils, âgé de 21 ans, élève de l'école d'équitation de Saumur, et domicilié à Maulévrier; 15° Joseph Ivon, âgé de 26 ans, déserteur du 6e régiment de ligne, né et domicilié à la Tour-Landry; 16° Pierre Guilleux, âgé de 33 ans, cultivateur, demeurant à Isernay, né à Brain-sur-Longuiné; 17° Louis-Stanislas Sortant, âgé de 55 ans, maçon, demeurant à la Tour-Landry, né à Saint-Georges-sur-Loire; 18° Louis Boisdron, âgé de 21 ans, cultivateur, demeurant à Saint-Georges-Dupuis-de-la-Garde, né au Mai; 19° Jacques Hameau, âgé de 21 ans, cultivateur, demeurant à Saint-Georges-Dupuis-de-la-Garde, né à Melay; 20° Delaunay père, demeurant à Maulévrier; 21° Allard aîné, demeurant à Cholet; 22° Allard jeune, demeurant à Cholet; 23° Dixneuf; 24° Simonet; 25° Monel; 26° Blanchard; 27° Aumont, de la Salle-Vihier; 28° Bodin; 29° Buffard, de la Jubaudière; 30° Constantin de Caqueray, âgé de 28 ans, propriétaire et maréchal-des-logis-chef, déserteur au 14e régiment de chasseurs à cheval, né aux Andelys; 31° Chévrier père, de la *Tour-Landry*; 32° *Charrier fils*, de la *Tour-Landry*; 33° *Gourichon*; 34° *Abraham*; 35° *Martin*; 36° *Pineau*; 37° *René Scionnière*; 38° *François Frappereau*; prévenus de crimes contre la sûreté intérieure de l'état, et de crimes contre les personnes et contre les propriétés.

———————⋗○⋖———————

Le procureur-général près la cour royale d'Angers, en exécution de l'arrêt de cette cour, en date du 18 novembre, qui renvoie en état d'accusation devant la cour d'assises du département de Maine-et-Loire, les nommés Delaunay, Sortant, de Caqueray et autres, expose que de la procédure instruite contre les ci-dessus dénommés au tribunal de première instance de l'arrondissement d'Angers, résultent les faits suivants :

Depuis plus d'un an, des bandes armées parcourent le département de Maine-et-Loire ; elles se tiennent surtout dans les arrondissements de Ségré, Saumur, Beaupréau et Angers ; d'abord très peu nombreuses, elles se sont accrues à l'époque où la loi de recrutement obligea plusieurs jeunes gens à se rendre sous les drapeaux. On employa à leur égard la séduction ou la menace. L'espérance de ne pas s'éloigner de leurs foyers les entraîna. A ces bandes, s'agglomérèrent des gens que des propos séditieux exposaient à des poursuites judiciaires, et des gens mal famés à qui ces attroupements offraient des moyens d'existence et des occasions de pillage.

Si ces insurgés eussent été abandonnés à eux-mêmes, il n'est pas douteux qu'ils eussent bientôt été détruits ; mais, soutenus par des partisans aveugles de la dynastie déchue, il leur fut facile de se procurer des armes, des munitions et de l'argent. Dans l'origine, ils trouvèrent chez les habitants des campagnes un asile et du pain ; souvent ils ne leur furent offerts que par l'effroi qu'ils inspiraient ; plus souvent encore ils ne les ont obtenus qu'à l'aide de menaces et de voies de fait.

Mais leur existence trop prolongée devint une charge si pesante pour le pays que plusieurs citoyens secondèrent le gouvernement pour les anéantir. Alors l'esprit de vengeance se joignit à celui de pillage dont ces bandes étaient déjà animées : aussi cette insurrection, dont le but avoué dans son origine était le rétablissement du règne de Charles X ou de Henri V, dégénéra bientôt en brigandage et assassinat. Ce fut surtout dans les six derniers mois qui viennent

de s'écouler que ces bandes armées infestèrent d'une manière désolante les contrées qu'elles parcoururent, quoique
fuyant toujours après avoir tiré sur les troupes qui marchaient contre elles. Il y eut cependant plusieurs engagements sérieux ; tels furent les engagements de Saint-Laurent-des-Autels, de la métairie de la Bussonnière, arron-
dissent de Bressuire.

Le 26 avril, à la métairie de la Creillère, près de Chollet,
il y eut une rencontre qui coûta la vie à un garde national.

Le 18 août, on s'est battu à la ferme de la Chabossière,
commune de Latour-Landry. L'accusé Renaudeau y fut
pris.

Le 20 juin, dans une attaque à la ferme de l'Arnou,
commune de Saint-Hilaire, un gendarme fut tué.

Enfin, les 29 septembre et 4 novembre, les accusés
Delaunay fils, Ivon, Constantin de Caqueray, Frappereau
et Scionnière, furent faits prisonniers : les deux premiers,
lors d'un engagement qui eut lieu à la métairie de la Billardière, commune de Trémentine ; les autres, lors d'un
engagement au bois de la Foye, près de Maulévrier.

Dans tous les lieux où les insurgés se montrèrent, ils
furent mis en déroute et poursuivis : mais ayant pour eux
la connaissance des localités, cet avantage leur donna les
moyens d'échapper aux militaires qui, pour s'en emparer,
ne manquent ni d'adresse, ni de courage. Ces difficultés du
pays sont peut-être aujourd'hui la seule cause qui retarde
leur destruction complète. Incessamment harcelés par la
force armée, il est impossible qu'ils se maintiennent encore pendant long-temps. Les gens de la campagne eux-
mêmes semblent comprendre qu'ils n'ont pas de plus
cruels ennemis ; ils n'ignorent plus que ce sont eux qui
compromettent la sûreté de leurs routes, entravent leur
commerce, violent leur domicile, s'emparent de leurs
armes, les contraignent à fournir des vivres, les menacent,
les frappent, et qui, dans l'intervalle de six mois, ont
égorgé six personnes.

La composition et l'organisation de ces bandes compor-
tent toutes sortes d'abus et de désordres. Abandonnées à
elles-mêmes, sans discipline militaire ; elles sont réduites,
pour ainsi dire, à l'état de vagabondage. Si elles reconnaissent un chef, elles ne reconnaissent point de maître :
aussi le même individu a-t-il souvent appartenu à plusieurs
bandes. Les bandes elles-mêmes se subdivisent afin de
mieux se cacher ; elles marchent par compagnies de quelques hommes seulement, sauf à se réunir au rendez-vous

général indiqué par leur commandant. C'est principalement
lorsque ces bandes sont subdivisées que, dans la nécessité
où elles se trouvent de pourvoir à leur subsistance, elles ne
respectent ni les propriétés ni les personnes. Plusieurs citoyens ont beaucoup souffert de leur opposition.

Le 23 mars, elles se sont présentées chez M. de Bellau,
maire à la Poidevinière, et chez M. Junin, adjoint à Saint-
Quentin-en-Mange; le 13 mai, chez M. Manceau, maire à
la Chapelle-Saint-Aubry; le 9 juin, chez le nommé Albert,
fermier à la Maubretière, commune de Saint-Lambert; les
9, 20, 23, 27 et 28 juillet, chez MM. Bompas, maire à
Vaude; Mamers-Couillon, aux Issarts, commune de Chan-
defond; Chevrier, fermier à la Petite-Millière, commune
de Maulévrier; Mousseau et Chauvin de la Pintrie, commune de Chanzeau; les 9 et 15 août, chez MM. Papin,
maire de Boëne; veuve Rocan et Pineau, de la commune
de Cerçais; Mousseau, à Chanzeau, et Morille, fermier
de la commune de Chemillé; le 29 septembre, chez Boisdron, Jambe et Baumard, de la Jubaudière; le 8 octobre,
chez Chauvin, Morel, les frères Sorets et Marçais, tous
de la commune de Chanzeau, et chez Guibault, maire de
la commune de Mai.

Chez M. de Bellau, ils ont pris un fusil; ils sont entrés
de vive force chez M. Manceau, l'ont saisi au collet, et, la
baïonnette sur la poitrine, ils lui ont demandé ses armes;
il leur dit qu'il n'en avait pas; alors ils menacèrent de le
fusiller, et peut-être n'échappa-t-il à la menace qu'en leur
donnant 48 francs qu'ils exigèrent. Chez M. Junin, ils ont
emporté un fusil à deux coups et une paire de pistolets; ils
l'ont injurié et menacé de le fusiller si à l'avenir il ne
changeait pas d'opinion : de là, ils sont allés au clocher,
ont descendu le drapeau tricolore qu'ils ont fait brûler en
face de l'église. Chez Albert, ils ont enlevé un fusil; chez
M. Bompas, ils sont entrés à cinq heures du matin, l'ont
pris au collet en lui demandant trois fusils ou 90 fr., l'ont
poussé dans sa maison à coups de poings et la baïonnette au
corps, ont bouleversé le mobilier jusqu'à ce que le père de
M. Bompas leur ait fourni un fusil à deux coups. Ils sont
entrés chez M. Mamers en brisant un contrevent et en esca-
ladant une fenêtre; ils voulaient un fusil qu'ils ont cherché
dans les lits, ont forcé un buffet où ils ont volé 10 francs
en monnaie de billon, ont brisé une armoire, y ont pris
du vin et des liqueurs qu'ils ont emportés; ils revinrent
une seconde fois, forcèrent une commode, et proférèrent
contre madame Mamers les injures et les menaces les

plus atroces. Chez Charrier, trois hommes entrèrent à neuf heures du soir, et le gardèrent dans sa maison jusqu'à ce que plusieurs de leurs camarades fussent arrivés ; alors ils le contraignirent à sortir dans la cour, lui déchirèrent ses vêtements, et brûlèrent une amorce sur lui. Secouru par son domestique, Charrier parvint à rentrer dans sa maison et à fermer sa porte qui résista aux premiers coups redoublés de ses assaillants, ce qui lui donna le temps de fuir par une petite croisée qui ouvre sur le derrière de sa maison. Quand les brigands eurent enfoncé les portes, ils brisèrent un des panneaux de l'armoire où il ramassait son argent, s'emparèrent de deux sacs contenant environ 2,500 francs, et enlevèrent ses papiers. En se retirant, ils emmenèrent deux jeunes gens qui s'étaient trouvés chez Charrier. Parvenus à une marre d'eau appelée Douai, ils les firent mettre à genoux, réciter leur acte de contrition, et se disposaient à les fusiller lorsque l'un de ces forcenés, moins cruel que les autres, s'y opposa et les fit relâcher. Chez Mousseau, ils vinrent pendant la nuit, enfoncèrent la porte, et, à force de menaces et de contrainte, se firent donner cinq bouteilles de vin, à manger, et s'emparèrent d'un fusil à deux coups. Chez Papin, ils cernèrent la maison à six heures du soir : son fils y était seul ; ils se jetèrent sur lui, lui attachèrent les mains derrière le dos, lui firent donner 72 francs, et se répandirent en outrages et menaces contre son père. De là, ils furent chez la veuve Rocan, prirent du vin, brisèrent les bouteilles, et furent ensuite chez Pineau qu'ils désarmèrent. Douze ou quinze individus frappèrent pendant la nuit à la porte de Mousseau, le sommèrent de leur ouvrir, lui reprochèrent d'avoir reçu à Angers 22 francs de Louis-Philippe, et exigèrent qu'il leur donnât vingt-deux pièces de 5 francs. Il n'avait que treize de pièces 6 francs et deux de 5 francs dont ils s'emparèrent, après l'avoir frappé et avoir pris son fusil. Chez Morille, ils se firent servir à manger, emportèrent douze bouteilles de vin et un tire-bouchon. A l'égard de Boisdron, Jambe et Baumard les ayant aperçus près d'une ferme, ils les poursuivirent et tirèrent sur eux un coup de fusil. Chez Chauvin, Morel, les frères Forest et Marçais, ils sont venus la nuit, se sont fait ouvrir, ont pris des vivres et des armes, enfin ils arrêtèrent M. Guibault sur la route du Mai à Cholet, lui ordonnèrent de se mettre à genoux, de dire son *confiteor*, parce qu'ils allaient le fusiller, le frappèrent à la figure et lui demandèrent 500 francs ; ne pouvant les satisfaire, ils l'assaillirent de nouveau, lui brisèrent ses lunettes sur les yeux et ne le laissèrent échapper qu'après l'avoir cruellement maltraité et menacé de lui donner la mort s'il les dénonçait.

Certes, au récit de pareils actes, il n'est personne qui ne soit indigné : quelque soient les dissidences politiques, tous les hommes de bien flétriront, d'un commun accord, une conduite qui n'est autre chose que du brigandage.

Mais des excès encore plus déplorables ont été commis par des hommes de ces bandes armées ; après avoir brisé tout espèce de frein, il leur eût été difficile de ne pas suivre la voie du crime où ils s'étaient engagés, après la menace il ne reste plus que l'exécution, ils avaient dit qu'ils tueraient, ils ont tué, mais ils ont tué en lâches ; tantôt cachés derrière les haies, se vengeant par d'ignobles outrages même après que la mort a frappé leurs victimes, tantôt violant le domicile, exerçant d'horribles cruautés, assassinant le fils parce qu'il a demandé grâce pour son père.

Le 27 avril, six gendarmes, chargés de la correspondance de Maulévrier à Vézins, passaient sans défiance, leur fusil en bandoulière, dans un chemin creux, bordé des deux côtés d'une haie épaisse, tout à coup, à quatre pas d'eux, éclate une détonation terrible. Deux gendarmes, Camon et Bottex, tombent et ne se relèvent plus ; un troisième, Udelet, percé d'une balle, fait cinquante pas environ et meurt : les autres parviennent à se sauver après avoir essuyé les feux d'une vingtaine d'assassins dont huit les poursuivent en tirant sur eux. Mais leur fureur n'était pas encore assouvie, ils se précipitent sur le cadavre inanimé de Bottex, y plongent leurs baïonnettes, lui remplissent la bouche et le nez d'ordures et dépouillent les trois gendarmes, qui avaient succombé, de leurs armes et de leurs cartouches. Sans doute la mort de ces trois gendarmes est un horrible crime, ce n'est plus la guerre qui a ses règles d'honneur et d'humanité, c'est un guet-à-pens. Cependant cet assassinat, envers des agents de la force publique, chargés de la destruction des bandes armées, est moins inconcevable qu'envers de simples fermiers sans moyens de défense qui ne désirent que l'union et le repos.

Or, c'était le 9 octobre à 10 heures du soir, des hommes frappent à la porte de Chalopin, cultivateur à l'Angibaugère, commune de la Tour-Landry, et demandent du pain, ils sont cinq, armés de fusils et de baïonnettes, s'annoncent comme ne marchant que la nuit, ils frappent à coups redoublés. Chalopin se lève, ouvre sa porte. Ils lui reprochent d'avoir vendu la tête du curé de Saint-Georges pour 100 écus, l'un d'eux le saisit au collet et l'agite violemment ; un autre lui demande 500 francs : sur la réponse qu'il n'a pas d'argent ils le maltraitent. Il veut s'enfuir, ils courent après lui. Ses deux enfants viennent à son secours, un coup de fusil est tiré sur le plus jeune qui n'en est pas atteint, la frayeur le fait fuir, il conserve la vie. Mais bientôt plusieurs coups se font entendre ; le père et le fils sont renversés à terre, Chalopin est percé de trois balles, l'une au front, l'autre au sein droit, la troisième dans les reins : son fils aîné a reçu deux blessures au-dessus du sein gauche et cinq au bas des reins, ces malheureux succombent peu d'instants après.

Enfin le 23 octobre, les époux Terrien, bordagers à Niveaux, commune de Cerqueux, sont assaillis par trois individus qui s'étaient fait ouvrir de vive force. Ils demandent 100 écus, Terrien ne peut leur donner que 12 francs, ils pillent la maison, frappent, à coups de bâton, Terrien et sa femme, et les laissent dans un état désespéré. Il ne paraît pas que ces trois assassins aient eu des fusils, les époux Terrien ont su qu'ils faisaient partie des bandes armées, parce qu'eux-mêmes ont dit à plusieurs reprises qu'ils étaient *chouans*.

Tels sont les principaux faits qui, dans l'espace de moins d'une année, se sont passés dans les arrondissements de Beaupréau, Saumur et Angers. Cet historique n'est pas seulement affligeant, il fait frémir d'horreur. Les crimes qu'il révèle n'appartiennent point à ce qu'on doit appeler la guerre intestine, ils sont en dehors des luttes politiques. Désormais la guerre civile n'est plus qu'un prétexte, car il n'est personne qui ne sache que la *chouannerie* est épuisée, qu'aucune chance de succès ne lui reste. On conçoit que l'esprit de parti, le fanatisme politique, égarent quelques hommes, dont les préjugés, les affections ou les ambitions froissées ne rattachent d'espérances qu'à l'insurrection, mais quand elle dégénère en pillage et en massacres, on ne conçoit pas qu'ils l'appuient encore, et que par là, ils consentent à se rendre ses complices et à partager ses flétrissures. Si la guerre civile est un fléau désastreux pour un pays, néanmoins ses fauteurs ne sont pas toujours condamnés au déshonneur et au mépris quoique justement soumis à la vindicte publique, mais quand les rebelles se sont souillés par des actes aussi odieux à l'ordre politique qu'à l'ordre moral, la sévérité la plus inflexible est une justice.

Parmi les accusés de ce procès, les uns ont fomenté ou pris part à la guerre civile ou ont fait partie d'une association de malfaiteurs, d'autres ont commis des vols à main armée et à l'aide de violences, d'autres enfin ont attenté à la vie des personnes et quelques uns ont consommé l'attentat.

Il en est aussi qui sont poursuivis pour avoir tenté d'engager ou d'enrôler des soldats, tels sont les nommés Jean Gervais, Légeard et Chauveau.

Contre Gervais. — Le 19 juin dernier, Gervais rencontra un militaire du 41e de ligne dans le cabaret de la veuve Brault à la Tour Landry, il l'engagea à boire et à jouer aux cartes. Après plusieurs discours contre Louis-Philippe et favorables à Charles X, il lui proposa de le conduire à Sortant, lui promettant qu'il serait bien récompensé, ajoutant que déjà il avait engagé trois ou quatre soldats pour la bande de ce chef de chouans.

Contre Légeard. — Légeard entra le 20 juin dans une maison à Sainte-Christine où mangeaient plusieurs soldats ; il s'annonça comme un vieux militaire des armées de Bonaparte, et cria vive l'empereur ! Le lendemain il revint et demanda de la soupe, les militaires lui dirent qu'il n'y en avait plus. Alors il invita les nommés Guérel et Chenal, soldats au 41e régiment de ligne, à venir boire avec lui : ils acceptèrent. Ces militaires se plaignirent d'être obligés de servir dans un si mauvais pays. Alors Légeard leur demanda s'ils voulaient entrer dans la bande de Delaunay où ils seraient mieux, et que s'ils désertaient avec armes et bagage, il leur ferait parler à Delaunay avant une demi-heure, mais qu'il fallait qu'ils fussent fermes et francs comme lui. Le soir, s'étant encore réunis, il renouvela ses propositions, il les adressa également au soldat Cornet, que ses camarades avaient emmené avec eux, il lui promit, qu'en sa qualité d'ancien militaire, il lui ferait avoir un grade.

Contre Chauveau. — Depuis quelque temps, Chauveau, par des propos inconsidérés, des marches et contre-marches dans les lieux où se tenaient les chouans, éveillait les soupçons. Le 28 juin il engagea les nommés Joseph Normand et Michel Lenoir à le suivre dans les chouans où ils seraient nourris et payés 20 sous par jour.

Si ces hommes recrutaient pour les bandes, ceux qui les commandaient agissaient de leur côté, tantôt employant des moyens de séduction, tantôt ayant recours à la rigueur, Delaunay père, Sortant, Delaunay fils, Constantin de Caqueray et Charrier père enrôlaient plusieurs individus qu'ils entraînèrent d'autant plus facilement qu'ils s'annonçaient à eux comme chefs et sous-chefs de bandes. C'est ainsi qu'ils s'adjoignirent les nommés Poureau, qu'ils forcèrent en quelque sorte à les suivre, Guilleux, Faligan, Cherrier, à qui ils firent des menaces, et les accusés Renaudeau et Ivon. A ces principaux chefs se joignirent Renaudeau, Bodin, Dixneuf, Charrier fils, Allard aîné, Allard jeune, Martin, Pineau, Blanchard, Aumont, Ivon, Buffard, Gourichon, Abraham, Chévrier, Douet, Faligan, Scionnière et Frappereau.

Voici quels sont les charges particulières à chaque accusé :

Contre Delaunay père. — Le commandement en chef de bandes armées qui infestent les arrondissements de Beaupréau, Saumur et Angers, paraît avoir été confié à Delaunay père, du moins aucun autre chef, s'il en existe, n'a osé se montrer à la tête de ces insurgés. Sa participation à la guerre civile est donc de notoriété publique, d'ailleurs elle est avouée par tous les accusés et par le fils de Delaunay lui-même. La bande de Delaunay père a opéré plusieurs désarmements, entre autres chez MM. les maires de La Poidevinière et de Jallais. Les actes commis par ces bandes, si hostiles aux personnes et aux propriétés, ont fait considérer cet accusé comme chef d'association de malfaiteurs.

Contre Sortant. — Sortant est le principal chef après Delaunay père : son activité et son caractère résolu lui ont attiré une grande confiance. C'est un homme qui, pour le parti qu'il a embrassé, a une ardeur qu'il porte jusqu'à la cruauté ; il n'est aucun moyen devant lequel il reculât pour en assurer le triomphe. C'est lui qui, les 19 et 25 mars, brûla publiquement les drapeaux tricolores placés sur les clochers des communes de Saint-Georges et de la Jubaudière, s'introduisit chez plusieurs particuliers, les désarma, en leur adressant des injures et des menaces à cause de leur libéralisme. C'est lui également qui, le 23 mars, se présenta avec sa bande chez M. Junin, adjoint de la commune de Saint-Quentin, le désarma, lui mit la main au collet et le prévint que s'il ne changeait d'opinion, il viendrait le fusiller. Enfin c'est lui qui, le 24 août, arrêta le gendarme Ricossais dans le bourg de La Salle près Davihers, lui enleva ses dépêches et ses pistolets. Sortant a commis, pendant son séjour dans les bandes, une foule de faits de cette nature. S'il s'agissait d'une expédition qui exigeât de la hardiesse et de la témérité, c'était ordinairement lui qui en était chargé. Ses subordonnés admiraient son esprit entreprenant, aussi se vantait-il d'avoir assisté à certaines attaques et d'y avoir joué un premier rôle. Quand il fut chez

M. Manceau, maire de la Chapelle-Aubry, il dit qu'il était
du nombre de ceux qui avaient tué les gendarmes à Mau-
février, mais, comme pour répudier l'odieux d'un lâche
guet-à-pens, il ajouta qu'ils avaient été tués en se défendant. Cependant il est constaté que ces gendarmes ne se sont
point défendu, qu'ils n'ont pas même eu le temps de se défendre. Il a été soupçonné d'avoir tué le gendarme Plancheneau, à l'engagement qui eut lieu le 20 juin à la ferme
de l'Arnou, commune de Saint-Hilaire. Des soupçons,
d'une nature plus grave et plus flétrissante, ont plané sur
lui : il a été accusé d'avoir pris part à l'assassinat de Chalopin. Le 29 août il entra chez le nommé Morille, fermier
à la métairie du Pontreau; il se plaignit que plusieurs l'a-
vaient dénoncé, et ajouta : C'est comme Chalopin que je
n'ai pas encore pu rencontrer, mais que je trouverai, parce
que j'ai deux balles dans mon fusil pour lui laver la tête.
Le 9 octobre le père et le fils n'existaient plus. Dans la
matinée de l'assassinat il s'absenta dès la pointe du jour. Il
ne revint que le soir, où il fut chez la veuve Brault, caba-
retière à la Tour Landry, mais personne ne le vit rentrer
chez lui ni en sortir. Le lendemain, ceux qui les premiers
l'aperçurent dans le bourg, ignorent d'où il venait. Chez
Morille, il dit encore que la troupe le poursuivait de
si près qu'il en était fatigué, et que, s'il avait aussi bien
connu leur marche qu'il la connaissait, plusieurs ne vi-
vraient plus à l'instant où il parlait. Parmi les munitions
saisies sur les chouans qui furent arrêtés se trouvèrent plusieurs balles mâchées : les chouans qui en étaient porteurs,
déclarèrent que ces balles leur avaient été données par Sortant. Si les soupçons, concernant l'assassinat de Chalopin,
n'ont pas paru suffisants pour qu'il fût mis en accusation
sur ce chef, il est un autre fait non contesté, duquel il résulte qu'il est accusé de vol à main armée et à l'aide de violence. Quand il fut entré chez M. Manceau, son premier
acte, après avoir violé le domicile dudit Marceau, fut de
le saisir au collet, de lui demander, en le menaçant la
baïonnette sur la poitrine, les armes qu'il avait chez lui,
sinon qu'il allait le fusiller. Manceau lui répondit qu'il ne
possédait aucune arme, alors il le força à lui donner 48 fr.
Cet argent l'apaisa : il se fit servir à boire et à manger ainsi
qu'à ses complices, et se retira, emportant avec lui les
48 francs extorqués par ses menaces et violences. Sortant,
du reste, a la réputation d'un homme sans conduite et sans
probité. Il inspire les craintes les plus vives, et c'est à ce
sentiment qu'il doit l'apparente protection qu'il a trouvée

dans le mutisme des habitants du pays. S'ils ne l'ont pas livré aux autorités, c'est que la frayeur les en a empêchés, ils redoutaient les effets de sa vengeance. L'opinion générale sur son compte, c'est qu'il est capable de tout.

Contre de Caqueray Constantin. — De Caqueray Constantin a été pris les armes à la main lors de l'engagement du 4 novembre, près de Chemillé. Sa participation à la guerre civile, non plus que celle d'associé en qualité de chef des bandes de malfaiteurs, n'est susceptible d'aucun doute puisque ses coaccusés le reconnaissent pour un de leurs chefs, et que lui même en fait l'aveu. Pendant qu'il était simple volontaire dans les bandes, il proposa à Delaunay père de faire déserter 80 hommes qu'il avait à sa disposition pour venir les rejoindre. Sa proposition ne fut pas agréée parce que Delaunay n'avait pas de quoi les nourrir. Quoiqu'il en soit, cette proposition suppose qu'il avait des intelligences coupables et que déjà il avait agi dans l'intérêt de l'insurrection. Quoiqu'il ne paraisse pas que de Caqueray ait pris une part directe aux désarmements, menaces et voies de fait, etc., imputés à la chouannerie, il y a cependant quelques motifs de croire qu'il était à l'arrestation de Boisdron, Jambe et Baumard; ceux-ci ont donné un signalement qui s'applique parfaitement à de Caqueray : s'il était vrai qu'il fût auteur ou complice de l'attentat commis sur les personnes de ces trois individus, sa culpabilité prendrait un nouveau caractère; car un coup de fusil fut tiré et ce fut peut-être un hasard si un meurtre n'en fut pas le résultat. Constantin de Caqueray est encore soupçonné d'avoir arrêté les nommés Deshard, Loirette, Lanhouet; de s'être emparé de leurs passe-ports et d'avoir écrit au bas, avant de les leur rendre, un ordre ainsi conçu : Nous capitaine de la première compagnie de royalistes, ordonnons à tous nos subordonnés de fusiller sur-le-champ le porteur du présent s'il est rencontré sur la campagne hors des limites de Cholet. Si ces hommes avaient été aperçus par quelques bandes dans des lieux qu'il ne leur était pas permis de parcourir, ils eussent, sans-doute, payé de leur vie l'infraction à l'ordre écrit sur leur passe-port, et de Caqueray en eût été la cause, s'il est vrai qu'il ait eu la cruauté de tracer ces lignes sanguinaires.

Contre Delaunay fils. — Delaunay fils avait un commandement sous les ordres de son père : il a fait partie des bandes dès leur formation. Il avoue y être entré le 20 février. Ainsi il a pris part à la guerre civile et à l'association de malfaiteurs; il s'est trouvé à plusieurs engagements,

entr'autres à celui de la Creillière où fut tué le garde national Gélusseau ; il y perdit une carnassière dont la
troupe qui le poursuivait s'empara. Il fut pris à l'engagement qui eut lieu à la Billardière, commune de Trémentine, le 29 septembre : après plusieurs coups de feu échangés entre la troupe de ligne et les chouans, ceux-ci prirent
la fuite. Trois militaires se dirigèrent sur Delaunay : dans
sa fuite il mit plusieurs fois les soldats en joue ; mais, à
la fin, se voyant cerné de toutes parts et hors d'état de résister, il se rendit au voltigeur Bouvier qui l'en sommait,
en l'ajustant, le pria de ne pas tirer sur lui et lui remit son
fusil. Il a concouru à plusieurs des excès qui furent commis par la chouannerie : on l'a cité comme ayant accompagné Sortant, chez M. Junin à Saint-Quentin, et fait le
guet, lorsque Sortant désarmait ce citoyen et le menaçait
de le fusiller s'il ne changeait d'opinion. L'argent prove-
nant d'un vol de 300 fr. chez Pineau, avait été employé à
faire des blouses d'uniforme. Ce fut Delaunay fils qui fit la
distribution de ces blouses. Ce fut lui également qui se
livra à des actes de cruauté envers un jeune homme, nommé Roquet, chapelier à Maulévrier ; il le rencontra le 24
avril, sur le chemin d'Agernay à Maulévrier ; il était avec
cinq des siens. Roquet était avec son jeune frère et un nommé Rousselot. Delaunay les arrêta en leur reprochant de
l'avoir dénoncé. Le jeune Roquet se sauva ; Delaunay saisit l'aîné, voulut lui couper les cheveux et le maltraita. Il
est important de faire observer que l'habitude des bandes
de la chouannerie, est, depuis long-temps, de tondre une
partie de la tête de ceux qu'ils suspectent d'espionnage et
veulent faire mourir. C'est une marque de trahison, et si
celui qui est ainsi marqué, a le malheur d'être rencontré
par quelques bandes de chouans, il est fusillé. Quant à
Rousselot, il fut relâché, après avoir été renversé à terre
et reçu plusieurs coups de crosse de fusil.

Contre Renaudeau. — Renaudeau servit en qualité de
sous-chef dans les bandes, à ce titre il est coupable de
guerre civile et d'association de malfaiteurs. Il dépendait
de la bande de Delaunay. Ce fut lui qui reçut une lettre,
écrite par de Caqueray, ex-député, en faveur de Constantin de Caqueray, son cousin, qui était devenu suspect
après la prise de Douet. Il est entré dans les bandes dans le
commencement du mois de juin et fut arrêté le 18 août,
les armes à la main, à la ferme de la Chaboissière, près de
la Tour-Landry. Son fusil était chargé de trois balles et
armé ; il portait autour du corps une ceinture garnie de 12

cartouches et d'une poudrière en carton garnie de poudre fine. Renaudeau est généralement redouté et passe pour un mauvais sujet. Il avoue avoir servi dans la chouannerie ; mais il prétend s'être rendu de son plein gré.

Contre Bodin. — Bodin avait un sous-commandement dans la bande Sortant. Ce fut lui qui se chargea d'aller chercher de Caqueray Constantin et Douet, lorsque ceux-ci se jetèrent dans les bandes. Il n'est pas seulement accusé de guerre civile et d'association de malfaiteurs, il est accusé de de vol et d'assassinat. Il était avec Sortant, le 3 mai, lorsque ce dernier fut désarmer le maire de la Chapelle-Aubin, menacer ses jours et lui soustraire une somme de 48 fr. S'il n'est auteur de ce vol, au moins en est-il le complice. La même observation se présente relativement à l'assassinat des trois gendarmes Camon, Bottex et Udelet. Il paraît certain qu'il a agi de concert avec ceux qui étaient en embuscade sur le chemin de Maulévrier à Vézins. Le nommé Poureau atteste qu'il faisait partie du guet-à-pens. Il accompagnait encore Sortant, lors de l'arrestation du gendarme Ricossais et de l'enlèvement de ses dépêches. Le même jour il a désarmé le nommé Guilbault de Vihiers. Cet accusé a une mauvaise réputation.

Contre Dixneuf. — Dixneuf avait aussi un grade dans la chouannerie ; il dépendait de la bande de Delaunay père : sa conduite était si dépravée, qu'il en fut chassé avec quelques autres de ses camarades aussi mal famés que lui. Il a pris part à quelques affaires d'engagements avec la force armée. Il était à la Creillère, et s'est vanté d'avoir tué Gélusseau ; ses complices l'ont cru d'autant plus facilement, qu'il est d'une adresse remarquable. Cet homme est tellement corrompu, qu'il est indigne de figurer parmi des conspirateurs ; ni le vol, ni l'homicide ne lui inspirent des scrupules. Le 23 juillet, à neuf heures du soir, il entra chez Charrier, lui ordonna de ne pas sortir jusqu'à ce qu'il eût soupé, et que ses camarades fussent arrivés. Lorsqu'ils furent venus, il l'attira hors de sa maison, lui promettant qu'il ne lui serait fait aucun mal. Charrier se confia à sa promesse et sortit. Son espoir fut bientôt déçu ; il vit qu'une amorce était brûlée sur sa personne. Ce fut dans cette soirée que l'armoire de Charrier fut brisée, que ses papiers et 2,500 francs lui furent enlevés ; que trois jeunes gens, qui s'étaient trouvés dans sa maison, furent entraînés jusqu'à une pièce d'eau, où ils faillirent être fusillés. Cependant, il est juste de dire que Dixneuf s'opposa à ce qu'on les fît mourir. Dixneuf était aussi au guet-à-pens des trois gendarmes. Le lendemain du crime, il rejoignit sa bande et était armé d'une carabine. Enfin il a pris part à l'assasinat du père et du fils Chalopin. Après avoir été renvoyé de la bande de Delaunay, il entra dans la bande de Caqueray, ce chef l'en chassa aussi, pour cause d'insubordination et d'inconduite. Il quitta de Caqueray, la veille de l'assassinat de Chalopin. Quatre de ses camarades avaient été renvoyés avec lui. La demeure de Chalopin était peu éloignée de l'endroit où ils se trouvaient alors; or, ceux qui ont commis le crime étaient cinq, ils avaient des fusils et des baïonnettes : l'opinion même des bandes est que ces cinq individus, renvoyés par de Caqueray, sont les assassins de Chalopin. Dixneuf porte un nom de guerre qui est le signe de sa cruauté ; il est surnommé le *bourreau* : son renvoi des bandes de Delaunay et de de Caqueray indique la manière dont il justifiait son titre.

Contre Charrier fils. — Charrier fils avait aussi un commandement ; il servait dans la bande de Caqueray, il était connu sous le nom de caporal *la valeur*. Il a contribué au désarmement de Martineau; à l'incendie du drapeau tricolore, à St-Georges, et à l'arrestation du gendarme Ricossais. Ce fut lui qui saisit la bride du cheval, coucha le gendarme en joue, et, le sommant de s'arrêter, s'empara de ses pistolets. Cet accusé est coupable de guerre civile, et d'association de malfaiteurs, en qualité de sous-chef.

Contre Charrier père. — Charrier père, quoiqu'appartenant à la bande Sortant, s'en est souvent absenté; il était chargé d'aller recruter des partisans. Habitué à la guerre de la Vendée, qu'il a faite à toutes les époques, l'âge n'a point ralenti le zèle et l'ardeur de cet ancien chouan. C'est lui qui entraîna dans les bandes Poureau et Ivon ; c'est lui également qui conduisit Constantin de Caqueray et et Douet dans la ferme où Bodin vint les prendre. Cet homme est accusé de guerre civile, et d'association de malfaiteurs, et d'enrôlements.

Contre Ivon. — Ivon a figuré dans la bande de Delaunay; il a été pris le 18 août, à la ferme de la Bellardière, commune de Trementines, en même-temps que Delaunay fils. En fuyant, il laissa tomber son fusil près d'un pailler; il attesta aux militaires qui l'arrêtèrent qu'il n'avait point d'armes; mais il céda à leurs menaces, et leur indiqua l'endroit où il avait déposé son fusil. Il résulte des propos qu'il tint au sergent qui l'emmena, après l'avoir fait prisonnier, qu'il était le 26 de l'affaire de la Creillière. L'accusé Renaudeau a prétendu que Yvon était à l'engagement

de la Chaboissière, et qu'à l'instant de l'attaque il était occupé à allumer sa pipe. Il n'est pas douteux que Ivon ait pris
part à la guerre civile et à l'association de malfaiteurs : il
ne s'en est pas défendu ; mais il a dit n'avoir jamais fait
usage de ses armes. Avant que Chalopin fût assassiné, les
chouans s'étaient présentés une première fois chez lui, et
s'étaient fait donner des vivres ; Ivon était au nombre de
ceux-ci ; il menaça la femme Chalopin.

Contre Douet. — Douet a fait partie des bandes ; cela suffit pour qu'il soit accusé de guerre civile et d'association
de malfaiteurs. Ce jeune homme était l'ami de Constantin
de Caqueray. Ils sont entrés ensemble dans la chouannerie,
le 18 mai, il a été arrêté le 27 suivant, auprès de Coron. La
troupe de ligne le poursuivait ainsi que deux autres chouans,
ces derniers étaient armés de fusils, lui n'avait qu'un bâton.
Il se jeta dans un genêt, s'y coucha à terre ; mais un militaire le trouva, il se rendit en demandant grâce. Douet sor-
tait des lanciers de la garde lorsqu'il entra dans la chouannerie : il prétend avoir été séduit par de mauvais conseils.
Dès son arrestation, il ne dissimula rien à la justice ; elle
lui doit de précieux renseignements sur les habitudes et la
composition des bandes insurgées.

Contre Faligan. — La présence de Faligan dans les
bandes est constatée par plusieurs témoignages, et par ses
propres aveux. Il était sous le commandement de Sortant,
et s'est trouvé à un engagement à Saint-Laurent-des-Autels.
Il atteste n'avoir pas été plus de huit jours dans les bandes,
et n'y être entré que dans l'intention de se soustraire à la
loi du recrutement. En effet, il paraît certain qu'à l'époque
où il fut pris il avait quitté Sortant ; mais il avait conservé
des armes et des cartouches dont les balles avaient été
mâchées.

Contre Chevier. — L'accusation contre Chevrier présente
absolument les mêmes caractères que l'accusation contre
Faligan ; il avait gardé ses armes et ses cartouches à balles
mâchées. Pendant son séjour dans les chouans, s'il n'a
pris part à aucun combat, il a été reconnu dans quelques
désarmements. Il était avec ceux qui, le 14 mai, furent désarmer le nommé Lambert, tisserand à Lévraudière, commune de Melai.

Contre Frappereau. — Frappereau a figuré dans les bandes
depuis le mois de mai jusqu'au 4 novembre, époque à laquelle il fut pris avec de Caqueray son chef, après résistance. Il portait un fusil de calibre ; il était garni de cartouches. Cet homme, âgé de quarante-deux ans, dit s'être jeté

dans la chouannerie, afin de se soustraire aux poursuites qu'eussent entraîné des dénonciations qui avaient été faites contre lui. Il a quitté sa femme et ses enfants pour aller soutenir la guerre civile, et s'associer à des malfaiteurs. Il est pensionné du gouvernement depuis 1815.

Contre Scionnière. — Scionnière était aussi avec son chef de Caqueray, quand il fut arrêté. Il avait déserté du 41ᵉ régiment de ligne, pour se réunir aux chouans, dans le mois de juillet. Lorsque la troupe le poursuivait, il abandonna son fusil, afin d'avoir plus de facilité à fuir. Il a déserté, dit-il, parce qu'il avait été menacé de punition sévère. Du reste, les circonstances de son arrestation ne laissent aucun doute sur la culpabilité de cet accusé.

Contre de Caqueray, ex-député. — L'ex-député de Caqueray reçut chez lui, à la Comterie, commune de la Jumellière, son cousin Constantin de Caqueray et Douet, qui tous les deux se rendaient dans les bandes de chouans : il les recueillit dans sa maison, pendant vingt jours environ. Souvent de Caqueray Constantin et Douet s'entretinrent en sa présence, du complot dont le but était le renversement du gouvernement, et de leurs projets de se joindre aux insurgés. Il acquit une connaissance si exacte de ces projets, qu'il fit faire à son cousin et à Douet des habits semblables à ceux que portent les chouans ; leur donna des souliers ferrés neufs, et des guêtres de cuir. Ils prirent ces vêtements en échange de ceux qu'ils avaient, et qu'ils laissèrent en dépôt chez M. de Caqueray, ainsi qu'une paire de bottes d'ordonnance. En outre, s'il n'est pas vrai qu'il les fit conduire aux chouans, il est du moins certain qu'il n'ignora pas que le nommé Gourdon, dit Crouton, les y conduisît. De plus, il a écrit à Bodin, sous-chef de bandes, dans l'intérêt de son cousin. Ainsi, à plusieurs époques, l'ex-député de Caqueray a connu le complot dont son cousin et Douet faisaient partie : et quoique la loi lui imposât l'obligation d'en informer le gouvernement, il n'a fait aucunes révélations.

Contre la Sayette. — La Sayette a également connu, dans ses détails et ramifications, le complot auquel Constantin de Caqueray et Douet ont pris part, et n'a fait aucune révélation aux autorités ou au gouvernement. Il était chez l'ex-député de Caqueray, lorsque le parent de ce dernier et Douet exposèrent leur plan d'insurrection. Le jour du départ de ces jeunes gens, il les accompagna jusqu'au bois de Joué. Il les quitta à la pointe du jour, et prit la route de sa maison de campagne ; en les quittant, il leur recommanda de prévenir son fermier, dans le cas où ils désire-raient lui parler.

Contre Simonet. — Simonet a d'abord été dans la bande de Delaunay. Il est passé ensuite dans la bande de Caque-ray. Par conséquent, il a participé à la guerre civile et à l'association de malfaiteurs. Il était avec de Caqueray, le 24 avril, lorsque Roquet et Rousselet furent maltraités sur la route de Dizernay à Maulévrier. Il courut sur Ro-quet, et le menaça, en l'injuriant. Il s'est rendu complice du vol de 72 francs, commis le 9 août, au préjudice de Papin, maire de Boëne.

Contre Aumont. — Aumont était de la bande de Sortant. Il a non-seulement pris part à la guerre civile, mais en-core, il s'est rendu coupable de vol, de voies de fait et de tentatives d'assassinat. Il était avec Sortant, chez le maire de la Chapelle-Aubry, lorsque 48 francs furent volés à ce fonctionnaire. C'est lui qui, le 8 octobre, arrêta, sur un chemin public, M. Guibault, maire à May, le frappa, voulut le faire mettre à genoux, afin de le fusiller, et lui demanda une somme de 50 francs.

Contre Buffard. — Buffard a servi dans la bande de Sor-tant. Quand Boisdron, Jambe et Baumard furent arrêtés, maltraités, et qu'un coup de fusil fut tiré sur eux, Buffard était parmi les assaillants.

Contre Gourichon. — Gourichon était aussi de la bande de Sortant. La première fois que les chouans se firent ser-vir à boire et à manger chez Chalopin, et menacèrent la femme Chalopin, Gournichon était avec eux; il était aussi à l'arrestation du gendarme Ricossais. Enfin, parmi ceux qui commirent de graves excès chez M. Bompas, il était des plus furieux. Ce fut lui qui appliqua sur la poitrine de M. Bompas le canon de son fusil, qui était armé, et le menaça de le tuer s'il ne lui livrait trois fusils, ou quatre-vingt-dix francs. Il s'est vanté que l'arme qu'il tenait en joue sur M. Bompas avait tué le gendarme Plancheneau, à l'engagement de l'Arnou. Il se retira avec ses complices, après avoir commis plusieurs voies de fait, et soustrait un fusil à deux coups.

Contre Abraham. — Abraham fut attaqué, avec Ivon et Delaunay fils, dans la bande duquel il s'était jeté comme son chef. Il était armé, et échangea plusieurs coups de feu avec la troupe; mais, plus heureux que ses complices, il parvint à s'échapper : de la bande de Delaunay, il est passé dans la bande de Constantin de Caqueray.

Contre Blanchard. — Delaunay père, soupçonnant Blan-

chard d'avoir volé chez Charrier, à la Petite-Millière, le
renvoya de sa bande; il entra dans la bande de Caqueray.
Les soupçons de Delaunay n'étaient que trop fondés;
Blanchard fut celui qui, avec Dixneuf, assaillit Charrier,
voulut lui lier les bras, et l'entraîner dans son jardin. Ces
intentions ressortent assez de ses tentatives : si Charrier
n'eût reçu du secours de son domestique, qui le tira des
mains de ces assaillants, il eût vraisemblablement été assassiné. Ce fut Blanchard qui voulut fusiller Bouchereau,
qui avait été emmené après le vol commis chez Charrier;
il lui asséna plusieurs coups de crosse de fusil. Cet homme,
dangereux sous tous les rapports, a porté une carabine
de gendarme, ce qui fait croire qu'il était du guet-à-
pens où succombèrent Camon, Bottex et Udelet.

Contre les frères Allard. — Les frères Allard sont remar-
quables par leur corruption et leur cruauté; ils ne reconnaissent aucune autorité : aussi ils ont été chassés de toutes
les bandes où ils ont servi. Tour à tour ils ont été sous les
commandements de Delaunay, Sortant et de Caqueray. Il
ne paraît pas qu'ils se soient jamais quittés; de sorte que
tout ce que l'un a fait, l'autre a été son complice. Ils ont
figuré dans la plupart des attentats commis contre les personnes et les propriétés. Le 26 avril ils étaient à La Creillière, Allard aîné y perdit son chapeau. Ils étaient aussi
chez M. Junin et Martineau, chez Charrier, à l'assassinat
des gendarmes. Allard jeune a été aperçu avec une de leurs
carabines. Enfin, la veille de l'assassinat de Chalopin, de
Caqueray les avait renvoyés de sa bande. Ils partirent avec
Dixneuf.

Contre Pineau. — Pineau était de la bande de de Caqueray; il en fut chassé pour insubordination, avec Dixneuf et
les frères Allard. Comme eux, et pour les mêmes motifs, il
est accusé d'avoir assassiné Chalopin.

Contre Martin. — Martin est le cinquième de ceux que
chassa de Caqueray la veille de l'assassinat de Chalopin.
Par conséquent il est accusé d'y avoir pris part; en outre il
a été reconnu pour un des voleurs qui, le 15 août, ont maltraité Mousseau, lui ont emporté six pièces de 6 francs et
deux pièces de 5 francs, ont coupé les cheveux à son domestique et l'ont battu.

Ici se termine l'exposé des faits généraux de la guerre
de la chouannerie dans les arrondissements de Beaupréau,
Saumur et Angers, et des charges particulières à ceux qui
ont été signalés comme y ayant pris part. Désormais ceux-
ci peuvent être considérés comme des rebelles incorrigibles.

En effet le gouvernement a usé à l'égard de ces bandes de tous les moyens d'humanité et de douceur pour ramener ces citoyens égarés à un état d'ordre. Il a accordé un long délai d'amnistie, pendant lequel les uns pouvaient impunément rejoindre leur régiment, les autres rentrer dans leurs foyers. A l'expiration du délai, il a encore fait grâce à ceux qui ont demandé à se rendre. Ainsi ceux qui ont persisté à demeurer dans les bandes, nonobstant les facilités qu'ils ont eues de s'en retirer sans avoir à craindre aucune poursuite, ont par cela même aggravé leur culpabilité, en prouvant que l'intérêt du pays leur importait peu, en prolongeant une guerre qui ne leur offre aucunes chances de succès, et désormais plus nuisible qu'utile au parti qui l'a fomentée.

En conséquence, Delaunay père, Sortant, Delaunay fils, Jean Renaudeau, Bodin, Constantin de Caqueray, Dixneuf, Charrier fils, Allard aîné, Allard jeune, Martin, Pineau, Blanchard, Aumont, Simonet, Joseph Ivon, Charrier père, Buffard, Gourichon, Abraham, Chevrier, Douet, Faligan, René Scionnière, et François Frappereau, sont accusés 1° d'être co-auteurs d'un complot formé depuis la révolution de juillet 1830, et dont le but était de détruire ou de changer le gouvernement, d'exciter les citoyens ou habitants à s'armer contre l'autorité royale, et d'exciter la guerre civile en armant ou en portant les citoyens ou habitants à s'armer les uns contre les autres ; ou d'avoir, avec connaissance, aidé ou assisté les auteurs dudit complot dans les faits qui l'ont préparé ou facilité, ou dans les faits qui l'ont consommé ; 2° d'avoir, depuis l'époque précitée, commis un ou plusieurs attentats dont le but était de détruire ou de changer le gouvernement, d'exciter les citoyens ou habitants à s'armer contre l'autorité royale, et d'exciter la guerre civile en armant ou en portant les citoyens ou habitants à s'armer les uns contre les autres ; ou d'avoir, avec connaissance, aidé ou assisté les auteurs dudit attentat ou des attentats dans les faits qui ont préparé ou facilité ou consommé cette action ou ces actions.

Delaunay père, Louis-Stanislas Sortant, Alexandre Delaunay fils, Constantin de Caqueray, et Charrier père, sont accusés d'avoir, dans le courant de l'année 1831, engagé ou enrôlé, fait engager ou enrôler des soldats, ou de leur avoir fourni ou procuré des armes ou munitions sans ordre ou autorisation du pouvoir légitime.

Et Jean Gervais, Jean-François Légeard, et Louis

Chauveau, d'avoir tenté d'engager ou d'enrôler des soldats sans ordre ou autorisation du pouvoir légitime, tentative manifestée par des actes extérieurs et suivie d'un commencement d'exécution, et qui n'a manqué son effet que par des circonstances indépendantes de leurs volontés.

De Caqueray, ex-député, et de la Sayette sont accusés d'avoir eu connaissance d'un complot formé ou d'un crime projeté contre la sûreté intérieure de l'état par Constantin de Caqueray et Narcisse Douet, d'entrer dans les bandes de rebelles connues sous le nom de chouans, d'avoir eu connaissance du jour de la mise à exécution de leur projet, et de n'avoir pas révélé au gouvernement ou aux autorités administratives ou de police judiciaire les circonstances dudit crime projeté qui sont venues à leur connaissance, le tout dans les vingt-quatre heures qui ont suivi ladite connaissance.

Delaunay père, Louis Stanislas Sortant, Delaunay fils, Renaudeau, Constantin de Caqueray, Bodin, Dixneuf, et Charrier fils, sont accusés 1º d'avoir fait partie d'une association de malfaiteurs contre les personnes ou les propriétés, laquelle présente les caractères suivants : Organisation de bandes, et correspondance entre ces bandes et leurs chefs ou commandants; — et d'avoir été les auteurs ou directeurs de cette association, ou d'avoir été commandants en chef ou en sous ordre de ces bandes; ou bien d'avoir, avec connaissance, aidé ou assisté l'auteur ou les auteurs de ladite association de malfaiteurs dans les faits qui l'ont préparée ou dans les faits qui l'ont consommée.

2º Et Allard aîné, Allard jeune, Martin, Pineau, Blanchard, Aumont, Simonet, Joseph Ivon, Charrier père, Buffard, Gourichon, Abraham, Chevrier, François-Narcisse Douet, Faligan, René Scionnière, et François Frappereau, d'avoir fait partie de l'association de malfaiteurs ci-dessus caractérisée, et ce sans y avoir figuré soit comme auteurs ou directeurs de l'association, soit en qualité de commandants en chef ou en sous ordre de ces bandes, mais seulement comme ayant été chargés d'un service quelconque; ou bien d'avoir, avec connaissance, aidé ou assisté l'auteur ou les auteurs de ladite association de malfaiteurs dans les faits qui l'ont consommée.

Bodin, Dix-neuf, Allard aîné, Allard jeune, et Blanchard sont accusés 1º d'avoir, le 27 avril 1831, dans le chemin de Maulévrier à Vézins, commis volontairement un homicide sur les personnes des gendarmes Bottex, Camon, Udelet, et d'avoir commis cet homicide volontaire avec préméditation et guet-à-pens; ou bien d'avoir, avec connaissance, aidé ou assisté l'auteur ou les auteurs de cet homicide volontaire et prémédité dans les faits qui l'ont préparé ou facilité, ou dans les faits qui l'ont consommé.

2° Bodin, Sortant et Aumont, d'avoir, le 13 mai 1831, soustrait frauduleusement une somme de 48 francs, au préjudice du sieur Manceau, maire de la commune de la Chapelle-Aubry, et d'avoir commis cette soustraction frauduleuse dans une maison habitée, en réunion de plusieurs personnes, les coupables ou l'un d'eux étant porteurs d'armes apparentes ou cachées, et en outre à l'aide de violence; ou bien d'avoir, avec connaissance, aidé ou assisté l'auteur ou les auteurs de cette soustraction frauduleuse dans les faits qui l'ont préparée ou facilitée, ou dans les faits qui l'ont consommée.

3° Allard aîné, Allard jeune, Dixneuf, et Blanchard, d'avoir, les 23 ou le 24 juillet dernier, soustrait frauduleusement une somme de 2,500 francs, au préjudice du nommé Charrier, d'avoir commis cette soustraction frauduleuse pendant la nuit, dans une maison habitée, en réunion de deux ou plusieurs personnes, les coupables ou l'un d'eux étant porteurs d'armes apparentes ou cachées, et en outre à l'aide de violence; ou bien d'avoir, avec connaissance, aidé ou assisté l'auteur ou les auteurs de cette soustraction frauduleuse dans les faits qui l'ont préparée ou facilitée, ou dans les faits qui l'ont consommée.

4° Simonet, d'avoir, le 9 août dernier, soustrait frauduleusement une somme de 72 francs, au préjudice du sieur Papin, et d'avoir commis cette soustraction frauduleuse dans une maison habitée, en réunion de plusieurs personnes, les coupables ou l'un d'eux étant porteurs d'armes apparentes ou cachées, avec menaces de faire usage des armes et à l'aide de violence; ou bien d'avoir, avec connaissance, aidé ou assisté l'auteur ou les auteurs de cette soustraction frauduleuse dans les faits qui l'ont préparée ou facilitée, ou dans les faits qui l'ont consommée.

5° Martin, d'avoir, le 15 ou le 16 août dernier, soustrait frauduleusement treize pièces de 6 fr. et deux de 5 fr., au préjudice du sieur Mousseau, et d'avoir commis cette soustraction frauduleuse pendant la nuit, en réunion de plusieurs personnes, les coupables ou l'un d'eux étant porteurs d'armes apparentes ou cachées et à l'aide de violence; ou bien d'avoir, avec connaissance, aidé ou assisté l'auteur ou les auteurs de cette soustraction frauduleuse dans les faits qui l'ont préparée ou facilitée, ou dans les faits qui l'ont consommée.

6° Aumont, d'avoir, le 8 octobre dernier, dans le chemin du Mai à Cholet, tenté de commettre un meurtre sur la personne du sieur Guilbault, et d'avoir commis avec préméditation cette tentative de meurtre, laquelle tentative a été manisfestée par des actes extérieurs et suivie d'un commencement d'exécution, et qui n'a manqué son effet que par des circonstances indépendantes de la volonté dudit Aumont.

7° D'avoir, le 8 octobre dernier, tenté de voler, à l'aide de violence et dans le chemin public du Mai à Cholet, une somme d'argent, au préjudice du sieur Guilbaut, laquelle tentative a été manifestée par des actes extérieurs et suivie d'un commencement d'exécution, et qui n'a manqué son effet que par des circonstances indépendantes de la volonté dudit Aumont.

8° Allard aîné, Allard jeune, Martin et Pineau, d'avoir, dans la nuit du 9 au 10 octobre dernier, commis volontairement et avec préméditation un homicide sur les personnes de Chalopin père et fils, métayers; ou bien d'avoir, avec connaissance, aidé ou assisté l'auteur ou les auteurs de cet homicide volontaire et prémédité dans les faits qui ont préparé ou facilité cette action, ou dans les faits qui l'ont consommée.

Fait au parquet de la cour royale d'Angers, le 26 novembre 1831.

Le procureur-général près la cour,

Signé GAULTIER.

COUR D'ASSISES DE BLOIS.

Audience du 30 septembre 1832.

PRÉSIDENCE DE M. BERGEVIN,

PRÉSIDENT DU TRIBUNAL CIVIL,

En l'absence de M. le conseiller Perrot (malade).

Le parquet est occupé par M. le procureur-général de la cour royale d'Orléans, assisté de MM. les procureur du roi et de ses substituts.

A onze heures et demie, le public est admis dans la salle d'audience, dont une force armée imposante occupe les issues. La cour entre en séance à deux heures, et le greffier procède à l'appel nominal de MM. les jurés, qui répondent successivement.

M. le président prononce l'ouverture des assises.

M. le procureur-général a la parole relativement à l'empêchement de trois de MM. les jurés qui ne peuvent assister aux débats.

Ce magistrat, vu les certificats des médecins des trois jurés absents, conclut à ce que leur excuse soit admise.

La cour, après en avoir délibéré, décide qu'ils seront dispensés de siéger à la présente session.

La séance est levée à deux heures et demie, et remise à demain lundi, à neuf heures et demie précises.

Erratum : Page 3. — C'est par erreur que les noms des sieurs Joseph Chalet, René Musseau, Jean Fournier, Jean-Pierre Poureau, Pierre Guilleux, Louis Boisdron, Jacques Hameau et Monel se trouvent en tête de l'acte d'accusation : ces individus, compris d'abord dans la procédure, ont été mis en liberté par arrêt de la chambre des mises en accusation de Maine-et-Loire.

Audience du 1er octobre 1832.

PRÉSIDENCE DE M. BERGEVIN.

Vingt-deux accusés présents.

La foule qui occupe les avenues du palais, dès neuf heures du matin, est plus nombreuse qu'hier. C'est avec peine que MM. les jurés et les témoins, au nombre de cent trente-cinq, parviennent dans la salle d'audience. On remarque dans l'enceinte réservée une énorme caisse contenant des armes et autres pièces devant servir de conviction au procès.

Parmi les témoins assignés sont M. Amprenon, député de la Vendée ; M. le comte de Tristan, père d'un des accusés contumax ; madame de Caqueray, parente de l'accusé de ce nom, et plusieurs officiers de la garde nationale et de la ligne.

M . le préfet de Loir-et-Cher et M. le maire de la ville de Blois assistaient à cette séance.

L'audience est ouverte à dix heures, au milieu du plus religieux silence.

Les accusés sont introduits, et leur présence excite une vive agitation ; ils sont au nombre de vingt-deux, et sont placés dans l'ordre suivant :

Banc du bas.	Banc du milieu.	Banc du haut.
1 Coudé,	1 De Caqueray,	1 Charrier père,
2 Cresson,	2 Sortant,	2 Charrier fils,
3 Aumont,	3 Delaunay,	3 Ivon.
4 Blanchard,	4 Douet,	
5 Gervais,	5 Frappereau,	
6 Chauveau,	6 Scionnière,	
7 Pinot,	7 Faligan,	
8 Simonnet,	8 Chevrier,	
9 Martin.	9 Renaudière,	
	10 Légeard.	

On remarque sur le banc du milieu MM. de Caqueray
fils, Sortant et Delaunay, chefs de bande, et sur celui du
bas les sieurs Coudé et Cresson, l'un ancien chef de bataillon, le second ancien officier de gendarmerie. Les autres accusés sont pour la plupart des cultivateurs et ouvriers
des départements de la Mayenne et de la Vendée. Le fils
Charrier est assis à côté de son père. La physionomie des
accusés est calme. Sortant paraît écouter avec l'impassibi-
lité d'un spectateur.

Le nommé Abraham, accusé, est absent.

Au barreau sont placés MM. les avocats des accusés ; ce
sont Mes Janvier et Lachèse, avocats à Angers ; Auguste
Johannet, avocat à Orléans, et Julien, Duplessis, Maigreau,
Vollan, Saint-Vincent, Celliez, avocats à Blois.

La cour fait procéder à l'appel des accusés.

Le procureur-général demande que, vu la longueur des
débats dans cette affaire, la cour s'adjoigne un juge et
deux suppléants pendant la durée de la session. La cour,
du consentement des accusés, prononce l'adjonction du
juge supplémentaire et des deux jurés.

La séance est un moment suspendue pour procéder au
tirage des jurés : ceux désignés par le sort sont MM. Renou,
Bailly, Lenail-Roger, Billaud, Parrain, Aubert père,
Tournyer, Romieu, Pillon-Morinet, Barbier de Préville,
Thorio, et, comme jurés supplémentaires, MM. Robert
et Deschamps jeune.

Les jurés prêtent serment. Le greffier donne lecture de
l'arrêt de la cour de cassation qui renvoie les accusés devant la cour d'assises de Blois, et des deux arrêts de jonction rendus par la cour d'Angers. (Voir plus haut, page 1.)
M. le président de la cour d'assises de Blois, sur les conclusions de M. le procureur du roi, prononce la jonction
des deux affaires de MM. Cresson, Coudé père et fils, et
Tristan ; le premier accusé de complicité des complots, et

les derniers prévenus d'embauchage. Le dernier est contumax.

Sur l'observation faite par Me Janvier, la cour et M. le procureur-général consentent à disjoindre la cause de la Sayette et de Caqueray, dont on annonce le pourvoi en cassation.

La lecture des pièces susdites est reprise.

Pendant la lecture de ces pièces, M. de Caqueray seul prend continuellement des notes. Tous les autres prévenus, à l'exception du nommé Douet, sont impassibles et semblent étrangers à ce qui se passe.

La cour ordonne aussi la lecture des actes d'accusation contre les nommés Coudé et François Cresson dont la cause a été jointe à celle principale.

M. le procureur-général prend la parole, et, dans une analyse succincte des diverses espérances des partis qui divisent en ce moment la France, exprime sa douleur, et celle que doit ressentir tout bon Français, de voir une minime partie de la nation s'opposer aux bienfaits que nous promet la révolution de juillet. Il signale le menées de ces divers partis, et principalement de celui qui agit dans l'intérêt du gouvernement déchu. Après être entré dans le détail circonstancié de toutes les charges qui pèsent sur les accusés, M. le procureur-général se résume ainsi : « Tel est, messieurs, le tableau effrayant que présente cette affaire. Il est important pour la société, comme pour le gouvernement, que justice soit faite, et, d'après les dépositions des témoins que nous avons fait assigner, vous pourrez, je le pense, baser votre opinion à cet égard. »

Après ce discours, on fait l'appel des témoins de la cause qui répondent, à l'exception de quelques uns qui sont excusés et contre lesquels le ministère public ne prend aucune conclusion. Les accusés même renoncent à l'audition de ces témoins.

Sur la demande de Me Saint-Vincent, la cour ordonne que M. Robineau, député de la Vendée, sera entendu comme témoin dans les débats.

Les témoins se retirent dans la salle qui leur est destinée. A peine ont-ils quitté leurs places, que le public veut s'en emparer : il franchit la barrière, et la force armée est obligée d'intervenir ; quelques personnes persistent même à rester dans l'enceinte destinée aux témoins jusqu'à défense expresse du président. Cette scène un peu tumultueuse n'a pas de suite.

On introduit le premier témoin, M. Moudeau-Genevraye, procureur du roi à Angers.

M. le président : Connaissiez vous les accusés ici présents avant leur arrestation ? — R. Non. J'avais entendu parler de Cresson seulement. — D. Voulez-vous donner quelques explications sur ce que vous savez à leur égard. — R. Je pense, M. le président, que vous pourriez m'adresser les interpellations que vous jugerez convenables sur chacun d'eux. — D. Pouvez-vous nous donner quelques éclaircissements sur le mode d'organisation des bandes vendéennes, et sur l'époque où elles ont commencé ? — R. Dans les premières semaines qui suivirent les journées de juillet, la stupeur dont les anciens chouans furent frappés les empêcha de manifester aucune intention hostile. Après un mois environ, quelques individus parcoururent les anciens cantons insurgés, armés de bâtons ; ils furent d'abord pris pour des vagabonds. Bientôt on les rencontra porteurs d'armes, et leurs discours annoncèrent assez leurs intentions puisqu'ils se décoraient de cocardes blanches et se donnaient le titre de soldats de Henri V. — D. Avez-vous eu connaissance que les bandes de Diot et de Sortant eussent des relations ensemble ? — R. Oui, monsieur, car lorsque Sortant fut arrêté il prétendit qu'il ne pouvait avoir participé aux différents assassinats qui s'étaient commis en raison d'un voyage qu'il avait fait à cette époque près de Diot pour prendre ses ordres et combiner leurs opérations. Renaudeau du reste a tenu le même langage. — D. Pourriez-vous donner à la cour quelques explications sur ce qui s'est passé relativement à Sortant depuis l'amnistie? — R. L'autorité militaire fut chargée à cette époque de pacifier le pays, et le commandant supérieur, dont la résidence était à Cholet, fut probablement pourvu de tous les pouvoirs nécessaires à cet égard. La police judiciaire continuait de constater tous les crimes, et des mandats étaient décernés contre tous les individus qui lui étaient signalés. Je n'appris qu'indirectement qu'un sauf-conduit avait été délivré à Sortant, et pendant huit jours je ne m'occupai point de ce chef de bande. Lorsqu'il arriva à Angers, je crus devoir consulter M. le colonel Chousserie, commandant supérieur à Cholet, et j'acquis la certitude que Sortant ne devait son arrestation qu'au subterfuge à l'aide duquel il avait obtenu sa prétendue amnistie. — D. Depuis l'arrestation des prévenus, les bandes se sont-elles dissoutes? — R. Je ne puis, M. le président, vous donner de détails précis à cet égard. Ce n'était qu'accidentellement que je me trouvais compétent pour m'occuper des affaires politiques de l'arrondissement de Beaupréau; aussi, dès que la procédure fut transmise à la cour par suite de l'ordonnance de mise en prévention, mes rapports officiels cessèrent avec cet arrondissement. Je ne pus pas connaître alors ce qui s'y passait. Ce que je puis affirmer, c'est que les amnisties ont amené la soumission de quelques réfractaires, mais que les chef sont restés inaccessibles à toute espèce de promesses et d'indulgence. — D. Savez-vous si les accusés, ou ceux désignés comme chefs, recevaient de l'argent et des instructions particulières pour faire agir les hommes qu'ils avaient en sous ordre? — R. Toutes les bandes se réunissaient hebdomadairement dans un

même lieu, où la distribution d'argent se faisait.—D. Avant
la formation des bandes, remarquait-on beaucoup d'étrangers aux environs de la ville et des lieux circonvoisins ?
— R. Oui, monsieur, à Angers principalement : d'abord ,
ils ne tinrent que quelques propos vagues, mais toujours
contraires à l'ordre de choses établies par la révolution de
juillet. Ces étrangers étaient assez bien vêtus, et paraissaient
appartenir à une des classes distinguées de la société, du
moins, tels étaient les rapports que je recevais des com-
missaires de police. — D. Les impositions, avant l'apparition de ces étrangers, avaient-elles toujours été payées
régulièrement? — R. Oui, monsieur. — Les habitants sa-
tisfaisaient-ils aux devoirs que leur imposent la loi du recrutement? — R. Je n'ai connaissance que de 5o à 6o réfractaires dans l'arrondissement de Beaupréau. —D. Quelle
est la physionomie de votre arrondissement depuis l'arrestation des prévenus? — R. Depuis quelques semaines la
fermentation prend une nouvelle intensité. — D. Avez-
vous connaissance de faits relatifs aux accusés? — R. Non.

L'avocat de Sortant prie le témoin de s'expliquer sur
l'autorisation que l'accusé avait reçue de M. le colonel
Chousserie pour se retirer dans ses foyers. Le témoin répète ce qui a été dit plus haut à cet égard et à celui de
l'attentat commis sur les sieurs Chalopin père et fils. Me
Lachèse, avocat du nommé Douet, demande à ce que ce
point, important pour son client, soit éclairci. Quelques
mots sont échangés entre les avocats des accusés.

M. le procureur général prie le témoin de dire pourquoi l'on avait délivré un sauf-conduit à Sortant. Sortant
avait promis, non de livrer ses complices, mais de les
engager à faire leur soumission au gouvernement, et à
rendre les armes afin qu'ils pussent profiter de l'amnistie.

Me Joannet demande des explications sur les coups
portés par Douet sur le nommé Coudé. — R. Trois jours

avant le départ des accusés, pour Blois, je me rendis à la prison pour constater des faits relatifs à une plainte que m'avait adressé le nommé Coudé : j'entendis les témoins indiqués par le plaignant et le prévenu, et si la procédure n'a pas encore été complétée, c'est qu'il était nécessaire de les avoir à Angers, ce qui n'était plus possible puisqu'ils étaient partis.

Me Joannet demande si Douet ne fut pas l'agresseur. — R. D'après les renseignements pris, il paraît au contraire que Coudé aurait invectivé Douet, et que c'est là ce qui aurait amené la rixe dont il est question

Me Julien : Douet n'était-il pas payé par l'administration sur des fonds secrets? — R. Lorsque Douet fut amené à la prison d'Angers, il possédait une somme de 12 francs qui suffit à ses dépenses journalières pendant un mois environ. Dans cet intervalle, plusieurs chouans furent arrêtés, et aussitôt leur solde fut établie par le parti qui les avait mis en mouvement. Les ressources de Douet étaient épuisées, et les services qu'il avait rendus à la justice allaient rendre son sort aussi pénible qu'était heureuse la position de ceux qui ne voulaient que se perpétuer dans leur erreur. Ce fut alors que l'administration s'arrangea de manière à procurer à Douet les mêmes ressources dont jouissaient ses complices.

M. le procureur-général explique comment Douet pouvait recevoir de quelques personnes charitables cette modique somme, et il affirme sur l'honneur que le procureur-général d'Angers ne fournissait aucuns fonds pour cet objet.

M. le président : Aviez-vous promis à Douet d'écrire en sa faveur. — R. Non, monsieur, cependant je l'avais recommandé à la gendarmerie, et j'avais prié qu'il ne fût pas réuni avec les autres accusés.

Nous regrettons de ne pouvoir donner ici le texte entier de cette déposition qui a pris plus d'une heure, et qui renfermait des détails à l'aide desquels MM. les jurés ont pu se former une idée d'un pays qui a ses habitudes toutes particulières.

On introduit M. Robineau, député de la Maine-et-Loire, il déclare être âgé de 53 ans, propriétaire et maire du Lorroux-Buonnais.

D. Connaissez-vous un ou plusieurs accusés. — R. Je ne connais que Cresson que j'ai vu il y a 17 ans. — D. Vous n'êtes pas son parent? — R. Non, monsieur. — D. Pouvez-vous donner quelques renseignements sur l'accusé Cresson et sur ses opinions à cette époque. R. Comme j'ai eu l'honneur de vous le dire, depuis 17 ans bien des circonstances se sont effacées de ma mémoire, mais je me souviens qu'en 1815 M. Cresson partageait l'opinion politique qui alors était en faveur. Cependant je dois, pour rendre justice à la vérité, dire que M. Cresson ne se livra alors à aucun excès, et qu'il prêta main-forte pour sauver de la fureur populaire un soldat de l'ex-garde, qui était égaré, après la funeste bataille qui termina les cent jours. — D. Pouvez-vous donner à la cour quelques détails sur l'état politique du département dont vous êtes député. — R. J'habite la rive gauche de la Loire, et comme le foyer du brigandage se trouve sur la rive droite, je ne puis donner de documents certains à cet égard ; mais j'ai toujours, comme député, et dans l'intérêt de mon pays, demandé à la tribune des mesures larges et fortes pour faire cesser cette calamité. — D. Auriez-vous quelques données relativement à l'amnistie. — R. Je siégeais à la chambre, et par conséquent je ne puis donner de détail à cet égard.

Me Saint-Vincent demande au témoin qu'il veuille bien donner des renseignements sur le caractère de son client. — R. Dans la position où je me trouvais à l'époque où je le connus, je cherchais à baser mon opinion définitive sur le caractère de ceux que je fréquentais ; celui de l'accusé me parut doux et affable, et je le considérais comme un homme que l'intérêt personnel ne pouvait point émouvoir.

Me Saint-Vincent demande si depuis cette époque (1832), il a perdu de vue où entendu parler de M. Cresson. — R. Non.

M. le président : Désirez-vous vous retirer? — R. Oui, monsieur, si ma présence n'est plus utile.

D'après le consentement de Me Janvier, de l'accusé et du ministère public, le témoin sort de l'audience.

M. le président : On va procéder actuellement à l'interrogatoire des accusés.

Le premier accusé est de Caqueray. Sa figure comme son langage annoncent de la résolution : l'aisance et la facilité avec lesquelles il s'exprime, les détails curieux qu'il donne sur l'organisation et le genre de vie des bandes, captivent l'attention de l'auditoire.

Premier accusé : Je me nomme Constantin de Caqueray. — D. Quelle était votre position lors de la révolution de Juillet. — R. En juin 1830, j'étais maréchal-des-logis aux anciers de l'ex-garde, et, au moment où la révolution éclata, j'avais obtenu, du ministère de la guerre, une sous lieutenance dans un régiment de cavalerie. — D. Après les journées de juillet, restâtes-vous au service. — R. Oui, mais comme je ne voyais point d'espoir d'avancement, j'expliquai ma position au général Excelmans, qui me répondit que n'étant que sous-officier, je ne pouvais donner ma démission, et comme j'éprouvai quelques désagréments dans le régiment dont 22 officiers se retirèrent, je passai dans le 6e chasseurs, où je fus nommé maréchal-des-logis en chef : quelque temps après, je fus cassé. Lorsque je sortis de ce régiment, j'avais l'intention de me rendre à l'armée d'Afrique ; je me mis en route, et je revins à Paris, où je fis des démarches pour me faire réintégrer dans mon grade : je ne pus obtenir ce que je sollicitais. — D. Est-ce alors que tous eûtes le projet de quitter la capitale? — R. Oui, j'étais dans l'intention de passer en Espagne. — D. N'est-ce pas à cette époque que vous connûtes Douet? — R. Oui, monsieur. — Quelle était sa position ? — R. Il était arrivé au régiment comme remplaçant; il déserta trois fois, mais, comme nous étions du même pays, et comme nous avions servi ensemble dans la garde, je le fréquentais à Paris, et il me proposa de nous rendre en Espagne. — D. Quelles étaient vos intentions en vous dirigeant vers l'Espagne? — R. Je pensais, d'après la lecture que j'avais faite de plusieurs journaux qui ne parlaient que d'invasion étrangère, que je pourrais rentrer en France, lorsqu'elle aurait lieu.

D. Comment connûtes-vous Coudé? — R. Un jour, j'avais été à la cour d'assises de la Seine, où on jugeait un embaucheur; j'étais assis près de madame Coudé, que je ne connaissais pas. Je lui demandai son nom; elle me le dit, et me donna son adresse. Nous allâmes le lendemain, avec Douet, chez cette dame, qui nous présenta à son mari et à son fils. Douet, dans la conversation, leur fit part de l'intention que nous avions de passer en Espagne. D'après cet aveu, le fils dit qu'il pouvait nous aider à effectuer ce projet. — D. Est-ce là tout ce que vous dit Coudé fils? — R. Il ajouta que si nous voulions aller en Vendée, il nous aiderait plus efficacement, attendu qu'il avait des parents dans cette contrée. — N'étiez-vous pas convenus de signes ou de chiffres particuliers, pour écrire des lettres, avec Coudé père. — R. Non, monsieur; mais nous avions adopté avec son fils un mode de correspondance.—D. Avez-vous livré à l'autorité cette clef de correspondance?—R. Je ne l'ai pas conservée.—D. Coudé père ne vous remit-il pas deux lettres? — R. Dans le paquet il y avait une lettre. — D. Ce même paquet ne contenait-il pas un papier coupé en équerre, et au moyen duquel vous pouviez vous faire reconnaître dans les maisons où vous deviez être reçu durant votre voyage? — R. Non, monsieur.

Depuis le commencement de cet interrogatoire, l'accusé Coudé sourit à chaque instant, et ne cesse de prendre des notes.

Un de MM. les jurés demande qui a payé les dépenses de la route. — R. J'avais 600 francs qui provenaient d'une dette que l'on avait contractée envers ma mère.

D. Pensez-vous avoir été espionné par Coudé père? — R. Je ne sais.—D. Que vous est-il arrivé dans la diligence? — R. Un jeune homme nous adressa plusieurs questions sur le but de notre voyage, et nous pensâmes que c'était un agent de Coudé fils. — D. Ne voyagiez-vous pas sous des noms supposés? — R. J'avais celui d'Eugène Bouville, et Douet celui de Ribaud. — D. N'étiez-vous pas annoncés dans les maisons où vous vous présentiez, et principalement chez M. le comte Tristan où vous avez été reçus?—R. Nous nous présentions comme deux sous-officiers qui rejoignaient leur régiment, et lorsque nous fûmes admis chez M. Tristan, nous lui dîmes que nous étions deux amis de son fils qui en ce moment était absent. — D. Ne présentâtes-vous pas le papier coupé en équerre à M. Tristan père. — R. Non, monsieur.

M. le président fait observer à l'accusé que, dans ses premiers interrogatoires, il a déclaré avoir montré ce papier aussitôt son entrée chez M. le comte de Tristan.

D. Avez-vous reçu de l'argent de M. de Tristan? — R. Non.—D. Où vous rendîtes-vous après votre sortie de chez M. Tristan?—R. J'allai chez M. de Fougères; je passai par Tours, et de là je me rendis dans la Vendée, à la Comterie, chez mon oncle. — D. Quelles furent vos intentions en allant dans ce pays? — R. Je les fis connaître à mon oncle en lui disant que j'espérais qu'un mouvement républicain se ferait bientôt sentir, et que, à l'aide de cette commotion politique, il serait facile au parti carliste de former un noyau qui donnerait quelques espérances de succès. Mon oncle me blâma et me dit qu'il n'y avait aucun espoir de soulèvement, et ajouta : Je vous reçois comme mon parent, mais ne faites point d'étourderie. — D. Cresson n'était-il pas chez votre oncle ? — R. Il y était au moment où nous y arrivâmes. — D. Ne vous engagea-t-il pas à entrer dans les bandes ?—R. Non, monsieur.—D. Qui vous procura les moyens d'entrer dans les bandes et les habits de chouan. — R. Étant chez mon oncle, je pensai que je pouvais le compromettre, et comme l'on parlait de visite domiciliaire, je l'engageai à me laisser partir, ce à quoi il consentit; mais, avant notre départ, il nous fit revêtir, Douet et moi, de vêtements à l'usage du pays. Ce fut un nommé Sombran qui nous mit en relation avec les bandes : cet homme est un ancien tambour des armées vendéennes. — D. Où vous conduisit cette homme ?—R. Il nous conduisit dans un endroit où nous rencontrâmes quatre ou cinq chouans. — D. Connaissez-vous ces premiers individus ? — R. Il y avait les nommés Frappereau et Bodin, ainsi que deux hommes dont j'ignore le nom. — D. De quelle bande faisaient-ils partie ? — R. De la bande de Delaunay. — D. Que fit cette bande pendant quinze jours ? — R. Les quatre premiers jours, elle parcourut la campagne, sans armes; au bout de ce temps, Douet me remit un fusil qu'il avait emprunté à un métayer. — D. Que fîtes-vous quand vous fûtes armé ? — R. Je quittai cette bande pour aller avec Frappereau trouver des jeunes gens à quatre ou cinq lieues de là. Quelques jours après, Douet fut pris par les troupes du gouvernement. — D. N'allâtes-vous pas trouver Diot ? — R. Après l'arrestation de Douet, je fus dénoncé et sur le point d'être fusillé, mais lorsqu'on apprit que j'étais parent de M. de Caqueray, auquel j'écrivis et dont je reçus une lettre que je montrai au chef de bande, on me relâcha aussitôt.

M. le président donne lecture de ladite lettre.

D. Depuis ce jour votre position changea-t-elle? —R. J'é-tais simple soldat, mais, après plusieurs jours, je me mis à la tête de quelques hommes, ainsi que Frappereau; nous restâmes alors pendant six semaines dans les bois, d'où nous ne sortions que pour chercher notre nourriture, que nous payions exactement. — D. Vous commîtes cependant quelques exactions? — R. Jamais je n'en ai commis. Je sais que quelques uns d'entre nous levèrent des contribu-tions sur des *pateaux*. On demande à l'accusé l'explication de ce mot. Il répond que l'on appelait ainsi les libéraux dans le pays. — D. Ce fut donc alors que vous devîntes chef de bandes; quelles étaient vos intentions et votre but po-litique? — R. J'espérais un soulèvement général et très prochain.— D. Que fîtes-vous avec vos hommes? —R. Nous continuâmes à rester dans les bois; quelquefois nous allions dans les métairies, où nous étions reçus gratuitement et vo-lontairement, car les habitants de ce pays protègent tous la chouannerie. — D. Avez-vous délivré des cartouches aux hommes de votre bande? — R. Non, monsieur. Je leur ai fait refaire des cartouches qui étaient avariées. — D. Avez-vous reçu de l'argent de personnes étrangères? — R. Non, monsieur. — D. Cependant vous en avez dis-tribué aux hommes de votre bande? — R. Celui que je leur ai donné m'appartenait et provenait des 600 francs que j'avais en partant de Paris.

M. le président fait observer à l'accusé que dans des in-terrogatoires précédents, il n'a point parlé de cette somme. L'accusé dit en avoir fait mention dans ceux qui ont pré-cédé les débats.

D. Quel était votre pouvoir sur les hommes que vous commandiez? — R. Il était très faible; je n'étais pas obéi vec ponctualité. — D. Votre bande ne prit-elle pas de l'accroissement? — R. Oui, elle se monta à soixante hommes. — D. Quand fûtes-vous pris? — R. Le 4 novembre. Il était trois heures ; j'étais avec plusieurs hommes de ma bande, quand nous fûmes assaillis par trente hommes que nous ne pûmes éviter. Ayant tiré dessus, et voyant que nos efforts étaient vains, je cherchai à prendre la fuite, mais ayant voulu franchir un échallier, je tombai et l'on m'arrêta. — D. Ne mettiez-vous pas sur les passe-ports des ordres? et ne reconnaissez-vous pas celui que je vais vous présenter? « Nous, capitaine de la première compagnie de » royalistes, ordonnons à tous nos subordonnés de fusiller » sur-le-champ le porteur du présent, s'il est rencontré » sur la campagne hors des limites de Cholet. » — R. Oui monsieur; je fus obligé de le mettre sur le passe-port d'un nommé Déloire, que mes hommes voulaient fusiller sur-le-champ, parce qu'ils le considéraient comme un espion. Je retins cet individu, que je fis réclamer sans que mes subordonnés eussent connaissance de la ruse que j'employais à son égard.

M. le procureur général demande de nouveau si l'accusé n'a pas fait faire des distributions de cartouches. — R. Je n'en ai point distribué, ainsi que je l'ai déjà dit.

A cette occasion, M⁰ Janvier demande des explications, et s'écrie avec quelque vivacité : « Je vois bien que l'accu- » sation cherche à placer les prévenus sur le terrain du fa- » meux article 92, qui prononce la peine de mort. »

Après quelques explications à cet égard, M. le président termine la séance à cinq heures un quart, et annonce l'ouverture pour demain, à neuf heures et demie précises.

Audience du 2 octobre 1832.

PRÉSIDENCE DE M. BERGEVIN.

L'audience est reprise à 10 heures. La même affluence se présente aux portes du palais, et la force armée est distribuée comme les jours précédents.

M. le président ordonne l'appel des témoins, qui sont ensuite conduits dans la salle qui leur est destinée. Parmi eux on distingue les deux demoiselles de Caqueray.

M. le président interroge l'accusé Sorlant :

D. Aviez-vous un commandement dans les bandes, et qui vous l'avait décerné ? — R. Je commandais une bande ; personne ne m'avait confié de commandement, mais comme j'avais déjà servi en 1815, dans les bandes dont je connaissais toutes les allures, je crus pouvoir en diriger une. — D. N'avez-vous pas eu des relations avec Diot, Delaunay père et autres chefs de ces bandes ? — R. Non, monsieur, nous agissions chacun de notre côté, et il n'y avait point de correspondance entre nous, si ce n'est lorsque nous nous rencontrions. — D. Pouvez-vous nous donner des renseignements sur Diot. — R. C'est un homme adroit et très entreprenant.

M. le procureur général : Ne s'est-il pas vanté de renverser le gouvernement que la révolution de juillet a établi? — R. Je ne sais. — D. N'avez-vous pas reçu de l'argent de Diot? — R. Non, monsieur.

M. le président : N'en avez-vous pas reçu de Delaunay pendant que vous faisiez partie de sa bande? — R. Oui, monsieur, j'en ai reçu de Delaunay père qui était alors chef de la bande où je servais avant de commander moi-même. — D. Au mois de mars 1831, les bandes étaient-elles organisées? — R. Oui, monsieur. — D. Quelle était votre position avant juillet 1830? — R. Je travaillais de mon état

de maçon. — D. N'avez-vous pas fait les anciennes guerres
de la Vendée ? — R. Oui, monsieur, j'ai fait celles de 1793, à
1799 et 1815, et, six semaines après le mois de juillet, on
commença à organiser les bandes qui existent actuellement.
— D. Ne receviez-vous pas une pension du gouvernement
déchu ? — R. Oui, monsieur, j'avais 150 francs de pension sur la cassette du roi pour les services que j'avais rendus à la cause royale aux époques ci-dessus désignées.
— D. Vous avez dit que vous n'étiez d'abord que soldat
sous les ordres de Delaunay ? — R. Oui, monsieur, après
les journées de juillet 1830. — D. Votre pension vous
fut-elle toujours payée ? — R. Oui, monsieur. — D. Qui a
donc pu vous engager à sortir du lieu de votre résidence
habituelle pour vous joindre aux bandes qui circulaient dans
le pays ? — R. Je sortis de mon domicile au mois de mars
1831, parce que l'on m'avait dit que mes opinions politiques avaient attiré sur moi les regards de l'autorité.
— D. Étant sous les ordres de Delaunay, comment le
quittâtes-vous ? — R. Il me donna à conduire six hommes
de sa bande. Je fus alors chef de ce nombre d'hommes.
— D. Que fîtes-vous avec eux ? — R. Nous parcourûmes
les environs de l'endroit où était Delaunay, et nous cou-
châmes plusieurs jours dans les métairies circonvoisines.
— D. Aviez-vous de l'influence sur eux ? — R. Très peu, cependant ils m'obéissaient en beaucoup d'occasions. — D. Quels
sont ceux qui formèrent le commencement de votre bande ?
— R. Ce furent Chevrier, Renaudeau, Aumont, Faligan,
Ivon et un sixième qui fut tué. Je ne puis préciser l'époque.
— D. Vous avez déclaré dans vos premiers interrogatoires
que votre bande se composait de 30 hommes lors de votre
arrestation. — R. C'est que, monsieur, beaucoup de retardataires et de réfractaires sont venus me rejoindre.
— D. Comment vous procuriez-vous des armes pour ces
hommes ? — R. Ils étaient presque tous porteurs d'armes,
et je les recevais ainsi. — D. N'êtes-vous pas allé avec un

ou deux hommes de votre bande chez le sieur Buchet?
— R. Non, monsieur. —D. N'êtes-vous pas allé au bourg
Lagarde, où vous avez arraché le drapeau tricolore?—R. Oui,
monsieur, j'étais dans la compagnie de Delaunay, où j'étais
encore simple soldat. Nous abattîmes l'arbre de la liberté,
nous prîmes le drapeau, que nous brûlâmes après l'avoir
déchiré.—D. Vous aviez à cette époque, ainsi que ceux qui
vous accompagnaient, poussé des cris séditieux ?—R. Je
ne m'en rappelle pas. —D. N'êtes-vous pas allé chez le
sieur Martinot, où vous prîtes un fusil que vous lui enle-
vâtes, après l'avoir menacé de le tuer s'il ne vous le livrait
pas? —R. On y est allé, mais je ne sais qui. — D. Qui
était le possesseur du fusil volé?—R. Je ne sais.—D. N'est-
ce pas ce même jour que vous fîtes insulte aux insignes de
la liberté, en brûlant le drapeau? —R. Ce n'est pas ce
jour-là. — D. N'avez-vous pas été chez le sieur Papin pour
effectuer le désarmement chez lui. — R. Non.

Plusieurs témoins sont aperçus parmi l'auditoire. M. le
président ordonne qu'ils rentrent dans la chambre qui
leur est destinée, et déclare que si pareille contravention
se renouvelle, il se croira forcé de mettre un gendarme
pour les empêcher de circuler dans le palais.

M. le président continue son interrogatoire : — D. Avez-
vous eu connaissance de l'affaire de Bressuire? — R. Non,
monsieur. — D. N'êtes-vous pas allé chez le sieur Junin
à Saint-Quentin? — R. Oui, monsieur. — D. Qu'alliez-
vous faire chez le sieur Junin? — R. Cet homme s'était
flatté que dix chouans ne parviendraient pas à le désarmer.
Ce propos m'ayant été dit, je formai le projet d'exécuter
cette entreprise.

D. A cette époque, M. Junin n'était-il pas malade, et
même alité? — R. Oui, monsieur. — D. Exécutâtes-vous
le projet que vous aviez formé de vous rendre chez lui?—
R. Oui, monsieur. Je m'y rendis, et je pris un pistolet et
une bayonnette qui était emmanchée sur un bâton. — D.

Fîtes-vous des menaces au sieur Junin? — R. Non monsieur. — D. Cependant il n'est pas présumable qu'un homme
qui, d'après les propos que vous lui faites tenir, avait montré assez d'énergie, se soit laissé désarmer sans qu'il y ait
eu, ou force majeure, employée par vous, ou menaces.
— R. Non, monsieur, je ne le menaçai pas. (En ce moment, plusieurs de MM. les jurés prennent des notes.)
— D. N'êtes-vous pas allé chez M. Hervay Alexandre ? —
R. Non, monsieur. — D. Ne vous êtes-vous pas rendu chez
M. Manceaux, à la Chapelle-Aubry. — R. Ayant eu connaissance que le sieur Manceaux me faisait passer pour un
homme dangereux, aux yeux de plusieurs habitants du
pays, je résolus de lui imposer silence. A cet égard, je me
rendis chez lui, avec ma bande, et on lui déclara que s'il
ne donnait pas 48 francs, il allait passer par les armes.
Voyant l'animosité que mes hommes mettaient à obtenir
celte somme du sieur Manceaux, je l'engageai, à leur insu,
à la leur donner; mais il fit quelques difficultés : et comme
je savais que, dans nos bandes, nous étions tous *maîtres et
compagnons*, je n'osai prendre sur moi d'accéder à la demande qu'il me fît de me donner 47 francs; somme qu'il
possédait alors. Cependant, après avoir parlé en particulier
à mes hommes, et avoir observé au sieur Manceaux qu'il
s'exposait au *carnage*, l'on tomba d'accord que le sieur
Manceaux remettrait les 47 francs qu'il avait à sa disposition. — D. Que fîtes-vous de cet argent ? — R. Je le distribuai aux hommes de ma troupe. — D. Avez-vous connaissance de l'assassinat de Chalopin ? — R. J'étais chez
nous, lorsque cet assassinat fut commis à Chemillé, qui est
à deux lieues de mon domicile. D'ailleurs, au moment où
ce crime fut effectué, le garde champêtre de la commune
m'a vu dans mon domicile. — D. Donnez-nous des détails
sur l'arrestation d'un gendarme nommé Ricossais? — R.
Nous étions dans le bourg de la Salle, il était huit heures
du soir; nous nous trouvâmes au nombre de sept ou huit

hommes dans une auberge de ce bourg ; nous nous mîmes à boire quelques bouteilles ; onze heures arrivèrent, un de nous sortit et revint nous dire : voilà un gendarme qui passe devant l'auberge où nous sommes. Mes camarades se précipitèrent aussitôt et arrêtèrent le cheval ; ils firent descendre le gendarme, s'emparèrent de son sabre et de ses pistolets. Ce gendarme était porteur d'une correspondance que l'on ouvrit et que l'on voulut brûler ; mais d'après les observations que je fis, on remit les papiers dans leurs enveloppes, et on lui permit de continuer sa route. Il entra même dans l'auberge, où il but une bouteille de vin avec nous : il voulut payer, mais je ne le souffris pas. Cependant, lorsqu'il sortit de l'auberge, il ne retrouva plus ses pistolets, et je ne puis dire ce qu'ils étaient *devenus*. — D. N'étiez-vous pas chef de bande, à cette époque ? — R. Non, monsieur. — D. Tous vos hommes étaient-ils armés, au commencement de la formation de votre bande ? — R. Au moment où j'étais chef de bande, tous mes hommes n'étaient pas armés : c'est sans *préambule* que je dis cela. — D. N'avez-vous pas écrit ou signé plusieurs ordres ou laissez-passer ? — R. Non, monsieur.

M. le président fait mettre sous les yeux de l'accusé une pièce qui est signée de lui, mais à laquelle l'accusé prétend n'avoir apposé son seing que devant l'autorité, et pour le *ne varietur*. (A la fin de cette question l'accusé sourit.)

D. Lorsque vous étiez à la tête de votre bande, comment viviez-vous ? — Nous entrions dans les métairies où l'on nous donnait ce qui nous était nécessaire. — D. Vous n'usiez jamais de violence pour obtenir ce dont vous aviez besoin ? — Non, monsieur. La population de la Vendée généralement accueille avec bienveillance les hommes qui composent les bandes. — D. Comment vous procuriez-vous de la poudre et autres munitions ? — R. J'avais une livre et demie de poudre, et comme dans le pays, presque tous les habitants sont chasseurs, ceux qui formaient nos bandes avaient aussi, en leur possession , une certaine quantité de poudre. — D. Aviez-vous connaissance qu'il y ait eu un dépôt de poudre général? — R. Non, monsieur. — D. Avez-vous reçu de l'argent? — R. Monsieur, une seule fois. — D. Où et qui vous le donna? — R. Ce fut à Saint-Pierre; on vint me dire qu'un inconnu demandait à me parler. Je me rendis à l'endroit que l'on m'indiqua, et je trouvai un individu, qui, monté sur un très beau cheval et couvert d'un manteau bleu, me demanda si nous avions de l'argent. Sur ma réponse négative, il tira un sac de dessous son manteau et me le remit. Ce sac contenait 50 louis de 20 francs. — D. Qu'avez-vous fait de cette somme. — R. Je la distribuai aux hommes de ma bande. — D. Pouvez-vous signaler la personne qui vous remit cet argent? — R. Je ne le puis, car je ne l'ai vue qu'au clair de lune. — D. Comment se fait-il, que vous dites, en ce moment, avoir payé vos hommes avec les pièces d'or remises par l'inconnu. Cependant il paraît que vous leur donniez habituellement des pièces de six francs? — R. J'avais fait un échange des pièces d'or contre celles ci-dessus désignées.

M. le procureur général : N'avez-vous pas donné de l'argent à Pinot? — R. Je ne me souviens pas si j'en ai donné à cet individu, car, à plusieurs reprises, j'en ai remis à diverses personnes.

M. le président : On a remarqué qu'il y avait une certaine quantité de balles mâchées parmi celles qui ont été saisies? — R. Nous n'avions pas de balles à notre disposition , nous prenions des cuillers d'étain que nous fondions, et j'avais fabriqué un moule avec de la pierre de Rennes. Je faisais trois balles à la fois , et après les avoir fabriquées, nous les cachions dans des étables. Il se peut que quelques animaux aient mordu ces balles qui étaient dans la paille ou dans le foin, mais jamais je n'ai donné ordre que l'on mordît les balles. — D. Lorsque vous avez eu connaissance de l'amnistie, vous présentâtes-vous aussitôt pour en profiter? — R. Aussitôt que je fus instruit de la clémence que le gouvernement apportait à notre égard, je résolus de faire ma soumission et à cet effet, je me présentai devant M. le colonel Chousserie, afin qu'il me fît participer au bénéfice de cette amnistie. — D. Avez-vous des preuves de ce fait? — R. Je ne puis donner que les saufs-conduits qui m'ont été délivrés. — D. Quelles furent les démarches que vous fîtes pour obtenir le bénéfice de l'amnistie? — R. Je vis M. le colonel Chousserie. Il consentit à me donner l'acte d'amnistie, et je lui demandai la même faveur pour un grenadier du 41e de ligne, qui faisait partie de notre bande. Quand j'eus cette pièce, je me rendis à Cholet.

M. le président donne lecture du sauf-conduit délivré par M. le colonel Chousserie.

Me Julien, avocat, lit aussi un sauf-conduit, conçu en d'autres termes, délivré par le même colonel audit accusé. Il s'élève, à l'égard de ces saufs-conduits, une discussion assez intéressante. Il s'agit de savoir si l'autorité militaire était compétente pour délivrer des saufs-conduits, afin que les hommes égarés pussent se retirer dans leurs foyers, et si ces saufs-conduits étaient de nature à effacer les crimes que la justice civile est en droit de poursuivre.

M. le président, en vertu de son pouvoir discrétionnaire, ordonne que le colonel Chousserie sera assigné pour se présenter dans quatre jours, afin de donner à la cour des renseignements à cet égard.

On procède à l'interrogatoire de Delaunay.

D. Quelle était votre position à l'époque de la révolution de juillet 1830. — R. J'étais alors à l'école d'équitation de Saumur, d'où je fus renvoyé quatre mois après, par le général Oudinot. (En prononçant cette réponse, l'accusé paraît très ému). Je retournai alors au sein de ma famille, et, d'après l'ordre de mon père, je commençai à fréquenter quelques personnes qui se trouvaient avec des hommes qui faisaient partie des bandes.

Mᵉ Janvier prie la cour d'observer que Delaunay a toujours eu pour son père un respect sans bornes, et tout porte à croire que s'il a eu quelque intimité avec les hommes qui composaient ces bandes, il n'agissait que d'après l'instigation de l'auteur de ses jours.

L'accusé continue : Dans notre pays j'avais un panache blanc qui faisait partie de l'uniforme que nous portions alors à l'école. Je fus dénoncé pour cela par plusieurs personnes. Tourmenté par les craintes que me faisait éprouver cette dénonciation, et dominé par l'ascendant que mon père exerçait sur moi, je me joignis à la bande de Diot.

D. Avez-vous reçu de l'argent. — R. Jamais. — D. Cependant votre père prêta à Diot la somme de cent écus. A quel titre lui remit-il cette somme ? — R. Il la lui confia comme à un ami et non pour le service des bandes. Du reste, je ne reçus jamais d'argent.

M. le procureur-général : N'étiez-vous pas à Baupréau lorsque l'on déchira le drapeau tricolore? — R. Non, monsieur.—D. N'étiez-vous pas chef de bande?—R. Non, monsieur.

M. le procureur du roi : Dans l'instruction, vous avez dit que vous étiez avec trois hommes que vous commandiez. — R. J'étais en effet avec trois hommes, mais je ne les commandais pas. Mon père avait toute l'autorité, et je n'agissais que d'après ses ordres. — D. Comment et quand avez-vous été arrêté? — R. J'étais avec les nommés Ménard, Abraham et Ivon : il était cinq heures et demie. Nous avions placé Ménard en sentinelle quand des soldats, commandés par M. Bouvier, nous cernèrent. Ménard fut tué, et je cherchais alors à prendre la fuite ; mais Bouvier me poursuivit, et je n'avais pas fait vingt-cinq pas qu'il me menaça de tirer sur moi si je ne me rendais pas, ce que voyant je déposai les armes. Je crois devoir observer à la cour que Bouvier agit alors envers moi d'une façon très brutale. — D. Avez-vous tiré sur la troupe. — R. Non, monsieur. — D. N'avez-vous pas distribué des cartouches avant votre arrestation? — R. Non, monsieur.

M. le substitut du procureur du roi : N'avez-vous pas coupé les cheveux au nommé Roquet, et cette espèce de mutilation n'était-elle pas un signe de réprobation parmi vous?—R. Roquet avait été amené parmi nous comme devant faire partie de la bande, mais comme il était *pataud*, Dixneuf le garotta et le menaça de lui couper les cheveux. Je renouvelai cette menace, sans cependant avoir l'intention de l'effectuer.

Me Janvier fait observer que l'on peut confondre en parlant des deux Delaunay, et qu'il n'y avait véritablement que le père qui était chef de bande.

D. Avez-vous connaissance de l'assassinat du garde national Gélusseau. — R. Oui, monsieur; j'en ai entendu parler. — D. Avez-vous vu donner ou fait distribuer des effets d'habillement aux hommes qui composaient la bande dont vous faisiez partie? — R. Oui; on leur a donné des blouses bleues avec des fleurs de lis brodées sur le collet. — D. Ne donnâtes-vous pas 28 sous à Renaudeau ? — Je ne me rappelle pas de cela.

Me Janvier demande à lire, en faveur de Delaunay, un article d'un journal libéral qui contient des détails sur la mort de M. Delaunay père. Cet article fait connaître que M. Delaunay a dépensé près de 60,000 fr. pour soutenir la branche que la révolution de juillet a expulsé du trône; qu'après ce sacrifice on lui accorda, en 1815, une pension de 900 francs, à laquelle il renonça; qu'ensuite il traîna, à l'âge de soixante-cinq ans, sa frêle existence en parcourant les départements de l'ouest; qu'il succomba victime d'une maladie que lui avait occasioné son dévouement pour la cause qu'il avait embrassée, et que son corps fut trouvé

dans les landes de Bretagne. Cette lecture paraît faire beaucoup d'impression sur l'auditoire.

M. le président procède à l'interrogatoire de Douet.

D. Quelle était votre position avant la révolution de
1830? — R. En juillet, j'étais au régiment de hussards de
l'ex-garde royale ; après le licenciement, je revins à
Chaillot, chez mon père. — D. Quelle est la position de
votre père et sa profession? — R. Mon père est jardinier.
— D. Combien de temps êtes-vous resté sous le toit paternel après votre sortie des hussards? — R. J'y restai trois
mois. — D Qu'avez-vous fait pendant ce laps de temps ?
— R. J'étais ouvrier décatisseur. — D. Qui vous a engagé
à reprendre du service? — R. Parce que ma famille n'é-
tait pas heureuse. — D. Comment, en reprenant du service, avez-vous replacé votre famille dans un état moins
précaire que celui où vous dites qu'elle était ?—R. Je pris
le parti de remplacer un jeune soldat de 1828. — D. Combien vous rapporta ce remplacement? —R. Dix-huit cents
francs. — D. Qu'avez-vous fait de cette somme ? — R. Je
reçus huit cents francs comptant, dont je donnai partie à
mon père et partie à ma sœur. — D. Quel régiment vous
fut assigné ? — R. Le 6e chasseurs. — D. Êtes-vous resté
long-temps dans ce corps? — R. Depuis le 2 janvier 1831
jusqu'au 18 avril même année.

MM. les jurés font observer qu'ils n'entendent point assez distinctement ce que dit l'accusé, qui paraît très ému,
et dont la contenance est celle d'un homme véritablement
peiné de la situation où il se trouve.

D. Où le 6e chasseurs était il en garnison? — R. A
Beauvais. — D. Ce fut là où vous connûtes de Caqueray?
— R. Oui, monsieur; nous étions du même pays, et nous
liâmes connaissance.—D. Avez-vous subi des peines graves
au régiment? — R. Quinze jours de prison de ville. —
D. Est-ce ce motif qui vous a engagé à déserter.—R. Non;
c'est ce qui est arrivé par la suite à Caqueray.

L'accusé qui, par suite de la faiblesse de son organe, avait été placé, durant les interpellations, à côté de M. le greffier, paraît éprouver une vive sensation. Il demande que l'on lui apporte un verre d'eau, ce qui, d'après l'ordre de M. le président, est exécuté. Après cet incident, de Caqueray interrompt l'interrogatoire de Douet pour faire observer à la cour que cet homme avait déserté trois fois du 6e chasseurs. Il ajoute qu'ayant été maréchal-des-logis-chef dans l'escadron où était Douet, il était à portée, plus que personne, de donner des renseignements à cet égard. Me Janvier dit que Douet a vu à Paris plusieurs officiers de l'ex-garde royale qui avaient l'intention de se rendre en Espagne, et que lui-même avait eu cette idée. Caqueray dit que Douet lui avait déjà manifesté le désir de franchir les Pyrénées; il ajoute que le brigadier Bertaud pourrait affirmer ce dire.

D. Comment connaissez-vous Coudé père et fils.—R. Ce fut à la cour d'assises, où j'allais avec Caqueray, que je rencontrai l'épouse de M. Coudé.

Les accusés Coudé et Cresson prennent des notes.

Me Janvier : Caqueray connaissait-il la famille Coudé? — Douet : Je ne sais pas. — D. Qui a invité Caqueray et vous à aller chez M. Coudé? — R. Ce fut son épouse. — D. Quel motif a pu l'engager à inviter Caqueray et vous.— R. Je pense que c'est comme ancien camarade et ami de son fils. — D. Que s'est-il passé lors de votre première visite chez Coudé? — R. Nous avons trouvé Coudé fils, qui nous demanda quelle était notre position. Caqueray exprima l'intention où il était de se rendre à Alger ou en Vendée chez un de ses parents. Coudé l'engagea à donner la préférence à la Vendée. — D. Quel Coudé fit cette observation.— R. Le père. Il nous proposa même des passe-ports, et dit que nous les aurions le lendemain à deux heures. — D. Fut-il question des troubles de la Vendée? — R. Oui, monsieur. — D. Parla-t-on d'autres nouvelles politiques. — R. Oui ; on parla de changement de gouvernement, de la déclaration de guerre des puissances étrangères, et des espérances que le parti carliste pouvait avoir. (Coudé sourit et Caqueray prend des notes). — D. Eûtes-vous vos passe-ports le lendemain, ainsi que Coudé père vous l'avait promis ? — R. Non ; mais il nous proposa un autre moyen. — D. Quel était ce moyen ? — C'était d'aller de château en château, où nous devions être reçus au moyen de recommandations, mais comme en ce moment j'attendais une réponse à une pétition que j'avais adressée à M. le duc de Nemours, pour rentrer au service, j'hésitai à prendre ce parti : ne recevant pas de solution à cet égard, je me déterminai à suivre Caqueray, qui d'abord voulait se rendre en Espagne, et ensuite résolut de se passer en Vendée chez un de ses parents. N'ayant pas d'argent, malgré que Caqueray se flattât journellement de pouvoir s'en procurer, je fis part de notre embarras à Coudé père qui nous promit de pourvoir à nos besoins.

D. Vous vous décidâtes cependant à quitter Paris ? — R. Oui, monsieur. — Quelle voie employèrent vous pour sortir de la capitale ? — R. Nous prîmes la diligence. —D. Qui paya les arrhes ? —R. Coudé père donna 10 fr. — D. Sous quel nom fûtes-vous enregistrés ? —R. Je crois que de Caqueray fut enregistré sous celui d'Eugène Bouville, et moi sous celui de Rembault. — D. Avant de monter en diligence, n'y eut-il pas une circonstance remarquable ? — R. Étant à nous promener dans le passage Véro-Dodat, où nous attendions Coudé père, qui devait nous remettre des lettres de recommandation et des signes de ralliement, nous causions Caqueray et moi, et nous fûmes fort étonnés lorsque Coudé père, en nous abordant, nous rendit compte de la conversation que nous venions d'avoir ensemble. En ce moment, il nous dit qu'il ne fallait pas que nous fussions surpris s'il était instruit du sujet de notre conversation, car, par la suite, il saurait de même quelles se raient les démarches que nous ferions. — D. Coudé ne vous remit-il pas alors des papiers? — R. Oui, monsieur ; il nous donna d'abord un papier blanc, tracé au crayon dans toute sa largeur, au moyen duquel nous pouvions, dit-il, nous faire reconnaître chez M. le Cerf ; ensuite un papier coupé en triangle, qui devait être notre recommandation auprès de M. de Tristan, et un alphabet en chiffres, au moyen duquel nous pouvions correspondre. (M. le président fait faire au prévenu un modèle de ces papiers). Au moment de monter en diligence, Coudé nous remit 10 fr. —D. Remboursâtes-vous cette somme à Coudé ? — R. Non, monsieur. — D. Et de Caqueray le fit-il? — R. Je ne crois pas ; de Caqueray était dénué de fonds, il n'avait pas reçu d'argent depuis son arrivée à Paris, époque à laquelle, il avait 20 ou 25 francs que lui avait donnés sa mère. — D. Que s'est-il passé durant votre voyage? — R. Dans la diligence, un homme que nous ne connaissions pas, lia conversation avec nous ; il disait qu'il fuyait la capitale par suite d'une affaire d'honneur, que son intention était de voyager pendant quelque temps, et peut-être d'aller en Vendée ; il nous tint de pareils discours jusqu'à Orléans, où il nous quitta après avoir déjeûné avec nous. Nous pensâmes que c'était un agent de Coudé. — R. Que fîtes-vous à Orléans? — R. Nous fûmes chez M. de Tristan. Nous y arrivâmes vers 3 ou 4 heures. Nous demandâmes M. Louis, officier d'artillerie. M. Tristan père nous répondit qu'il ne connaissait pas la personne que nous demandions. Le fils de M. Tristan, qui était absent au moment de notre arrivée, revint à la maison, et ce fut à lui que de Caqueray remit le papier taillé en équerre — D. Ne fut-il pas question chez M. de Tristan, du projet que vous aviez de vous rendre dans la Vendée? — R. Oui, monsieur, pour mon compte, je désirais m'y rendre, afin de profiter de l'amnistie que le gouvernement accordait à tous les déserteurs et réfractaires qui se trouvaient dans cette contrée.

Me Janvier fait observer que lors de son départ de Paris, il n'y avait pas de projet d'arrêté, et que de Caqueray pouvait avoir l'intention de se rendre en Vendée auprès de son parent, sans avoir l'idée de se réunir aux bandes.

D. Restâtes-vous long-temps chez M. Tristan, ou vous rendîtes-vous ensuite à Blois et de là chez M. de Fougères ; que s'est-il passé dans cet endroit ? —R. Nous fûmes assez bien accueillis chez lui, et de Caqueray lui fit part de l'intention où il était de se rendre en Vendée. M. de Fougères approuva ce projet. Je fis signe à de Caqueray de lui exposer l'état de pénurie dans lequel nous étions. Mais, soi que de Caqueray ne m'eût pas compris, ou n'osât pas lui avouer notre position, je pris sur moi de lui en faire part. Il nous donna 7 ou 8 francs, et nous dit que nous aurions dû plus tôt expliquer nos besoins, que l'on nous aurait remis davantage étant chez son père.

On interroge l'accusé sur M. de Latoualle, qu'il devait trouver chez M. de Fougères. Il répond qu'ils ne l'ont point vu dans cet endroit, et qu'il pense que ce nom n'était qu'un mot de ralliement entre les associations carlistes. (Coudé donne des signes de dénégation).

L'audience est suspendue et reprise à deux heures.

D. Vous voilà en route pour vous rendre chez le parent de Caqueray. — R. Oui, ce fut le 29 mai que nous nous dirigeâmes vers La Comtrie. Nous arrivâmes de bon matin chez M. de Caqueray. Nous trouvâmes une domestique qui était levée, et à laquelle nous fîmes part du sujet de notre visite. Un quart d'heure après, M. de Caqueray vint. Il parut étonné de voir son cousin, il nous demanda d'où nous venions, nous le lui dîmes ; et après cela nous montâmes dans la chambre de M. Cresson, qui nous reçut à bras ouverts, et qui nous dit que si la France possédait deux mille hommes comme nous, le parti serait sûr du succès. (Rire négatif parmi messieurs les officiers qui assistent à l'audience). M. Cresson était connu sous le nom de François, et comme il y avait un mandat d'amener lancé contre lui, il restait presque toujours enfermé dans sa chambre. — D. Quelles étaient vos conversations avec de Caqueray ? — R. Il nous engageait à attendre avant que d'aller rejoindre les bandes. — D. Ne vous a-t-il pas dit que vous aviez commis une grande imprudence en venant dans le pays ? — R. Oui, monsieur, mais il ajouta : cela n'empêchera pas que je ferai pour vous ce qui dépendra de moi. Quant à Cresson, il nous faisait des remontrances et nous blâmait hautement de ne point faire nos prières et le signe de la croix avant et après les repas. Il cherchait à nous éloigner de la maison, sous prétexte que l'on craignait à chaque instant les visites domiciliaires. D'après cela, et voulant éviter à M. de Caqueray les désagréments que pourrait lui attirer notre présence chez lui, nous nous retirâmes dans un bois, où nous restâmes cinq ou six jours avec Cresson, qui nous avait suivis. — D. Cresson vous excitait-il à aller dans les bandes ? — R. Il nous disait que si nous allions dans les bandes, lorsque Charles X ou Henri V reviendraient en France, nous serions certains d'obtenir des grades, et que pour lui, il verrait plus tard à prendre part à la guerre civile. (Signe de dénégation de la part de l'accusé Cresson).

D. Vous a-t-il donné des instructions sur le mode d'armement des bandes ? — R. Il nous parlait souvent de cet objet ; mais c'était des anciennes armées vendéennes dont il était question. — D. Comment sortîtes-vous définitivement du château ? — R. Un nommé Crouston est venu nous chercher à la Comterie. — D. Lorsque vous le quittâtes, ne vous donna-t-on pas des vêtements ? — R. M. Caqueray nous donna les vêtements à l'usage du pays.—D. Quels sont ces vêtements ? — Ceux que je porte en ce moment sur moi. — D. M. Cresson était-il présent au moment de votre départ ? — R. Oui, monsieur.— D. Vous donna-t-il des renseignements sur les bandes ? — Oui monsieur.

D'après l'observation de Me Janvier, Douet renouvelle
l'assurance que ces renseignements étaient relatifs aux
bandes qui avaient existé antérieurement dans ce pays.

D. Crouston vous dit-il qu'il vous conduisait aux bandes?
R. Oui, monsieur; et nous fûmes accompagnés, une
partie du chemin, par M. de la Saillette. Croustan nous
mena dans une métairie où nous restâmes trois jours
au bout desquels le nommé Charrier père vint nous prendre, et nous conduisit auprès des nommés Frappereau,
Bodin, etc. Je n'avais point d'armes ; Caqueray nous avait
quittés pour aller d'un autre côté, et je fus arrêté le troisième jour de mon entrée dans cette bande. — D. Quelle
influence Charrier paraissait-il avoir sur les hommes vers
lesquels il vous conduisit. — R. Il paraissait agir en maître
avec eux. — D. Avez-vous connaissance que dans votre
bande, et durant votre court séjour au milieu d'elle, il ait
été commis quelque crime dont la société réclame la punition? — R. Non, monsieur.

On passe à l'interrogatoire du nommé Coudé, qui semble agité de la plus vive émotion et qu'il surmonte avec
peine.

D. Quelle était votre position sociale? — R. J'étais chef
de bataillon en non activité. — D. Vous habitiez Paris?
— Oui, monsieur. — D. Vous n'avez jamais paru sur les
bancs des accusés? — R. Non, monsieur. (Cette question
paraît blesser la délicatesse de l'accusé.) — D. A quelle
époque avez-vous connu Douet et Caqueray. — R. Le lendemain où mon fils fut mis en jugement.—D. Qui les introduisit chez vous?—R. Ils se présentèrent comme d'anciens
camarades de troupe de mon fils. — D. Que vous dirent
ces deux individus, lorsqu'ils se présentèrent à votre domicile? — Ils me confièrent qu'ils étaient déserteurs : je les
blâmai d'avoir quitté les drapeaux. Et certes, il n'est pas
présumable qu'un ancien officier, qui n'a jamais dévié du
sentier de l'honneur, se soit abaissé jusqu'à remplir le

rôle vil et odieux d'embaucheur; et je puis à cet égard donner un démenti formel au nommé Douet, qui prétend avoir reçu de moi des instructions pour aller rejoindre les bandes vendéennes. — D. N'avez-vous pas dit aux nommés Douet et Caqueray, que vous leur feriez obtenir des passe-ports? —R. Je n'ai jamais promis de passeports : si j'avais été dans l'intention de leur en faire obtenir, certes il n'est pas difficile à Paris de se procurer ces papiers. Je pouvais aisément trouver une seconde personne avec laquelle je me serais présenté chez le commissaire de police, qui aurait délivré, sur notre attestation, le certificat nécessaire pour obtenir ce que nous aurions désiré avoir. — D. N'avez-vous pas indiqué aux nommés Douet et Caqueray des châteaux où ils devaient s'arrêter. — R. Je ne connaissais personne sur la route qu'ils avaient à parcourir. Ainsi je n'ai pu leur donner ces renseignements. — D. Avant leur départ, ne leur remîtes-vous pas des papiers et un alphabet? — R. Je n'ai jamais remis d'alphabet aux individus que vous me nommez : quand ils ont été prêts à monter en diligence, je leur donnai une lettre que mon fils m'avait chargé de leur remettre.

M. le président demande à l'accusé Douet si pendant le temps qu'il était chez M. Caqueray, il n'avait pas reçu une lettre de Cresson, dont la moitié était en écriture usuelle, et l'autre moitié en chiffres. — R. Non, monsieur. — D. Ne donnâtes-vous pas des arrhes pour leurs places à la diligence? — R. Oui, monsieur. — D. Vous aviez donc espoir d'être remboursé de cette somme? — R. On devait me la remettre quatre ou cinq jours après.

Sur l'interpellation de M. le président, relativement à la lettre que Douet dit avoir été écrite par Coudé, et adressée à Caqueray, lorsqu'il était chez son parent, à la Comterie, il s'établit une très vive discussion, pour savoir si, comme le prétend l'accusé Douet, cette lettre était écrite moitié en chiffres, et moitié en écriture usuelle.

D. Sous quels noms furent inscrits Caqueray et Douet, lorsqu'ils partirent pour Paris? — R. Sous leurs noms.

A l'occasion de cette réponse, M. le président donne lecture d'une lettre de M. le préfet de police de Paris, qui assure que, renseignements pris à cet égard, il n'existe pas de bureau de messagerie à l'adresse indiquée.

On passe à l'interrogatoire de l'accusé Cresson.

D. Quelle était votre position avant les événements de juillet 1830? — R. J'étais lieutenant de gendarmerie dans le département des Deux-Sèvres. Après cette époque, on me mit en congé avec solde; je ne me suis jamais présenté pour la recevoir. — D. Qu'avez-vous fait depuis lors? — R. Je me suis retiré dans ma famille, et c'est de là que j'ai pu voir le commencement de la fermentation. Comme je craignais d'être victime dans la ville d'Angers, où je me trouvais, j'allai demander un asile, momentané à M. de Caquerey. Il me reçut fort bien, et ce fut pendant que je restai chez lui que Caqueray et Douet vinrent au château de la Comterie. Je les vis très peu durant mon séjour dans cette maison, car je sortais rarement de ma chambre. — D. Ne leur donnâtes-vous pas le conseil d'aller se joindre aux bandes qui se trouvaient dans le pays? — R. Non, monsieur, je savais qu'ils étaient déserteurs; que M. de Caqueray ne les avait reçus que dans l'intention de les soustraire momentanément aux recherches de l'autorité. Loin de les engager à prendre le parti que l'on prétend que je leur ai conseillé, je dirai, au contraire, que je les blâmai et que je les engageai, ainsi que leurs parents, à attendre une amnistie pour pouvoir rejoindre paisiblement leurs drapeaux, d'ailleurs il n'est pas raisonnable de penser qu'un homme qui a 50 ans d'âge, 15 ans de service dans la gendarmerie, et des fils maréchaux des logis dans l'armée française, qu'un tel homme, dis-je, soit le fauteur et le complice de déserteurs. — D. Étiez-vous encore chez M. de Caqueray quand Douet et Caqueray jeune sortirent du château pour se rendre aux bandes? — R. Non, monsieur, je n'y étais plus. — D. Cependant Douet assure que vous étiez présent lorsque Crouston vint les chercher? — R. J'affirme que j'avais quitté la maison de M. Caqueray.

Mᵉ Janvier et Mᵉ Saint-Vincent s'élèvent avec force contre Douet, qu'ils traitent de dénonciateur. M. le président fait observer aux deux avocats que l'épithète qu'ils donnent à l'accusé Douet ne peut lui être attribuée, et lors même qu'elle serait opportune, ils devraient s'abstenir de la prononcer. Mᵉ Janvier dit que Douet compte beaucoup sur le bénéfice de l'article 108 du code pénal, et qu'alors cette qualification peut lui être appliquée.

Un juré adresse à Douet cette interpellation : Assurez-vous que Cresson ait dit, lors de votre entrée à la Comterie, que s'il y avait deux mille hommes comme vous en France, le parti légitimiste triompherait? — R. Oui, monsieur. — D. Avez-vous servi dans les anciennes bandes de chouans en 1795 et 1815? — R. Oui, monsieur. — D. Aviez-vous une pension? — R. Non, monsieur.

On introduit M. de Caqueray, parent de l'accusé de ce nom. Il déclare être ancien député de Maine-et-Loire et résider à la Comterie. D'après l'observation de M. le procureur général d'Orléans sur la position actuelle de M. de Caqueray, M. le président ordonne qu'il ne sera point admis à prêter le serment, et qu'il ne sera entendu que pour donner de simples renseignements.

D. Cresson n'habita-t-il pas dans votre propriété de la Comterie pendant un certain laps de temps? — R. Oui, monsieur. — D. Le connaissiez-vous avant qu'il vînt chez vous? — R. Oui, monsieur, et je le reçus comme un ami. — D. Parmi les accusés présents connaissez-vous un ou plusieurs individus? — R. Je connais Douet et Caqueray, qui est mon parent, mais à un degré fort éloigné. — D. Ces deux accusés ne vinrent-ils pas chez vous au moment où Cresson y était? — Le 29 mai, ils y arrivèrent. Mon parent me présenta Douet comme un de ses grands amis et un de ses frères de lait. Ils me dirent quelle était leur position, et je les engageai à attendre une amnistie ; mais comme je craignais qu'à chaque instant on ne vint faire chez moi une visite domiciliaire, je les invitai à ne pas se montrer fréquemment au dehors ; d'ailleurs les redingotes et les chapeaux ronds qu'ils portaient les avaient fait remarquer dans nos contrées, et je résolus, au bout de quelques jours, de leur procurer des vêtements qui les distinguassent moins des habitants. J'effectuai ce dessein, et je leur achetai des habillements pareils à ceux que porte en ce moment Douet. — D. Quel fut le motif qui les engagea à sortir de chez vous ? — R. Mes craintes relativement à la visite domiciliaire prirent une telle consistance dans mon esprit que je pensai à éloigner Douet et Caqueray, et ce fut alors que nous résolûmes qu'ils quitteraient la maison. Je chargeai Crouston de les conduire à une métairie à quelque distance de mon habitation. — D. Lors du départ des deux autres accusés Cresson était-il présent ? — R. Non, monsieur, Cresson était absent depuis la veille. — D. Entendîtes-vous parler de votre parent après son départ de votre maison ? — R. Je n'entendis parler de lui que dans une seule et malheureuse circonstance ; ce fut celle où il réclama de moi un mot d'écrit de ma main qui constatait qu'il était homme d'honneur et de probité afin de lui servir de certificat pour le retirer du milieu d'une bande qui voulait le fusiller par suite de suspicion de trahison.

Mademoiselle Alphonsine de Caqueray, âgée de 24 ans, répète textuellement les dépositions de son père.

On passe à l'audition de M. de Fougères.

M. le président : D. N'avez-vous pas eu de relations avec les nommés Coudé et Cresson ? — R. Non, monsieur — D. Parmi les accusés ici présents, connaissez-vous un ou plusieurs individus ? — R. Oui, monsieur, je connais Douet et de Caqueray. — D. Dans quelle circonstance en fîtes-vous la connaissance ? — R. Ce fut vers le mois de mai ou de juin 1831, qu'ils se présentèrent chez moi comme deux officiers de l'ex garde royale. Connaissant de réputation la famille Caqueray, je n'hésitai point à recevoir dans ma maison un de ses membres, ainsi que son ami. J'avais du monde chez moi, je les invitai à dîner, ils acceptèrent, et ils couchèrent. Le lendemain matin, mon fils les reconduisit à quelque distance de mon habitation, et comme ils lui avouèrent l'état de pénurie où ils étaient, il leur donna 5 ou 6 francs. — D. Vous ont-ils fait part du projet qu'ils avaient formé d'aller rejoindre les bandes dans les départements de l'ouest? — R. Non, monsieur.

M. De Fougères fils fait la même déposition que son père.

Me Janvier demande au témoin si de Caqueray a pris part à la demande d'argent faite lorsqu'il reconduisait Douet et de Caqueray. — R. Non.

M. Le Cerf, âgé de 47 ans, n'a pas connaissance des faits de la cause, et dit n'avoir point reçu de papiers ni de lettres de Coudé.

M. le procureur général fait observer qu'il n'est pas étonnant que le Cerf n'aie pas reçu ces papiers, puisque les accusés Douet et de Caqueray n'ont pas été chez lui pour présenter ces espèces de lettres de créance.

Crouston, dit Gourdon, âgé de 52 ans : D. Connaissez-vous un ou plusieurs des accusés ici présents ? — R. Oui, monsieur, je connais Charrier père, Sortant, Delaunay, Ivon, Renaudeau. — D. Ne fûtes-vous pas chargé de conduire deux hommes qui étaient chez M. de Caqueray à la Comterie, et de les mener vers Charrier père? — R. Oui, monsieur; on m'avait envoyé chercher pour savoir si je pouvais conduire deux jeunes gens devant Charrier père, qui les mènerait à une bande. Je répondis que je me chargerais de cette commission; mais avant je demandai la permission de faire un voyage pour affaires pressantes. Lorsque je revins de ce voyage, M. de la Sayette et Cresson amenèrent les deux jeunes gens. Il était alors 8 heures du soir. Je les conduisis à quatre lieues du château, à la métairie de Madame Viot, où Charrier père devait venir les chercher. — D. Quelle fut la personne qui vous dit : faites passer ces deux jeunes gens aux chouans? — R. C'est Cresson.

Cresson prétend qu'il n'était pas présent. Me Saint-Vincent fait observer que le témoin se contredit avec sa première déclaration; que primitivement il n'avait pas dit que Cresson était présent. M. le procureur général donne lecture de la première déclaration de Crouston, dans laquelle il n'est fait mention ni de la présence ni de l'absence de Cresson.

D. Combien de personnes étaient présentes, au moment où les jeunes gens vous furent remis? — R. Six personnes.

Il s'élève en ce moment une discussion relative à la présence ou à l'absence de Cresson. Pour éclaircir ce point, M. le président fait rentrer dans l'audience le témoin Caqueray, ainsi que sa fille, Alphonsine Caqueray. En vertu de son pouvoir discrétionnaire, il ordonne qu'une seconde demoiselle de M. de Caqueray, qui est présente à cette audience, serait entendue. Ces trois personnes répondent négativement, sur la question relative à la présence de Cresson. L'accusé Douet et le témoin Crouston assurent de nouveau que M. Cresson était avec eux au moment où ils partirent de la Comterie.

D. A quel titre rendiez-vous à M. de Caqueray le service qu'il réclamait, en vous demandant de conduire les deux jeunes gens aux bandes? — R. M. de Caqueray me donnait de l'argent pour m'aider à faire subsister ma famille, et quelques autres secours qui m'étaient d'une grande utilité.— D. Lorsque vous eûtes conduit ces deux hommes, ne vous remirent-ils pas quelqu'argent? — R. Oui, monsieur, ils me donnèrent chacun un écu de six livres.

Il est cinq heures, la séance est levée, et remise à demain neuf heures et demie.

Erratum : Page 33. — Un fait honorable pour le lieutenant Cresson a été inexactement rapporté dans le compte rendu de la séance du 1er octobre. M. Robineau, député, a déclaré, sur l'interpellation de Me Saint-Vincent, qu'il était à sa connaissance que l'accusé Cresson, qui avait un commandement à l'époque de la guerre des cent jours, sauva la vie à seize militaires égarés, et les renvoya en leur donnant de l'argent.

Audience du 3 octobre 1832.

PRÉSIDENCE DE M. BERGEVIN.

La séance est ouverte à dix heures et demie.

M. le président annonce que l'on va procéder à l'interrogatoire de l'accusé Frappereau; mais, sur la demande de l'accusé Coudé, M. le président interroge la dame Lecomte, aubergiste à Cléry, qui est témoin dans cette affaire.

D. Connaissez-vous quelques uns des accusés? — R. Non, monsieur. — D. M. de Tristan ne s'est-il pas présenté chez vous pour retenir deux places pour deux jeunes gens qui devaient partir? — R. Je ne me le rappelle pas. Comme je n'inscris pas les noms des voyageurs, je ne puis me remémorer ce fait. — D. Ne deviez-vous pas aussi aller à la poste chercher une lettre, poste restante, adressée à ces deux personnes? — R. Je l'ignore.

Me Janvier : Le premier de ces faits est avoué.

Interrogatoire de Frappereau.

D. N'aviez-vous pas une pension avant le mois de juillet 1830? — R. Oui, monsieur. — Quel était le montant de cette pension? — Cinquante francs. — Sur quoi étaient pris les fonds de cette pension? — R. Sur la liste civile. — D. Avez-vous servi dans la Vendée en 1815? — R. Oui. — D. Aviez vous servi antérieurement? — R. Non. — D. Aviez-vous un grade dans les bandes? — R. J'étais simple soldat. — D. Avez-vous touché les 50 francs jusqu'au moment où vous quittâtes votre domicile? — R. Je n'en touchai que deux trimestres. — D. Quel motif a pu vous engager à quitter votre domicile? — R. Comme l'on m'avait dénoncé, je craignais d'être arrêté. — D. Comment sûtes-vous que vous aviez été dénoncé? — J'appris par une personne du pays que, par suite de propos séditieux que l'on prétendait que j'avais tenus, un mandat d'amener avait été décerné contre moi; j'eus peur de la prison, et je me mis dans l'imagination que je devais fuir mes foyers. — D. Lorsque vous avez quitté votre domicile, que faisiez-vous? —R. Je parcourais les environs dans la nuit, et je revenais le jour pour travailler.—D. Dans quelle bande avez-vous été? — R. Dans la bande de Delaunay père. — D. Restâtes-vous long-temps avec lui. — R. Trois semaines environ, et je rencontrai plusieurs réfractaires qui se joignirent à nous. — D. Vous avez été à la tête de bandes? — R. Non, monsieur. — D. Etant dans les bandes, n'avez-vous pas eu d'engagement avec des soldats? — R. Oui. Nous étions à nous reposer au nombre de quatre à cinq hommes, nous entendîmes des coups de fusil, et nous aperçûmes des militaires qui tiraient sur nous; nous prîmes une autre route, et nous nous éloignâmes promptement sans riposter : cependant moi et mes camarades nous avions chacun un fusil. — D. Vous êtes ancien partisan, et vous devez connaître parfaitement le pays. — R. Oui, monsieur.

Me Duplessis demande que l'accusé donne quelques détails sur les faits qui ont amené la dénonciation dont il avait
été l'objet.

L'accusé : Ce fut un homme qui m'accusa d'avoir reçu
de l'argent de M. de Larochejacquelein.

D. Vous ne vous rappelez pas avoir donné lieu, par les
propos que vous avez tenu, à la dénonciation que vous
craigniez? — R. Non, monsieur.

M. le procureur du roi fait observer que l'accusé a fait
aussi partie des bandes de Sortant et de Caqueray. L'accusé
répond qu'en effet il a fait partie de ces deux bandes.

D. Comment entrâtes-vous dans chacune de ces deux
bandes? — R. Après la mort de Delaunay père, je me
rendis d'abord dans celle de Sortant; ensuite, lorsque ce
dernier fut arrêté, je fus trouver Caqueray et j'entrai
dans sa bande.

Interrogatoire de Scionnière.

M. le président fait observer à MM. les jurés que le
système de l'accusé est de se faire passer pour imbécille.
On le fait descendre de sa place et on le met à côté du
greffier.

M. le président : Accusé Scionnière, vous avez été militaire. — R. Oui. — D. Dans quel régiment serviez-vous?
— R. Dans le 41e de ligne, d'où j'ai déserté.— Quel fut le
motif de votre désertion? — R. On me menaçait de punition sévère. — D. De quelle peine vous menaçait-on? —
R. Je n'en sais rien. — D. Pourquoi voulait-on vous punir? — R. Parce que je parlais politique avec les gens du
bourg. (Rire dans l'auditoire.) — D. Combien de temps
restâtes-vous dans le régiment. — R. Sept mois. — D. A
quel âge entrâtes-vous au service. — R. A vingt-six ans.—
D. Est-ce comme remplaçant? — R. Non. — D. Passiez-
vous pour bon soldat? — R. Oui, monsieur. — D. Quelqu'un vous a-t-il engagé à déserter? — R. Personne; j'ai

suivi mon idée. (L'hilarité gagne les accusés et les bancs des jurés.) — D. Après avoir quitté votre régiment, où vous rendîtes vous ? — R. J'allai dans les bois, où je restai cinq jours sans manger. — D. Aviez-vous emporté avec vous vos armes ? — R. Non. (La figure et les gestes de l'accusé dénotent l'idiotisme.) — D. A quelle bande vous êtes-vous réuni ? — R. Je ne me rappelle pas.

M. le procureur-général : N'avez-vous pas été avec Sortant ? — R. Je ne sais pas. — D. Avez-vous été dans celle de Delaunay ? R. Je crois que oui. — D. N'en avez-vous pas été chassé ? — R. Oui, et je me suis caché dans les bois, où je rencontrai des réfractaires. — D. N'est-ce pas à ce moment que vous vîtes Caqueray, et que par menaces ou violence vous fûtes obligé de le suivre ? — R. Non, monsieur, Caqueray ne m'a jamais menacé. — D. Vous n'aviez point d'armes en ce moment ? — R. Non , monsieur ? — D. Et des munitions , telles que poudre et plomb ? — R. On me donna quelques cartouches. — D. Qui vous fit cette distribution ? — R. Delaunay père.

Un juré demande à l'accusé avec quel Delaunay il a d'abord été en relation. — R. Avec le père.

M. le procureur-général : Aviez-vous un fusil de chasse, de la poudre et des balles ? — R. J'avais un fusil ordinaire, et l'on me donna quelques cartouches. — D. Pendant votre séjour dans ces bandes , eûtes-vous quelque engagement avec les troupes du gouvernement ? — Non, monsieur; j'ai cru qu'on voulait m'assassiner.

Me Janvier donne connaissance que l'accusé est atteint d'aliénation mentale , et que, dans la prison d'Angers, on fut forcé, pour éviter les effets qui auraient pu résulter de sa situation, de lui mettre les fers. L'accusé Caqueray affirme ce fait. M. le procureur du roi d'Angers , interpellé à cet égard , dit qu'il est à sa connaissance que l'accusé , en arrivant à Angers, fut accueilli par les cris d'une populace assez nombreuse. Cette scène était tellement tumultueuse qu'il fut contraint, conjointement avec M. le maire de la ville d'Angers, de requérir une force armée assez imposante pour faire conduire l'accusé à la prison. Il pense qu'il a pu être frappé de cet événement, durant lequel il croyait toujours que l'on voulait l'assassiner.

Me Janvier ajoute qu'après cet événement, Scionnière paraissait n'avoir plus la tête à lui, et que l'autorité lui fit mettre les fers, qu'il conserva pendant dix-sept jours, durant lesquels il coucha sur la paille, et ce au mois de novembre.

M. le président : Y avait-il long-temps que vous étiez réfractaire ?—R. Trois mois, quand je rencontrai Caqueray.

Un juré : Qui vous a donné de la poudre ?—R. Delaunay père.

M. le procureur-général fait observer que l'accusé a aussi fait partie de la bande de Sortant. Ce dernier répond que Scionnière est en effet venu avec lui, mais qu'en ce moment, lui Sortant n'était point chef de bande.

En vertu du pouvoir discrétionnaire de M. le président, on introduit dans la salle M. Lacaille, armurier à Blois. Il examine les armes contenues dans la caisse qui se trouve au milieu de l'auditoire ; il en retire plusieurs fusils et pistolets attachés et étiquetés ; plusieurs de ces armes sont reconnues être de fabrique anglaise.

Interrogatoire de Faligan.

D. Quel âge avez-vous ? — R. Vingt-quatre ans ? — D. Êtes-vous déserteur ? — R. Non, monsieur, mais réfractaire. — D. Quel motif vous a porté à ne pas satisfaire à la loi ? — R. Je n'avais pas envie de servir. — D. Vous ne quittâtes donc pas votre pays au moment du recrutement ? — R. J'allai jusqu'à Angers, mais je revins bien vite à la maison. — D. Avez-vous été excité à ne pas rejoindre vos drapeaux ? — R. Non, monsieur. — D. Que faisiez-vous dans votre pays ?—R. Je travaillais à la terre.—D. Y aviez-vous les auteurs de vos jours? — R. Non, monsieur. — D. Aviez-vous quelques biens, quelques propriétés? — R. Non, monsieur; j'étais domestique, et je conduisais la charrue. — D. Restâtes-vous toujours à travailler? — R. Non, monsieur; craignant d'être arrêté et puni, je me cachai depuis le 25 décembre jusqu'au mois d'avril. — D. Etiez-vous seul en ce moment? — R. Non, monsieur; je rencontrai encore deux autres réfractaires. — D. Comment avez-vous rencontré Sortant? — R. Lui et sa bande sont passés dans l'endroit où nous étions, et nous avons pris le parti de nous joindre à eux. — D. Sortant ou un de ses gens n'employèrent-ils aucune menace pour vous contraindre à les suivre? — R. Non. — D. Aviez-vous des armes? — R. Non. — D. Vous en donna-t-on, une fois dans la bande de Sortant? — R. Oui.

Un juré: Fut-ce Sortant où un de ses hommes qui vous les distribua? — R. Ce fut un homme de sa bande.

M. le président: Qui vous a remis des cartouches? — R. Ce fut Sortant, et je me fabriquai une gibecière. — D. Vous aviez donc de l'argent pour acheter ce qui vous était nécessaire pour confectionner cet objet? — R. Oui, monsieur. — D. D'où provenait cet argent? — R. De mes épargnes. — D. N'avez-vous pas mâché des balles de fusil? — R. Non.

Sur cette question, Me Vallon, avocat de l'accusé, fait observer dans l'intérêt de son client que ces balles n'avaient pas été mâchées par la dent d'un homme; il invoque le témoignage de Sortant, vieux soldat, et qui a assez l'expérience des balles, pour confirmer son assertion. Il ajoute que, comme il est convaincu de l'innocence de Faligan à cet égard, il demande instamment que les balles soient examinées avec la plus scrupuleuse attention. L'accusé Sortant assure que l'on n'a jamais mordu les balles. Me Vallon insiste de nouveau pour que l'on décharge le fusil, afin que l'on puisse s'assurer si les balles ont été mordues par l'ac-

cusé, ou si ces morsures ne sont pas plutôt, ainsi que l'assurent Faligan et Sortant, l'impression de la dent d'animaux qui ont trouvé et mâché ces balles, restées long-temps
enfouies dans une cour.

M. le procureur général demande que l'armurier prête
serment, attendu que ses déclarations doivent être reçues
par la cour. M. le président fait observer que l'armurier
doit être dispensé du serment, parce qu'il a été cité en
vertu de son pouvoir discrétionnaire. Après quelques explications à cet égard, desquels il résulte que M. Lacaille,
armurier est appelé en qualité d'expert, pour constater l'é-
tat des armes et des munitions saisies sur les accusés, on
procède à la prestation du serment, d'après les formes vou-
lues par la loi.

M. le président à l'accusé : Avez-vous eu quelqu'engagement avec les troupes du gouvernement? — R. Oui, à
Saint-Laurent-des-Autels. — D. Donnez-nous quelques
explications sur ce fait. — R. Nous étions 60 hommes armés quand nous aperçûmes, vers les six heures, des troupes
qui se dirigèrent vers nous et qui tirèrent quelques coups de
fusil ; plusieurs d'entre nous ripostèrent à cette attaque,
mais nous prîmes tous la fuite et je ne brûlai pas une cartouche; je me sauvai comme mes camarades, qui furent
dispersés, et je crois qu'il n'y eut personne de blessé, tant
du côté des assaillants que du nôtre. — D. Les hommes
qui composaient le rassemblement dont vous faisiez partie,
se réunirent-ils, et aviez-vous un endroit désigné pour vous
rallier, dans le cas où vous seriez dispersés? — R. Non,
monsieur, et ce fut en ce moment que nous nous trouvâmes avec la bande de Delaunay père. Nous restâmes réunis pendant un jour avec lui, puis je retournai dans mes
foyers. — D. Depuis quand étiez-vous dans les bandes?
— R. Depuis dix jours j'étais dans celle de Sortant.
— D. Avez-vous reçu de l'argent ? — R. Très peu.
— D. Aviez-vous une paie régulière? — R. Non, les uns

recevaient quelquefois 15 ou 20 sous. — D. Etiez-vous payé chacun d'après votre grade? — R. Non, il n'y avait rien de régulier à cet égard. — D. Combien avez-vous reçu en totalité? — R. Je crois 50 sous à 3 francs. — D. Vous revîntes dans les bandes? — R. Oui. — D. Où et comment avez-vous été arrêté? — R. Nous étions dans un pays de genêts, des voltigeurs du 41e vinrent sur nous au moment où nous nous reposions, et nous ne fîmes aucune résistance.

Ici Me Vallon fait observer qu'au moment de l'arrestation de l'accusé et à l'instant où les voltigeurs du 41e les cernèrent, un d'entre eux se trouvait placé de manière qu'il était en vue de Faligan, et que ce dernier qui ne pouvait être aperçu par lui, dans l'instant aurait pu, si telle eût été son intention, tirer sur le voltigeur et l'étendre à ses pieds, mais qu'il rendit au contraire son arme.

D. Combien y avait-il d'hommes? — R. Nous étions 5 ou 6, et il y avait environ 25 hommes de troupes.

M. le procureur général : Savez-vous d'où venait le fusil dont vous étiez armé? — R. Non. — D. N'est-ce pas vous qui avez empêché Ménard de partir? — R. Non.

Me Vallon demande que Sortant s'explique sur la moralité de Faligan, et sur sa conduite dans sa bande.

Sortant assure que Faligan lui a paru être un homme fort tranquille, et il ajoute qu'il n'a aucune plainte à faire sur sa conduite.

M. le président : Combien de temps Faligan resta-t-il dans votre bande la première fois? — R. Huit jours. — D. Et la seconde? — R. Dix jours environ. — D. Avez-vous donné de l'argent à Faligan? — Oui, comme à tous les autres, pour avoir du tabac, ainsi que je le faisais à l'égard de ceux qui étaient dans la bande et même de ceux qui, après en avoir fait partie, s'étaient retirés dans leurs foyers. M. le président fait observer à Sortant que les 50 louis, qu'il dit avoir reçus d'un inconnu, avaient dû être bientôt épuisés, en donnant ainsi à une certaine quantité de personnes des sommes qui , à la vérité , étaient minimes , mais dont la multiplicité des distributions faisait monter le total. Sortant répond, qu'en outre de cet argent, il en avait encore un peu qui provenait de ses épargnes, et que , comme il n'avait pas de dépenses à faire pour leur nourriture, cette somme lui suffisait.

Interrogatoire de Chevrier

Étiez-vous retardataire? — R. Oui, j'ai refusé de partir. — D. Pourquoi n'avez-vous pas obtempéré aux ordres que l'on vous donnait à cet égard? — R. Je préférai rester chez nous , je ne savais où on m'enverrait rejoindre et je me suis caché pour ne pas aller dans un régiment. — D. Dans quel endroit vous rendîtes-vous en sortant de votre domicile? — R. J'ai été dans les champs; je voulais me réunir avec Faligan que je connaissais, afin d'avoir une société parce que je m'ennuyais tout seul. Je rencontrai Faligan, et peu de temps après nous trouvâmes Sortant auquel nous nous joignîmes. — D. Étiez-vous armé en ce moment? — R. Non. — D. Sortant vous donna-t-il une arme? — R. Oui, ainsi que des balles et de la poudre. — D. Les balles étaient-elles mâchées? — R. Non. — D. Cependant quelques unes de ces balles ont des inégalités que n'offrent pas les balles ordinaires? R. — Nous cachions nos balles dans des endroits où il y avait des animaux domestiques, il se pourrait qu'elles eussent été mordues par eux.

D'après l'ordre de M. le président, l'accusé cherche le fusil qui lui a appartenu et le reconnaît parmi ceux qui sont exposés aux yeux de l'auditoire.

M. Lacaille, armurier, après avoir examiné attentivement les balles, affirme ne pas reconnaître de trace de dents d'homme. Il dit qu'on y remarque cependant quelques petites inégalités que n'offrent pas ordinairement les balles, mais qu'ayant été tirées du fusil au moyen d'un tire-balle; il est présumable que les pointes de cet instrument ont pu former ces inégalités, et que d'ailleurs les balles ayant été fondues dans un moule en pierre, il n'est pas étonnant qu'elles offrent à leur surface les inégalités que l'on y remarque.

M. le procureur général : Chevrier, êtes-vous entré librement dans la bande de Sortant? — R. On nous l'a proposé et nous avons accepté. — D. Vous n'avez point été menacé? — R. Non. — D. On ne vous dit pas, lors de votre admission, que le but de ces réunions illégales était de renverser le gouvernement? — R. Non.

Mᵉ Vallon prie M. le président de demander à l'accusé si lui et Faligan n'étaient pas retournés plusieurs fois dans leurs communes. A cette interpellation, Chevrier répond qu'il est retourné chez lui à plusieurs reprises.

D. Aviez-vous un endroit fixe, étant avec la bande, où vous alliez journellement? — R. Nous allions de côté et d'autre, mais nous choisissions les lieux les moins fréquentés; nous allions dans les métairies demander à manger.

M. le procureur-général : N'avez-vous pas été chez M. Lambert? — R. Non.

Mᵉ Vallon fait observer que ce chef d'accusation ne pèse point sur Chevrier; qu'il est accusé du fait général d'avoir été dans les bandes, mais non pas d'avoir commis des assassinats. M. le président répond que l'assassinat est un des éléments constitutifs de la guerre civile, qui se compose de vols, de violences, de brigandages, d'exactions, de pillages, etc., et qu'un de ces crimes peut avoir été commis comme une des ramifications du point principal.

Interrogatoire de Renaudeau.

Il est âgé de trente-cinq ans, tisserand de profession.

D. Avez-vous fait partie des bandes en 1815? — R. Oui, monsieur. — D. Aviez-vous un fusil? — R. Oui, monsieur. —

D. Quel motif vous a engagé à entrer dans les bandes qui
existent actuellement dans les départements de l'Ouest? —
R. Parce que je craignais d'être incarcéré par suite de propos séditieux que j'avais tenus. — D. Il y avait donc un
mandat décerné contre vous? — R. Non ; mais je fus menacé par un sous-lieutenant qui commandait un détachement dans le lieu que j'habite ordinairement. — D. Ra-
contez-nous les faits qui ont donné lieu aux menaces que
vous fit le sous lieutenant. — R. Il y avait à côté de mon
domicile un corps-de-garde de soldats de ligne ; j'allais
quelquefois dans ce corps-de-garde, et principalement le
soir. J'y entrai un jour, après avoir été me promener ;
j'avais bu un coup, et comme dans la journée on avait tiré
plusieurs coups de feu dans le village, on vint à parler de cet événement. Ayant l'intention de rire avec les
militaires du poste, je leur dis, à propos de ces coups
de fusil, que c'était peut-être les chouans qui venaient
les assaillir. Ils me dirent qu'ils ne les craignaient pas.
Je leur répondis qu'il ne fallait pas s'y fier, et que
les chouans pourraient bien leur donner de l'occupation. Je leur dis cela, *histoire de bamboche* ; mais le
lendemain on me dit que l'officier qui commandait le
détachement avait été instruit du propos que j'avais
tenu, et qu'il se proposait de m'en punir. Deux ou
trois jours se passèrent, durant lesquels je n'entendis parler de rien. Le quatrième jour, il me fit venir chez lui,
me reprocha les propos que j'avais tenus, et quand il sut
que je sortais du 3e régiment de la garde royale, il me dit
avec colère : « Je ne m'étonne pas que vous parliez
ainsi. Vous êtes encore un de ces coquins de carlistes ; et
si pareille scène se renouvelle, je vous ferai conduire devant le général. » Cette menace me glaça d'épouvante ; et
je pris le parti de venir travailler chez moi le jour, et de
me cacher la nuit ; mais comme mes craintes redoublèrent
par suite des propos que j'entendis de nouveau sur mon

compte ; je pris le parti de fuir entièrement.— D. A quelle époque fûtes-vous dans les bandes? — R. Au 12 juin. — D. Connaissez-vous un nommé Bodin ? — R. Oui, monsieur. — D. Vous vous réunîtes à la bande de Sortant? — R. Ils étaient alors cinq ou six. — D. Aviez-vous des armes? — R. Oui, monsieur. — D. Qui vous en avait fourni? — R. C'était un nommé Dixneuf — D. Et de la poudre? — R. Delaunay père m'en avait donné un peu.— D. Avez-vous reçu de l'argent?— R. J'ai reçu vingt-huit sous pour m'acheter du tabac, dont je faisais usage.— D. Comment vous nourrissiez-vous habituellement dans la bande? —R. Nous allions de métairie en métairie, et j'ai quelquefois acheté du pain. — D. Vous n'avez jamais fait violence? —R. Non, monsieur.—D. Mais ces fermiers sont donc bien riches, pour nourrir ainsi trente, quarante et quelquefois soixante personnes qui arrivent chez eux à l'improviste ?

Ici l'accusé Caqueray se lève et prend la parole. Il dit qur lorsque les bandes sont trop considérables, on les dissémine par escouades de cinq et six hommes.

D. Les balles étaient-elles mâchées? — R. Non, monsieur. — D. Y a-t-il eu un engagement lors de votre arrestation à la Chaboissière? — R. Nous étions dans une pièce de chaume, au nombre de six hommes ; un de nous, Yvon, nous quitta pour aller chercher du tabac, et ce fut à ce moment que la troupe se présenta. — D. Quels étaient les hommes qui étaient avec vous? — R. Il y avait les nommés Chauveau, Bodin, Soury, Monide-Cereau, Abraham et Yvon, qui était celui qui s'était absenté.

A l'égard d'Abraham, il s'élève une contestation pour savoir si c'est le même individu que celui qui est actuellement dans la maison d'arrêt de Blois. L'accusé Caqueray se lève et dit : « Il existe deux frères de ce nom, je ne crois pas que celui qui est en ce moment à Blois soit le même que celui désigné par Renaudeau. » En ce moment

M. le préfet du département de Loir et Cher est introduit dans l'audience.

M. le procureur général : Quant au nommé Bodin, qui était avec Ivon, Abraham, etc., la justice fait les recherches les plus actives pour le découvrir.

Plusieurs accusés se récrient et soutiennent que Bodin est chez lui, et ils ajoutent qu'il se présente souvent devant le maire de sa commune.

M. le procureur général : Avez-vous été avec Charrier fils ? — R. Non, jamais. (Charrier fils sourit.) — D. Ne vous a-t-on pas donné un uniforme, et qui vous l'a donné ? — R. M. Delaunay père apporta un jour un sac de toile dans lequel étaient contenues des blouses qu'il nous distribua. — D. Était-il seul en apportant le sac ? — R. Oui, monsieur. — D. De combien d'hommes était composée la bande ? — R. De huit à dix hommes ; mais tous n'avaient pas de blouse.

Me Saint-Vincent demande qu'il soit permis à l'accusé de donner quelques détails abrégés sur l'engagement qui eut lieu lors de son arrestation. — R. Nous étions dans une pièce de chaume, le 8 août 1831 ; nous nous reposions, quand nous aperçûmes, à quelques pas de nous, sept à huit militaires qui nous menacèrent. L'un d'eux me dit : Rends-toi, ou tu es mort. Je voulus prendre la fuite, mais je n'en eus pas le temps. Pendant que cela se passait à mon égard, mes camarades ont tiré ; mais moi je n'ai point fait feu : voyant que la résistance était vaine, je remis mon arme.

Me Saint-Vincent fait observer qu'il est dit que cet engagement a duré une heure, et que pendant ce temps l'accusé n'a pas tiré un seul coup de feu ; ce qu'il est facile de prouver, ajoute Me Saint-Vincent, car la pierre du fusil de l'accusé est neuve. — M. le président fait procéder à la vérification de ce fait : l'armurier répond que le fusil n'a pas de pierre. L'étiquette est présentée à M. le président et à MM. les jurés ; elle porte ces mots : *Fusil de Renaudeau.*

Examen fait dudit fusil, l'armurier estime qu'il a fait feu le même jour où il a été pris.

Mᵉ Saint-Vincent: Cette note ne peut être considérée comme une pièce probante.

M. le président: N'avez-vous pas assisté à des désarmements de fermiers? — R. Jamais.

Mᵉ Julien: Je désirerais savoir si Sortant n'a pas engagé Soury à faire sa soumission.

Sortant: Oui, je dis à Soury qu'il ferait bien de suivre l'exemple que je lui donnais en ce moment.

M. le président s'étonne que Soury ne soit pas appelé comme témoin.

Mᵉ Julien: On fait venir M. le colonel Chousserie qui pourra, plus que tout autre, donner des renseignements à cet égard.

Il demande que Sortant indique la demeure de Soury. Il désirerait que le ministère public écrivît pour avoir la conviction de ce fait de soumission de la part de Soury. M. le procureur du roi: Il peut, s'il le juge convenable, réclamer ce renseignement. Mᵉ Julien dit que l'incertitude dans laquelle il est de recevoir une réponse, l'engage à solliciter le ministère public à faire cette demande.

M. le président: Sortant, avez-vous cherché à faire rentrer sous les lois d'autres individus que Soury? — R. Oui, monsieur, j'ai tenté, auprès d'Aumont et de David, les mêmes efforts pour qu'ils se soumissent; mais quand ils se sont rendus à la ville, ils ont été menacés par la populace et ils sont retournés chez eux.

Mᵉ Vallon fait observer que la pierre du fusil de Faligan ne se trouve pas plus que celle de Renaudeau.

Interrogatoire de Charrier père.

Quand avez-vous été arrêté? — R. Je me suis présenté volontairement après les événements de juin.

Il s'engage en ce moment un assez vif débat à l'égard

des saufs-conduits délivrés aux amnistiés et relativement à eux. Durant ce débat, on entend M. le procureur du roi qui dit se rappeler fort bien avoir lu ces proclamations, affichées depuis les événements de juin, et sur la demande qui lui est faite, si l'on pourrait se procurer les proclamations, il ajoute, qu'il croit qu'à l'état-major du général Ordoner, elles pourront être délivrées.

Mᵉ Julien demande que celle du général Bonet soit jointe dans sa demande à celle de M. le colonel Chousserie.

M. le président ordonne qu'en vertu de son pouvoir discrétionnaire toutes ces pièces seront transmises à la cour.

D. Avez-vous fait partie des bandes? — R. Non, monsieur, j'allais au milieu d'elles, mais je n'étais pas armé et d'ailleurs je n'avais pas l'air assez chouan pour être reçu parmi eux. (Rire général dans l'assemblée) — D. Cependant il paraît que vous avez été attaché à une d'elles pendant peu de temps; dans celle de Delaunay, n'aviez-vous pas un grade? — R. Non, j'étais trop mauvais soldat. (Nouveau rire dans l'auditoire).

M. le procureur général : N'avez-vous pas engagé Yvon à entrer dans les bandes? — R. Non, monsieur. D. — N'avez-vous pas engagé des militaires à déserter? — R. Non, monsieur. — D. Votre fils n'était il pas dans les bandes? — R. Oui, monsieur, trois mois avant moi. — D. Vous aviez donc des relations journalières avec les bandes puisque quand Crouston vous amena Douet et Caqueray, il vous les désigna comme des hommes que vous pouviez conduire auprès d'un des chefs de ces bandes? — R. Non, monsieur, Crouston ne me dit pas cela, il me dit seulement qu'il était fatigué et que je lui ferais plaisir en conduisant ces deux jeunes gens dans une métairie, où ils seraient tranquilles, et qu'ils désiraient voir les chouans.

La cour fait rentrer le témoin Crouston.

N'avez-vous pas dit à Charrier de conduire Caqueray et

Douet aux bandes? — R. Quand je remis ces jeunes gens entre les mains de Charrier père, je lui dis de les conduire d'abord dans une bonne métairie, et ensuite de les mener voir les chouans.

Il s'établit à cet égard une petite discussion entre Charrier père et Crouston. Charrier père, interpellant Crouston, lui dit : Tu m'as invité à les mener dans une bonne métairie, et tu as ajouté : Ce sont de braves gens. Je les conduisis, d'après le désir que tu avais manifesté, à la métairie de la Bulange.

Interrogatoire de Charrier fils.

D. Etes-vous retardataire? — R. Non, monsieur. — D. Quel motif vous engagea à quitter votre domicile? — R. J'appris que l'on avait fait une dénonciation sur moi; je m'éloignai de chez mon père, et je rencontrai des bandes; j'entrai dans celle de Delaunay. — D. Quel était le motif de la dénonciation qui vous a engagé à quitter vos foyers? — R. J'étais dans une auberge où j'entendis dire que l'on était à ma recherche, et je me suis sauvé. — D. Avez-vous assisté à quelque engagement avec la troupe de ligne; avez-vous reçu de l'argent? — R. Jamais.

M. le procureur-général : N'êtes-vous pas allé chez le sieur Martineau? — R. Non, monsieur; je ne le connais pas. — D. N'est-ce pas vous qui avez arrêté le postillon Bénard? — R. Non, monsieur.

Me Johannet demande que l'accusé soit interpellé sur le désir que son père lui avait manifesté qu'il retournât chez lui. — R. Oui, monsieur, mon père me fit part plusieurs fois du désir qu'il avait à cet égard. — D. Fût-ce les chefs de bandes qui vous retinrent? — R. Dixneuf et Delaunay m'engagèrent à rester.

Un juré : N'avez-vous pas assisté ou participé à l'incinération du drapeau tricolore de la commune de la Garde? — R. Non, monsieur.

Sortant dit en ce moment que Charrier ne faisait pas partie de sa bande.

Interrogatoire d'Ivon.

D. Connaissez-vous Sortant? — R. Non, monsieur. — D. Quel était votre situation à la révolution de juillet? — R. J'étais voltigeur au 4e régiment d'infanterie de la garde royale. Après le licenciement, on me délivra un congé d'un an. Je demandai à entrer dans la gendarmerie, et fis quelques démarches à ce sujet; mais je fus envoyé dans le 16e de ligne, d'où je désertai. — D. Vous a-t-on conseillé cet acte criminel? — R. Non, monsieur. — D. Où vous rendîtes-vous? — J'allais chez Charrier père, dans l'espérance d'y trouver son fils. Il me dit qu'il était absent, et que je le trouverais dans les bois. Je m'y rendis, et je restai avec lui. — D. Comment vous décidâtes-vous à embrasser la vie vagabonde que menaient les chouans, et vous êtes-vous rendu au auprès de lui dans l'intention d'entrer dans les bandes? — R. J'y allai d'abord pour le voir, et je me décidai à rester avec eux. — D. Ne fût-ce pas d'après son instigation que vous prîtes cette résolution? —R. Non, monsieur. — D. Dans quelle bande entrâtes-vous? — R. Dans celle de Delaunay père? — D. Vous arma-t-on de suite? — R. Je fus trois ou quatre jours sans avoir de fusil.

M. le procureur-général fait observer que dans ses premières déclarations Ivon a dit n'être entré dans les bandes que sur l'instigation de Charrier père.

D. Vous avez été réuni avec d'autres? — R. Non, monsieur. — D. Assistiez-vous à l'engagement de la Chaboissière? — R. Non, monsieur. Je m'étais éloigné momentanément; je n'ai entendu que quelques coups de fusil. — D. N'aviez-vous pas une blouse bleue qui vous avait été donnée par Delaunay père? — R. Oui, monsieur.

L'accusé reconnaît sa blouse parmi celles qui font partie des pièces de conviction. Ces blouses sont en toile bleue, collet vert galonné en blanc, avec une fleur de lis de chaque côté.

D. Vous aviez donc un grade dans les bandes dont vous faisiez partie. — R. Non, monsieur. — D. Cependant les manches de votre blouse portent encore les marques d'un galon qui y aurait été apposé. — R. En effet, il y avait un galon, mais il ne servait point à me distinguer des autres hommes de la bande.

L'accusé Caqueray se lève et dit que ces galons étaient en fil jaune.

M. le procureur-général : N'êtes-vous pas allé chez le sieur Gélusseau? Vous avez dit dans un de vos interrogatoires que vous étiez à *Trois Champs.* (M. le procureur-général fait observer que c'est l'expression dont s'est servi l'accusé.) — R. Non, monsieur, je n'y suis pas allé, puisque j'ai déserté trois mois après cet événement du régiment où j'étais.

Me Maigreau fait observer que l'accusé est sorti de l'hôpital au mois de juin, qu'alors il a rejoint son corps, et que sa désertion est postérieure à cette époque. L'accusé Sortant assure que ce fait est vrai.

M. le procureur-général : N'êtes-vous pas allé chez le sieur Papin. — R. Non, monsieur.

M. le substitut du procureur du roi : N'avez-vous pas été chez le sieur Chalopin? — R. Oui, monsieur; nous étions sept ou huit; Abraham s'y trouvait. Il s'éleva une discussion entre mes camarades et l'épouse de ce monsieur. Je cherchai autant qu'il était en mon pouvoir à engager cette dame à se taire; je lui dis qu'il pourrait lui en arriver du mal; mais comme je m'éloignai un instant, je fus étonné de voir que la querelle s'animait. Lorsque je revins cependant, elle cessa, et nous nous retirâmes. — D.

Pinot y était il ? — R. Non, monsieur. — D. Aviez-vous
des armes ? — R. Oui, monsieur.

Mᵉ Maigreau fait observer à MM. les jurés qu'il résulte
des procès-verbaux que le fusil de l'accusé était chargé depuis plusieurs mois, et qu'il est à piston et à deux coups.

Interrogatoire d'Aumont.

M. le président fait observer que cet accusé n'a pas encore été interrogé.

D. De quelle bande faisiez-vous partie. — De celle de
Delaunay père. — Etiez-vous armé ? — R. Oui, monsieur.
— D. Aviez-vous de la poudre et des cartouches ? — R.
Sortant m'en avait donné deux ou trois. — D. Vous quittâtes la bande de Delaunay ; vous vous réunîtes avec plusieurs autres chouans, avec Allard aîné, Ménard et Dixneuf ; vous fûtes aussi avec Sortant ? — R. Oui, mais je
n'y restai pas. — D. Aviez-vous connaissance d'une réunion
qui avait lieu à certaine époque ? — R. Oui, monsieur ; on
se réunissait de temps à autre. — D. Avez-vous assisté à
quelque désarmement ; faisiez-vous partie des hommes
qui furent renvoyés par Caqueray. — R. Non.

Caqueray se lève et dit : J'ai renvoyé les deux
frères Allard, Martin, Pinot, Papin, non positivement pour mauvaise conduite, mais pour n'avoir pas
voulu reconnaître l'autorité d'un homme, que je nommai
sergent dans ma bande. — D. N'avez-vous pas quitté momentanément la bande ? — R. Oui, monsieur, deux ou
trois jours avant mon arrestation, j'avais besoin de changer de linge. — D. N'avez-vous pas fait partie de la bande
de Sortant, n'êtes-vous pas allé chez le sieur Manceaux à
la Chapelle-Aubry ? — R. Non, monsieur, j'étais dans le
bourg avec Delaunay.

Sortant se lève, et dit que l'avant-garde de la bande s'é-
tait transportée dans le bourg, et qu'elle était composée de
Bodin, Dixneuf, Bricard et Allard ; quant à l'accusé in-

terpellé, il ne croit pas qu'il en faisait partie. — D. Avez-vous rencontré le 8 octobre 1831, M· Guilbout, notaire?
— Non, monsieur, je ne me le rappelle pas. L'accusé, auquel on adresse plusieurs questions sur les divers faits de l'acte d'accusation, répond négativement.

Interrogatoire de Blanchard.

Il est âgé de vingt-deux ans , sa profession est celle de tisserand. — Aviez-vous une arme? — R. J'avais acheté un fusil pour la somme de 5 francs. — D. Avez-vous été dans la bande de Caqueray ? — R. Oui , monsieur.
— D. Avant cela n'avez-vous pas fait partie de celle de Delaunay père et quel était le motif qui vous le fit quitter ?
— R. Parce que je ne pouvais pas marcher. — D. Comment était le fusil que vous aviez acheté. — D. C'était un fusil à piston.

M. le procureur général : Dans votre premier interroga-toire vous avez dit que vous étiez possesseur d'une carabine de gendarme.—R. Je n'ai jamais eu de carabine. — D. Vous avez été chez le sieur Charrier, à la Petite-Milleraie.
— R. Oui, monsieur, nous étions neuf.

M. le procureur général fait observer que dans l'instruction, la déclaration de l'accusé porte que le sieur Charrier fut obligé, pour se soustraire aux coups qu'on voulait lui porter, de s'élancer par la fenêtre.

Me Celliez observe qu'il résulte des dépositions des témoins que l'accusé fit ce qu'il put pour empêcher les violences à cette occasion. Il entre dans de grands détails.
M. le président l'interrompt, en disant qu'il est de toute justice d'établir les droits de la défense, mais que ceux de l'accusation doivent également être conservés , et il engage l'avocat à ne parler que du fait. Me Celliez répond que l'impression faite par l'accusation sur l'esprit de messieurs les jurés , est de nature à porter de la défaveur dans leur esprit à l'égard de son client, et qu'il est de son devoir de

combattre cette impression. M. le procureur général : N'avez-vous pas connaissance du crime commis sur le sieur Beauchou? — R. Non.

Interrogatoire de Pinot.

(L'accusé étant malade et ne pouvant élever la voix, on le fait approcher de la cour.) — D. Qui vous a engagé à aller dans les bandes? — R. Une querelle que j'eus avec mon père, parce que je voulais m'engager volontairement. — D. Quel âge aviez-vous? — R. J'avais 19 ans. Je me rendis dans la bande de Sortant. — D. Avez-vous assisté aux troubles qui eurent lieu dans la commune de La Garde, par suite desquels on brûla le drapeau de la liberté?— R. Non, monsieur. — D. Vous fîtes aussi partie de la bande de Caqueray. — R. Oui, monsieur. — D. Étiez-vous du nombre des cinq que ce chef de bande renvoya? — R. Je ne fus pas renvoyé, je m'étais endormi, à la suite d'une ribote que j'avais faite dans un *bistingot* et mes camarades me laissèrent à l'endroit où j'étais. — D. N'êtes-vous pas allé à Saint-Pierre-de-Chemillé? — R. Non, monsieur. — D. Vous ne connaissiez pas le sieur Chalopin? — R. Non, monsieur.

Interrogatoire de Simonet, retardataire.

D. Quel est le motif qui vous a engagé à vous rendre dans les bandes? — R. C'est le maire de ma commune qui m'y a engagé. (Sensation marquée dans l'auditoire.)—D. Comment se nomme le maire de votre commune? — R. Monsieur Gublin, maire de la commune de Diserlay.—D. Dans quelle bande vous rendîtes-vous? — R. Dans celle de Delaunay. — D. Vous n'avez jamais dit dans vos instructions que le maire de votre commune vous eût fait cette proposition. — R. Je l'ai dit dans tous mes interrogatoires. — D. Quels étaient les discours que vous tenait votre maire en vous engageant à aller dans les bandes?— R. Il me dit de me joindre aux hommes qui les composaient, et de faire

prendre les chouans, en donnant connaissance des endroits
où ils se trouvaient. (Nouveau mouvement dans l'auditoire).
— D. Mais le maire de votre commune n'avait point autorité pour annuler les poursuites que vous encouriez
comme retardataire. — R. Je ne sais, mais il m'a proposé de me faire obtenir mon congé. — D. Enfin vous en-
trâtes dans les bandes? — R. Oui, monsieur. — D. Quel
était le chef de celle où vous vous rendîtes? — R. Ce fut
dans celle de Caqueray que je me rendis.—D. Vous donna-
t-on une arme? — R. Non, monsieur, j'apportai un fusil.
— D. Etes-vous allé chez Papin? — R. Non, monsieur.
— D. Allâtes-vous à la Bonardière-aux-Bois?—R. Je n'ai
pas connaissance de cela.

M. le procureur général : Etes-vous allé chez Chauvin à
la Haute-Rose?—R. Non, monsieur. — D. Lors de votre
arrestation, avez-vous tiré sur la troupe? — R. Non, monsieur, car je n'avais pas d'arme en ce moment.

Interrogatoire de Martin, âgé de 24 ans.

D. Quel fut le motif qui vous engagea à vous joindre aux
bandes? — R. J'étais retardataire, et je craignais d'être
arrêté; je me rendis dans la bande de Sortant. L'audience
est un moment suspendue.

M. le président adresse à l'accusé plusieurs questions ré-
latives aux divers faits contenus dans l'acte d'accusation, et
auxquels il répond n'avoir point pris part.

D. — Après l'arrestation de Sortant, ne vous rendîtes-
vous pas dans celle de Caqueray?—R. Oui, monsieur.

M. le procureur général adresse aussi plusieurs questions
sur les faits incriminés, auxquels l'accusé répond négativement.

Me Duplessis demande à de Caqueray quelques renseignements sur la conduite et la moralité de l'accusé dans sa
bande. De Caqueray répond : Je n'ai jamais rien eu à reprocher à Martin.

M. le président : Nous allons maintenant interroger les prévenus d'embauchage.

Interrogatoire de Légeard.

D. N'avez-vous pas cherché à embaucher pour les bandes les nommés Cornet, Guérald et Chenal ? — R. Non, monsieur, je me suis trouvé avec ces militaires dans diverses circonstances, entre autres une fois, où ils me dirent qu'ils n'étaient pas bien traités, et que , s'ils savaient où trouver des chouans, ils iraient les joindre pour faire partie de leurs bandes. Ils ajoutèrent que leurs chefs les maltraitaient.

Interrogatoire de Chauveau.

D. Ne vous rendiez-vous pas souvent auprès des bandes ? — R. Non , monsieur. — D. Ne vous êtes-vous pas absenté du canal où vous travailliez habituellement ? —R. Non, monsieur. — D. Cependant vous avez dit : « Je reviens de voir les chouans , ils donnent 20 sous par jour. » Et vous répétâtes ce propos à plusieurs personnes. — R. Je ne me rappelle pas ce fait.

M. le procureur général : Aviez-vous servi dans les chouans, et n'aviez-vous pas le surnom de *La Rigueur ?* — R. Oui , monsieur. — D. N'avez-vous pas dit que vous désarmeriez la garde nationale, et qu'il fallait se défaire des prêtres qui avaient prêté serment ? — R. Non , monsieur.

Interrogatoire de Gervais.

D. N'avez-vous pas été maire ? — R. Non, monsieur. — D. Vous êtes accusé d'avoir tenté d'embaucher pour les bandes Masson , Brochard, Hubert et Ménard ? — R. Non , monsieur.

M. le procureur général : Pourquoi avez-vous été arrêté? — R. J'étais à boire avec Masson. Il n'avait pas d'argent pour payer, je lui présentai une pièce de 5 francs pour satisfaire l'aubergiste, et il prétendit que je lui donnaіs cet argent pour l'engager à déserter et à rejoindre les bandes.

Le témoin Papin est appelé. Ce témoin prête serment, et donne ses noms, qualité et demeure.

Mᵉ Maigreau fait observer que le témoin n'est pas celui qui est assigné. Il s'engage à ce sujet une très vive discussion, dans laquelle Mᵉ Maigreau fait observer qu'il regrette d'avoir à entretenir la cour d'une question de forme, mais que la gravité des intérêts qui lui sont confiés par la cour ne lui permet pas de négliger ce moyen. En conséquence, il demande que le témoin ne soit pas entendu. Après quelques observations de M. le procureur général, la cour ordonne que le sieur Papin ne sera pas entendu.

Un juré demande s'il peut être entendu plus tard. Cette question, qui a été prononcée fort bas par M. le juré, demeure sans réponse.

Le témoin Loiret est appelé.

D. Connaissez-vous quelques uns des accusés, ici présents? — R. Je connais Caqueray. Lorsqu'il m'a arrêté, il me demanda mon passe-port. j'étais avec un de mes enfants. Il avait à peu près une dizaine d'hommes avec lui, dans un champ. Ils me prirent pour m'attacher ; m'entourèrent et me coupèrent les cheveux, en me disant : Va, tu es un espion, nous verrons ce que nous ferons de toi. Dans la journée, ils me menèrent avec eux, et le soir, ils me renvoyèrent, après que Caqueray eut pris mon signalement, et eut écrit sur mon passe-port : Nous, capitaine de la 1ʳᵉ compagnie de royalistes, ordonnons à tous nos subordonnés de fusiller sur-le-champ le porteur du présent, s'il est rencontré sur les campagnes des limites de Cholet. Dans la journée, il vint deux individus qui parlèrent à Caqueray, qui sur le soir me fit délier et me renvoya.

Caqueray interpelle le témoin pour qu'il déclare ce qu'il

lui avait dit relativement aux frères Allard. Le témoin dit
d'abord que Caqueray lui avait dit le matin, que si les
deux frères Allard avaient été présents dans la bande, il
ne s'en serait pas retiré aussi paisiblement. Caqueray prétend que c'est le soir et en le relâchant qu'il lui a tenu ce
propos.

Mᵉ Janvier, avocat de Caqueray, demande que ce point
soit éclairci. Que le témoin cherche bien à se ressouvenir si Caqueray lui a parlé des frères Allard dans la matinée ou au moment où il le laissa libre. Le témoin interpellé de nouveau à ce sujet, dit, que c'est le matin que
Craqueray lui a tenu ce propos.

La séance est levée pour être reprise demain à neuf
heures et demie.

Audience du 4 octobre 1832.

PRÉSIDENCE DE M. BERGEVIN.

L'audience est ouverte à dix heures un quart.
Le témoin Junin est appelé.

Arrivé à la profession du témoin, Mᵉ Maigreau observe
que la liste des témoins, signifiée aux accusés, porte:
« Monsieur Junin, adjoint au maire de la commune de la
Jubaudière, et que le témoin ici présent ne décline pas
cette qualité; de plus, qu'il demeure à Ingrande. » Sur
cette observation, le témoin déclare avoir rempli cette
fonction, et avoir changé de domicile, parce que ses opinions le mettaient en danger d'être inquiété dans l'endroit
qu'il habitait.

Mᶜˢ Julien et Saint-Vincent insistent pour que le témoin ne soit pas entendu.

Après quelques débats, M. le procureur général dit que

le témoin ayant été assigné avec la qualité d'adjoint du maire de la Jubaudière, et que le parquet n'ayant pas eu connaissance du changement de position et de domicile dudit sieur Junin, pense qu'il doit être entendu.

M. le président, adoptant ces conclusions, fait prêter serment au témoin. — D. Rendez-nous compte de ce que vous savez sur les accusés? — R. Le 23 mars, Sortant est venu chez moi avec seize hommes. Ils m'ont demandé mes armes, en me disant : « Tu es un libéral, et tu n'as pas besoin des armes que tu emploirais contre nous. » Ils se saisirent d'un fusil, d'une paire de pistolets, et d'une bayonnette emmenchée dans un morceau de bois, qui était à la tête de mon lit.

M. le président à Sortant : Que répondez-vous à la déclaration du témoin? — R. J'ai été chez lui, où l'on s'est emparé des armes qu'il désigne. Je désirerais qu'il dise si, au moment où nous nous présentâmes, il n'y avait pas un homme et une femme qui le consultaient.

Le témoin répond qu'il ne se souvient pas de ce fait.

Sortant (avec vivacité) : Vous êtes un imposteur. (Mouvement dans l'auditoire.)

M. le président : Qui commandait la bande, lorsque vous vous présentâtes chez M. Junin. — R. C'était monsieur Delaunay père.

M. le président au témoin : Après que l'on vous eût pris vos armes, exerça-t-on envers vous quelques violences? — R. Non, monsieur ; mais ils m'invectivèrent et me menacèrent.

Un juré fait observer que les deux personnes qui étaient chez M. Junin, lors de l'entrée de Sortant, seraient nécessaires pour fixer l'opinion du jury sur ce fait. — M. le président répond que l'on n'a pu les assigner, parce que M. Junin, dans ses déclarations, n'a pas fait mention de cette circonstance.

Sortant interpelle avec vivacité M. Junin, en lui demandant pourquoi il avait des armes chez lui, et en aussi grande quantité? (Étonnement dans l'auditoire.) — Le témoin répond, en regardant Sortant avec assurance : Pour me défendre contre des bri brigands comme vous.

M. le président fait observer au témoin, ainsi qu'à Sortant, que les invectives doivent être bannies des débats.

Martineau, âgé de 32 ans, fabricant : Il connaît Charrier père et fils, Ivon, Renaudeau, Martin, Aumont et Sortant, ce dernier ayant travaillé chez lui. Il dépose ainsi qu'il suit, Le 19 mars, j'étais à Cholet, et lorsque je revins, ma mère me dit que des chouans étaient venus abattre l'arbre de la liberté et brûler le drapeau tricolore.

D. Vous a-t-on fait connaître quels étaient les individus qui avaient exécuté cette infraction aux lois. — R. On m'a dit que c'était Sortant et Delaunay, accompagné d'autres hommes que l'on ne put me nommer. — D. De qui tintesvous ce renseignement? — R. Ce fut Crouston qui me donna connaissance du nom des hommes qui étaient venus arracher l'arbre de la liberté.

Sortant, interpellé sur ce fait, répond : Je suis trop loyal pour nier que ce moi qui ait été brûler le drapeau tricolore, mais Delaunay n'y était pas.

Le témoin assure de nouveau que l'on lui avait dit que Delaunay fils faisait partie de ceux qui étaient venus avec Sortant. On fait approcher le témoin Crouston, qui commence par nier le propos que le témoin dit tenir de lui.

Me Janvier demande des renseignements sur le caractère et les moyens d'existence de Crouston. Le témoin Martineau répond que Crouston, depuis long-temps, ne vit que du produit des aumônes qui lui sont faites par les nobles qui habitent ces contrées, et que c'est un ivrogne.

Caqueray : Crouston travaille très rarement.

Le témoin Durand est appelé, et rend compte des faits suivants: Le 25 mars 1830, Sortant, se présenta chez moi avec huit ou dix hommes; ils frappèrent à ma porte, et aussitôt que j'eus ouvert, l'un d'eux me dit: Donne-moi ton fusil ou nous allons *t'amenotter.* Ils se précipitèrent dans mon domicile; cinq ou six entrèrent et le reste se tint en dehors; je leur dis que je n'avais pas peur des menotes, et que je ne pouvais leur donner de fusil, attendu que je n'en avais pas. Ils ouvrirent une armoire et me menaçèrent de nouveau; mais comme ils virent que je n'avais point d'armes, ils se retirèrent en me menaçant.

D. Reconnaissez-vous parmi les accusés un ou plusieurs des hommes qui se sont présentés chez vous? — R. Je ne reconnais que Sortant.

Celui-ci assure n'être point entré chez le témoin, il dit cependant qu'il était dans le bourg ce jour là.

Hervay, tisserand, âgé de 42 ans, demeurant à la Jubaudière: Sortant, Aumont, et trois autres que je ne connais pas, se sont présentés chez moi le 25 mars, et m'ont demandé mes armes; ils me menaçèrent et me dirent : Tu n'es pas assez libéral pour avoir un fusil à ta disposition, et pour que tu le deviennes davantage nous allons nous en emparer. Sortant ajouta: Tu sais que je me nomme *Cœur de Lion,* ainsi prends garde à toi. Après cela ils me menaçèrent de me couper une oreille et les cheveux.

M. le président demande au témoin si parmi les prévenus il reconnaît quelques uns de ceux qui se présentèrent chez lui. Il reconnaît Sortant et Aumont. Ce dernier assure n'avoir pas été chez le sieur Hervay, qui en ce moment prononce d'une voix étouffée ces paroles: Ah! vous m'avez fait beaucoup de mal.

M. le président fait expliquer le témoin sur cette exclamation, il répond que ce n'est pas physiquement qu'ils lui ont fait du mal, mais que ces hommes lui ont empêché de gagner, par suite des craintes qu'il éprouvait pour sa vie, une somme d'argent assez considérable pour lui, et qui devait être le produit de la moisson qu'il devait faire pour le compte du maire de la commune; qu'il ne put se livrer

6

à ce travail, parce que le maire lui avait dit qu'il savait par le lieutenant qui commandait un détachement de troupes dans cet endroit, que les chouans étaient dans l'intention, s'il le rencontrait, d'exécuter la menace qu'ils lui avaient faite de lui couper les cheveux et les oreilles.

M. le substitut du procureur du roi : Vous connaissiez Aumont, avant l'époque ou il se présenta chez vous? — R. Oui monsieur.

Me Maigreau: Le témoin a déclaré primitivement que quatre hommes étaient entrés dans sa maison, qu'il avait reconnu Sortant, mais qu'il ne savait quels étaient les autres. Sur cette observation le témoin répond qu'il connaissait de vue Aumont, et qu'il n'a su son nom qu'après l'époque de l'événement dont il est question.

Me Maigreau : Le témoin n'a pas fait sa déclaration dans ce sens devant les magistrats d'Angers.

Hervay dit qu'il l'a déclaré devant monsieur le procureur du roi de cette ville.

M. le président demande à M. le procureur du roi d'Angers, s'il se souvient de cette déclaration. Celui-ci fait observer que le témoin confond comme beaucoup de personnes, le procureur du roi avec le juge d'instruction, et que ce doit être devant ce magistrat que le témoin a fait cette déclaration.

M. le procureur-général: Il me paraît fort peu important que le témoin ait connu ou ait ignoré le nom d'Aumont, au moment de la violation de son domicile; le point principal est qu'il dise s'il reconnaît parfaitement ou s'il ne reconnaît pas cet individu pour être celui qui s'est présenté chez lui. Afin d'avoir le résultat de cette confrontation, M. le procureur du roi fait lever l'accusé Aumont, et le témoin affirme de nouveau que c'est lui qui était avec Sortant.

M. le procureur-général: Vous reconnaissez bien sa figure. — R. Oui, monsieur, mais elle n'est pas aussi fraîche qu'elle était.

M⁰ Maigreau : Dans ses premières déclarations, le témoin a dit que l'individu qui accompagnait Sortant, avait des galons sur les bras et un grand chapeau. Il y avait une grande ressemblance entre Dixneuf et Aumont; et le premier avait un grade dans les bandes, par conséquent il devait avoir des galons. On peut donc présumer que c'était Dixneuf, qui avait été chez Hervay.

Sortant et Caqueray, se lèvent, et disent que c'était en effet cet individu qui s'y était présenté.

Jambe, âgé de 23 ans. Le 27 septembre, nous étions sortis avec Boidron et Beaumart, pour aller pêcher des écrevisses, lorsque nous entendîmes du bruit et que nous vîmes sortir derrière les murs d'une métairie quatre hommes armés ; ils nous couchèrent en joue et nous prîmes la fuite, un d'eux tira un coup de fusil.

M. le président : Savez-vous quel motif a pu engager ces hommes à tirer sur vous, vous connaissaient-t-ils comme libéral ? — R. Je ne sais.

Caqueray demande au témoin s'il n'était pas a plus de trois cents pas quand on a tiré. — R. Non, j'étais à trente ou quarante pas. — D. Croyez-vous que ce soit moi qui ai tiré sur vous. — R. Non, ce n'est pas vous.

Beaumart (Louis), âgé de 25 ans ; il fait la même déposition que le témoin Jambe. Sur la demande de M. le président, il dit: Je crois qu'ils ont tiré sur Jambe, parce qu'ils le considéraient comme un libéral et un espion. — D. Avez-vous distingué quel était celui qui a tiré le coup de fusil? — R. Non, monsieur ; je sais que la personne que voilà (désignant Caqueray) était au nombre de ces quatre individus, et qu'après que le coup fut tiré, il jura et s'emporta contre celui qui avait fait feu.

Boidron (François), âgé de 50 ans: Étant à me promener avec Beaumart et Jambe, des hommes armés se présentèrent devant nous ; un d'eux me dit : Halte-là ou tu es mort ; je me suis arrêté et au même instant on tira un coup de fusil et l'on nous fit des menaces. Un d'entre ces individus voyant que nous rebroussions chemin , et que nous nous sauvions, appela Jambe espion et libéral.

Monier, gendarme : Le 29 ou 30 juillet 1831, j'avais entendit parler de la violation du domicile du sieur Manceaux ; je me rendis sur les lieux , et je reçus la déclaration du plaignant, qui disait que 7 à 8 hommes étaient venus frapper à sa porte ; comme elle n'était pas fermée, ils entrèrent, burent cinq bouteilles de vin , et s'emparèrent d'un fusil à deux coups, après quoi ils laissèrent un billet conçu en ces termes : Reçu un fusil pour l'armée royaliste , signé *Victor ou l'enfant de la forêt.* Une autre fois, ils revinrent chez le sieur Manceaux , ils le maltraitèrent et lui dirent : tu as reçu 22 francs de Louis-Philippe , il faut que tu nous donnes 22 pièces de cinq francs. M. Manceau leur offrit 16 pièces de six francs qu'il avait alors , et après avoir reçu cet argent, ils emmenèrent le domestique dans une chambre, où ils lui coupèrent les cheveux en lui présentant une paire de pistolets et en lui disant : Tiens des chasses, *pataud.*

M. le procureur général : N'ont-ils pas brisé des meubles ? — R. Non, monsieur. — D. A quel titre le sieur Manceaux avait-il reçu 22 francs? — R. Lui et ses domestiques avaient été cités comme témoins , et cet argent provenait de l'indemnité qui leur avait été allouée.

Charrier est appelé. Au moment où il va prêter serment, M⁰ Celliez, avocat de Blanchard , fait observer à M. le président que Charrier s'est permis hier, au moment où l'on reconduisait les prisonniers dans la maison d'arrêt, d'insulter l'accusé Blanchard et de crier : A mort Blanchard. (Cette observation n'a point de suite.)

Le témoin dépose ainsi : J'étais prêt de me coucher , quand deux jeunes gens entrèrent chez moi , et me deman-

dèrent si je pouvais leur donner de l'ouvrage ; je leur dis
que oui , et au moment où j'étais entré avec eux dans la
maison , plusieurs hommes me suivirent , et un d'eux me
dit : Tu as un fusil, il faut que tu nous le donnes. Ils ajoutèrent : viens avec nous sur le seuil de ta porte, on ne te
fera pas de mal, et deux de ces hommes se précipitèrent
sur moi ; je les repoussai , et , pendant que je me défendais contre eux, je vis qu'ils s'approchaient d'une armoire
qui était dans ma chambre ; je parvins à me débarrasser de
ceux qui me tenaient, et , en faisant des efforts pour m'é-
loigner d'eux, je déchirai la manche de ma chemise. Je
sautai aussitôt par la fenêtre, et ces hommes ayant brisé
les portes de l'armoire, prirent deux mille cinq cents francs
et divers papiers qui s'y trouvaient. Il y en eut parmi eux
qui traînèrent ma femme par les cheveux. Avant que je
ne m'échappasse des mains de ces individus, ils voulurent
me garotter, mais, comme ils n'avaient rien pour exécuter
leur projet, un d'eux dit à Blanchard ; donne-moi donc des
cordes pour le lier ; Blanchard fouilla dans sa poche.

D. Blanchard était-il le chef de ces hommes? — R. Je
ne sais pas.

M. le président : Lorsque, hier, on reconduisit les accusés à la prison, ne vous êtes-vous pas permis , témoin
Charrier, de crier con re l'accusé Blanchard ? Le témoin
nie le fait.

M. le président fait observer que la position dans laquelle
se trouvent les accusés demande que l'on ait pour eux tous
les égards dus au malheur.

Me Celliez : Comment se fait-il que vous ayez eu en
votre possession la somme de 2,500 francs, quand il est
constant que l'année précédente, vous n'avez pu payer
votre fermage ? Le témoin dit avoir fait un héritage.

Me Celliez demande au témoin en quelle monnaie étaient
les deux mille cinq cents francs, et si l'argent était rangé
par piles dans le tiroir. — R. J'avais mis quatorze cents

francs en pièces de cinq et six francs dans un sac , et j'avais onze cents francs en pièces de cinq francs et autre monnaie. Cet argent était séparé dans le tiroir.

Me Celliez : N'avez-vous pas supposé un vol de douze cents francs il y a quelques années, et n'avez-vous pas accusé de ce vol Ripauche , contre lequel vous avez fait une déposition dont vous vous êtes désisté par la suite.— R. Je ne me suis pas désisté de cette plainte.

Déposition de la *femme Charrier* : Blanchard , Delaunay et autres hommes qu'elle ne connaît pas, sont venus un soir dans son domicile , où après avoir frappé son mari, dont la chemise fut déchirée à une manche, ils brisèrent les portes d'une armoire , et ouvrirent un tiroir avec une baïonnette. Un de ces hommes se précipita sur elle , la poussa et la tira par les cheveux. En ce moment, l'époux de la dame Charrier étant parvenu à se dégager des hommes qui le tenaient, sauta par une fenêtre en lui disant : Je me sauve. (Rire dans l'auditoire.) — D. Après avoir ouvert le tiroir , que firent ces hommes ?—R. Ils prirent deux mille cinq cents francs qui étaient dedans. — D. Avez-vous vu Blanchard porter la main dans le tiroir, prendre de l'argent et le mettre dans sa poche ? — R. Je ne sais pas. — D. Avez-vous entendu que l'on ait demandé à Blanchard une corde pour lier votre mari ? — R. Oui, monsieur — D. Connaissez-vous sur le banc des accusés d'autres individus qui aient été chez vous au moment du vol , et qui accompagnaient Blanchard et Delaunay, comme y ayant participé? — R. Non , monsieur.

M. le procureur-général : Blanchard s'est-il tenu constamment éloigné de l'armoire? — R. Je ne puis le dire, car j'étais tellement troublée, que beaucoup d'actions de cette scène m'ont échappé. — D. Comment était fait le tiroir qui contenait l'argent que l'on vous a soustrait, y avait-il des cases? — R. Non, monsieur.

On fait rentrer Charrier, qui dans sa déclaration , avait

dit que l'argent était en piles , placé dans des petites cases.

Me Celliez demande que la dame Charrier soit éloignée un instant.

M. le président demande à Charrier s'il y avait des compartiments dans le tiroir qui contenait son argent. Le témoin répond que les piles étaient séparées par des papiers.

On fait rentrer la femme Charrier dans l'auditoire. M. le président lui adresse, pour la seconde fois, cette question : Y avait-il des cases dans le tiroir où était votre argent? La femme Charrier, à cette interpellation, hésite et ne sait quoi répondre. M. le président voyant que cette dame ne comprend pas ce qu'on veut lui dire, cherche à lui faire entendre quel est le sens de son interpellation, la dame Charrier répond alors que des papiers séparaient les piles.

Coutant, âgé de 35 ans, domestique du précédent témoin, dépose qu'un soir , des individus entrèrent chez M. Charrier, se saisirent de lui, le frappèrent et brisèrent les portes d'une armoire où ils prirent de l'argent qui était dans un tiroir. Un de ces hommes traîna madame Charrier par les cheveux, et le témoin vit M. Charrier qui, après s'être débarrassé de deux individus qui le tenaient, se sauva par une fenêtre.

D. Reconnaissez-vous, parmi les accusés ici présents, des hommes qui sont entrés chez M. Charrier. Le témoin, en désignant Blanchard, dit : en voici un. — D. Avez-vous vu le nommé Blanchard , celui que vous désignez, repousser violemment la femme Charrier? — R. Non, monsieur. — D. Avez-vous vu ces hommes prendre de l'argent qui était dans le tiroir? — Oui , monsieur. — D. Quelles étaient les pièces dont ils s'emparaient? — R. Il y avait des pièces de 5 et de 6 francs, et de la monnaie. — D. Avez-vous vu prendre un sac dans le tiroir? —R. Non, monsieur.

M. le substitut du procureur du roi : Avez-vous vu un de ces hommes retenir votre maîtresse. — R. Non , monsieur.

On appelle le témoin *Banchereau* (Pierre), âgé de 5o ans. Il dit ne rien savoir de relatif aux faits de la cause.

M. *Proutière* dit avoir été rencontré par un homme qui lui a donné un coup de crosse de fusil, en lui disant : Tu nous as dénoncés ; et ensuite cet homme s'éloigna de lui.

Mousseau, âgé de 5o ans : Des hommes se sont présentés chez moi ; ils ont frappé violemment à la porte. Je n'ouvris pas, car il était minuit. Ces hommes menacèrent d'enfoncer ma porte. Je me décidai à les laisser entrer, et quoiqu'ils ne me demandassent rien, je leur donnai à boire et à manger. Quand ils eurent fini, ils me dirent : Il faut que vous nous donniez votre fusil à deux coups, et ils me remirent un billet portant pour signature Victor ou l'Enfant de la forêt. (Sortant et Caqueray sourient.). Quinze jours après, ils revinrent chez moi, et me dirent : Tu as reçu de Louis-Philippe 22 francs, il faut actuellement que tu nous donne vingt-deux pièces de 5 francs. Étonné de cette demande, je leur dis que je n'avais pas d'argent ; mais ils me dirent qu'il fallait absolument que je leur donnasse ce qu'ils me demandaient. Enfin je leur présentai treize pièces de 6 francs et deux de cinq francs que j'avais sur moi ; ils ne voulurent point accepter ce que je leur proposais, et me dirent qu'ils savaient bien que j'avais de l'argent, enfin que si je leur en donnais ils ne me feraient pas de misère.

M. le président : Connaissez-vous un ou plusieurs de ces hommes ? R. Je connaissais Martin ; je lui dis même quand il entra : Te voilà, Martin, mon cousin. Enfin je fus chercher près d'un de mes domestiques ce qu'il me fallait pour compléter la somme qu'ils me demandaient, et ils se retirèrent en emportant un jambon qu'ils mirent dans une carnassière. (Rire dans l'auditoire.)

D. Connaissez vous l'individu qui accompagnait Martin ? Le témoin regarde sur le banc des accusés, et désigne Delaunay fils. Martin et Delaunay nient entièrement le fait.

M. *Mousset*, propriétaire à la Grenouillère, âgé de 34 ans : Le 5 juin 1831, Delaunay fils entra chez moi ; j'étais couché ; il me dit de me lever et de lui donner mon fusil ; il ajouta : Tu es un libéral, et si tu ne fais pas ce que je te demandes, il faut que tu me donne trois louis. Voyant qu'il fallait céder à la force, je pris dans ma poche six écus de 6 livres, je les lui donnai ; mais il me dit : Je ne veux pas de cette somme, il me faut trois louis. Il me tenait au collet et armait son fusil.

Me Janvier demande à la cour comment il se fait que les pièces que les avocats ont entre les mains ne fassent point mention du fait qui est l'objet de la déclaration du témoin que l'on entend. Cette observation donne lieu à des débats assez vifs, pendant lesquels M. le président donne lecture du reçu des pièces du greffe de la cour d'Angers, et dans lequel la pièce où sont consignés les faits qui font l'objet de la déclaration de M. Mousset sont cotés sous le n° 14.

M. Mousset continue ainsi sa déposition : Voyant donc que je ne pouvais me délivrer de l'individu qui était chez moi, je lui dis que j'allais lui donner la somme qu'il me demandait. Je montai dans ma chambre, où je pris ce qui était nécessaire pour satisfaire à sa demande. Après qu'il eut reçu l'argent, il se tourna vers la porte et il me dit en s'en allant : S.... d..., si jamais tu me dénonces, nous mettons le feu à ta paille et à ta propriété.

Le témoin désigne le nommé Delaunay comme étant la personne qui est venue chez lui.

D. Avez-vous fait votre déposition devant le maire de la commune ? — R. Oui, monsieur.

On appelle le témoin *Bloin*, ex-militaire, âgé de 23 ans.

M. le président : Connaissez-vous plusieurs des accusés ici présents ? — R. Je connais Delaunay, Sortant, Caqueray, Charrier fils et Blanchard. — D. N'avez-vous pas fait partie des bandes ? — R. Oui, monsieur.

Delaunay fait observer qu'il n'a fait assigner le témoin

que pour qu'il constate la force majeure, pour ainsi dire, qui l'a poussé dans les bandes, et les relations qu'il eut avec Charbonnier.

D. Savez-vous si Delaunay faisait partie de la bande de Charbonnier? — R. Non, monsieur; j'ai été dans cette bande, et jamais je n'ai vu Delaunay.

Me Janvier et Delaunay demandent que le témoin s'explique sur le moyen dont le père Delaunay s'est servi pour que son fils entrât dans les bandes. Le témoin répond : Le père Delaunay disait journellement à son fils : Il faut que tu entres dans les bandes; le gouvernement va changer, et en faisant quelque chose pour le parti, nous obtiendrons, dans quelque temps, une pension. Enfin il tourmenta tant son fils, qu'il consentit à y entrer, et je le suivis.

Me Julien donne une lettre à M. le président, qui, après l'avoir lu, ordonne aux huissiers de faire sortir de la salle les témoins qui n'auraient pas encore fait leurs dépositions, et, s'il s'en trouve, de les mettre dans une salle sous la surveillance de la gendarmerie.

Cousseau, charbonnier, âgé de 29 ans : Sortant est venu à mon domicile; et comme j'étais absent, il demanda où je me trouvais. Il ajouta que comme j'avais tenu des propos défavorables aux bandes, tels que *brigands de chouans* etc., il fallait que je lui passasse par les mains.

La femme *Cousseau*, âgée de 48 ans, répète la déclaration de son mari.

Chouteau (Auguste), âgé de 19 ans : Je connaissais Charbonnier, Allard et Dixneuf, et je leur ai entendu dire que c'était eux qui avaient tué le gendarme de Maulévrier.

Ricossais (Auguste), gendarme à Chemillé, âgé de 30 ans : Un dimanche, on me fit monter à cheval pour porter des dépêches. J'allai grand train, lorsque je rencontrai la bande de Sortant. Il me dit : Brigand, où vas-tu? Ils me firent descendre de cheval, m'ôtèrent mon manteau, après quoi ils me firent entrer dans une auberge, et s'emparèrent de mes dépêches qu'ils décachetèrent et qu'ils lurent. Ils m'ont demandé si je connaissais M. Roussel; je leur répondis que oui. Sortant me dit : Tu es un bandit; moi, je suis le bourreau des crânes; si jamais je tiens M. Roussel, je le hacherai comme chair à pâté. Sortant ajouta : J'ai une femme qui va bientôt accoucher de quinze cents hommes; alors on verra. Ils étaient cinq ensemble, et un seul savait lire.

D. Reconnaissez-vous parmi les accusés des individus qui faisaient partie de ces cinq hommes? — R. Je ne connais que Sortant. — D. Aviez-vous des pistolets dans vos fontes? — R. Oui, monsieur. — D. Les retrouvâtes-vous? — R. Non, monsieur.

Sortant : J'ai à dire que vous avez été *fait au même* ; quant aux pistolets, ils n'ont pas paru dans la bande; votre cheval était attaché à la porte, vous avez dû le retrouver. C'était une farce que l'on vous jouait. (Rire dans l'auditoire.)

Femme *Siret*, âgée de 22 ans :' Sortant est venu chez nous pendant dix-huit mois; il m'a toujours bien payé, et jamais il ne m'a insulté.

M. le procureur-général : N'étiez-vous pas dans la voiture publique quand vous êtes venu à Blois; une des personnes qui étaient dans cette voiture ne vous a-t-elle pas dit : Vous vous rendez à Blois en témoignagne?—R. Oui, monsieur; elle m'a demandé si je venais témoigner dans l'affaire des chouans.

Me Janvier : Il y a une personne qui a été arrêtée à Amboise, et qui est détenue maintenant à Blois pour ce fait, qu'il serait, je crois, à propos de caractériser.

M. le procureur général: Ce fait est étranger aux débats.

M. le président donne ordre de faire paraître le sieur Lefevre, gendarme, qui rend compte des faits suivants. J'arrivais à Amboise, quand je vis un commis marchand de laine, que l'on me désigna comme cherchant à corrom-

pre les témoins dans les débats de l'affaire qui vous occupe. Je fus prévenir la gendarmerie d'Amboise de cette
circonstance. On lui demanda ses papiers, et il exhiba un
passe-port, daté de Lion, du 4 août dernier. Cet homme
était hors de sa route. Il était vêtu d'une redingotte fort
propre, mais comme il se trouvait en défaut, il fut conduit
devant le maire, qui le fit écrouer.

Me Janvier (avec véhémence) : C'est faire son métier
strictement. Bientôt on ne croira plus que l'on se trouve
en France.

Le témoin : Il ne suivait pas la route désignée par son
passe-port, nous avons cru devoir l'arrêter.

Me Janvier : Si c'est ainsi que l'on entend la liberté, on
doit se féliciter des événements qui ont amené le gouvernement de juillet.

M. le président ordonne que Perruche et Lucas seront
appelés devant la cour.

Le sieur *Lucas*, domicilié à Blois, âgé de 20 ans : Monsieur, je partis de Tours, samedi, à 5 heures du soir. Je
me plaçai à côté du conducteur, et je sus que parmi les
voyageurs, il y avait un ecclésiastique. Je cherchais, autant que possible, dans la conversation, à éloigner tout ce
qui eût pu scandaliser cette personne. Le gendarme que
voici, examina les voyageurs, et apparemment qu'il sus-
pecta quelque chose dans la personne que l'on désignait
comme ecclésiastique, car, à peine fûmes-nous arrivés,
que le gendarme, notre co-voyageur, disparut, et que
nous en vîmes arriver un autre qui demanda le passe-
port à cet ecclésiastique, et comme, selon lui, il ne
trouva pas ses papiers en règle, il le conduisit devant le
maire, qui ordonna son incarcération. Je crois, que dans
l'intérêt de la liberté, il est à propos que de pareils faits
ne se renouvellent pas.

Le sieur *Perruche*, second témoin, dépose dans le même
sens.

Cet incident se termine ainsi.

M. *Mugay*, propriétaire, âgé de 69 ans : Le 25 mars, au matin, Sortant est venu chez nous, où il se présenta deux ou trois fois. A la quatrième, il vint avec un nombre d'hommes, qui pouvait s'élever à 25, et parmi lesquels je n'en connaissais aucun. — D. Vous ont-ils demandé des armes? R. Non, monsieur.

Poitrinière-Debusseau, propriétaire, âgé de 42 ans : Le 23 mars 1831, à 5 heures du soir, des hommes armés entrèrent dans mon salon, où ils se mirent en rang. Alors ils me dirent qu'ils avaient soif. Je leur fis donner à boire ; ensuite ils prirent mon fusil et partirent, sans me faire aucune menace.

M. *Manceaux* (Pierre-Louis), médecin, âgé de 43 ans, habitant de la Chapelle-Aubry : Le 11 mai, entre 8 et 9 heures du matin, je vis entrer deux hommes qui me saisirent au collet, dix hommes de la bande qui arrivèrent, me prirent et m'emmèrent devant un tableau qui représentait Napoléon donnant à boire à un grenadier. Ils mutilèrent ce tableau et brisèrent un buste de Louis-Philippe. Ensuite ils me reprochèrent que j'avais arboré le premier le drapeau tricolore dans la Chapelle-Aubry, puis ils me demandèrent 48 francs. Ils me laissèrent monter dans ma chambre, d'où je leur redescendis 36 francs.

Sortant convient de la vérité de cette déposition.

M. le président : Les bandes avaient-elles le même caractère en 1815? — R. Oui, monsieur. — D. Pourriez-vous nous donner quelques renseignements sur la situation morale du pays? — R. Les citoyens ne peuvent guère sortir de chez eux, sans craindre d'être assassinés par des bandes.

Cette déposition importante a été écoutée dans le plus profond silence.

Il est cinq heures un quart, l'audience est levée et remise à demain neuf heures et demie.

Audience du 5 octobre 1832.

PRÉSIDENCE DE M. BERGEVIN.

L'audience est ouverte à dix heures un quart.

On introduit M. le capitaine Salton. (Mouvement de curiosité dans l'auditoire.)

M. le président procède à l'interrogatoire du témoin, qui dit se nommer *Salton*, capitaine instructeur à l'école royale de Saumur, âgé de trente-six ans.

D. Connaissez-vous l'accusé Delaunay? — R. Oui, monsieur, il était à l'école de cavalerie de Saumur. — D. Pouvez-vous nous donner quelques renseignements sur le caractère de l'accusé ici présent? — J'ai toujours connu cet élève comme ayant un caractère faible et susceptible de recevoir les impressions qu'on lui donnait. — D. Savez-vous quelle était l'influence que son père exerçait sur lui? — R. Son père vint le voir, et me rendit aussi une ou deux visites; mais je ne puis certifier quelle était son influence sur lui. Cet homme me demanda une permission de dix jours pour aller voir ses parents. Je fis les démarches nécessaires à cet égard, c'est à dire que je m'adressai à M. le commandant de l'école, qui seul a le droit de délivrer de pareilles permissions, et je l'obtins. Il outrepassa le laps de temps qui lui était accordé; mais il revint à l'école avec un certificat constatant que son absence avait été nécessitée par des circonstances qui l'avaient obligé de retarder son retour. — D. Quels étaient les mœurs et la conduite de l'accusé? — R. Sous ces rapports, je n'ai rien de désavantageux à dire sur son compte : il resta pendant sept mois à l'école; mais je dois, pour rendre justice à la vérité, dire que c'était un des élèves les plus négligents, sous le rapport de la tenue; ce qui lui attirait souvent des punitions. — D. Saviez-vous que son père était chef d'une des bandes qui s'étaient formées dans les départements de l'ouest? — R. J'ignorais cette circonstance , et lors de la dernière visite que son père me fit , je consentis avec plaisir à le faire partir, pour qu'il obtienne son congé de réforme. J'étais, au contraire, charmé de me délivrer d'un sujet qui était loin de remplir le but que le gouvernement se proposait à l'égard des élèves de Saumur. D'ailleurs , ce jeune homme avait manifesté des opinions contraires au gouvernement actuel ; il avait prononcé hautement des propos séditieux , pour lesquels il fut traduit devant les tribunaux , où il fut acquitté.

Guillieux, âgé de 31 ans , domestique, demeurant à Isernay : Il connaît depuis long-temps Caqueray, Delaunay, Sortant, Blanchard , Yvon, Charrier père et fils, Faligan. Ce témoin , qui a été dans les bandes, affirme n'avoir jamais vu faire de mal pendant qu'il en faisait partie.

Un juré : Mais après que vous n'y étiez plus, avez-vous entendu parler de la conduite des individus qui faisaient partie de ces bandes? — R. Je ne puis rien vous dire à cet égard.

M. le président : A quelle époque avez-vous quitté votre domicile? — R. Vers le mois d'avril. — D. Pourquoi quittâtes-vous vos foyers? — R. Parce que je ne voulais pas être soldat. — D. Qui vous donna ce conseil? — R. Ce fut Dixneuf, qui m'effraya en me disant qu'on me mettrait en prison. — D. Dans quelle bande entrâtes-vous? — R. Dans celle de Delaunay père. — D. N'y avait-il pas d'autre chef sous lui? — R. Lorsque j'y entrai, il n'y en avait pas. — D. Delaunay fils n'avait-il pas un commandement?— R. Il était chef sans être chef. — D. Receviez - vous des ordres du fils ? — R. Oui , nous lui obéissions. — D. Comment viviez-vous dans cette bande? — R. Nous allions manger dans les métairies. — D. Quels étaient les hommes qui composaient cette bande? — R. Delaunay père, Delaunay fils, Dixneuf, Caqueray, pendant un peu de temps ; Douet, pendant quatre jours ; Frappereau, Scionnière, Renaudeau, Blanchard, durant quelques jours ; et Simonet. — D. Combien de temps êtes-vous resté dans cette bande? — R. Jy suis resté quatre mois. — D. Aviez-vous des armes? — R. J'ai eu un fusil.

M. le procureur-général: N'est ce pas Delaunay qui vous força d'y entrer.— R. Non, monsieur. — D. Ne vous avait-on pas donné un sobriquet dans cette bande? — R. Oui, monsieur, on m'appelait *Va-de-Bon-Cœur*.

Caqueray, dit que le témoin a fait partie de sa bande, et que souvent il l'a laissé en arrière pour s'en débarrasser.

Pourreau (Jean-Pierre), âgé de 48 ans, avoue les faits dont il est mention dans la procédure, il connaissait Caqueray, Sortant, Aumont et Simonnet. Il termine ainsi: Je les ai vus trois ou quatre fois dans les champs, mais il ne m'ont jamais rien dit ni rien fait.

Pinault (Louis), âgé de 42 ans: Des chouans sont venus au mois d'août dernier me demander des armes, et je n'ai pas cru devoir les leur refuser, car contre la force il n'y a pas de résistance, et je donnai celles que j'avais.

D. Ont-ils commis quelques violences à votre égard? —R. Non, monsieur.

Ménard (Pierre), âgé de 33 ans, laboureur. Je connais depuis long-temps Sortant, Charrier père et fils, Chevrier, Faligan, Renaudeau et Martin.

Le témoin: Il est venu d'abord deux chouans chez moi; ils ont commencé par me demander de la soupe pour dix; je leur dis que j'allais faire mon possible pour les contenter.

M. le président : Ils ne vous menacèrent pas afin d'obtenir de vous leur demande. — R. Non, monsieur. — D. C'était donc de votre plein gré que vous consentîtes à faire ce qu'ils désiraient. — R. Non, la nécessité me forçait à ne pas leur refuser la soupe. Après qu'ils eurent mangé, ils partirent sans troubler ma tranquillité,

Gaborie, âgé de 47 ans.

Il s'élève à l'égard de ce témoin une contestation dont le résultat est que l'assignation qui lui a été remise, était adressée à M. Manceaux, qui à l'époque où cet acte judiciaire fut délivré, remplissait les fonctions que le témoin qui se présente occupe aujourd'hui.

La femme *Séchet*, âgée de 21 ans, demeurant à Isernay. Elle dit: Un gendarme se présenta un jour à la porte de mon domicile ; il avait l'air agité et lorsqu'il fut entré il me raconta qu'il venait d'échapper à la mort, dont deux ou trois de ses camarades venaient d'être les victimes, dans une embuscade qui leur avait été tendue par les chouans. — D. Pouvez-vous préciser l'époque à laquelle eut lieu cet événement ? — R. Je crois que ce fut dans le mois d'avril 1831.

D. Que devint ce gendarme après qu'il vous eut fait cet aveu ? — Je le cachai entre un mur et un lit. — D. Entendîtes-vous tirer des coups de fusil avant l'arrivée du gendarme chez vous? — R. Non, monsieur, je n'ai rien entendu. — D. Quelle distance y a-t-il du lieu où l'assassinat s'est commis à votre domicile? — R. Quatre à cinq cents pas. — D. Les habitants de votre hameau, allèrent-ils pour relever les corps des malheureuses victimes de ce guet-à-pens? — R. L'autorité s'y transporta d'abord et ensuite on enleva les corps de ces infortunés. — D. Allâtes-vous sur les lieux où le crime avait été commis? — R. Non, monsieur, mais nous vîmes passer devant notre porte les chouans qui étaient porteurs des armes des gendarmes qu'ils venaient d'assassiner; les chouans étaient au nombre de quinze environ. — D. Pourriez-vous reconnaître les hommes qui faisaient partie de cette bande ? — R. Non, monsieur, comme il s'est écoulé un certain laps de temps depuis cette époque, et que je n'ai fait qu'entrevoir ceux qui faisaient partie de cette bande, je ne crois pas pouvoir reconnaître un de ceux qui la composaient, ce que je puis dire, c'est que j'entendis qu'ils se félicitaient de l'expédition qu'ils venaient de faire.

M. le président demande à l'accusé Aumont, s'il ne faisait pas partie de la bande dont parle le témoin, et s'il ne s'était pas flatté d'avoir participé aux crimes qu'elle venait de commettre. L'accusé nie ces faits, et ajoute qu'à cette époque, 27 avril, il était domestique, et servait le même maître que le nommé Poureau.

M. le président fait rentrer ce témoin à l'audience. Il confirme l'assertion d'Aumont, et dit qu'il travaillait ave lui.

Me Maigreau fait observer qu'il serait à propos que Poureau spécifiât, s'il se peut, l'époque à laquelle Aumont était chez le même maître que lui, et si Aumont s'absentait de son travail. Poureau répond qu'Aumont travaillait continuellement, qu'il n'a jamais remarqué qu'il ait quitté sa besogne, surtout dans le cours de la journée du 27 avril.

Lefebvre, gendarme, âgé de 36 ans. Il connaissait les accusés Delaunay et Blanchard; il dit: Le 27 avril on nous commanda au nombre de six gendarmes, pour une correspondance arrivée dans la commune d'Iserlay; nous étions sans méfiance, nous passions non loin d'une haie, lorsque j'entendis une détonation derrière moi: je me retournai, et plusieurs coups de feu partirent aussitôt. Le brigadier qui nous commandait et un gendarme tombèrent atteints par les balles des brigands. J'entendis en ce moment prononcer ces mots: Rembarre, rembarre, il n'y en a plus qu'un; voilà comme on arrange ces coquins de gendarmes. Voyant qu'une partie de mes camarades avait été jetée sur le carreau, et que les autres avaient tourné bride, je me sauvai et j'entrai chez madame Séchet, je remarquai en fuyant sept à huit individus dont quelques uns avaient des chapeaux de paille, et d'autres des casquettes.

M. le président demande au témoin si parmi les accusés il peut reconnaître un de ceux qui faisaient partie de ces individus. Le témoin répond qu'il lui serait très difficile de les reconnaître, attendu que dans le moment il était très agité, et que d'ailleurs ils n'avaient pas les mêmes costumes. Il ajoute : Les malfaiteurs s'étant emparés des carabines des gendarmes tués dans ce guet-à-pens, et d'une certaine somme en or qu'une des victimes avait sur elle, j'ai remarqué que les hommes qui composaient cette bande, avaient crénelé une haie de houx, et qu'ils avaient fait des petits coussins en genêt pour s'agenouiller en tirant. Ils mutilèrent les cadavres de leurs victimes, et leur mirent de la bouse de vache dans la bouche.

M. le président : La circonscription de votre brigade était-elle étendue ? — R. Elle était de deux lieues et demie à trois. — D. Comme gendarme, vous deviez avoir quelques renseignements sur la direction où se trouvaient les bandes dans les environs. — R. Nous avions connaissance que les bandes de Delaunay père et fils et de Sortant s'étaient réunies, et que le dernier devait prendre le commandement.

Sortant reste d'abord impassible, ensuite il sourit dédaigneusement. Quant à Delaunay fils, sa figure, qui habituellement est pâle, se couvre d'une vive rougeur en cet instant.

M. le président : N'avez-vous pas entendu désigner nominativement les individus qui étaient possesseurs des carabines prises à vos camarades ? — R. On disait que Blanchard et Dixneuf avaient sept carabines avec lesquelles on les avait vus s'exercer, et l'on ajoutait qu'un des hommes qui était avec Blanchard, s'était flatté d'avoir les louis du gendarme. D. Pouvez-vous indiquer quelle personne tenait ce propos ? — R. M. Bergère, qui est généralement connu pour un très honnête homme.

Blanchard soutient qu'il n'a jamais eu de carabine, et qu'il n'a point participé au crime dont il est question.

Un juré : Mais vous avez dit que vous étiez six gendarmes, que trois furent tués, et que vous vîntes chez la femme Séchet; que devinrent les deux autres? — R. Le brigadier Camus et les gendarmes Botex et Udelet furent victimes. Mes deux autres camarades se sauvèrent d'un autre côté.

Lemerle (Claude-Pierre), âgé de 32 ans, lieutenant au 9ᵐᵉ léger, dit : N'avoir pas été présent lorsqu'une partie d'un détachement sous ses ordres poursuivit Ivon, Delaunay et Ménard, que ce fut le sergent Loche qui fit ce rapport; que quant à lui, il n'avait fait que visiter les armes de Delaunay.

D'après cette déclaration, M. le président ordonne qu'il sera fait lecture du procès-verbal signé par le sergent Loche.

Un des juges fait cette lecture, d'où il résulte que Delaunay, Ivon, Abraham et Ménard étaient réunis auprès de la métairie de Trémentine, et que, par suite des mesures prises par le sous-officier, on parvint à arrêter Delaunay, Ivon et Ménard; que ce dernier, ayant été blessé dans l'action, était mort sur une charrette où il avait été placé pour être conduit devant l'autorité; Ivon et Delaunay cherchèrent d'abord à prendre la fuite, mais qu'ensuite ils remirent les armes dont ils étaient porteurs, et que Delaunay, lorsqu'on le conduisait devant l'autorité, avait été aperçu par un paysan, qui avait dit en le voyant : Voila un grand brigand. Sur ce propos, l'accusé Delaunay avait dit au sergent Loche que si ses compagnons avaient connaissance du propos de cet homme, il serait bientôt fusillé par eux.

Cette pièce fait aussi connaître qu'Abraham s'était soustrait par la fuite aux recherches que l'on faisait contre lui.

Après la lecture de cette pièce, Delaunay nie avoir tenu le propos que l'on dit avoir été adressé par lui à l'individu qui le traita de brigand. Ivon fait observer que, lors de son arrestation, son fusil n'était pas déchargé.

M. *Tailbois* (Urbain), jardinier, âgé de 55 ans. Il dit avoir connu Légeard : Le 26 mars 1831, nous faisions, pour

remplir notre service de garde nationale, une reconnais-
sauce du côté de la métairie de la Creillère. Nous avions
avec nous M. Gélusseaux Amory, lorsqu'un coup de feu
partit au moment où nous nous y attendions le moins, et
blessa M. Gélusseaux, qui tomba aussitôt; je crus qu'il
était blessé dans le côté. Je l'aidai à se relever. Nous
allâmes à la métairie. M. Gélusseaux me dit : je me meurs.
Je cherchai à le rassurer sur sa situation, mais il me dit :
je sens que je suis blessé à mort ; ce dont je suis content,
c'est que je meurs pour ma patrie. Malgré les soins qu'on
lui prodigua, il mourut le sur-lendemain. Nous demandâmes au maître de la métairie s'il avait vu les chouans, il
nous répondit que non. Nous aperçûmes alors des hommes qui fuyaient. Ils avaient divers costumes, quelques uns
étaient en manche de chemise.

M. le président demande à Ivon s'il ne faisait pas partie
de ces hommes. — R. Non, monsieur, je n'étais pas encore déserteur à cette époque.

Grasset (Jean-Louis), âgé de 42 ans, journalier : J'é-
tais à travailler, lorsque j'aperçus onze chouans, qui se
dirigeaient de mon côté. J'allai chercher la garde nationale; mais on ne put les atteindre. Quelque temps après,
j'étais dans le bois, cinq d'entr'eux m'arrêtèrent, mais
ils ne me firent aucune violence, et ne me prirent point
d'argent.

D. Avez-vous connaissance de quelques faits relatifs à la
mort de M. Gélusseaux? — R. Non, monsieur; je me li-
vrais en ce moment à mon travail.

M. le procureur du roi : A quelle distance étiez-vous de
la Creillère? — R. A une demi-lieue.

M. le procureur général : Avez-vous entendu des coups
de fusil? — R. Oui, monsieur.

Allaire (Marie), âgée de 17 ans, domestique, chez la
dame Séchet : sa déclaration est en tout conforme à celle

de sa maîtresse. Elle ajoute que Blanchard venait quelquefois manger dans cette maison.

M. *Gallerand* (Agil), âgé de 40 ans, capitaine : L'on
faisait des battues à la Chaboissière, où j'avais eu des renseignements qui me faisaient connaître que les chouans
étaient dans ces parages. En effet, vers les sept heures
du matin, huit hommes aperçurent les chouans. Les
soldats tirèrent sur eux, et Renaudeau, qui faisait partie de cette bande, chercha à s'esquiver. Les militaires,
d'après un ordre, cernèrent cet endroit, et nous parvînmes
à nous rendre maîtres de Renaudeau. Trois autres chouans
étaient avec cet individu : Ivon était allé allumer sa pipe,
et les deux autres avaient pris la fuite, en prévenant sans
doute Ivon. Quant à Renaudeau, il nous remit son fusil ;
et je vous assure que si j'en avais eu un au moment où nous
le cernions, l'accusé ne serait pas ici sur les bancs.

Plusieurs voix s'écrient dans l'auditoire : « Çeût été
bien fait. »

M. le président : Je préviens que si quelque signe d'approbation ou d'improbation se manifeste de nouveau, et si
hautement, je serai forcé de faire sortir le public.

M. le procureur général demande au témoin s'il connaît
quelque chose touchant la moralité de Renaudeau : il répond qu'elle est très mauvaise.

Me Saint-Vincent : Le témoin se trompe sans doute ;
j'ai entre les mains un certificat du maire de la commune
qu'habitait Renaudeau, qui constate que cet homme jouit
d'une bonne réputation. Ce certificat est signé de six habitants que nous avons fait assigner comme témoins.

M. le procureur général : Pouvez-vous nous dire quelle
est l'influence que les bandes exercent sur les habitants ? —
R. Elles sont redoutées de tous les métayers ; mais quand
il y aurait cent bandes comme cela, je vous assure qu'avec
peu de monde il serait facile d'en venir à bout ; elles sont

la terreur des habitants, mais en général les hommes qui les composent ne sont pas très braves.

Cette réponse faite avec la plus grande énergie, excite un murmure d'approbation dans l'auditoire.

Me Saint-Vincent : Si le témoin applique la dernière partie de sa réponse à Renaudeau, je crois qu'il peut se tromper à cet égard, car Renaudeau a servi et a été aussi bon militaire.

Le témoin continue : A l'égard de Douet, je lui ai promis sur ma parole, lors de son arrestation, qu'il ne lui serait rien fait. Nous étions dans la direction de Saint-Hilaire, un ancien chouan vint nous dire qu'une bande se trouvait dans ces parages. Dans le nombre des hommes qui la composaient, était Bodin et Douet ; ce dernier était caché dans des genêts où on le chercha, et où il fut arrêté. Il ne voulut d'abord rien dire sur la bande ; je le menaçai vainement de le faire fusiller, pour qu'il nous donnât quelques renseignements à cet égard, et ce ne fut que quand je lui eus parlé du chagrin que pourrait éprouver sa mère, dont j'ignorais l'existence ; mais je croyais devoir me servir de ce moyen pour parvenir au but que je me proposais ; et ce ne fut, dis-je, qu'à ce moment qu'il me confia les renseignements qui ont amené l'arrestation de Bodin. Je le fis habiller en militaire, et il me conduisit dans divers endroits où se réunissaient les bandes. Je puis affirmer aussi que plusieurs fois il eut l'intention de s'aboucher avec l'accusé Caqueray, pour tâcher de l'amener à faire sa soumission ; car, disait-il, il doit bien s'ennuyer de mener cette vie vagabonde.

Douet prie M. le capitaine Gallerand de déclarer au tribunal ce qu'il lui avait dit relativement à ses intentions. — R. En venant dans la Vendée, son intention était de profiter d'une amnistie pour rentrer dans un régiment. Je crois devoir dire aussi qu'un jour nous entendîmes des coups de fusil qui nous forcèrent à prendre les armes ; aussitôt nous fûmes du côté où l'on tirait ; nous laissâmes Douet seul au corps-de-garde ; en arrivant nous le retrouvâmes. Cette circonstance me confirme dans l'opinion que cet homme était de bonne foi.

M. le procureur-général : Croyez-vous que les habitants de ces contrées nourrissent habituellement les bandes ? — R. Oui, monsieur ; les détachements de troupe se trouvent aussi assez souvent dans la nécessité d'user de ce moyen. Il est une observation à faire, c'est qu'on a imbu les habitants de ces contrées de l'idée qu'un changement de gouvernement est immanquable, et ils croient que les soldats qui sont envoyés pour détruire les bandes, partagent les mêmes erreurs que ces vagabonds cherchent à répandre. En général, on peut dire qu'il y a réciprocité d'égards entre le militaire et la population civile.

Me Vallon : Veuillez nous donner quelques explications sur Chevrier et Faligan. — R. Je crois que ces hommes ont été invités à se rendre dans les bandes par leur curé.

M. le président leur demande s'ils ont été excités par le curé à se rendre dans les bandes. Ils répondent négativement.

D. Pouvez-vous donner quelques renseignements sur Aumont ? — R. Cet homme est le plus scélérat de tous ceux qui font partie des bandes. — D. Pouvez-vous donner aussi quelques renseignements sur Sortant ? — R. Sortant a fait beaucoup de désarmements dans le pays ; il joint l'audace à la ruse, car pour que les légitimistes conservassent leurs armes et ne les rendissent pas à l'autorité, ainsi qu'il est ordonné, il se rendait chez eux, prenait leurs fusils, leur en donnaient reçu, et rapportait clandestinement l'arme à la personne chez laquelle il s'était présenté, qui, par ce moyen, lorsque l'autorité lui demandait ses armes, pouvait assurer, en présentant le reçu que lui avait donné Sortant, qu'il avait été désarmé par les bandes.

Me Lachèse fait observer que les épithètes de dénonciateur accordées si prodigalement à Douet, ne peuvent lui appartenir, car un homme qui se voit sur le point d'être fusillé, et qui refuse de se sauver en livrant ses camarades, ne peut être considéré comme un être vil.

Cet interrogatoire, auquel le témoin a toujours répondu d'une manière catégorique et avec une noble assurance, a été entendu par l'auditoire avec une attention soutenue.

Delcellier, âgé de 27 ans, donne des détails sur l'arrestation de Renaudeau, sur lequel, dit-il, on a trouvé sept à huit cartouches, un tire-balle, et généralement ce qui est nécessaire à un militaire pour le nettoiement et l'entretien des armes.

M. le président : Quelle était la quantité de poudre qui a été saisie sur l'accusé ? — R. Environ une demi-livre. D. — Qu'a-t-il dit lors de son arrestation ? — R. Rien, il me remit son fusil.

Vallerey (*Jean*), âgé de 21 ans, militaire : D'après les renseignements donnés sur Bodin, on se rendit, suivant les ordres du capitaine Gallerand, à un endroit désigné. De petits détachements avaient été formés et cherchaient à surprendre cet homme, nous arrivâmes près d'un champ de genêts, où, à peine fûmes-nous entrés, que nous entendîmes un coup de fusil ; nous aperçûmes un homme qui fuyait ; nous courûmes après lui ; je tirai et je n'attrapai pas cet individu qui chercha à s'esquiver de nouveau en franchissant une haie ; je n'avais plus de munitions, et cependant j'avais à cœur de parvenir à arrêter cet homme, qui était tombé en franchissant la haie auprès de laquelle j'arrivai. Je mis Renaudeau en joue (car c'était lui-même), quoique mon fusil ne fût pas chargé. Quand il vit que j'étais aussi près de lui, il me remit son arme, et je le ramenai dans une ferme.

Mᵉ Lachèse demande quelques détails sur l'arrestation de Douet. — R. Douet était caché dans un champ de genêts ; il n'avait point d'armes, portait à la main un bâton et avait une carnassière, lorsque je l'aperçus. J'allai droit à lui, et il ne fit aucune résistance pour me suivre. Il me dit qu'il n'était que depuis trois jours avec une bande ; que son intention était de quitter cette vie misérable et vagabonde.

M. le président : Il n'avait point de munitions ?—R. Non, monsieur.

Desplace (*Jacques*), âgé de 25 ans, militaire, donne des détails sur l'arrestation de Ménard. Ils sont conformes à la déclaration écrite du sergent Loche.

Bouvier, voltigeur, répète les détails donnés par le procès-verbal ci-dessus désigné en ce qui est relatif à l'arrestation de Delaunay.

Roquet (Jean), âgé de 20 ans, ouvrier chapelier : Un dimanche nous étions quatre à nous promener, nous aperçûmes Delaunay qui, nous voyant arriver sur lui, nous cria : Qui vive! Delaunay dit à Rousseleau : Tu nous as dénoncés, tu es un scélérat ; il faut que je te coupe les cheveux. Au moment où il disait cela, Bouin, Boulard et Raveau, qui sans doute étaient ses compagnons, se joignirent à lui.

M. le procureur-général : Qui a empêché que l'on ne coupât les cheveux à Rousseleau ? — R. Ce furent ces trois derniers arrivants.

M. le procureur du roi : Delaunay paraissait-il être le chef, et avait-il des galons? — R. Non.

Roquet (Louis), âgé de 18 ans, ouvrier chapelier. Il confirme la déposition ci-dessus qui a été faite par son frère

Rousseleau (Jacques), âgé de 24 ans, fait la même déposition, et sur l'interpellation qui lui est adressée par Delaunay, pour savoir s'il le laissa aller tranquillement, où s'il le poursuivit, le témoin répond : Je n'ai pas accéléré ma marche lorsque vous me laissâtes libre de reprendre mon chemin.

On introduit M. Schmit. Tous les regards se portent avec curiosité vers cet officier. Il dit se nommer Schmit

(Georges), âgé de 44 ans, lieutenant au 42ᵉ de ligne, et s'exprime ainsi : Je revenais d'une battue ; j'étais avec un grenadier du régiment auprès du bois de la Fuye, lorsque 12 hommes crièrent : à mort ! à mort ! en nous mettant en joue. Le grenadier resta debout, et moi je me baissai. Ils firent feu en même temps, et je fus blessé à la clavicule. Je m'éloignai un peu et rencontrai le grenadier qui était dans un champ et avec lequel je me rendis à mon domicile pour me faire panser.

— D. Pourriez-vous reconnaître les hommes qui ont tiré ? — R. Je ne sais.

Caqueray se lève et dit : Nous étions dans un champ ; on vint me prévenir que cinq militaires étaient du côté où nous nous trouvions ; j'avais un rendez-vous au lieu où j'étais et je ne voulais pas m'éloigner ; les militaires venaient par le côté gauche, et moi j'allais sur la droite. J'étais à cent pas environ de ces hommes qui étaient dispersés, je recommandai à ma bande de ne pas tirer.

M. le président au témoin : avez-vous entendu prononcer les mots : ne tirez pas. — R. L'éloignement où j'étais a pu faire que je n'entende pas.

M. le procureur général : avez vous reçu le coup de feu par devant. — R. Non, monsieur, par derrière.

En ce moment, M. Lenail-Roger, juré, se trouvant indisposé, sort de la salle d'audience.

M. le président suspend la séance, qui est reprise un quart d'heure après pour entendre le rapport de M. le docteur Desparanches, qui, après avoir visité le juré, déclare que, dans l'intérêt de sa santé, il ne peut assister à la séance.

M. le président, d'après ce rapport et après avoir entendu M. le procureur général, ordonne que la séance soit suspendue jusqu'à demain neuf heures du matin. Il est quatre heures.

Erratum : Page 53 , ligne 7. — C'est par erreur que nous avons mis dans la bouche de l'accusé Douet, les paroles suivantes : Nous fûmes assez bien accueillis chez M. de Fougères, et de Caqueray lui fit part de l'intention où il était de se rendre en Vendée. M. de Fougères approuva ce projet. Je fis signe à de Caqueray de lui exposer l'état de pénurie dans lequel nous étions , etc.

Il est constant que Douet a dit' qu'ils avaient fait part à M. de Fougères d'aller à la Comterie, chez M. de Caqueray, parent de l'accusé de ce nom , et qu'il n'avait pas été question d'aller dans les bandes. Ce ne fut pas non plus à M. de Fougères père que Douet exposa son état de pénurie , mais à son fils qui les reconduisait.

Audience du 6 octobre 1832.

PRÉSIDENCE DE M. BERGEVIN.

L'audience est ouverte à neuf heures et demie.

M. Lenail-Roger, dont l'indisposition n'a pas eu de suite , a repris sa place.

On continue l'interrogatoire des témoins.

Einault, sergent au 41e de ligne : Nous étions aux environs de Coron à la recherche des bandes, lorsque nous vîmes trois hommes. Un de nous dit : Voilà des chouans ; nous nous disposâmes à les attaquer ; nous tirâmes quelques coups de fusil, et ces hommes prirent la fuite. Casquanet, qui faisait partie de notre détachement, ayant aperçu un homme caché derrière des genêts, me dit : Voilà un des chouans derrière cette haie. Je m'avançai aussitôt, et cet homme se rendit ; je défis la bretelle de mon fusil avec laquelle je l'attachai. Nous fouillâmes cet individu , qui dit se nommer Douet. Il avait sur son dos une gibecière dans laquelle il y avait une chemise et des mouchoirs

L'accusé Coudé se lève et demande si le sergent n'a pas parlé à quelqu'un depuis hier soir. — R. Je n'ai parlé à personne.

M. le président fait rentrer M. le capitaine Gallerand.

D. Combien de temps êtes-vous restés en Vendée ? — R. Quinze mois environ. — D. Pouvez-vous nous donner quelques détails sur les faits qui se sont passés dans cette contrée et dont vous avez connaissance ? — M. Gallerand, répondant à cette question dit qu'il faudrait un long espace de temps pour détailler tous les faits qui sont venus à sa connaissance pendant qu'il faisait le service dans ce pays, puisque tous les jours il y a de nouveaux événements, et que les métayers ou autres habitants des campagnes viennent réclamer l'assistance de la force armée ou faire des dépositions. Ce n'est pas seulement, dit-il, les libéraux que l'on attaque, mais même les hommes connus pour être attachés à l'ancien ordre de choses ne sont pas exempts des vexations qu'exercent les malheureux qui les composent. J'ai reçu plusieurs fois des déclarations relatives à des crimes commis sur des individus voués à la cause légitimiste.

M. le président : Savez-vous quelle était la conduite de la bande commandée par l'accusé Caqueray, et ce qu'on pensait sur le compte de ce chef. — R. Je n'en ai jamais entendu parler en mal. Quant aux hommes qui composaient sa bande, tous se ressemblaient. Ce que je sais, c'est que Caqueray, j'en suis sûr, rougissait de se trouver avec de pareils hommes. — D. Les métayers et habitants des campagnes regardent donc généralement comme une chose due la nourriture qu'ils donnent aux hommes qui composent ces bandes. — Quelques uns considèrent cela comme un sacrifice qu'ils doivent fairent à l'opinion qu'ils professent, mais beaucoup d'autres sont contraints par la nécessité, car les bandes inspirent une telle terreur que je ne serais pas étonné que dans l'affaire qui vous occupe actuellement, messieurs, plusieurs des témoins n'aient point osé avouer des faits dont ils ont connaissance, dans la crainte d'éprouver à leur retour chez eux le sort des victimes qui réclament aujourd'hui votre justice. — D. Pouvez-vous donner quelques renseignements sur l'assassinat du sieur Chalopin? — R. J'ai entendu parler de cette malheureuse affaire, mais je ne puis donner de renseignements à cet égard. — R. Quelle confiance peut-on accorder aux certificats délivrés par les maires des communes des départements où cette calamité se fait sentir? — R. Je pense que l'on ne doit y ajouter aucune foi, non sous le rapport de l'intention de ces fonctionnaires en les délivrant, mais sous celui de la terreur que leur inspirent ces hommes cruels. J'ajouterai, pour vous faire connaître la véritable situation de ce pays que j'ai parcouru afin d'en connaître la topographie et les mœurs, que les journaux ni le gouvernement ne connaissent bien la vérité à cet égard. Le pouvoir des nobles que l'on croit généralement être tout puissant, est au contraire fort limité, mais l'ascendant des prêtres est très étendu. On s'est imaginé que, pour détruire ces principes de division, il fallait agir par la rigueur. Je crois, d'après mon opinion, que le système des amnisties ferait beaucoup plus que le nombre des baïonnettes, car, je le dis ainsi que je le pense, deux cent mille hommes de troupes ne détruiraient point ces germes de guerre civile. Ce qui surtout donne de la hardiesse aux individus qui composent les bandes, c'est qu'ils peuvent éviter d'être pris par suite des refuges que leur offrent les haies qui sont en grand nombre dans ce pays, et l'on peut dire avec raison : Plus de haies, plus de chouans.

M. le président : Quelles sont les dispositions du commerce dans ce pays? — R. Il est tellement bas et les transactions sont si peu fréquentes, que beaucoup d'ouvriers dans les villes et d'habitants dans la campagne sont réduits à une

misère si grande que nous, militaires, qui n'avons que notre
solde, faisions journellement des aumônes, et que l'homme
qui travaille dans ce pays, gagne douze à quinze sous par
jour.— D. Pouvez-vous nous faire connaître si des personnes marquantes distribuent de l'argent aux chefs des
bandes? — R. Très peu, Sortant reçut une fois 50 louis
qu'il refusa de partager avec Bodin, et c'est, je crois, le
motif de leur désunion, et c'est peut-être la seule fois que
j'aie entendu parler d'une somme aussi forte donnée à ces
bandes, car les hommes qui les composent reçoivent très
rarement une pièce de 12, 15, 20 et quelquefois 30 sous.
Une chose que je crois devoir observer, c'est que d'après
les journaux du gouvernement, on peut être porté à croire
que l'on détruit de temps à autre quelques unes de ces
réunions illégales, j'ai vu mon nom cité comme ayant atteint ce but, et bien, je le dis hautement, je n'ai rien dit ni
rien fait qui soit digne d'être cité avec autant d'emphase ;
j'ai ordonné l'arrestation de quelques individus, ou j'y ai
participé, mais les faits sont fort peu de chose en propor-
tion des résultats qu'on pourrait obtenir en employant un
système de douceur qui seul peut subjuguer les habitants
qui sont naturellement très doux et qui tiennent à ne point
quitter leurs pénates ; c'est comme on le sait généralement,
la crainte qu'ils ont de s'éloigner de leurs foyers pour
être militaires qui les engage à former ces associations
illégales. De tout temps ces départements ont été abon-
dants en réfractaires, même sous Louis XVIII. Malgré
qu'ils fussent amis de la légitimité, ils préféraient se retirer
dans les bois plutôt que de se rendre sous les drapeaux. Il
est pénible, messieurs, de voir les horreurs qui se com-
mettent actuellement dans ce malheureux pays. Je vais vous
en citer un exemple qui sans doute vous fera frémir. Avant
la soumission de Sortant, je fis ce que je pus pour parvenir
à l'arrêter. Une petite fille promit qu'elle me conduirait où
était ce chef de bande. Je ne sais comment les insurgés

eurent connaissance de la promesse que m'avait faite cette
enfant, mais au bout de quelques jours, des chouans s'en
emparèrent et lui brûlèrent les pieds. A côté de cet exemple
dont le fait a été consommé par la partie la plus méprisable
de cette contrée, je dois mettre en opposition un fait qui
ne peut qu'honorer celui qu'il concerne. Un métayer, que
j'avais maltraité, parce que l'on m'avait instruit qu'il avait
des relations avec les agitateurs, me donna, un soir que je
m'étais égaré, et très fatigué par suite des courses que j'a-
vais faites, me donna, dis-je, à souper et refusa l'argent que
je lui présentai pour payer ma dépense. Il y a aussi un
grand vice qui entretient le feu qui mine cette contrée :
ce sont les nouvelles absurdes que l'on se plaît à y répandre.
Dans un moment, on dit que les étrangers sont sur notre
territoire; après cela l'on dit que M. Lafayette travaille
pour établir une république, enfin il circule toujours mille
bruits plus absurdes les uns que les autres, et qui, malgré
le démenti formel qu'ils éprouvent journellement, devraient
être rejetés par les habitants.

M. le président remercie M. Gallerand des renseignements qu'il vient de donner. On remarque dans l'audience
une vive sensation, et tous les yeux se portent vers le témoin qui a mis beaucoup de verve et d'a-plomb, en prononçant cette allocution.

Robert, âgé de 32 ans : Il déclare que Sortant lui a dit
que si on voulait lui accorder sa grâce et seize cents francs,
il ferait sa soumission, et se chargeait de faire rentrer
toute sa bande sous l'obéissance aux lois.

M. le procureur général : Étiez-vous dans le pays après
que Sortant eût fait sa soumission? — R. Non, monsieur.

Chataigner, âgé de 46 ans, déclare que Blanchard s'est
présenté chez lui à 3 heures du matin; qu'il lui a demandé
son fusil; qu'après quelques mots échangés avec cet homme, il le lui remit, et qu'il l'emporta.

Blanchard se lève et demande si on n'a pas remis le

fusil au témoin. — R. Oui , monsieur. Deux heures après l'on me rapporta mon fusil, mais il était tout cassé.

M. le procureur général : Blanchard vous fit-il des menaces ? — R. Non, monsieur.

M. *Demoulon* (Félix), lieutenant, âgé de 29 ans : En arrivant à la Tour-Landry, lieu où était mon cantonnement, j'appris que Renaudeau, qui demeurait dans cet endroit, était ennemi déclaré du gouvernement, et tenait journellement des propos séditieux; mais comme pour empêcher cette transgression aux lois, il eût fallu arrêter tout le village, je me contentai de désarmer Renaudeau, et l'ayant fait venir devant moi, je l'admonestai sévèrement, et lui fis promettre qu'il resterait désormais tranquille. Il me le promit, et, quelque temps après, je quittai ce cantonnement, où je revins au mois de juillet; mais à cette époque Renaudeau était passé dans les bandes. L'épouse de cet homme, qui est connu pour un ivrogne, vint me trouver pour que je fisse obtenir un sauf-conduit à son mari, afin qu'il pût jouir de l'amnistie accordée en ce moment. Je lui dis que si Renaudeau n'avait commis ni vol ni assassinat, il pouvait compter que je ferais mon possible pour obtenir ce qu'elle paraissait désirer en sa faveur. Mais ayant été obligé de quitter le pays, je ne pus donner suite à cette affaire. Arrivé dans le nouvel endroit, où je devais séjourner, je fis quelques recherches. Le 18 août, à 2 heures, étant près de Vésins, nous aperçûmes plusieurs paysans qui étaient dans un champ de genêts; je les considérai un moment, quand tout à coup j'entendis crier aux armes! Voila les chouans. Je m'avance dans les genêts, avec quelques voltigeurs, notamment Paponeau et Gourmanel; nous continuâmes d'avancer, et nous nous rendîmes maîtres de Faligan, sur lequel nous saisîmes un sac où il y avait du pain frais, et qui contenait de la poudre et des balles. Je questionnai Faligan, pour savoir où il avait eu ce pain; il finit par m'avouer qu'il lui avait été donné par

8

un métayer, nommé Blanchard, chez lequel nous nous transportâmes aussitôt. J'arrêtai également Chevrier ; nous saisîmes des armes sur ces individus, mais ils n'en firent point usage. J'appris que Renaudeau avait été arrêté le même jour, mais quelques heures auparavant. Sortant avait un sauf-conduit. Il venait souvent dans nos parages, et nous étions honorés de sa correspondance. Comme il ne savait pas écrire, il avait choisi un nommé David pour secrétaire, et cet individu signait David, chef d'état major. Enfin je ne sais comment qualifier une lettre que Sortant fit écrire à des gardes nationaux de Vésins, et dans laquelle il les engageait à rester tranquilles. Cette lettre était écrite en style burlesque, et était signée Sortant, département des Brouillards ; elle est antérieure à la soumission de cet individu. — D. A quelle époque fîtes-vous arrêter Renaudeau ? — R. Dans les derniers jours de mars.

Renaudeau se lève, et fait observer à M. le lieutenant Demoulon, que ce fait avait eu lieu au mois de mai.

M. Demoulon affirme de nouveau que c'est au mois de mars qu'il fit venir devant lui Renaudeau pour l'engager à se tenir tranquille, et que ce fut quelques jours après que son détachement fut remplacé à la Tour-Landry, par un du 46e de ligne.

Gourmanel (Guillaume), soldat. Ce témoin déclare, ainsi que M. Demoulon l'a fait, ce qui s'est passé, lors de l'arrestation de Chevrier et Faligan.

Me Vallon : Les fusils étaient-ils armés ? — R. Ils étaient armés et chargés. — D. Firent-ils résistance ? — R. Ils ne le pouvaient pas.

Paponeau (Jean), fait la même déclaration que les deux précédents.

Blanchet (Pierre), donne les mêmes détails que ceux qui sont relatés dans les déclarations ci-dessus.

Bergère (Louis), âgé de 40 ans, meunier : Après la mort des gendarmes, Blanchard, Charrier, etc., faisaient l'exer-

cicé dans la plaine. On remarqua que Dixneuf avait la carabine du brigadier qui avait été assassiné, et que Blanchard avait aussi une carabine de gendarme.

M. le président : Vous connaissiez ce dernier individu?
— R. Il avait travaillé quelque temps chez moi, et quand
j'eus su qu'il était dans l'intention de déserter, je l'engageai
à ne point faire cette sottise. — D. Avez vous vu les carabines entre les mains de Blanchard et Dixneuf? — R. Non,
monsieur, je ne puis affirmer les avoir vues, mais on me l'a
dit.

Blanchard prétend n'avoir jamais eu d'autre arme qu'un
fusil de munition.

M. *Petou* (Augustin), propriétaire, âgé de 56 ans: Cinq
individus se sont présentés chez moi ; il était environ sept
heures du soir, et ils m'ont demandé à souper; il y avait
parmi eux les deux frères Allard, Pinot et Martin ; on leur
servit ce qu'ils avaient demandé; ils voulurent avoir du vin.
Ils se mirent à table, où ils causèrent beaucoup avec mon
fils ; ils tinrent quelques propos relatifs à la politique ; je
remarquai qu'ils disaient que les armées étrangères venaient d'entrer sur le territoire français ; ils regardaient de
temps à autre quelle heure il était. A huit heures, ils dirent: Oh! nous avons encore le temps ; et à huit heures et
demie, un d'eux, je ne puis désigner lequel, les engagea
à se mettre en route, en leur faisant l'observation qu'il
était l'heure de partir.

M. le président: Quel jour était-ce? — R. Le 9 octobre
1831. — D. Y avait-il loin de votre domicile à celui de
Chalopin? — R. Un quart de lieue. — D. Entendîtes-vous
tirer des coups de fusil après le départ de ces hommes? —
R. Oui, monsieur, j'en entendis deux ou trois. — Combien faut-il de temps pour aller de votre domicile à la Giboissière? — R. Dix minutes environ. — D. Pendant que
ces hommes soupèrent chez vous, leur entendîtes-vous
prononcer le nom de Chalopin? — R. Oui, monsieur.

— D. Que disaient-ils? — R. Ils ont répété plusieurs fois qu'ils regardaient Chalopin comme un homme qui avait cherché par ses dénonciations à leur faire beaucoup de mal.

M. le procureur général : N'avez-vous pas remarqué un sourire sinistre quand ils prononçaient ce nom?—R. Je ne me rappelle pas cette circonstance.

M. le président : Les cinq individus étaient-ils armés? — R. Oui. — D. En sortant de chez vous, prirent-ils la route qui conduisait à la Giboissière?—R. Oui, monsieur.

M. le procureur général : Avant de sortir de chez vous, ces hommes ne vous firent-ils pas une recommandation? —R. Oui, monsieur; ils me recommandèrent de ne point parler de leur visite chez moi avant trois ou quatre jours.

M. *Petou* (Sulpice), âgé de 22 ans: Le 9 octobre 1831, vers les 7 heures du soir, cinq hommes se présentèrent chez nous et demandèrent à souper pendant qu'ils étaient à manger, Martin me montra un morceau de toile grise qu'il me dit être un morceau de la blouse de Henri V ; j'invitai Pinot à déposer les armes, et à faire sa soumission. Ils parlèrent de Chalopin, et dirent qu'ils le considéraient comme un espion. Lorsqu'il était question de lui, je crus remarquer, et principalement sur la figure du jeune Allard, un sourire cruel et sinistre.

M. le président : Ces hommes étaient-ils armés?—R. Oui, monsieur.—D. A quelle heure partirent-ils ? — R. Ils sortirent à 9 heures.—D. Par quelle porte passèrent-ils? — R. par la porte d'entrée ordinaire, et ils prirent la route de la Giboissière.—D. Après leur départ, n'entendîtes-vous pas quelques coups de fusil?—R. Non, monsieur.— D. Quand apprîtes-vous le triste événement qui venait d'arriver dans la maison de la famille Chalopin? — R. Ce fut le lendemain.

M⸱ Julien demande ce que l'on pensait sur le compte de Sortant? R. Sortant avait la réputation de faire partie des agents de police de Vidocq.

On introduit la veuve *Chalopin*; un vif mouvement de
curiosité dans l'auditoire. Elle dépose ainsi : Sortant vint
chez nous et me demanda où était mon mari : je lui répondis qu'il était à travailler; alors il me demanda son fusil : je
lui dis que je n'en avais pas. Cette réponse le mit en colère,
et comme mon mari rentrait en ce moment, Sortant le mit
en joue, et le lui demanda de nouveau. Sortant se retira en
disant: Nous verrons plus tard. — D. Avez-vous revu les
chouans? — R. Ils sont venus au nombre de 21 ou 25, ils
demandèrent de la soupe; je leur dis que j'allais leur donner la mienne; ils me dirent: Si toi ou ton mari osez nous
dénoncer, vous aurez affaire à nous.

Ce témoin est tellement ému en faisant cette déclaration,
que M. le président est obligé, pour qu'elle soit entendue
de MM. les jurés, de placer la dame Chalopin à côté du
greffier.

Le témoin continue : Après qu'ils eurent mangé, ils se
retirèrent en renouvelant leurs menaces.— D. Ne se sont-
ils pas présentés une troisième fois à votre domicile?—Oui,
monsieur, c'était le soir, entre neuf et dix heures; ils ont
cogné à la porte avec violence; comme nous ne savions ce
que nous devions faire à leur égard, et que nous nous
consultions pour savoir si on ouvrirait, ils menacèrent
d'enfoncer la porte, et dirent qu'ils avaient besoin de manger : aussitôt ils frappèrent de nouveau, et nous nous déci-
dâmes à leur ouvrir. En entrant dans la maison, un d'eux
dit : Il faut donc que nous mourions de faim? et ils se
précipitèrent sur mon mari en lui demandant son nom.
Quand il l'eut articulé, un d'eux lui dit : Tu vas venir avec
nous, et il faut que tu nous donne 500 francs. Mon mari
leur répondit qu'il ne pouvait disposer de cette somme,
et qu'il ne voyait pas quel était le motif qui les engageait
à le faire sortir de son domicile.

En cet endroit, l'émotion de la femme Chalopin redouble,

et M. le président est obligé de lui faire les questions suivantes :

— D. Que firent-ils ensuite? — R. Ils se précipitèrent
sur mon mari et le bousculèrent; enfin ils parvinrent à l'entraîner après une rixe de quelques minutes. — D. Votre
fils ne chercha-t-il pas à défendre son père? — R. Oui,
monsieur, ils ont tiré sur lui un coup de fusil qui lui a cassé les hanches.—D. Combien étaient-ils d'hommes?—R. Ils
y en avait cinq ou six dans l'intérieur et quelques uns au
dehors, car je les entendis causer. — D. Croyez-vous qu'il
y en avait autant à l'extérieur? — R. Je crois qu'ils étaient
neuf en tout; cependant je ne suis pas certaine du nombre
de ceux qui étaient à la porte de la maison. — D. Étaient-
ils armés? — R. Je ne sais pas si tous avaient des fusils,
mais ceux qui étaient dans notre chambre avaient des armes.
— D. Parvinrent-ils à faire sortir votre mari? — R. Oui,
monsieur, et quelques moments après nous entendîmes
un coup de feu. — D. Avez-vous remarqué ou reconnu
quelques uns de ces hommes? — R. Non, monsieur. Ainsi
que je l'ai déjà dit, c'était vers dix heures du soir, et
notre chambre n'était éclairée que par un flambeau de ré-
sine qui jetait une très faible clarté; d'ailleurs le trouble
que j'éprouvais m'empêchait de pouvoir faire attention aux
détails de cette scène d'horreur. — D. Avez-vous remarqué
quel était l'habillement de ces individus? — R. Je crois
me ressouvenir qu'il y en avait deux ou trois qui avaient
des blouses bleues. — D. Vous souvenez-vous s'ils avaient
des galons sur ces blouses? — R. Je l'ignore.

On fait entrer MM. Pétou père et fils. — D. Comment
étaient vêtus les deux Allard? — R. Ils avaient des blouses
bleues et portaient des casquettes à visière; celle d'Allard
jeune était en mauvais état, car dans notre domicile, il dit
que le premier paysan auquel il en verrait une lui fourni-
rait un rechange. — D. Comment était vêtu Martin. — R.
Avec une blouse et il avait un chapeau entouré de galons. —

D. La dame Chalopin questionnée de nouveau, répond ne pas se remémorer l'habillement de ces individus.

On fait approcher Martin et Pinot, on leur fait essayer une des blouses qui servent de pièces de conviction; la dame Chalopin dit ne les pas reconnaître ; elle ajoute cependant en apercevant la casquette qui est sur la tête de Martin, qu'elle croit reconnaître la casquette qui couvre Martin en ce moment, pour être la coiffure que portait un des individus. Martin et Pinot prétendent n'avoir les coiffures qui sont en leur possession actuellement que depuis leur arrestation. Martin assure qu'il portait à l'époque où il était dans les bandes un chapeau dont il avait coupé les bords et qui imitait une calotte de prêtre.

Chalopin (Jean), âgé de 17 ans, cultivateur. Il entre dans les mêmes détails que sa mère, à l'égard des trois violations de domicile faites par les chouans dans la maison de son père, et il ajoute qu'après avoir vu son frère assassiné par les chouans, la peur le saisit et il sortit de la maison.

D. Rentrâtes-vous chez votre mère quelque temps après que les chouans se furent retirés. — R. Non, monsieur, je passai la nuit dans un champ de choux. — D. Donnez-nous quelques renseignements sur la manière dont ces individus étaient habillés. — R. Il y en avait qui se trouvaient devant l'oribus qui était dans la chambre, et qui par conséquent m'empêchaient de distinguer leur habillement ; cependant j'ai remarqué que plusieurs portaient des blouses à la giraffe.

M. le procureur-général: Avez-vous remarqué que l'un d'eux eût des moustaches. — R. Non, monsieur. — D. Quelle était la coiffure de ces hommes. — R. Il y en avait qui étaient coiffés avec une casquette *à petit salut* (visière), un d'eux avait un chapeau comme cela. (Il montre à la cour un chapeau de feutre à petit rebord). — D. Avez-vous remarqué qu'il y eût quelques uns de ces hommes à l'extérieur de votre maison. — R. Oui, monsieur, je crois qu'il y en avait trois ou quatre.

Femme *Poncet*, âgée de 40 ans, belle sœur du dernier témoin. Elle ne connaît ce triste événement que d'après les détails qui lui en ont été donnés par la veuve Chalopin.

Guilbaud, (Jean), âgé de 50 ans : Je revenais sur les deux heures, de voir le garde de la commune; Aumont et deux réfractaires se présentèrent devant moi et me firent mettre à genoux. Ils m'ordonnèrent de dire mon *confiteur*. Le nommé Aumont était armé; il croisa sur moi la bayonnette en me menaçant, et en me disant: Tu es un libéral, il faut que je fasse un exemple.

Aumont, interpellé à cet égard par M. le président, nie entièrement ce fait, quoique le témoin le reconnaisse, et il ajoute qu'il n'a jamais voulu faire de sottises à M. Guilbaud.

Humaud (Jacques), métayer, âgé de 21 ans : Pendant douze jours, j'ai fait partie de la bande de Sortant; nous allions demander du pain dans les métairies.

D. Etiez-vous armé? — R. Pendant un jour, j'ai eu un fusil? — D. Qui vous remit cette arme, et quand vous la donna-t-on? — Ce fut Sortant qui me la donna. — D. Au mois de juillet, vous donna-t-il de la poudre et des balles. — R. Il me donna un coup de poudre et une cartouche. — D. Comment quittâtes-vous la bande? — R. Des militaires me saisirent, et je ne fis aucune résistance.

Ménil (François), âgé de 40 ans, manouvrier. Je fus attaqué par les nommés Revaud et Bougou, qui faisaient partie des bandes. Revaud me mit la bayonnette sur l'estomac et me dit: Tu fais partie de la garde nationale; prends garde que l'on ne t'en fasse autant qu'à Gélusseau. Le témoin doute que Revaud lui ait dit: C'est moi ou Delaunay, qui avons commis ce crime.

M. le président l'engage à préciser autant que possible ce dire de Revaud.

Le témoin renouvelle le doute, mais il ajoute que Revaud lui a dit que lui, Revaud, faisait partie de ceux qui avaient assassiné les gendarmes.

Cousin (Pierre), âgé de 30 ans, journalier. Le 29 août 1831, Sortant, à la tête de quarante chouans, est venu chez moi demander du vin; ils se sont mis à boire, et après avoir beaucoup chanté, l'un d'eux tint ce propos. Ce n'est pas comme Chalopin: Voilà deux balles pour lui laver la tête.

Beaumard (Joseph), âgé de 36 ans, fermier. Ils sont venus dans mon domicile le 4 septembre: après m'avoir demandé mon fusil, ils se retirèrent.

Beaudron (Louis), âgé de 57 ans. Ils sont venus chez moi, ont bu et mangé, mais ne m'ont fait ni mal ni menaces. — D. Votre fils n'a-t-il pas fait partie des bandes? — R. Oui, monsieur, il y a été pendant quatorze ou quinze jours, mais ensuite il s'est rendu et a rejoint le corps pour lequel il était désigné.

Bompas (*Jacques*), maire de la commune de Douai, âgé de 29 ans. Le 19 juillet 1831, cinq hommes dont quatre armés se sont présentés à mon domicile et m'ont souhaité un bonjour tout-à-fait désagréable; ils m'ont entouré et m'ont dit: Tu es un sacré libéral, il nous faut des armes ou de l'argent. Tu as trois fusils, donne-nous les, ou remets-nous 90 francs. Un d'eux prit une pelle de fer et menaça de m'en frapper. Mon père, qui était présent, se saisit d'une fourche, mais il ne put parvenir à me débarrasser de ces hommes. Un d'eux me mit le canon de son fusil sur la poitrine, ils me jetèrent à terre et firent dans la maison une visite pour chercher des armes. Ils trouvèrent un vieux fusil et le prirent; enfin ils me dirent de leur donner 50 fr., puis ils réduisirent cette somme à 10 francs. — D. Ont-ils continué leur violence pour vous faire donner cette somme? — R. Non, monsieur. — D. Croyez-vous que si les habitants ne fussent pas venus, vous eussiez couru un grand danger? — R. Je le crois. — D. Vous avez reconnu Aumont? — R. Oui, monsieur, il était armé et a voulu me frapper à plusieurs reprises.

Aumont dit n'avoir pas connaissance de ce fait.

M. le président demande à Caqueray si Aumont n'était pas alors dans sa bande. — R. Oui, monsieur, et même ce jour-là j'avais accordé une permission pour aller changer de linge à quatre hommes qui étaient sous mes ordres et Aumont ne faisait pas partie de ceux qui avaient cette permission; il se peut qu'il se soit absenté sans que j'en aie eu connaissance.

M. le procureur-général : Les chouans sortaient donc souvent des bandes sans demander permission? — R. Oui, monsieur.

Mᵉ Maigreau demande si Dixneuf ne faisait pas alors partie de la bande de Caqueray. Sur la réponse affirmative de cet accusé, Mᵉ Maigreau fait observer que déjà on a parlé de la ressemblance qui existait entre Aumont et Dixneuf. Il prie M. le président de vouloir bien demander de nouveau au témoin s'il reconnaît parfaitement Aumont: interpellé à cet égard, M. Bompas déclare de nouveau le reconnaître parfaitement.

Gérard (*Joseph-Jean*) confirme la déclaration de M. Guilbaud.

Jarry (*Pierre*), âgé de 26 ans. Ils m'ont pris deux fusils et m'en ont rapporté un; je reconnais Renaudeau, comme ayant fait partie de ceux qui se sont présentés chez moi. — D. Vous ont-ils menacé? — R. Non, monsieur.

Renaudeau se lève et observe que le témoin se trompe en le désignant comme ayant assisté à ce désarmement. Le témoin affirme de nouveau qu'il le reconnaît.

Duchêne, âgé de 43 ans. Un jour, me rendant de Chemillé à Cholet, je rencontrai une bande de vingt hommes. Ils voulurent me couper les oreilles et les cheveux, l'un d'eux dit : Il ne faut pas lui faire de mal ; et comme mon mouchoir était tombé, deux de ces hommes dirent qu'ils le gardaient. Ce témoin ajoute que le sieur Amaury , la veille de sa mort, avait dit que c'était Delaunay qui avait tiré sur lui.

M. le président demande au témoin si cette espèce de déclaration avait été faite en sa présence , et s'il l'avait entendue. Le témoin répond qu'il l'avait entendu dire.

Beaudart (Symphorien), âgé de 42 ans : Sortant est venu chercher chez moi une hache, pour abattre l'arbre de la liberté. Il me la demanda *au nom de la loi*, et me la rapporta ensuite.

Pendant cette déclaration , Sortant sourit. — D. Prononça-t-on quelques cris en se livrant à cet acte séditieux ? — R. Oui , monsieur, ils crièrent *vive Henri V.*

Chauvin (Jacques), âgé de 33 ans : Ils sont entrés chez moi à dix heures du soir ; ils étaient cinq , et m'ont demandé mon fusil, que je leur ai donné.

Les époux *Forets* déclarent : Qu'un soir, vers les onze heures , cinq hommes se sont présentés à leur domicile, et que, comme ils ne possédaient pas de fusil, ils s'emparèrent de celui du domestique de la maison.

Forets (François), fait une déclaration de même nature , ainsi que les nommés *Chauvin* et *Barthélemy.*

Guilbauld aîné , étudiant en droit, âgé de 20 ans : Le 27 septembre, je revenais d'Angers, j'étais à cheval, je vis dans un chemin plusieurs hommes qui avaient des fusils , je crus d'abord que c'étaient des chasseurs, et m'étant assuré que c'étaient des chouans, je cherchai à les éviter, et je changeai de route ; mais une autre bande de chouans déboucha d'un sentier qui croisait celui où je me dirigeais, de manière que je me trouvais pris entre deux bandes. Ils reconnurent le cheval de mon père , et me crièrent : *Arrête, coquin!* Caqueray se présenta devant moi, et me dit ; Sans doute que lorsque vous serez à trois quarts de lieue d'ici ,

vous instruirez l'autorité que vous nous avez rencontré.
Je l'assurai que j'étais incapable de commettre cette action. Un de la bande me dit : Si tu étais aussi bon enfant que
ton père, tu mériterais qu'on te fusillât de suite. Nous
sommes tous déserteurs et réfractaires ; mais fais attention
à ne pas parler de nous. Après ce, ils me laissèrent aller.

Girard (Jacques) : Un jour j'entendis tirer des coups de fusil pendant trois quarts d'heure. Etant sorti de ma métairie
avec Beaumard, je trouvai un soldat du 42e qui était blessé, je
l'emportai chez moi, où je le cachai, parce qu'une bande de
chouans rôdait aux environs de mon domicile. Quelques uns
entrèrent chez moi et me demandèrent si je n'avais pas de
blessé. Sur ma réponse négative, ils partirent, et je remis
le blessé à la garde nationale de Chemillé, qui l'emmena.

La séance est terminée à quatre heures un quart, et remise à lundi, neuf heures précises du matin.

Erratum : page 99. — Le chanoine honoraire qui avait
été arrêté à Amboise, sous prétexte de subornation de témoins, a été mis en liberté. Il n'existait pas contre lui la
moindre charge. Nous avions rendu un compte inexact de
cet incident. Me Janvier avait reproché au gendarme Lefebvre d'avoir fait trop strictement son métier. Il avait
ajouté que les agents inférieurs qui usaient de procédés si
rigoureux et si inquisitoriaux envers les citoyens, servaient
bien mal le gouvernement de juillet, qui était un gouver-
de liberté, et dont les intentions étaient conformes à son
principe. Nous regrettons d'avoir mal rapporté ces obser-
tions. M. le président en avait présenté d'analogues ; l'événement a justifié les unes et les autres.

Audience du 8 octobre 1832.

PRÉSIDENCE DE M. BERGEVIN.

Audience ouverte à 11 heures.

L'audition des témoins continue.

M. le procureur général donne lecture d'un certificat de M. le médecin des prisons qui constate que Simonnet est atteint d'une diarrhée continue, qui l'empêche de pouvoir assister aux débats.

La cour ordonne la disjonction de l'affaire du nommé Simonet, de celle principale.

M. *Raimbault* (Prosper-Louis), âgé de 53 ans, principal du collège de Cholet: Le sieur Delaunay fils a été élevé au collége de Cholet; je n'ai aucun reproche à lui faire sous le rapport de son aptitude à remplir ses devoirs.

M. le procureur général demande au témoin si M. Amaury Gélusseau a été condisciple de Delaunay fils? — R. Non, monsieur, je ne le crois pas.

M. le président fait observer que l'accusé Delaunay a un frère, et il demande si ce n'est pas ce jeune homme qui s'est trouvé au collége de Cholet en même temps que M. Gélusseau. Le témoin répond qu'il ne peut donner de renseignements certains à cet égard.

D. Quel était le caractère de l'accusé Delaunay? — R. Son caractère est très faible et susceptible de recevoir toutes les impressions que l'on veut lui donner. Il quitta le collége pour entrer à l'école de Saumur.

M. le président : Ne fîtes-vous pas quelques démarches pour ramener les Delaunay lorsque vous eûtes connaissance qu'ils faisaient partie des bandes? — R. L'amitié qui m'unissait depuis long-temps au père Delaunay, me faisait un devoir d'agir ainsi. — D. Delaunay père ne consentit-il pas à accéder à la proposition que vous lui fîtes à cet égard? — R. Oui, monsieur, mais il me fit observer qu'il désirait, avant de rien entreprendre, consulter les chefs de bandes, et à cet effet il partit, en me promettant de me faire part du résultat des démarches qu'il allait entreprendre. — D. N'y avait-il pas en ce moment une amnistie? — R. Oui, monsieur, et c'est ce qui m'engagea à solliciter aussi vivement Delaunay père à profiter de la circonstance. — D. Pouvez-vous nous donner connaissance de l'influence que le père Delaunay exerçait sur son fils? — R. Je ne puis donner de détails certains à cet égard, je sais que M. Delaunay père était un homme entièrement dévoué à son parti, mais du reste, il me serait imposible de dire si son fils avait obéi à ses ordres.

Me Janvier : Delaunay fils ne fut-il pas arrêté avant l'expiration de l'amnistie ? — R. Oui, et c'est ce qui affecta le plus son père ; car, lorsque je le revis après cet événement, il me parut dans un état désespérant.

Me Maigreau : Simonnet, qui se trouve en ce moment éloigné des débats, n'a-t-il pas aussi manifesté le désir de se soumettre et de fournir un remplaçant? — Ce fut moi qui fus chargé de faire des démarches à cet égard, mais le remplaçant qu'il proposa ne fut pas accepté.

M. le président fait rentrer M. le procureur du roi d'Angers dans les débats. Il est interpellé à l'effet de savoir s'il a eu connaissance de l'amnistie. — R. C'est aujourd'hui la première fois que j'entends parler de cette trève, et je crois que M. le capitaine Gallerand est plus à portée que moi de donner des renseignements sur cet objet.

M. le capitaine Gallerand, questionné à cet égard, répond qu'il y avait eu une amnistie de cinq jours qui avait été augmentée, et que ce fut en ce moment qu'il quitta le cantonnement où il se trouvait. Il ajoute : Je ne sais quel fut l'effet de l'amnistie dans cette contrée où avant mon

départ j'entendis dire que Delaunay père était dans l'intention de faire sa soumission.

M. le président : Quel était le but de l'amnistie ? — R.
De faire rentrer dans l'ordre tous ceux qui faisaient partie
des bandes en leur promettant l'oubli du passé.

M. le procureur-général : Je prie M. Raimbault de dire
s'il n'a pas reçu une lettre de Delaunay père ? — R. Oui,
monsieur.

M. le président donne lecture de cette lettre, dans laquelle Delaunay père exprime des regrets très vifs sur
l'arrestation de son fils et le contentement qu'il éprouverait
de voir les départements de l'ouest pacifiés.

M. le président : Avez-vous reçu plusieurs lettres de
Delaunay père ? — R. Non, monsieur.

On présente au témoin la lettre ci-dessus ; il la reconnaît parfaitement.

M. le président : Le but de l'amnistie était donc de faire
rentrer dans le devoir les insurgés, mais y avait-il un point
spécial auquel on s'attachait ? — Oui, monsieur ; on aurait
voulu que les plus coupables fussent éloignés du pays. A
à l'égard des autres, on atténuait les charges.

Me Maigreau demandé à M. Gallerand, si Martin, réfractaire, n'a pas fait sa soumission. — R. Je ne connais
pas Martin, mais je sais qu'il devait avoir connaissance des
dispositions de l'amnistie.

Me Saint-Vincent demande à M. le principal du collége
de Cholet, s'il peut donner des renseignements sur Cresson. — R. Je n'ai toujours eu avec M. Cresson, que des
relations très agréables ; je le regarde comme un très honnête homme, et je dirai, qu'il a toujours manifesté le désir
de remplir ses devoirs avec exactitude.

Masson (Jean-François), âgé de 30 ans, militaire: Un
dimanche, j'étais à boire dans un cabaret, lorsque Gervais
m'invita à partager une bouteille de vin avec lui ; j'acceptai
la proposition, et nous nous mîmes à table où nous liâmes

conversation; il me demanda si je ne m'ennuyais pas sous le règne de Louis-Philippe, et me dit qu'il nous plaignait d'être menacés à chaque instant de punition pour la moindre faute. Il ajouta que je serais bien plus heureux si je voulais me rendre dans la bande de Sortant, que pour lui il ne voulait servir que Charles X.

Ici Mᵉ Julien fait observer que ce propos n'est point dans la déposition écrite. Le témoin continue : Gervais continuant à me faire des propositions, m'engagea à entrer dans les bandes : Je feignis d'accéder à cette offre et il me dit en sortant: Nous allons trouver Sortant, qui est à un quart de lieue d'ici. Mon intention étant de faire arrêter cet homme, il vit passer un sergent auquel j'expliquai ce dont il était question, et nous l'arrêtâmes. Gervais interpellé sur cette déclaration, répond qu'elle est entièrement fausse.

Auger (Julien), âgé de 42 ans, meunier : Allant à Chemillé, je rencontrai plusieurs chouans qui venaient au-devant de moi; un d'eux me cria de ne pas avancer; ils me regardèrent et finirent par me laisser aller. Un autre que celui qui m'avait dit d'arrêter, s'étant approché de moi me dit : Je m'appelle Dixneuf.

M. le président : Ils ne vous ont pas menacé ni fait de violence ?—R. Non, monsieur.

M. le substitut du procureur du roi : Quelle taille avait ce dernier ?—R. Il était petit.

M. le président fait lever Aumont. Le témoin dit qu'il ne ressemble pas à l'individu qu'il a vu.

Ménard (*Pierre*), âgé de 46 ans, laboureur : Mon fils étant un dimanche avec d'autres jeunes gens à boire chez le sieur Faligan, résolut à se joindre aux bandes.

M. le procureur-général : Qui a engagé votre fils à faire cette démarche? — Je ne sais : il était réfractaire, et la crainte de partir l'a seule engagé à s'éloigner de la maison.

Albert (*René*), âgé de 22 ans, laboureur : Les chouans sont venus chez moi le 8 juin, à 11 heures du soir, ils ont

demandé des armes et à manger; ils m'ont dit : Vous n'a-
vez rien à craindre. Étant entrés dans la maison, ils ont bu
et mangé; après quoi ils s'emparèrent d'un fusil à deux
coups, et se sont retirés.

Chénal (Gustave), âgé de 19 ans, militaire : Le 20 juin,
Légeard se présenta à la caserne, en criant vive l'empereur!
Il me demanda si je n'avais pas un peu de soupe à lui donner; je lui répondis que nous l'avions mangée, et que je
ne pouvais lui en procurer. Nous liâmes conversation, et je
lui demandai pourquoi, en arrivant, il avait crié vive
l'empereur; il me dit : C'est parce que j'ai servi sous lui, et
ajouta : Vous ne devez pas être trop content d'être au service en ce moment; vos chefs vous menacent sans cesse,
et j'ai vu qu'à l'appel on y mettait une sévérité extraordinaire. Si vous voulez m'en croire, je connais une place
dans la bande de Delaunay, qui n'est qu'à une demi-lieue
d'ici, et vous y serez bien reçu. Désertez avec armes et bagages, vendez votre pantalon, et n'oubliez pas un paquet
de cartouches. Je feignis d'accueillir sa proposition, et je
lui dis que j'avais un camarade qui était ancien militaire,
et qui pourrait bien venir avec nous; que j'allais sonder ses
dispositions, et que s'il y consentait, nous partirions tous
d'eux. J'allai trouver mon camarade Cornet, je revins avec
lui, et nous arrêtâmes Légeard.

Cet accusé se lève, et dit que tous les faits sont faux,
qu'il n'a jamais proposé au témoin d'entrer dans la bande
de Delaunay.

M. le substitut: Avez-vous été à la caserne? — Non,
monsieur, ce n'était pas à une caserne, mais dans une maison où il y avait des militaires.

Le témoin fait observer à ce sujet que cette maison servait de caserne.

M. le procureur-général : Pourquoi avez-vous crié vive
l'empereur? — R. Parce que j'ai servi dans les armées im-
périales.

Guérard, âgé de 27 ans, soldat. Il était à la Bénardière; il déclare que l'on n'a pas tiré sur eux, et que le fusil de Delaunay était armé.

M. le procureur-général: Pouvez-vous donner des renseignements sur l'assassinat des gendarmes? — R. Non, monsieur; j'ai aidé à les relever, mais je ne puis dire quels sont les assassins. — D. Savez-vous si la bande de Delaunay était dans ce pays? — R. Je ne puis vous le dire. — D. Avez-vous connaissance que Blanchard eût une carabine? — R. Non, monsieur.

Breherez (Jean), âgé de 28 ans, domestique: Le 15 mai, les chouans sont venus me trouver, ils m'ont demandé les clefs de la chambre de madame Mers, où j'étais domestique, je la leur donnai, et ils montèrent en me demandant si je n'avais pas de fusil, et après avoir fouillé dans plusieurs endroits, ils ont défoncé un buffet, où ils ont trouvé 89 francs qu'ils ont pris; après quoi, ayant aperçu un portrait de Louis-Philippe et de son épouse, ils l'ont arraché et déchiré en disant : Voilà pour faire des bourres.

M. le président: Reconnaîtriez-vous un des individus qui se sont présentés chez vous? (M. le président fait lever Blanchard.) Le témoin répond qu'il reconnaît très bien l'accusé qui, dit-il, avait une casquette en poil.

Garnier (Matthieu), âgé de 66 ans: Le lundi de pâques 1831, Sortant, Delaunay père et fils, et quelques autres, vinrent chez moi et me dirent en entrant que si je défendais de donner quelque chose aux chouans, et si j'engageais les métayers à refuser, je pourrais m'en trouver fort mal. Sortant ajouta qu'il me passerait sa baïonnette à travers le corps. Ils m'ont demandé à manger, comme je n'étais pas maître chez moi, je leur en ai donné. Ils ont bu dix bouteilles, et n'ont pas discontinué de m'injurier durant leur repas. Delaunay père s'étant trouvé indisposé, ils m'ont demandé de l'eau-de-vie, et, comme je n'en avais pas, ce fut mon fils qui leur en alla chercher dans un coffre qui lui appartenait.

M. le président : Qui vous a menacé ? — R. C'est Sortant.

Celui-ci nie avoir fait aucune menace, et il ajoute : Je
n'avais pas besoin de cela pour obtenir ce que je désirais ;
d'ailleurs, mon nom était *révéré* dans le pays (éclat de rire
prolongé dans tout l'auditoire).

Le témoin continue : Caqueray est venu chez moi ; il
avait un drapeau blanc ; il me dit : Dans quelques jours ,
vous le verrez flotter par toute la France.

M. le procureur-général : D'après ce que vous venez de
nous dire , il paraîtrait que les métayers ne donnaient pas
la nourriture aux hommes des bandes sans quelque opposition ? — R. Il y en a qui la donnent de bonne volonté,
mais aussi il en existe beaucoup qui ne la donnent que parce qu'ils savent que la loi du plus fort est toujours la meil-
leure.

Simonot (Pierre), âgé de 50 ans : J'ai été arrêté par cinq
individus qui m'ont pris 12 francs 50 centimes ; ils ont parlé de l'assassinat de Chalopin ; mais je n'en connais aucun.

M. le substitut : Avaient-ils un uniforme ? — R. Il y en
avait un qui avait un frac vert , et les quatre autres des
blouses avec des fleurs de lis au collet.

Suteau (Jean-Édouard), déclare que Sciommière est atteint d'une espèce d'aliénation mentale.

Humaud (François), tisserand , âgé de 36 ans. Il a vu
dans une auberge Sortant, Charrier , David et Bodin ; ils
étaient en train de boire quand ils virent passer un gendarme. Charrier l'arrêta, et lui cria : Alte-là , on ne passe
pas ; ils lui prirent sa carabine , et , comme on voulait lui
laisser son manteau, après l'avoir couché en joue , Sortant
dit qu'il gardait ce vêtement pour se couvrir.

Cornet (Victor-François), âgé de 29 ans : En juillet 1831,
ayant su qu'un homme cherchait à embaucher un de mes
camarades, je me rendis chez un cordonnier où je savais
le trouver. En effet, j'y vis cet homme et un autre mili-

taire. Après plusieurs discours assez insignifiants, il me dit que nous devions être fort mal au service, et que si je voulais, il me procurerait un emploi dans la bande de Delaunay. Cet homme, qui est Légeard, me dit que si je désertais, il fallait vendre mon pantalon rouge.

Mes Saint-Vincent et Joannet font observer en même temps qu'il n'y a pas là provocation, qu'il n'y a que des propos et des offres non agréées.

Masson (François): J'allais vaquer à mes affaires, lorsque trois chouans se présentèrent devant moi; Dixneuf était parmi ces hommes. Je marchai un peu avec eux, et nous rencontrâmes la femme Duty, qui nous dit : Je viens de voir une chose très belle et très triste; c'est l'enterrement d'un garde national nommé Amaury. Dixneuf dit aussitôt: J'étais à l'affaire où on l'a tué.

Querel (Hilaire), âgé de 39 ans : Légeard est venu demander de la soupe à la caserne, mais comme il n'y en avait pas, il pria qu'on lui donnât une demi-portion, après quoi il m'invita à prendre un petit verre; nous nous rendîmes chez un cordonnier; là, il commença par me dire qu'il ne croyait pas que nous étions heureux dans le régiment; qu'il voyait que nous étions accablés de service, et que, pour récompense, il avait remarqué que l'on nous traitait fort rigoureusement à l'appel. Il termina en m'offrant d'entrer dans la bande de Delaunay. Ayant feint d'entrer dans sa manière de voir, il me dit que dans une demi-heure il m'attendait avec armes et bagages, et me recommanda surtout d'apporter deux paquets de cartouches. Il me dit aussi qu'il fallait que j'eusse la précaution de me défaire de mon pantalon rouge. Après ces propos, tenus devant Cornet, nous arrêtâmes cet individu, et nous le conduisîmes au corps-de-garde.

M. *Leprou* (Michel), âgé de 37 ans : Chauveau que je connaissais, me dit un jour qu'il allait me mener dans un endroit où je verrais un bon enfant qui était le courrier du général Diot. En effet, il me mena dans une auberge où, quelques minutes avant midi, je vis arriver Musseau, qui portait sur lui un paquet, où il y avait des lettres. Il avait aussi un pain attaché sur son dos. Chauveau me dit qu'il faisait deux fois par semaine le trajet de la Galerne au camp de Diot. Nous sortîmes de l'auberge et nous fîmes un quart de lieue ensemble; alors Musseau dit que vers le mois de juillet, il allait désarmer les libéraux, tuer les prêtres qui avaient prêté serment; qu'il avait déjà soixante fusils dans la commune de Denay, et que cinq cents hommes allaient se trouver réunis dans les environs pour enlever toutes les armes que l'on y trouverait

M. le président : Avez-vous lu les dépêches dont cet homme était porteur? — R. Non, monsieur, j'ai vu que le paquet contenait des lettres. — D. Cet homme vous a-t-il engagé à commettre quelques mauvaises actions? — R. Non, monsieur.

Benoît (Jacques), âgé de 39 ans : Gervais étant chez la femme Brou, a voulu enrôler Masson pour entrer dans la bande de Sortant; il lui a dit qu'il recevrait 20 sous par jour.

M. le procureur du roi : N'a-t-il pas offert de l'argent à Masson? — R. Oui, monsieur; il lui a offert 5 francs.

Massay (Pierre), âgé de 22 ans, canonnier : Tandis que j'étais dans les bandes, je me suis trouvé à l'affaire de Beaupréau; la troupe nous poursuivait, et nous nous sommes sauvés.

M. le président : Quels étaient ceux qui faisaient partie de cette bande? — R. Sortant, Chevrier, Faligan, Delaunay père et fils. — D. Quand avez-vous quitté la bande? — R. Le 24 juin; nous nous sommes ensuite cachés pendant quinze jours avec Faligan et Chevrier, ils avaient aussi dessein de se rendre. — D. Lorsque vous étiez dans les bandes, ne vous menaçait-on pas, lorsque vous manifestiez le désir de faire votre soumission. Chez le sieur Bois-

dron, à la Tour-Landry, lorsque vous assistiez au désarmement, n'usa-t-on pas de violence? — R. Oui, monsieur,
on a brutalisé l'homme.

Mᵉ Maigreau : Chevrier et Faligan faisaient-ils des menaces? — R. Non, monsieur.

M. le procureur-général : N'avez-vous pas dit que Faligan et Chevrier obéissaient à Sortant en tirant sur la
troupe? — R. Oui, monsieur. — D. Sortant ne disait-il
pas que le gouvernement allait changer? — R. Oui, monsieur. M. le procureur-général demande à M. le président
qu'il lui plaise ordonner la lecture des quatre interrogatoires
des témoins qui travaillent au canal de Lention et qui ne
se sont pas rendus à l'assignation qui leur avait été donnée.

Mᵉ Julien fait observer que lorsque les témoins ne sont
pas là, on ne peut se fonder sur les premières déclarations
écrites qui se contredisent quelquefois avec les déclarations
orales.

M. le procureur-général : Le témoin Papin étant devenu tout-à-fait inutile, puisque l'affaire de Simonet est
disjointe, ce témoin peut se retirer si la cour le permet.

La cour ordonne que Papin ne sera pas entendu, et
qu'il sera donné connaissance à MM. les jurés des quatre
déclarations écrites des témoins qui travaillent au canal de
Lention.

Mᵉ Julien prend des conclusions pour s'opposer à cet
audition ; il résulte de la lecture de ces quatre interrogatoires, que Chauveau, qui travaillait alors au canal, leur
a dit que les chouans avaient 20,000 hommes dans la forêt
voisine, que chacun d'eux avait vingt sous par jour, et
qu'il engagea Ménard (Joseph) à le suivre parmi les bandes qu'il allait rejoindre, et qu'il avait quitté momentanément par suite d'un congé de huit jours qu'il avait obtenu
des chefs.

M. le président fait observer que M. le colonnel Chous-

serie n'ayant pu se rendre à l'assignation qui lui avait été
envoyée, on va prendre auprès de M. le capitaine Gallerand des renseignements, afin de s'assurer quel est l'effet
réel des sauf-conduits.

M. le capitaine Gallerand rentre dans les débats, et
M. le président donne lecture du sauf-conduit délivré à
Sortant par le colonel Chousserie.

Après cette lecture, M. le président fait venir M. Manceaux, afin que devant M. le capitaine Gallerand il recom-
mence la déclaration du vol qui lui a été fait.

Lorsque M. Manceau eut terminé, M. le président dit à
M. Gallerand : Pensez-vous que des faits de cette nature
soit amnistiés par l'effet du sauf-conduit? — R. Je ne sais;
mais je crois que l'autorité avait connaissance de ces faits
lorsqu'on lui a délivré le sauf-conduit.

M. Manceaux fait observer qu'il ne croit pas que le gouvernement ait le droit de permettre que des hommes qui
se sont rendus coupables de tels crimes envers les particuliers ne soient pas mis sous le glaive de la loi. Il ajoute
qu'il s'est adressé à M. le sous-préfet de son arrondissement qui, en levant les épaules, lui a répondu : Je ne connais rien à tout cela.

M. le président : A-t-on accordé des saufs-conduits à
d'autres individus?

M. le capitaine Gallerand : Oui, monsieur, plusieurs
chouans sont venus déposer leurs armes chez M. de Solignac et en ont obtenus : le garde M. Milleret se trouve
aussi dans cette catégorie.

Me Janvier : Bodin a aussi obtenu un sauf-conduit, et,
malgré le dire de l'accusation, il est actuellement à la
Tour-Landry.

M. le procureur-général : Je n'ai pas soutenu que Bodin fût en fuite, mais j'ai dit qu'il y avait des mandats de
lancés contre lui.

Me Janvier : Bodin a même été condamné à mort par

contumace au mois de février dernier; actuellement il est dans son pays, à la Tour-Landry, et plusieurs témoins qui ont déjà été entendus dans cette affaire peuvent certifier la vérité de mon assertion.

La dame veuve Beau et le sieur Monin, témoins déjà entendus, sont rappelés dans l'auditoire. Ils assurent tous deux que Bodin est dans la commune de la Tour-Landry, qui est leur domicile, et que cet individu y travaille.

Sur l'observation de Me Maigreau, ces deux témoins affirment que Soury, qui a fait sa soumission, habite aussi cette commune.

M. le procureur du roi déclare ne pouvoir prendre part à ces débats en ce qui concerne Bodin.

M. le président: Que pensez vous des saufs-conduits?

M. le capitaine Gallerand: Je crois que le gouvernement avait l'intention d'en finir avec les bandes et d'obtenir à tout prix leurs soumissions.

Me Julien: N'est-ce pas Sortant qu'on avait engagé à se rendre, et cet homme n'avait-il pas commencé sa soumission. — R. Je crois que oui.

Caqueray se lève et dit qu'il a la certitude que Sortant cherchait à faire rendre les hommes qui composaient les bandes.

M. le président: La parole est à M. le procureur-général.

M. le procureur général demande que, vu l'heure avancée, il plaise à la cour de remettre la séance à demain.

M. le président ordonne qu'elle sera continuée le lendemain à neuf heures et demie précises.

La séance est levée à quatre heures.

———

Erratum, page 122, ligne 27. — Me Vallon: Les fusils étaient-ils armés? — R. Ils étaient armés et chargés; *lisez*: Ils n'étaient ni armés ni chargés.

Audience du 9 octobre 1832.

PRÉSIDENCE DE M. BERGEVIN.

Avant de commencer à s'occuper des débats de l'affaire des chouans, la cour a vidé un incident relatif à l'affaire de M. Berryer qui avait assignation à ce jour. M. Berryer est amené devant la cour. Son arrivée excite dans l'auditoire une vive sensation de curiosité. Les membres du barreau entourent l'accusé, et lui offrent leurs salutations. Plusieurs avocats de Paris entourent leur confrère et lui prodiguent des marques d'intérêt.

M. le président : Appelez l'affaire Berryer.

Le greffier : M. le procureur du roi contre Berryer.

M. Berryer se lève et salue.

M. le procureur-général : Nous avions cru pouvoir assigner M. Berryer à comparaître à ce jour, mais les débats de l'affaire qui occupe en ce moment le jury s'étant prolongés, nous pensons que l'affaire de M. Berryer ne pourra venir que mardi prochain, 16 de ce mois. Nous concluons donc à ce qu'il plaise à la cour remettre la cause à mardi prochain.

M. le président aux huissiers audienciers : Faites l'appel des témoins.

Ces témoins appelés sont MM. le colonel Tournier, Vassal, commissaire de police à Paris, Jourdan et de Granville. Ils sont présents.

La cour, considérant que les débats de l'affaire Caqueray et autres doivent durer au moins jusqu'à vendredi, et que deux autres affaires doivent être appelées avant celle de M. Berryer, remet l'affaire à mardi prochain.

M. Berryer se retire accompagné de Me Flayol, son avocat.

M. le procureur-général fait rentrer aux débats le témoin Lefebvre. Ce gendarme faisait parlie de l'escouade qui, portant des dépêches de Vésins à Maulévrier, fut attaqué près de cette commune. On se rappelle que trois gendarmes furent tués dans cette affaire. Lefebvre ne dut son salut qu'à la fuite et à l'asile que la femme Séchet eut le courage de lui offrir. Ce témoin ajoute : Je dressai plusieurs procès-verbaux à l'occasion de divers faits qui me furent dénoncés, un notamment contre Delaunay fils qui avait tenté d'embaucher un nommé Loiseau, dit l'Enfer.

M. le procureur-général : N'avez-vous pas quelques renseignements à donner sur les faits qui ont précédé l'assassinat des gendarmes de Maulévrier?

Lefebvre : Je sais que des hommes de la bande de Delaunay se présentèrent à Cercueil, chez le nommé Derouet. Ils demandèrent une bouteille de vin. Le mari Derouet s'était caché. La femme était seule dans la maison avec ses deux enfants; elle leur donna du vin, et leur demanda : Qui donc va me payer? — Soyez tranquille, répondirent-ils; notre capitaine est chez le maire; il vous paiera ce qu'on vous doit. Effectivement Delaunay fils vint et lui dit : Sachez que nous ne faisons de tort à personne. Il paya ensuite. Pendant ce temps, ces hommes étaient assis sur les marches de la croix de mission, tandis que les autres faisaient le guet hors le village. Après cela, Delaunay fils alla dans la forge du maire, où il se mit à lire la Gazette de Maine-et-Loire.

M. le procureur-général : Ces faits se passaient dès longtemps avant l'assassinat?

Lefebvre : Je ne puis le penser.

M. le procureur-général : Il est certain que cette scène ne se rapporte pas à l'assassinat des gendarmes.

Lefebvre : Non, c'était quelque temps avant. Je me rappelle encore que, quelque temps avant l'assassinat, Delaunay et ses hommes étaient dans un cabaret à la Guyonnière; Delaunay prit un almanach et dit : « C'est demain le 27, il faut que nous soyons sur la route de Vézins. »

M. le procureur général : De quel Delaunay parlez-vous? est-ce du père ou du fils ?

Lefebvre : Je ne puis assurer si c'est le père ou le fils.

Le témoin parle ensuite de divers efforts faits par quelques hommes des bandes, pour attirer un nommé Loiseau dans leurs rangs. Loiseau s'y refusa en disant : « Charles X m'a payé, Philippe me paie aussi bien que Charles X, je ne le quitterai pas. »

M. Leconte de Roujou, procureur du roi, prend la parole pour soutenir l'accusation.

Il est évident, dit ce magistrat, pour quiconque ne nie point l'évidence, ainsi que nous l'a démontré M. le procureur général, dans son exposé, qu'aussitôt après la chute de Charles X, qu'aussitôt après l'avénement au trône de Louis-Philippe, par l'assentiment des députés de la nation, un vaste complot s'étendit sur le sol entier de la France. Ses ramifications pénétrèrent dans les départements les plus éloignés. Aucun doute ne peut à cet égard exister dans les esprits de ceux qui ont lu les journaux, et ont assisté aux événements qui se sont passés. Ce fut alors que, dans les départements de l'ouest notamment, les agents directs de ce complot se transportèrent, et, selon le rapport de M. le procureur du roi d'Angers, cherchèrent à semer les germes de la guerre civile. Ce fut alors que ces agents, gens bien mis, gens de distinction, se transportèrent dans le domicile des anciens chouans, et mirent tout en œuvre pour exciter un soulèvement. Certes, messieurs, parmi ces populations, qui déjà trois fois avaient pris les armes ; parmi ces populations composées de champions constants de la légitimité, il était très aisé de pousser l'exaltation du fanatisme jusqu'à le porter à la guerre civile. En effet, les rapports qui vous ont été faits par plusieurs témoins, et notamment par M. le capitaine Gallerand, vous ont prouvé que la population des départements de la Vendée, et des pays environnants, était dans une ignorance bien grande, et placée sous l'inspiration absolue de leurs pasteurs, champions nés et nécessaires de la légitimité.

Ce fut peu de temps après la révolution de juillet que les agents en question se transportèrent dans les départements de l'ouest. Ils excitèrent d'abord quelques troubles, et ce ne fut que deux ou trois mois après la révolution, que quelques individus, qui avaient précédemment servi dans la guerre de la Vendée, et que Sortant, par exemple, commencèrent à se mettre en campagne, et à réunir autour d'eux quelques chouans qui avaient assisté aux campagnes de 1796, 1803 et 1815.

Rien n'était si facile que d'exalter de pareilles imaginations, que de les pousser à la guerre civile : aussi vit-on apparaître peu après les ramifications de cette conspiration. Vous voyez d'abord les agents de ce complot se répandre dans les départements de l'ouest ; vous voyez bientôt les anciens partisans de la chouannerie aider de tous leurs moyens ceux qui professaient des sentiments analogues aux leurs ; vous voyez Sortant, et avant Sortant un chef plus capable que lui (quoique nous ne nions pas les capacités de celui-ci); je veux parler de Diot ; vous voyez ces chefs s'entourer de quelques anciens chouans, de quelques réfractaires et retardataires, leur rappeler ces souvenirs encore frais de 1815, leur dire hautement que le nouveau gouvernement ne durera pas trois mois, qu'un soulèvement général va éclater, qu'alors tous ceux qui auront servi le gouvernement qu'on espère rétablir recevront des récompenses ou seront au moins exempts de la conscription et de la loi de recrutement.

Vous concevez, messieurs, combien de pareils discours devaient avoir d'influence sur les habitants de la Vendée. Il n'est pas de pays où l'amour du lieu natal soit plus fort, et vous avez appris dans ces débats que même sous les Bourbons, et avant la révolution de juillet, il existait en Vendée quarante à cinquante réfractaires. Il était donc facile aux chefs que je viens de signaler de s'entourer de retardataires, et d'en faire ainsi le premier noyau de leurs bandes.

La révolution de juillet, comme toutes les révolutions, avait exalté les passions. Vous sentez, messieurs, combien d'ambitions avaient été trompées, combien d'espérances avaient été déçues, combien de positions avantageuses avaient été renversées, combien d'individus jouissant de traitements considérables, et n'ayant pas d'autre fortune, s'étaient trouvés dans la misère. Ces diverses causes tendaient, comme dans tous les temps qui ont suivi toutes les révolutions, à maintenir l'émotion qui existait dans les masses, à conserver surtout cette irritation des départements de l'ouest qui, à raison de l'isolement des localités, était plus difficile à apaiser que partout ailleurs.

Tels sont, messieurs, les faits dont les conséquences vous ont été déjà retracées, qui font la matière de l'acte d'accusation et du procès sur lequel vous êtes appelés à prononcer.

L'acte d'accusation vous présente plusieurs chefs d'accusation. Le premier est relatif à la masse de tous les accusés : Nous l'examinerons sous le rapport historique, moral et légal.

Nous n'aurons pas grande peine à vous prouver, messieurs, que le complot qui vous est signalé avait un but politique, car l'acte d'accusation vous présente le résultat des rassemblements des chouans, comme un complot ayant pour but le renversement du gouvernement actuel, l'excitation des citoyens à la guerre civile en les armant les uns contre les autres. Le complot était politique, en ce point qu'il avait pour but de substituer un état de choses dont la mémoire n'était pas encore effacée au régime actuel. Sous ce rapport nous pouvions nous borner à vous dire : Consultez votre mémoire, consultez l'histoire, car nous vivons à une époque si féconde en événements, que ceux d'hier sont déjà de

l'histoire pour nous; consultez les journaux et vous ne douterez pas un seul instant que ce complot, pour le résultat
duquel se sont levés les individus qui sont devant vous,
ceux qui sont amnistiés ou qui ne sont pas encore arrêtés,
avaient pour but la destruction du gouvernement de juillet,
le renversement du trône constitutionnel.

Je pourrais dire : Consultez votre mémoire, consultez les
journaux et consultez l'opinion publique, car en matière politique l'opinion publique est un guide toujours sûr; et vous
aurez la conviction que tous les désordres qui ont éclaté
dans l'ouest et dans les autres parties de la France étaient le
résultat d'un complot formé par un grand nombre d'individus ayant pour but de renverser le trône de Louis-Philippe, et de relever celui de Charles X. Remarquez en effet
comment se produisent les premiers efforts de ce parti, à
quelles personnes s'adressent ses menaces. C'est contre les
libéraux qu'il les dirige, contre tous ceux qui se proclament
les fauteurs du gouvernement constitutionnel et les ennemis
de celui qui n'est plus. Dans tous leurs discours vous entendez toujours exprimer et des regrets pour le passé et des
espérances pour l'avenir ; vous les entendez parler d'un
bouleversement général et prochain, d'un retour infaillible
à un autre état de choses.

Il en a été, en 1830, sous le règne de Louis-Philippe
comme il en a été sous la république et sous l'empire. Les
habitants de la Vendée ont toujours obéi aux impulsions légitimistes enthousiastes. Éloignés par la disposition des localités qu'ils habitent des communications de la société,
des leçons de la civilisation, ils n'en sont pas venus encore
à ce point de lumière qui leur permette d'apprécier ce que
c'est qu'un gouvernement libéral fondé sur les lois. Ces
habitudes routinières des Vendéens se sont encore manifestées dans la procédure par les dénominations mêmes
sous lesquelles ils indiquaient les soutiens du gouvernement
constitutionnel. Encore aujourd'hui, ils les appellent les

bleus, expression qu'ils employaient autrefois pour désigner les soldats , et à laquelle ils ont depuis substitué celle de *culottes rouges*. Quelles sont les premières démarches des chefs dans les diverses occasions où l'instruction et la connaissance acquise des faits nous les signale ? Vous les voyez d'abord se diriger contre ceux qu'on distingue comme libéraux, et sous ce nom , ils signalent ceux qui se sont déclarés partisans du régime actuel. Quel est leur premier acte en entrant dans un bourg ou dans un village ? C'est de brûler le drapeau tricolore s'il flotte sur quelque clocher, c'est de briser les bustes , de déchirer les images de Louis-Philippe et de sa famille. N'est - ce pas là manifester évidemment des intentions hostiles contre le gouvernement actuellement existant , n'est-ce pas exprimer avec énergie le désir de faire tout ce qui est nécessaire pour le renverser, ou substituer le régime ancien, exciter à cet effet le peuple à la révolte et à la guerre civile , dans l'espoir qu'au milieu du trouble universel , la dynastie déchue pourra reprendre le sceptre qu'elle a laissé tomber de ses mains?

Il est vrai , messieurs (et dans une cause de cette nature tout ce qui a rapport à la politique, doit , je ne dirai pas être développé , mais exposé devant vous) ; il est vrai que quelques républicains ont voulu prendre part aux désordres qui existaient, quelques républicains ont pu voir dans les motifs qui faisaient agir les partisans de Charles X un moyen d'exciter la guerre civile, et mus, par ce sentiment, ont pu s'allier à la cause de ces derniers, sauf à perpétuer plus tard les troubles de l'état, en combattant à leur tour et en cas de réussite, le parti auquel ils se seraient momentanément alliés. C'est ainsi que quelques comploteurs raffinés, que Coudé, par exemple, a pu faire semblant de prêcher pour la république , tandis que réellement il ne songeait qu'aux Bourbons. Quant aux chouans, ils n'avaient pas cette arrière-pensée, il le faut dire ici à leur honneur. Ils ne vou-

laient qu'une chose, c'était renverser Louis-Philippe et ils
y allaient de tout cœur: comme en 1793, comme en 1803,
comme en 1815, ils combattaient pour les Bourbons. En
1830 c'était la pensée de 1815 qui les guidait. Ils se rappe-
laient avec quelle facilité ils avaient renversé Bonaparte à
cette époque. Ils espéraient pouvoir encore renverser
Louis-Philippe avec la même facilité: comme si un gouvernement fondé sur les progrès de la civilisation, sur
l'assentiment de la nation, n'avait pas de gages plus assurés
de durée que celui qui n'est fondé que sur le respect de
quelques hommes pour la légitimité du droit divin.

Les chefs des chouans se regardaient réellement comme
de véritables puissances représentant le souverain, au
nom duquel ils agissaient, et ce n'est pas sans rire que
vous avez entendu Sortant vous dire dans ces débats: Quand
je fis ma paix, mon traité de paix.... Il s'imaginait réellement traiter de prince a prince, et agir comme représentant réel de Charles X ou de Henri V. C'est ainsi que
vous avez encore entendu Caqueray parler de la bande de
vingt ou trente hommes qu'il conduisait avec lui, en disant:
Les soldats qui sont sous mes ordres. Cela démontre les
intentions des chefs de bande; ils se regardaient, à proprement parler, comme chefs de l'armée royaliste, et pour citer un fait dont il sera parlé ultérieurement, Caqueray en
signant prenait le titre de capitaine du premier détachement
de l'armée royaliste. Il se regardait comme représentant
du prince dont il voulait soutenir les droits.

Plus tard, il faut le reconnaître, ce beau rôle a changé;
de chefs politiques qu'ils étaient. ils sont devenus, à proprement parler, chefs de bandes, qui ont répandu le
trouble et la désolation dans la Vendée. Mais dans le principe, ils avaient la prétention de traiter d'égal à égal avec
les troupes envoyées pour pacifier la Vendée. Vous savez
que Sortant, interrogé pourquoi il désarmait les habitants,
répondit qu'il désarmait parce que l'autorité avait désar-

mé ; encore une fois, il se regardait comme le représentant de la cause qu'il servait, et traitait en cette qualité
d'égal à égal avec les autorités.

M. le procureur du roi énumère ici les autres traits auxquels on doit reconnaître le véritable caractère des bandes
de la Vendée. Il rappelle que ces bandes étaient, dans l'origine , astreintes à des assemblées générales ; que ceux qui
les composaient portaient des blouses fleurdelisées ; que
leurs premiers actes, en entrant dans les villages, consis-
taient à renverser et brûler le drapeau tricolore ; qu'ils
étaient porteurs de cartes sur lesquelles il y avait inscrit ces
mots : *Dieu et le Roi*, destinées à être coupées en deux, à
être laissées dans les métairies pour servir en quelque
sorte de passe-ports et de signes de reconnaissance pour
ceux qui seraient tentés de les rejoindre.

M. le procureur du roi tire du développement de ces
divers points de la cause, la preuve du but politique de ces
bandes.

Ce but, ajouta-t-il, nous a encore été signalé dans la
déposition, éminemment intéressante , du capitaine Galle-
ran. Cet officier vous a dit, au commencement de ces débats,
que les chouans faisaient, à dessein, courir dans les campagnes, le bruit d'un bouleversement général, de l'arrivée
prochaine de Charles X , de la nomination du général Lafayette au poste de président de la république, de l'invasion des étrangers. Ils excitaient, par là, les populations aux
désordres, par l'annonce d'un bouleversement qui devait se
terminer par le rétablissement de l'ordre des choses qu'on
venait de renverser. Le capitaine Gallerand vous a dit encore que les chefs faisaient courir le bruit que les troupes
envoyées en Vendée étaient d'accord avec eux. Sans doute,
une telle allégation est contraire au bon sens , elle n'était
que le raffinement d'une politique grossière, à la vérité,
mais qui suffisait pour faire une impression sur l'esprit des
habitants des campagnes. A dessein aussi , ils évitaient tout

conflit avec les troupes. Ils faisaient tous leurs efforts pour
ne pas se rencontrer avec les troupes, non seulement par
la certitude où ils étaient d'avoir le dessous, mais encore
dans l'intention de pouvoir dire et publier : Nous ne sommes pas ennemis des troupes, elles pensent comme nous ;
tout va changer, et elles se déclareront infailliblement pour
nous.

Arrivant à la définition légale des divers chefs d'accusation, M. le procureur du roi examine ce qu'on entend par
complot. Le complot, dit-il, est une résolution d'agir,
prise entre plusieurs individus. D'après la loi nouvelle, le
complot ne doit pas se manifester par une simple résolution d'agir, concertée entre plusieurs individus, il faut
qu'il y ait un acte commis ou commencé. Ainsi que trois,
quatre, cinq individus se réunissent et conviennent entre
eux de prendre les armes, de s'insurger contre le gouvernement (pour citer un fait semblable à celui qui nous occupe). Voilà la résolution d'agir prise entre divers individus. Bientôt elle sera poussée plus loin : on commencera
à s'armer, à se faire faire des uniformes, à former des
bandes, à avoir des chefs, à reconnaître une autorité quelconque. Voilà des actes commis, qui, aux termes des lois,
manifestent le complot, qui manifestent la volonté de
l'exécution. Voilà les attentats qui manifestent l'accomplissement du complot commencé : voilà le complot. Ainsi
il faut examiner trois choses : le complot en lui-même,
métaphysiquement parlant ; la résolution prise entre un
certain nombre d'individus, résolution d'agir, en termes
généraux, sans déterminer précisément ce qu'on doit faire.
Ensuite commence, pour chacun individuellement, la perpétration des actes nécessaires à l'accomplissement du
complot. Voilà les actes commencés ; voilà ce qu'on peut
appeler l'attentat qui manifeste le but du complot. C'est
alors que l'attentat commence : c'est alors que les individus qui ont formé les bandes, par leur seule introduction

dans les bandes armées, ont commis l'attentat qui fait la matière du troisième chef d'accusation.

Le premier but des bandes armées dans la Vendée était le renversement du gouvernement actuel. Mais ce but a changé. Les chefs comptaient, comme en 1815, sur un bouleversement général ; ils s'attendaient à ce que des généraux de renom allassent les rejoindre, et qu'ils formeraient une véritable armée royaliste ; mais lorsqu'au lieu de recevoir des armes, des munitions, une solde, ils se trouvèrent dépourvus du nécessaire ; lorsqu'ils se virent abandonnés, de chefs politiques qu'ils étaient, ils devinrent à proprement parler chefs de bandes. Ils agirent alors pour le besoin de leur conservation ; ils cherchèrent, dans l'invasion des propriétés, dans le vol, les violences envers les particuliers, les moyens de fournir à leurs besoins. Leurs actes rentrèrent alors dans la définition du fait que les lois punissent comme association de malfaiteurs.

Après ces définitions générales, M. le procureur du roi arrive aux spécialités de l'accusation. Il s'occupe d'abord de Légeard, Gervais et Chauveau, accusés d'avoir enrôlé des individus pour les bandes. L'accusation doit ici, dit-il, se produire avec franchise. Ces trois individus sont accusés d'avoir enrôlé pour les bandes ; mais les individus en question étaient déjà enrôlés. Or il existe une loi spéciale qui détermine l'action qui consiste à exciter des individus déjà enrôlés à déserter. Cela s'appelle embauchage.

Quant à Chauveau, inculpé d'avoir voulu enrôler les ouvriers travaillant au canal, où il travaillait lui-même, vous savez, messieurs, que nous n'avons pu vous produire des preuves orales. Vous avez entendu la lecture des dépositions écrites, vous déciderez dans votre sagesse si ces éléments sont suffisants pour vous faire décider affirmativement la tentative d'enrôlement, reprochée à l'accusé Chauveau.

Quant à Légeard et à Gervais, M. le procureur du roi

se borne à rappeler les dépositions précises des soldats Quénel et Cornet.

Relativement aux sieurs Coudé et Cresson, l'organe du ministère public rappelle les déclarations des accusés Douet et Caqueray ; déclarations consignées dans leurs inter- rogatoires, rétractées et atténuées en partie de la part de Caqueray, dans son interrogatoire à l'audience ; mais em- preinte, dans l'instruction écrite, de la franchise militaire de cet accusé. Il rappelle la rencontre faite à Paris, par de Caqueray et Douet, de l'accusé Coudé ; les exhortations qui leur furent faites par ce dernier, pour les engager à se jeter dans les bandes de la Vendée ; le conseil qu'il leur donna d'éviter les recherches de l'autorité, en voyageant de châteaux en châteaux ; le soin qu'il prit de leur retenir des places à la diligence, et d'en payer les arrhes. C'est Coudé qui, le premier, a engagé ces malheureux jeunes gens à se jeter dans les bandes ; qui leur a représenté que ce parti leur offrait plus d'avantages que la résolution qu'ils avaient prise de s'expatrier et de se rendre en Espagne.

Quels seront à vos yeux les plus criminels, continue M. le procureur du roi, de ces jeunes gens qui ont cédé à ces conseils, ou du vieillard qui les a poussés au crime ? Sans doute, si Caqueray était rentré dans son régiment, il eût bientôt reconquis le grade accordé à ses longs services ; il n'eût pas été définitivement réduit à figurer sur ces bancs ; lui, homme bien né, ayant reçu une bonne éducation, au milieu de gens qui n'étaient pas faits pour être associés avec lui. Si Caqueray et Douet n'avaient pas rencontré Coudé, ils seraient peut-être aujourd'hui à leurs régiments, la patrie aurait deux défenseurs de plus.

Quant à Cresson, M. le procureur du roi ne pense pas que les charges soient aussi positives qu'à l'égard de Cou- dé. Il s'en rapporte à cet égard à la prudence du jury.

Il divise ici les accusés en cinq catégories : dans la pre- mière il range les nommés Charrier père et fils, Renaudeau,

Faligan, Scionnière et Douet, accusés de complot ayant pour but de détruire le gouvernement, d'exciter la guerre civile en portant les citoyens à s'armer les uns contre les autres. Il ne pense pas que les accusés soient doués d'une capacité, d'une intelligence nécessaire pour bien apprécier le but, les moyens, les résultats du complot; aussi s'empresse-t-il de restreindre l'accusation à une complicité de complot. Ils sont tous les moteurs de cet attentat. Il a été commis par les chefs de bande, il l'a été également par les individus qui faisaient partie de ces bandes. Ils sont donc tous responsables des attentats commis.

Renaudeau a pris part à des faits particuliers. Il est plus coupable que les autres puisqu'il a été averti par M. Demoulon, et n'en a pas moins persisté à rester dans les bandes. Vous mettrez donc sur une ligne particulière cet accusé signalé par une part plus active prise aux faits qui font la matière de l'accusation et des autres accusés.

Douet est un jeune homme facile, il n'est accusé que d'avoir participé à ce complot, et à la rigueur il pouvait être considéré comme chef de ce complot, comme l'ayant machiné et ayant préparé les moyens d'exécution ; mais vous vous rapellerez qu'il n'était pas armé. Vous ferez une distinction entre lui et Renaudeau, à l'égard duquel il ne peut être admis aucune circonstance atténuante. Douet était déserteur, tandis que Renaudeau n'avait rien qui le forçât en quelque sorte à entrer dans les bandes ; Renaudeau était exempté depuis long-temps du service.

Le moins coupable sans doute à vos yeux sera l'accusé Scionnière. Vous le connaissez suffisamment.

Trouverez-vous à cet homme l'intelligence nécessaire pour avoir participé sciemment au complot? Vous avez entendu les témoins qui vous ont déposé sur son état mental. Vous penserez sans doute qu'il a agi plutôt par défaut d'intelligence, qu'ayant eu l'intelligence nécessaire pour savoir ce qu'il faisait. Il est certain qu'à proprement parler, il a pris part à une association de malfaiteurs, que tous ceux qui font partie d'une semblable association sont coupables de tous les faits qui sont commis dans les bandes. Le résultat de l'association semble être une bourse commune, si je puis m'exprimer ainsi, et chacun des faits qui s'y passe rejaillit sur l'association entière. Les bandes existent, c'est le terme. Elles ont des chefs, c'est Caqueray et Delaunay, c'est Sortant, c'est Renaudeau lui même. Il y a toutes les circonstances que la loi exige pour qu'il y ait une association de malfaiteurs.

A l'exception de Douet, nous pensons que les accusés sont coupables d'avoir fait partie d'une association de malfaiteurs. Nous pensons que leur part dans cette association est différente ; que Renaudeau, par exemple, est plus coupable que les autres, que Scionnière, à raison de son peu d'intelligence, doit être traité par vous avec indulgence, en supposant même que vous ne pensiez pas qu'à raison de ce défaut d'intelligence, il ne doive pas être entièrement acquitté.

M. le procureur du roi, examine ici les charges particulières qui pèsent sur Delaunay fils, Sortant, Caqueray, Pinot, Blanchard et Aumont, accusés de complot et d'association de malfaiteurs.

A l'égard de Delaunay fils, M. le procureur du roi rappelle la déposition de M. le capitaine Salton. Sans doute Delaunay père a du avoir un grand ascendant sur son fils, l'accusation en convient, elle ne fera qu'une seule objection : Delaunay fils est resté dans les bandes après la dispersion de la bande de son père. Il a été arrêté, après un combat, porteur d'un fusil dont un coup était chargé. Il a opposé une vive résistance. Il a plusieurs fois mis les soldats en joue. L'accusation reproche à Delaunay d'avoir formé ces bandes. Son éducation le place au-dessus de ses co-accusés ; il n'a pas seulement pris part au complot ; il a concouru à le former. Son père en était le chef, et Delaunay fils a été initié à la formation du complot, il a été initié dans le but réel du complot. Il en est donc l'un des auteurs.

A l'égard de l'attentat, il en est également auteur ; il a fait également partie de l'association de malfaiteurs ; il y a solidarité dans les actes commis dans ces associations, et bien qu'il allègue n'avoir pris aucune part aux crimes commis par cette association, il n'en est pas moins responsable. Il y a plus, et l'instruction lui reproche d'avoir pris une part active à ces crimes. On le soupçonne d'être coupable du meurtre de Gélusseaux, du meurtre des gendarmes de Maulévrier. Les violences commises envers les frères Roquet, envers Rousselot, lui sont attribuées. Ces violences sont atroces, et Delaunay ne sera pas admis à venir dire de bonne foi qu'il a commis des violences envers des citoyens paisibles, pour leur en éviter de plus graves encore.

A l'égard des enrôlements, il n'existe aucune charge contre lui. Il était chef, et, en cette qualité, il pouvait, à la rigueur, être considéré comme ayant enrôlé des soldats ; mais l'instruction ne fournit aucune preuve positive ; le ministère public s'en rapporte, sur ce point, à la prudence du jury.

Quant à Sorlant, il est devenu chef de bandes, après Delaunay père. Outre les chefs d'accusation déjà rappelés, il est accusé d'avoir volé avec violence et à main armée, une somme de 48 francs, au préjudice de M. Manceaux.

M. le procureur du roi rappelle à son égard les nombreux actes de violences dont il s'est rendu coupable, les menaces qu'il proféra contre la malheureuse famille Chalopin, les mauvais traitements qu'il exerça contre M. Garnier, honorable vieillard, dont la déposition présenta tant de modération, de noblesse et d'impartialité ; les circonstances si coupables du vol commis chez M. Manceaux, les violences atroces qui l'accompagnèrent.

M. le procureur du roi insiste avec force sur ce dernier point. On vous dira sans doute, ajoute-t-il, que ce n'est pas là un vol; qu'il n'y avait pas, dans la démarche des insurgés qui se rendirent chez M. Manceaux, intention préalablement arrêtée de commettre un vol; qu'il n'y a là qu'un simple fait de guerre civile, qui doit rentrer dans la définition de l'attentat. Je réponds qu'un désarmement opéré avec violence peut bien être considéré comme un attentat, comme un fait de guerre civile; mais quil ne peut en être ainsi du fait qui consiste à enlever à un homme son argent, sous un prétexte quelconque.

Examinant l'accusation d'association de malfaiteurs relativement à l'accusé Caqueray , M. le procureur du roi déclare qu'il n'insiste sur ce point qu'avec regret. Nous aurions désiré, dit-il, qu'une ligne de démarcation pût être mise entre cet homme, qui porte un nom respectable, qui a reçu une éducation distinguée, et tous les malheureux qui sont près de lui. Nous le reconnaissons cependant, vingt fois il manifesta l'intention de quitter les bandes, de se séparer de ceux qui le déshonorait par des actes horribles de violence : ce fut peut-être un principe d'honneur, d'honneur mal entendu sans doute, qui l'en empêcha; mais enfin il en resta le chef. Nous aurions voulu faire, à son égard, une catégorie particulière, nous aurions voulu ne voir en lui qu'un homme politique ; mais nous sommes dans la dure nécessité, nous le répétons, de dire qu'indépendamment des autres chefs d'accusation, il nous paraît ne pouvoir pas échapper à l'accusation d'association de malfaiteurs.

M. le procureur du roi retrace ici les violences exercées par l'ordre de l'accusé Caqueray sur la personne du témoin Loiret qui, amené devant ce chef, fut dépouillé de ses habits, placé pendant toute une journée dans un champ où un homme de la bande le tenait continuellement en joue, avec l'ordre de s'en débarrasser par un coup de feu dans la poitrine si les *culottes rouges* venaient à paraître. Ce sont là des faits, continue M. le procureur du roi, que la plus brillante défense ne saura révoquer en doute.

M. le procureur du roi rappelle ici la singulière apostille mise par Caqueray au passe-port du nommé Loiret, et portant qu'il commandait à ses hommes d'en fusiller le porteur, si on le trouvait hors des limites de Cholet. Il retrace ensuite l'arrestation de M. Guillebaut fils, les menaces faites par Caqueray, les violences morales exercées contre ce témoin. Il arrive ensuite aux faits spéciaux relatifs aux accusés Aumont, Martin, Pinot, Blanchard et autres. Blanchard est évidemment complice du complot, auteur des attentats, acteur dans l'association de malfaiteurs. Blanchard était présenté, par l'acte d'accusation, comme ayant pris part à l'assassinat des gendarmes de Maulévrier. On avait annoncé qu'un témoin l'avait vu manœuvrer dans la plaine avec une des carabines prises aux gendarmes. On rapportait, à cet égard, des propos fort positifs. L'accusation s'empresse de le déclarer, le témoin indiqué a été entendu aux débats; d'autres témoins ont été interrogés, et les charges sur ce point ont disparu. Nous rejetons donc de l'accusation le chef d'assassinat qui pesait sur l'accusé Blanchard.

Aumont est accusé de voies de fait les plus graves et de quelque chose de plus grave encore que des voies de fait : ce sont de véritables tentatives d'assassinat, et cependant vous n'avez vu produire devant vous que les moindres faits qui lui soient reprochés. Dans le cours de cette session, il reparaîtra devant vous, et d'autres procès capitaux, dans lesquels la justice a ses aveux, sont encore, en ce moment, instruits contre lui. Il a pris part au complot, sinon comme auteur, au moins comme complice. Il était évidemment un des agents les plus actifs de l'association de malfaiteurs, et pour le bien faire connaître, il suffirait de vous rappeler ce qu'a dit M. le capitaine Gallerand de sa réputation dans le pays, où il passait pour le plus scélérat des bandes.

M. le procureur du roi rappelle encore à la charge de l'accusé Aumont, les violences qu'il exerça contre l'honorable M. Guillebaut. Il ne s'est pas agi, dans cette circonstance, de simples voies de fait; l'acte d'accusation signale cette attaque comme une véritable tentative de meurtre.

Martin et Pinot sont complices du complot et de l'attentat. Ils ont fait partie de l'association de malfaiteurs. Une charge beaucoup plus grave pèse sur eux, c'est l'assassinat de Chalopin père et fils. M. le procureur du roi retrace avec énergie les détails bien connus de cette horrible scène. Il rappelle toutes les circonstances du meurtre, qui n'avait pour prétexte que le soupçon injustement jeté contre Chalopin d'avoir dénoncé Renaudeau. Il peint le malheureux fils du métayer lâchement assassiné pour avoir voulu secourir son père. Quelles sont, ajoute-t-il ensuite, les charges produites à cet égard par l'accusation contre les accusés. Martin et Pinot? Nous partirons de loin pour les trouver; mais je crois que nous finirons par y parvenir. L'assassinat fut commis le 9 octobre : la veille de ce jour, l'accusé Caqueray avait chassé de sa bande quatre individus. Martin et Pinot, qui étaient dans l'ivresse, étaient restés dans les lieux où ces quatre individus avaient été laissés comme indignes même de faire partie d'une association de malfaiteurs. Caqueray a pensé tout d'abord que ces individus étaient les auteurs du meurtre des Chalopin. Son opinion n'est qu'un soupçon, mais elle est d'un grand poids dans cette cause, car lui, plus que personne, est à même de juger de la moralité de ces hommes. Martin et Pinot, accompagnés de trois autres individus, les deux Allard et Papin, arrivent chez l'aubergiste Peton à 7 heures du soir. Ils boivent, ils mangent, et là, dans la conversation, ils s'exhalent en menaces de mort contre Chalopin. Ils partent bientôt, après avoir consulté deux fois l'horloge, après avoir dit à deux reprises différentes : *Il n'est pas encore temps !* Ils partent quand il est temps, ils partent.... Il y a un quart d'heure de chemin du domicile de Peton à celui de Chalopin; ils partent, et un quart d'heure après, plusieurs coups de feu se font entendre du côté de l'habitation de Chalopin.

La défense ne manquera pas d'équivoquer sur le nombre des individus remarqués chez Chalopin, sur ce que d'autres hommes armés d'un nombre supérieur à cinq se trouvaient dans les environs de cette maison ; mais vous n'oublierez pas que ce soin pris par Martin et Pinot, chez Peton, de consulter à deux fois la pendule indique qu'une heure était fixée, qu'un rendez-vous avait été pris, qu'il devait y avoir, près de la demeure de Chalopin, une réunion avec des individus de leur espèce.

Sans doute, il n'existe pas des témoins *de visu* de l'assassinat ; mais, pour des hommes intelligents, la preuve de ces faits résultera suffisamment de faits avoués, de circonstances avouées. De semblables circonstances, de semblables faits, sont plus forts que des témoignages oraux, parce que des hommes peuvent se tromper, peuvent céder à un sentiment d'animosité ou de vengeance, tandis que les preuves intellectuelles sont invariables, parlent d'elles-mêmes à l'intelligence sans qu'on puisse les faire dévier de la route qu'elles tracent dans votre esprit.

Vous n'hésiterez donc pas à déclarer ces deux accusés coupables.

Vous allez prononcer, messieurs, sur la première affaire de chouannerie soumise au jugement du jury ; vous sentez quel sera le résultat de votre déclaration ; vous sentez quel retentissement elle aura dans toute la France, je dirai presque dans l'Europe entière ; car la paix intérieure de la France importe au maintien de la paix de l'Europe. Votre verdict, vous le sentez, n'influera pas seulement sur le sort des vingt-deux accusés soumis à ces débats ; il influera également sur les destinées de la patrie. L'indulgence et la faiblesse auraient des résultats que je ne caractériserai pas. L'impunité, j'ose presque le dire, ferait renaître des désordres dont tous les bons Français doivent aspirer à voir

la fin. Votre justice sera rigoureuse, et vous aurez ainsi
bien mérité du pays, en assurant la paix et la tranquillité
de notre belle patrie.

Après une courte suspension, la séance est reprise, et
Me Janvier, avocat de Caqueray et de Delaunay, prend la
parole en ces termes :

Messieurs les jurés,

Je commence aujourd'hui devant vous le cours d'une
grande mission que je me suis imposée. Parmi
cette multitude d'accusés, un des plus sinistres résultats des dernières perturbations de l'ouest, beaucoup
m'ont confié leur défense. Je vous le déclare, je l'ai ac-
ceptée avec d'autant plus d'empressement et de zèle, que je
repousse les principes et les sentiments sous le drapeau
desquels ils ont combattu. Pour quelques uns, je le sais,
c'est une surprise et une sorte de scandale de me voir pour
clients, aux pieds de la justice, mes adversaires en politique. En agissant ainsi, j'ai cru faire acte de libéralisme
élevé et sincère, et je ne me suis pas inquiété si je froissais
certaines exigences et certaines susceptibilités.

L'avocat qui subordonnerait l'exercice de son ministère
aux caprices ou aux passions d'un parti quelconque, manquerait aux traditions d'indépendance et d'honneur qui sont
héréditaires à notre ordre. Des lâches s'y sont rencontrés,
mais en petit nombre, en de rares circonstances, et leurs
noms dans nos annales sont burinés d'infamie. Nous nous
sentons la rougeur sur le front quand on parle de celui qui,
plutôt que de braver les fureurs de son temps, refusa les
secours de sa voix à un roi malheureux, tandis que nous
n'avons point assez d'hommages pour ce Malesherbes qui,
à défaut d'éloquence, présenta ses cheveux blanchis à la
convention, et se fit couronner, par le bourreau, martyr du
devoir sacré de la défense. A une époque plus récente, on

a prétendu que le barreau de la Gironde avait failli en masse, qu'il n'avait pas osé murmurer un mot en faveur de ces deux jumeaux de La Réole, immolés ensemble aux premières colères de la restauration. C'était calomnie, je suppose. Cependant, pour laver de cette tache un barreau si fécond en vertus et en talents, il a fallu que naguère un de ses plus brillants orateurs vînt disputer à la révolution de juillet la vie du rival qui l'avait précipité de la puissance. Hélas ! c'était le chant du cygne ! La France le regrette et ne le plaint pas : il a emporté avec lui la consolation que son client lui eût survécu, et une gloire immortelle planera sur sa tombe.

Ces exemples contraires se sont offerts à ma mémoire, et je n'ai pas hésité dans mon choix. A défaut d'atteindre ceux dans lesquels éclatent tant de dignité et d'abnégation, j'ai décliné la honte des autres ; ma clientelle m'est devenue plus précieuse à mesure qu'elle était plus impopulaire, et ma présence devant vous vous prouve à quel point je m'y suis dévoué. J'aurais regardé comme une lâcheté de la déserter sous n'importe quel prétexte, et lorsque ces hommes, placés sous le coup des plus graves accusations, m'ont sommé de tenir mes promesses envers eux, je me suis bien gardé d'en éluder l'accomplissement. Comptez sur moi, leur ai-je dit, je me suis attaché à votre fortune : j'irai partout où vous irez ; j'irai de ma faible, mais libre parole, visiter des tribunaux inconnus. J'ignore, messieurs, en combien de pays il me faudra les suivre ; je suis résigné à cette destinée voyageuse, et j'y serai fidèle jusqu'à la fin.

Sans doute, si je ne consultais que mes convenances personnelles, je serais porté à récriminer contre la mesure qui m'arrache à mes travaux et à mes loisirs ; mais je n'hésite pas à la proclamer nécessaire et protectrice. Je ne suis pas de ceux qui ont vu en elle la conséquence affaiblie et détournée d'un système qui tendrait à bouleverser

en France l'ordre des juridictions. Il faut être juste envers
le pouvoir quand il fait quelque chose de bien. On ne me
soupçonnera pas d'un excès de condescendance envers lui ;
le dévouement que je lui porte n'a rien que de condition-
nel, et toutes les fois que je l'ai rencontré dans les voies de
l'arbitraire et de l'iniquité, je me suis fait un devoir de le
lui dire, sans amertume, mais avec énergie. Surtout, je
me suis montré son ardent adversaire, lorsqu'il y a quelques mois, frappé d'un de ces vertiges qui saisissent les
meilleurs gouvernements, et leur inspire la tentation des
coups d'état, il voulut livrer, à des commissions militaires,
la liberté et la vie des citoyens. Alors je me suis soulevé
contre ce raffinement de tyrannie, par une protestation,
dont je ne parlerais point, si elle n'était restée presque solitaire au milieu de l'ouest, parceque là, elle n'était point,
comme d'autres au sein de la capitale, soutenue et secon-
dée par les opinions populaires. Dans l'ouest, il faut l'a-
vouer, il y avait une soif de vengeance qui brûlait de s'é-
teindre, au plus vite, dans le sang des rebelles. Ce fut la
faute du pouvoir de paraître, un instant, céder à cette im-
patience de supplice, qui frémissait autour de lui. Long-
temps il se repentira d'avoir essayé l'illégalité. Ce dont je
l'honore, c'est de n'y avoir pas persévéré, dès qu'elle a été
reconnue et réprouvée par la suprême magistrature du
royaume. Un pas de plus, et la monarchie, née de la sainte
insurrection de la loi, se précipitait dans l'abyme qui a
dévoré ses devanciers. Grâce au ciel, le pas fatal n'a point
été franchi : un salutaire exemple de résignation ministé-
rielle a été donné à ceux-là qui avaient jeté l'épée des batailles dans la balance de la justice, en s'écriant : *Malheur
aux accusés !* Ils se sont hâtés d'abolir les simulacres de tribunaux devant lesquels, à quiconque n'eût pas voulu ratifier
dans sa personne la violation des droits du pays, il ne fut
resté qu'à se taire et à mourir.

Mais de ce que le jury a été restitué en possession de ses

inamissibles prérogatives, s'ensuit-il que ce soit les avoir froissées de nouveau, d'avoir distrait des lieux qui leur ont servi de théâtre, les jugements des crimes politiques? Suivant moi, ce simple déplacement n'a eu pour but et n'aura pour objet que de maintenir davantage le jury dans sa pureté et dans sa liberté.

Eût-il été possible d'y convoquer ces citoyens, tout palpitants encore des belliqueuses émotions qui les avaient poussés à la poursuite de la révolte? Ne se seraient-il pas imaginé que condamner était encore combattre, et n'eussent-ils pas apporté la même ardeur à l'un qu'à l'autre? Je l'avoue, c'eût été là la moindre de mes craintes. Il y a toujours, dans le courage, un fond de magnanimité; le soldat le plus intrépide eût été, j'en suis sûr, le juge le moins sévère : en ennemi généreux, il eût pardonné aux vaincus.

A vrai dire, je n'aurais rien redouté, mais la justice aurait eu à lutter contre cette foule furieuse, acharnée, qui, au sein de nos villes, accueillit avec un tumulte sauvage les malheureux dont l'aspect aurait dû exciter sa pitié, et qu'elle poursuivait jusqu'à la porte des prisons, où ils trouvèrent un refuge : il eût été possible qu'elle envahît le sanctuaire pour y dicter, par des murmures ou des applaudissements homicides, d'impitoyables arrêts.

Prenez garde qu'ici, messieurs, je ne suppose pas, je raconte; je l'ai entendue, cette foule, lancer des sifflets et des huées sur des jurés qui hésitaient à lui livrer une tête, et quand enfin elle l'eut obtenue, acclamer et bondir en signe d'allégresse; je l'ai entendue, et jamais je ne l'oublierai!..... Ailleurs ne l'a-t-on pas vue se ruer avec la fougue d'un torrent sur les places publiques, et y vociférer des protestations contre ce qu'elle nommait l'indulgence d'un conseil de guerre? En effet, il avait été indulgent, il n'avait comdamné qu'à la déportation un vieillard septuagénaire.....
Et l'on a dit, et je ne l'ai pas cru, que son supplice avait été l'objet d'un pacte abominable, qu'il avait été promis

pour prix de leur soumission et de leur silence , aux bacchantes de l'échafaud et aux hurleurs de la guillotine.

C'eût été se rendre complice de ces affreux scandales
de n'en pas prévenir le retour. En vous investissant d'une
compétence extraordinaire, on a ôté leurs prétextes et leurs
occasions aux hideuses passions qui se cachèrent sous le
masque du patriotisme et dont il rougit et s'indigne ; il n'a
ni ces égarements ni ces délires parmi vous ; s'ils y nais-
saient, ils n'auraient pas pour excuses leur sincérité, ils seraient superficiels et factices. Je ne fais pas à vos compatriotes la cruelle injure de les confondre avec quelques
hommes hypocritement forcenés, qui ont souillé une cité voisine par d'odieux excès. Quoiqu'ils aient fait , ils ne vous
ont pas enlevé la renommée dont vous êtes dignes. Chez vous,
le patriotisme s'allie à la modération , et l'esprit de liberté
n'est qu'une des formes de l'esprit de justice. Comment en
serait il autrement? Vous ne vivez pas sous l'empire des
causes qui aigrissent et dénaturent nos opinions ; vous ne
vivez pas au milieu de ressentiments invétérés et d'idées
irréconciliables ; vous ne vivez pas entre deux partis, et j'ai
presque dit entre deux peuples, qui rêvent leur extermination mutuelle.

Depuis des siècles, vous avez acquitté le douloureux tribut que chaque partie du royaume doit à son tour au génie
des discordes civiles. Non loin de cette enceinte, on aper-
çoit le palais où s'accomplit une des plus tragiques scènes
du drame de la ligue ; mais celle qui a tressailli sous les pas
des Guises et qui a bu leur sang, de nos jours est devenue
une terre de paix et d'union. Par un privilége que la France
vous envie, vous n'avez, depuis quarante années, subi directement ni l'invasion étrangère, ni la guerre intestine. Heureux pays auquel il est donné de jouir en sécurité des biens
que Dieu lui a prodigués, et de ses riches campagnes, et de
son ciel si doux , et du beau fleuve qui traverse aussi nos
contrées !

Mais on s'y souvient de l'avoir vu rouler des cadavres qu'il n'a pas remontés vers vous, et ni vous, ni vos pères n'avez entendu, au rebours de ses flots, les cris de fureur et de mort qui souvent ont troublé ses derniers rivages.

Vous êtes donc admirablement placés pour accomplir l'œuvre difficile et solennelle qui vous a été commise; vous n'avez pas à craindre que vos souvenirs historiques dégénèrent en vengeances judiciaires. Que si le choix leur en eût été laissé, les accusés vous auraient pris d'eux-mêmes pour les arbitres de leurs destinées : quelque divers que soient leurs intérêts, tous se réunissent dans cette commune espérance, qu'une justice indépendante et généreuse ne manquera à aucun d'eux; pas un qui soit tenté de subtiliser avec la lettre de la loi, et de se plaindre d'avoir perdu ses juges naturels. Qu'est-ce d'ailleurs que le jury, sinon, comme parlent les Anglais, le jugement de Dieu et du pays? Or, pour mériter cette patriotique et religieuse appellation, il importe de le dégager des influences capables de l'asservir et de le corrompre. Sous ce rapport, votre juridiction était la plus naturelle, la plus légitime, et nos clients en ont accepté avec reconnaissance l'immense bienfait.

Appelé, messieurs, moins encore par l'ordre de la cause, que par le choix de mes collègues à ouvrir la discussion, il m'ont donné le mandat de suivre l'accusation sur le terrain des faits généraux.

Ici Me Janvier s'est élevé avec force et avec étendue contre les considérations dont le ministère public, dès avant les débats, s'était fait un cortége oratoire. Il lui a vivement reproché de s'être traîné sur les errements *décriés* et *maudits* des parquets de la restauration dans les accusations politiques. Il a dit qu'il ne voulait point forcer les analogies; que le ministère public n'avait pas, avec la brillante imagination de l'avocat-général Marchangy, dans l'affaire de la Rochelle, voyagé autour du monde; qu'il était resté en France, mais qu'il s'y était mis au large; qu'il avait pré=

senté les bandes de la Vendée comme le chaînon principal du réseau conspirateur dans lequel la révolution de juillet aurait été enveloppée incessamment depuis deux années. L'avocat a ajouté que sa foi dans la révolution était telle qu'il ne s'alarmait pas sur sa durée, au point d'exalter la force de ses ennemis, et qu'à la différence du ministère public, il trouvait d'un patriotisme plus digne et plus sincère de les laisser dans leur infirmité.

C'est faire trop d'honneur aux bandes, a-t-il dit, de les rattacher à une organisation systématique ; il suffit de remonter à leur origine pour se convaincre qu'elles sont nées de circonstances accidentelles ; les débats vous ont mis en relief leurs développements successifs.

Des jeunes gens que leur âge et le sort appelait aux armées ont cru que la France était menacée d'une guerre inévitable et universelle ; ils ont cru qu'ils étaient destinés à recommencer cette carrière de conquêtes et de désastres dont la première révolution avait donné le signal ; ils ont cru qu'on allait les conduire à la frontière et puis se ruer avec eux sur l'Europe ; ils ont craint de laisser leurs os sur la terre étrangère ; ce n'est pas mourir qui les effrayait, mais mourir loin des champs paternels..... Cette pensée que le poëte prête au héro expirant :

Et dulces moriens reminiscitur Argos

Ah ! cette pensée amère a dénaturé leur courage, et ils ont préféré à la condition de soldat celle moins honorable et plus périlleuse de déserteurs. La conformité de situation les a rapprochés et, réunis, ils ont été un centre de ralliement pour d'autres hommes que d'autres motifs ont poussés à partager leur triste existence.

L'avocat peint ces nouveaux venus plus exaltés d'opinion parce qu'ils étaient poursuivis par la justice : des réfractaires, des contumaces, ajoute-t-il : voilà le noyau des bandes. Bientôt elles ont pris un caractère plus militaire et plus po-

litique; çà et là quelques vieux compagnons des Stofflet et
des Charette ont senti se réveiller leurs souvenirs et leur
instinct, et ils sont venus se placer à la tête de ces bandes
sans chefs.

Me Janvier développe ici les accroissements que reçurent les bandes : elles cessèrent de se cacher de ferme en
ferme; elles errèrent publiquement et en armes, mais ayant
soin d'éviter la rencontre de nos soldats. De dire au juste
quels projets étaient les leurs, je ne saurais, dit l'avocat ;
elles-mêmes auraient été embarrassées d'en rendre raison ;
elles faisaient de la chouannerie en pure perte, au hasard
quand même! C'est le mot sacramentel, et jamais il ne fut
plus à propos de l'appliquer. Elles se sont traînées ché-
tives, harcelées avec la conscience de leur nullité, attendant
les événements et incapables de les susciter; tout au contraire d'avoir été le germe d'une Vendée, ce sont elles qui
en ont fait avorter la récente tentative. En effet, ce sont elles
qui ont excité la sollicitude du pouvoir et lui ont suggéré
les précautions auxquelles il a dû de n'être pas surpris et
attaqué sans défense. Lorsque cette princesse, qui n'a pris
conseil que de ses illusions maternelles, et qui a improvisé
la plus aventureuse des entreprises, lorsqu'après avoir,
mystérieuse et fugitive, traversé la France, elle est arrivée
dans la Vendée, elle y a trouvé tout préparé contre elle,
et rien pour elle : elle a dû maudire cette chouannerie inutile, qui n'avait servi qu'à rassembler les forces imposantes,
devant lesquelles l'insurrection n'a osé surgir, ou a été
aussitôt écrasée.

Après avoir montré que les bandes n'ont été qu'un
malencontreux épisode pour la cause à laquelle elles se rat-
tachaient, Me Janvier en vient à examiner leur caractère
de criminalité légale. Il reproche à l'accusation d'être un
véritable Protée, qui, pour échapper aux attaques, a revêtu des formes multiples.

Il parcourt successivement les divers chefs d'accusation,

repousse, avec force, celui d'association de malfaiteurs, en se fondant en droit sur le texte et les motifs de l'article 265 du code pénal, en fait sur ce que les bandes, en masse, ne peuvent être solidaires des attentats de quelques individus, que le jury pourra condamner comme voleurs et assassins.

Me Janvier s'est ensuite attaché à discuter les chefs d'enrôlementt de *troupes* et de *soldats*, et il s'est étonné que l'accusation accordât ces dernières qualifications à des *bandes* et à des *bandits*.

Nous ne suivrons pas l'orateur dans tous ses développements sur ce point, non plus que dans ceux qui, de sa part, ont eu pour objet d'établir que les bandes n'étaient point constitutives d'un attentat, mais simplement d'un complot suivi d'actes préparatoires. Il a fortement insisté sur cette distinction, en s'aidant des discussions et des définitions du nouveau code pénal. Il s'est emparé des paroles du ministère public, pour établir que les bandes n'avaient été qu'une *expectative* et non une *tentative*. Il a engagé le jury à d'autant plus admettre son système, qu'au bout de la logique du ministère public il y avait vingt têtes. Il est arrivé à cette conclusion que les jurés devaient résoudre négativement tous les chefs d'accusation, à l'exception du premier, celui concernant le complot; réservant toutefois aux défenseurs de chacun des accusés de prouver que son client n'y avait pas participé, ou n'y avait participé qu'avec des circonstances atténuantes.

L'heure avancée a fait remettre au lendemain la continuation de la plaidoierie.

——————

Errata dans la première partie de l'analyse de la plaidoierie de Me Janvier : Page 164, ligne 10, *au lieu de :* des plus sinistres, *lisez :* des plus tristes. — Page 166, ligne 29, *au lieu de :* a été donné à ceux-là, *lisez :* a été donné; ceux-là; — ligne 31, *au lieu de :* aux accusés ! Ils se sont, *lisez : aux accusés !* se sont. — Page 167, ligne 18, *au lieu de :* accueillit, *lisez :* accueillait; — ligne 21, *au lieu de :* trouvèrent, *lisez :* trouvaient. — Page 168, ligne 27, *au lieu de :* celle, *lisez :* cette terre.

Audience du 10 octobre 1832.

L'audience est ouverte à neuf heures.

Continuation du plaidoyer de Me Janvier.

Me Janvier commence par relater les généralités en fait et en droit qu'il avait développées la veille. Il s'élève avec une force nouvelle contre la logique homicide du minis- tère public, qui ne tend à rien moins qu'à faire couper vingt têtes. Me Janvier n'accuse pas les intentions du ministère public, mais les raisonnements qui le conduiraient à une *boucherie judiciaire*, inouïe dans les fastes de la justice, et à laquelle jamais n'osa songer la restauration.

L'avocat annonce ensuite qu'il va remplir sa tâche spé- ciale, en ce qui touche Caqueray et Delaunay. Il dit que Caqueray a été à lui-même son plus éloquent avocat ; que les juges et le public n'ont pu, dès l'origine, dissimuler l'intérêt qu'il leur inspirait. Ils ont écouté, attentifs et émus, le récit si dramatique des événements qui l'ont con- duit sur le banc fatal.

Je regrette, dit l'avocat, de vous décolorer l'interroga- toire si remarquable que lui a fait subir le magistrat qui préside ces débats avec une grâce de manières, une bonté et une droiture de cœur, une hauteur d'intelligence au-dessus de tous mes hommages. Peut-être même aurais- je dû m'abstenir d'en parler : la bonne conscience est comme une fleur qui se fane sous d'indiscrets éloges. Du reste, qu'il me pardonne, je ne serai pas le seul coupa- ble, je le lui prédis ; et lorsqu'il aura rempli les fonctions qu'il a acceptées avec tant de dévouement, plus d'une fois le cri de l'estime publique viendra troubler sa modestie.

Me Janvier a raconté, en y mêlant de nombreux raisonnements, l'histoire de Caqueray; cette histoire si touchante. Après¹ avoir fait ressortir tous les entraînements qui
avaient poussé Caqueray dans les bandes, il a examiné sa
conduite au milieu d'elles, la discipline qu'il s'était efforcé
d'y maintenir, la haine qu'il avait manifestée contre tous les
crimes individuels, la protection qu'il avait assurée à plusieurs patriotes. Nous regrettons de n'avoir pu saisir ces
détails d'un intérêt toujours soutenu, toujours croissant.

L'avocat en est venu à discuter, à l'égard de Caqueray
personnellement, les quatre chefs d'accusation.

Impossible de rendre les vigoureuses paroles avec lesquelles il a repoussé le chef d'association de malfaiteurs.
Il a énergiquement opposé à lui-même le ministère public, qui, après avoir répété plusieurs fois que Caqueray
était un *homme d'honneur*, n'avait pas reculé devant la contradiction d'en faire un chef de malfaiteurs.

Me Janvier n'a pas eu de peine à démontrer que Caqueray n'était point coupable d'enrôlement; mais il s'est
étonné que l'accusation allât d'une extrémité à l'autre;
qu'elle tombât d'emphase en emphase; qu'elle nommât
militaires les hommes que tout à l'heure elle nommait des
malfaiteurs; c'est presque, dit-il, une insolence envers
l'armée. Les accusés ne méritent

Ni cet excès d'honneur, ni cette indignité.

Quant au complot et à l'attentat, le défenseur de Caqueray a insisté sur l'époque à laquelle Caqueray était entré
dans les bandes; c'était à une époque où elles n'avaient
plus d'espérances, où elles avaient perdu leur but politique, où elles n'existaient plus que pour se ménager des
amnisties. Caqueray, poussé dans leur sein par la fatalité,
n'y restait que par nécessité.

Me Janvier a terminé pour Caqueray à peu près en ces
termes:

Je ne vous propose rien directement, vous ferez de Caqueray ce que vous suggéreront et votre clémence et votre justice ; mais le moins que vous pourriez faire serait d'admettre, en sa faveur, des circonstances atténuantes. Ce sera un noble usage du grand pouvoir qui vous est confié, d'adoucir la peine quelconque, que légalement il aurait encourue.

J'ai ouï murmurer à mes oreilles que les qualités qui l'ont distingué dans les bandes se retournent contre lui ; qu'elles l'y rendaient plus dangereux ; que sa présence les réhabilitait jusqu'à un certain point, et que des gens de cœur et de bien pouvaient être tentés de s'y jeter, puisqu'il y était lui-même. De là on conclut qu'il faut frapper sur lui l'exemple le plus sévère. Cette logique ne sera pas la vôtre. Vous tiendrez compte à Caqueray de tout le bien qu'il a fait, et tout le mal qu'il a empêché est un bien qui lui est imputable. Sans doute, il a commis une faute ; est-elle donc irréparable ? La patrie ne peut-elle plus rien attendre de lui ; croyez-vous qu'il ne pourrait pas quelque jour, expier, en combattant l'ennemi, le crime d'avoir combattu des Français. Oui, il n'est pas perdu pour la patrie. C'est un enfant égaré, auquel peut et veut pardonner sa mère. Si pourtant son sacrifice était utile, dites un mot, et il est prêt, il est prêt à mourir. Le ministère public a imité à son égard les anciens, qui couronnaient les victimes de bandelettes ; il vous a répété, Caqueray est un homme d'honneur ; mais il a ajouté, en propres termes, que vous ne deviez pas écouter l'humanité. Quel langage ! Vous n'y obéirez pas. Ma sécurité est entière, et je puis désormais consacrer à mon second client ce qui me reste de force.

Autant le rôle de Caqueray a été prééminent dans les bandes, autant celui de Delaunay a été accessoire et subalterne. Entraîné par son père, il s'est absorbé en lui.

Me Janvier, pour mieux caractériser l'influence exercée sur Delaunay fils, trace le portrait de son père.

Delaunay père n'était point un homme de privilége, c'était un bourgeois. Il était de cette classe au profit de laquelle se faisait la révolution. Cependant il devint son adversaire implacable, et fut des premiers à donner le signal de l'insurrection vendéenne. Ici ont été racontés des faits qui remontent à 1793, et qui ont pour but de montrer les causes et les auteurs de la guerre de la Vendée :

C'est une chose étonnante que des hommes du peuple en aient été les moteurs. Les grands seigneurs ne vinrent qu'après. La raison, suivant moi, c'est que la Vendée n'a été qu'accidentellement monarchique. Ce qu'elle était essentiellement, c'est chrétienne et catholique. Si la révolution n'avait pas commis la faute d'inquiéter ses sentiments religieux, la Vendée eût pu être républicaine sans cesser d'être patriarchale. La république menaça son culte, ses temples, ses prêtres; elle s'insurgea. Elle ne fut pas forte, parce qu'elle défendait la légitimité royale, qui n'est qu'une forme, mais la liberté religieuse, qui est une idée. C'était à elle que Delaunay était dévoué, et s'il embrassa la cause du trône, ce ne fut que parce que le trône était un étai à l'autel.

Me Janvier rappelle la conduite de Delaunay père, qui, après avoir rassemblé les premiers soldats, resta soldat lui-même :

Il partagea les fortunes diverses de son armée; il combattit avec elle au sein du pays; il passa avec elle le fleuve au-delà duquel, suivant l'expression de Barrère, elle devait éprouver le sort d'Antée. Détachée du sol natal, où elle puisait sa force, la convention l'étreignit dans ses bras puissants, et dispersa sur les chemins ses membres déchirés. Ce ne fut pas la faute à Delaunay s'il échappa aux désastres qui succédèrent; il repassa la Loire, mais il ne revit pas le toit de ses pères; il eut beau chercher autour de lui, la cendre du foyer domestique était enfouie sous des débris enflammés. Le fer et le feu avaient tout détruit.

Mᵉ Janvier fait connaître la ruine de Delaunay, qui devient époux, père, qui est réduit à travailler de ses mains pour nourrir sa famille, qui prend part à toutes les insurrections vendéennes.

On ne se figure pas le degré de fanatisme de Delaunay père, l'avocat, en mettant en relief son caractère, a eu pour but de prouver que ce père si opiniâtre, si violent, avait exercé sur son fils un irrésistible ascendant.

Mᵉ Janvier s'attache à faire ressortir tout ce qu'il y avait d'entraînement et de faiblesse d'esprit dans ce dernier. D'ailleurs il est avoué au procès que Delaunay père a forcé son fils à la désertion, l'a embauché : cette démonstration a été complète.

Mᵉ Janvier a suivi son client dans les bandes, a fait voir combien il y avait été insignifiant ; qu'il n'avait été que l'ombre de son père ; qu'il avait fait nombre et voilà tout. Nous crayonnons à grands traits cette discussion détaillée et étendue.

L'avocat en tire la conséquence, qu'il n'y a pas seulement en faveur de Delaunay des circonstances atténuantes, qu'il y a lieu de lui appliquer le bénéfice de l'article 64 du code pénal, qui a été profondément commenté. En preuve de la séduction, de la contrainte exercée par Delaunay père sur son faible fils, Mᵉ Janvier invoque sa conduite depuis la captivité de celui-ci :

Il n'eut ni la force de continuer les négociations qu'il avait commencées, ni de continuer la guerre ; à peine apparaissait-il parmi ses compagnons ; il vivait solitaire et dans les larmes ; il allait cacher d'asile en asile son désespoir. Messieurs, dans la Vendée, près de Noaillé, il y a une lande aride, déserte, entourée de toutes parts par des bois épais. C'est un des sites qui physionomisent le mieux la Vendée. Le 25 avril 1832, au matin, les passants aperçurent quelque chose qui les inquiéta, ils approchèrent; c'était un cadavre; c'était celui de Delaunay. Ceux qui lui avaient accordé l'hospitalité n'avaient osé lui donner la sépulture. Quelle fin misérable! Cet homme, autrefois si fougueux, si ardent, avait consumé ses derniers jours dans le chagrin et dans la maladie. L'amitié, de peur de se compromettre, n'avait pas couvert ses restes d'un linceul, elle n'avait pas pris le temps de lui jeter quelque peu de terre. Les imaginations furent vivement de frappées, ce qu'il y avait de triste et de lugubre dans cette destinée. Le libéralisme n'insulta pas à son ennemi; il rendit hommage à ce qu'il y avait en lui de désintéressement et d'abnégation; il grava en quelque sorte sur la tombe cette épitaphe: *Convaincu et coura-geux !* Le libéralisme proclama que c'était le remords de la perte de son fils qui l'avait tué. Oui, messieurs, il est mort en expiation des égarements de son fils, dont seul il se re-connaissait coupable. Delaunay ne s'était point démenti : dévoué à son parti, il y avait jeté sa personne, sa fortune; il finit par y jeter ses enfants : il avait trouvé la force de con-sommer le sacrifice; il n'eut pas celle de le supporter.

N'est-ce donc pas assez, messieurs, que cette famille ait fourni une victime. Une veuve, une mère, m'a envoyé vers vous vous supplier de lui rendre cet enfant, qui lui reste de tant d'infortunes. Que ferait-elle sans lui. Ah! rendez-le lui, ou bien son père s'agiterait dans son cercueil pour vous crier. « C'est mon fils, c'est moi qui l'ai perdu; mais je suis » mort pour lui. Grâce! grâce! ah! faites lui grâce, afin de » donner quelque consolation à sa mère et de rendre quel- » que paix à ma cendre. »

Ce vœu, qui a pour lui la touchante consécration du mal-heur, la majesté de la mort, sera exaucé par vous..... Je m'y confie.....

J'ai donc payé ma dette à mes deux clients, mais il y aurait de ma part une sorte d'égoïsme à oublier le mandat dont, en commençant, je vous ai parlé et dont je n'ai pas achevé l'accomplissement.

Souffrez que, pour quelques instants, je devienne de nouveau l'avocat de la cause entière. Il est beaucoup de ces hommes dont nous ne vous demandons pas la liberté; mais du moins ne devons-nous craindre pour la vie d'aucun. En outre des considérations qui leur sont personnelles, elle est protégée par un grand principe que je n'hésite pas à proclamer dans ce qu'il a d'universel et d'absolu: *L'illégitimité de la peine de mort en matière politique.* Messieurs, ne craignez point que j'excède les limites que, de nos jours, s'est faite la liberté du barreau, mais elle participe au mouvement philosophique qui dans toutes les directions anime et féconde les esprits supérieurs.

Le barreau est une tribune à sa manière; ce n'est pas à dire qu'il soit permis de s'y élancer pour jeter dans le vague des déclamation s effrénées et turbulentes; mais l'avocat use d'un droit sacré, remplit un devoir auguste lorsqu'il peut placer les intérêts qu'il défend sous la sauve-garde d'une haute vérité d'ordre moral ou politique. Qui oserait traiter ici d'abstraction inopportune et stérile, une idée à laquelle vingt de ces accusés peuvent devoir leur salut : certes le temps et le lieu lui prêtent un caractère éminemment pratique. Dira-t-on qu'il n'entre pas dans votre domaine de calculer les conséquences pénales de vos arrêts. A cet égard je me suis toujours donné carrière, même à une époque où la législation semblait y mettre obstacle.

Ici l'avocat rappelle et flétrit le mécanisme sanguinaire auquel on prétendait asservir la conscience du jury et contre laquelle il se révoltait constamment. Il dit que nous en étions venus à imiter les Anglais, que nous avions introduit dans nos mœurs judiciaires la doctrine du pieux parjure.

M⁰ Janvier ne se cache pas de l'avoir propagée autant qu'il était en lui; il a attaqué ouvertement des lois existantes,

surtout la loi exécrée du sacrilége, qu'il mit en lambeaux à
coups d'une dialectique déchirante.

Sous la restauration il repoussa la mort pour les crimes
religieux, aujourd'hui il ne se ferait pas scrupule de la repousser pour les crimes politiques, quand même elle serait
impérieusement prononcée par les codes.

Mais, continue-t-il, grâce à la salutaire audace des défenseurs et à la noble résistance des jurés contre les institutions criminelles qu'avait façonnées le génie draco-
nien de l'empire, nous n'y sommes plus soumis; il eût été
trop long de les refaire à l'entier, et, jusque dans les moindres détails, elles n'ont subi que des réformes, mais fon-
damentales. Ce qui me frappe davantage en elles, c'est
que désormais il dépendra du jury d'empêcher à son gré,
et dans tous les cas, l'application de la peine capitale. Que
suit-il de là? que désormais le législateur se lavera les
mains du sang qui sera répandu sur l'échafaud; il en dé-
clinera la responsabilité, pour la reporter tout entière sur
ceux à qui elle appartiendra. Et ceux-là, quels sont-ils?
vous, messieurs les jurés, auxquels les lois confient la
faculté de les paralyser dans ce qu'elles ont d'arriéré et de
barbare: la lettre ancienne a été conservée, mais elle est
inspirée par un esprit nouveau. Ce ne sont plus les lois,
à proprement parler, qui livrent sa proie au bourreau;
c'est à vous de choisir les victimes qui lui seront dévouées:
elles ne mourront que parce que vous l'aurez voulu. Vous
êtes donc des dieux! se seraient écrié les anciens, dans
leur langage plein de magnificence, puisqu'on vous établit
les arbitres de la vie et de la mort des hommes? Non,
messieurs; non, vous n'êtes que des hommes vous-mêmes,
et vous devez songer à l'usage du pouvoir, en quelque
sorte surhumain, qui vous est confié. Prenez garde qu'il
ne vous soit demandé : *Qu'as-tu fait de ton frère?* et de ne
pouvoir répondre sans inquiétude et sans remords à cette
question formidable. Encore une fois, le législateur s'est

déchargé sur vous du plus terrible problème que puisse soulever un code pénal. C'est à vous à le résoudre à vos risques et périls.

Recueillez - vous donc pour savoir s'il est permis et quand il l'est de renvoyer à Dieu le souffle qu'il n'a pas rappelé. N'est-ce pas violer les décrets de la providence d'anticiper ainsi sur eux. Je conçois que celui-là dispose de l'existence humaine pour qui elle n'est qu'une harmonie prête à s'évanouir quand les cordes sont brisées, qu'un éclair qui brille passager, et va s'éteindre dans le néant. Qu'importe alors que cette poussière retourne un peu plus vite à sa forme première.

Mais le condamné, en perdant l'existence, ne perd pas seulement les joies et les douleurs éphémères qui lui sont attachées : la vie est un bienfait mystérieux qui a sa portée par de-là l'échafaud, et ces cadavres qui y roulent mutilés, hideux, sont les tabernacles déserts d'une pensée immortelle qui s'est enfuie. C'est pourquoi ni le chrétien dans la naïveté de sa foi, ni le philosophe dans la profondeur de sa raison, ne se reconnaissent le droit d'enlever à leur semblable un seul des instants qui lui sont accordés. Car qui sait quelle sera en un cas pareil l'éternelle conséquence d'un instant de plus ou de moins ? On a cru lever l'objection en répondant que la mort n'était au surplus *qu'un moyen de renvoyer le coupable devant son juge naturel*, sans doute ; mais en lui dérobant les chances et les grâces du repentir. Des hauteurs de la religion, j'aperçois là un abyme de doutes, que, pour mon compte, jamais je n'oserai franchir. Les plus hardis, j'ai presque dit les moins scrupuleux, conviendront qu'il n'est que certains crimes, et en petit nombre, pour qui la mort ne soit pas une expiation démesurée ; tout au plus peut-elle être infligée à l'homme chargé d'une de ces immenses iniquités qui le rendent à jamais un objet d'horreur et d'effroi pour les autres. Il y a au fond de la conscience humaine une sorte de géométrie pénale. En la poussant à rigueur, il n'est pas impossible de lui arracher la formule du talion, et de s'écrier avec triomphe : le sang pour le sang.

Or, ajoute-t-on, il y a du sang dans les guerres civiles, souvent il y en a des flots ; il y a donc lieu d'invoquer contre ceux qui l'excitent et l'exercent l'inflexible formule.

Messieurs, prenez garde de lui donner cette interprétation matérialiste ; elle implique, avant tout, la perversité intentionnelle de celui contre qui s'accomplit la représaille. Eh bien ! messieurs, les guerres civiles naissent de préjugés aveugles, de passions effrénées, mais non de l'immoralité. Ce sont des combats, sinon entre deux peuples, du moins entre deux partis ; quelquefois des deux côtés la bonne foi est égale ; des deux côtés on met la force au secours de ce qu'on croit la raison ; des deux côtés on en appelle au Dieu des batailles ; c'est une lutte où souvent l'on s'extermine en s'admirant, une lutte enfin dans laquelle, des deux parts, la mort est loyalement et donnée et reçue.

Il va sans dire que je ne comprends point dans cette amnistie morale les crimes individuels commis à la faveur de l'esprit de faction ; je ne parle que des purs faits de guerre civile ; je les déteste, je les redoute, je ne les méprise pas. A mon avis, ils devraient relever, non du droit criminel, mais du droit des gens. Celui-ci, au pis aller, permettrait de tuer le vaincu, mais sans l'avoir jugé. Tout cet appareil de procédure dont on environne son trépas, est une dérision amère. Est-ce pour l'immoler avec plus de pompe et de symétrie qu'on l'a d'abord épargné ? Désormais nos soldats n'auront plus cette pitié cruelle ; ils seront sans merci, et ce ne sera pas moi qui les blâmerai ; je leur appliquerai cette pensée du sublime et bizarre de Maistre : que le guerrier tue en combattant sans être cruel, de même que la femme ne cesse pas d'être chaste dans les embrassements de son époux. Mais dès que la justice, par une extension de ses prérogatives naturelles, intervient pour régler la destinée d'un ennemi désarmé et captif, la justice

doit lui devenir tutélaire, généreuse; la justice démérite-
rait de son saint nom, de faire au conspirateur et au révolté l'infâme et atroce condition de l'assassin et de l'em-
poisonneur.

Je vous jette ces idées à la hâte et avec une sorte de
défiance. La vérité a sa pudeur, elle hésite à quitter ses
derniers voiles, sous les regards profanes d'un siècle qui
se vante d'être positif, c'est à dire de plus tenir aux résultats qu'aux principes. Je ne serais pas étonné que mes
paroles ne fussent accusées de mysticisme, parce qu'elles
s'envolent dans la sphère religieuse et morale, et qu'elles
planent bien au-dessus du champ de la politique vulgaire.

Messieurs, je ne refuserais pas d'y descendre, si d'autres
ne m'avaient précédé, et, se plaçant au point de vue de l'utilité sociale, n'avaient démontré que les gouvernements se
perdent plus qu'il ne se sauvent par l'emploi des supplices.
Je ne conçois qu'un cas où les bourreaux leur puissent
être en guise de sauveur; celui où un vaste système
de complots se rattache à l'existence d'un ou de plusieurs
individus. Alors, en abattant, avec quelques coups de
hache, ces grandes personnifications de la révolte, on serait
sûr qu'elle ne ressusciteraient point. Le moyen âge suscitait
fréquemment ces existences conspiratrices qui absorbaient
des multitudes dans leur destinée, qui les entraînaient à leur
suite et les écrasaient sous leurs ruines. En ce temps-là, le
pouvoir réalisait aisément contre ses ennemis, le vœu de
Néron; il n'avait pas besoin de tant frapper que son bras
en fut lassé; les factions n'avaient qu'une tête.

Aujourd'hui encore, par suite de sa nature féodale, qui
consiste dans le dévouement de l'homme à l'homme, la légitimité vit de trois vies ou plutôt d'une seule; l'idole brisée
et le culte serait évanoui; mais si le frêle et dernier symbole
du droit divin était livré aux mains de la France, la France
ne lui ôterait pas un cheveu, sinon parce que ce serait une
tête de roi, parce que ce serait une tête d'enfant! A ce titre,

au moins, elle nous demeurerait sacrée. Eh bien ! après la
sienne il n'en est pas une seule qui puisse faire peur au point
de faire envie.

Du reste ce serait la plus insensée des entreprises, de
prétendre, par des condamnations, ôter ses chefs à l'insurrection légitimiste : on aurait beau les lui retrancher, elle
en pousserait de plus nombreux. La hiérarchie vendéenne
est une hydre qui se multiplierait à force d'être mutilée.
Tant que la vivante idée vers laquelle elle remonte n'aura
pas perdu ses prestiges chimériques, ne vous imaginez pas
que les instruments, soit en haut, soit en bas, défailleront
par l'effroi des supplices : les supplices seront plus provo-
cateurs qu'exemplaires. Elle n'est pas de moi cette réflexion
vieillie, que faire à un parti des semailles de martyrs, c'est
lui préparer des moissons de vengeurs. J'en pourrais citer
des preuves, mais si classiques qu'elles sont devenues banales.
Je néglige donc l'expérience de trois mille ans ; je n'emprunte qu'à notre dernière révolution : je ne compte pas
les victimes qu'elle a immolées dans son propre sein, mère
homicide qui réalisait la fable du dévorant Saturne. Que
si elle oublia que ses enfants étaient ses entrailles, comment
traita-t-elle ses ennemis les plus redoutés, les vendéens !...,

Messieurs, elle les condamna en masse; elle porta contre
eux un arrêt de destruction universelle. La nature elle-même
ne devait pas être épargnée, apparemment parce qu'elle
était la complice de ceux qu'elle nourrissait: c'était bien un
arrêt, mais dans des proportions gigantesques. Dieu !
qu'il s'accomplit avec rigueur. Des amas d'ossements blan-
chirent les champs dévastés ; on eût cru qu'il fallait rassembler les pierres des maisons détruites et construire un
grand monument pour apprendre à la postérité à quelle
place avait existé la Vendée. Vous le savez, messieurs,
quelques années après elle était debout et en armes, comme
si ses sillons engraissés avaient produit des soldats, ou comme

si ces os que je viens de dire, s'étaient crié les uns aux autres: *Levons-nous, et ressuscitons nos armées!*....

Ici les faits emportent avec eux leur signification ; tout commentaire les énerverait. Croyez-vous que des exécutions de détail auraient une efficacité répressive sur un peuple dont les pères ont subi l'extermination sans être découragés.

Je vous le déclare, les moyens qu'on vous propose de pacifier la Vendée se retourneraient contre leur but. Où ce peuple en effet puise-t-il son invincible opiniâtreté ? Dans le fanatisme dont je ne parle pas avec mépris, parce que lui seul religieux ou politique fait l'héroïsme des masses.

Ici, Me Janvier trace un tableau moral de la Vendée, il l'a représente comme n'ayant secondé qu'avec langueur et inertie le *mouvement factice* qu'on a voulu lui imprimer il y a quelques mois. Il en vient à parler des bandes qui parcourent encore la Vendée, et continue en ces termes :

J'admets les récits qui à leur sujet sont arrivés jusqu'à vous. Ces récits révèlent une grande calamité locale, mais ils ne sont pas pour la France des symptômes de guerre civile. Le vagabondage armé est la dernière protestation d'un parti vaincu, ou plutôt c'est le signe que le parti n'existe plus.

Lorsqu'en Angleterre, après l'invasion des Normands, les Saxons en furent réduits à se cacher dans les montagnes et à ne descendre dans la plaine que pour exercer çà et là quelques irruptions contre leurs conquérants, ils furent flétris des noms d'*outlaws* et de *bandits*. Dès ce moment, leur cause demeura sans avenir ; un peu de clémence , et c'était fini d'eux. Mais à mesure qu'ils étaient pris , leurs membres déchirés et suspendus à des gibets servirent de pâture aux corbeaux. La lutte se ranima effroyable et longue ; la race proscrite s'exaspéra de plus en plus ; elle fit des saints de tous ceux de ses enfants qui périrent dans les tortures. C'était à qui mériterait la béatitude , en défendant la nationalité. Tant qu'il survécut un des anciens maîtres du pays, les nouveaux dominateurs ne se crurent point en sûreté.

Croyez-moi, messieurs, croyez-moi si vous voulez; mais le système des rigueurs légales ne serait pas propre à extirper les dernières recrudescences de la Vendée. Sans doute, elle n'avoue pas pour les siens tous ceux qui arborent le drapeau de ses opinions; il en est peut-être ici qu'elle désavoue, et dont la fin tragique la laisserait sans sympathie; mais aussi parmi ces hommes, il en est beaucoup qui, en mourant, émouvraient bien des cœurs. La Vendée, soyez-en sûrs, leur accorderait une place dans ce martyrologe qu'elle s'est fait, et en tête duquel sont inscrits les noms de Stofflet et de Charette, tombés, non sous les balles du combat, mais sous celles de la loi.

Beaucoup parlent de la Vendée qui ne la comprennent pas. Je crois mieux la savoir, parce que je n'ai point de passions politiques; il ne lui reste que des souvenirs, mais, raffraîchis par un affreux baptême, ils pourraient lui inspirer des tentations funestes.

Je n'insisterai pas davantage; je désire vous avoir convaincus qu'aujourd'hui la peine de mort serait doublement illégitime, et de son illégitimité absolue, et de son inutilité actuelle : en la prononçant, vous n'auriez, pour vous absoudre, ni la nécessité politique, ni l'éternelle équité.

J'aurais fini, messieurs, si ce n'était une dernière pensée que vous me reprocheriez de ne pas vous avoir exprimée; car c'est une pensée d'orgueil et d'amour pour cette révolution, au nom de laquelle on vous demande de renouveler les immolations qui ont flétri et perdu ses devancières. Qu'on ne se fasse pas d'illusions à son sujet, qu'on ne s'imagine pas qu'engagée dans les mêmes voies, il lui serait libre de ne pas les poursuivre. Dès qu'une révolution court cette funeste carrière, le pied lui glisse dans le premier sang qu'elle a répandu, en s'y roulant elle s'en abreuve, et plus elle en a bu, plus elle en devient altérée. Je vous le dis, c'est la loi des révolutions.

Ni la convention, ni le comité de salut public, ni les tribunaux révolutionnaires ne préméditaient les carnages judiciaires qu'ils ont consommés. A leur début ils répétaient, et ils répétaient sincèrement : *Nous irons jusque là, nous n'irons pas plus loin.* Ils auraient accusé d'imposture et de calomnie quiconque leur eût prédit à quel point ils dépasseraient les limites qu'ils s'étaient posées; mais, une fois partis, ils furent emportés par un élan irrésistible et presque fantastique. Vanité! vanité! sont les calculs de la modération dans un système qui ne les comporte point : c'est le cas de dire *tout ou rien.* Ce n'est pas une froide épigramme qui m'échappe, mais ici le *juste milieu* serait une épouvantable chimère qui dévorerait ses auteurs.

Qu'on ne m'accuse pas de développer une longue série de paradoxes. Le peuple, dans ces jours, où il fut si beau et si saint, eut les pressentiments que j'érige en doctrines. Après sa victoire, ses ennemis lui devinrent sacrés; dans son premier enthousiasme, il se fût indigné qu'on osât lui parler de jugements et de supplices. Les amis de Berton et de Borie s'étaient trouvés dans la mêlée, et ce seraient eux qui eussent fait entendre les plus énergiques protestations. A la vérité, l'héroïsme sembla se repentir de lui-même, lorsqu'une populace hideuse assiégea le palais de la plus haute justice du royaume : mais vous savez l'amère ironie de Lafayette, aux vociférateurs : Je regarde, dit-il, et je n'aperçois pas les figures de la grande semaine. C'est qu'en effet, le vrai peuple n'était pas là : le vrai peuple applaudit à une sentence courageuse qui consacra en principes, sinon de législation, au moins de jurisprudence, que nul ne périrait plus pour crimes politiques. Je vous le demande, ne fût-ce pas la moralité qu'en recueillit la conscience politique. Se pourrait-il que le principe eût été solennellement violé au sein de la capitale de l'ancienne Bretagne.

Non, cela n'est pas, cela ne peut-être ; on a propagé un faux récit : nécessairement le malheureux Caron joignait une qualité plus odieuse à celle de révolté ; nécessairement aussi il existait des crimes d'ordre privé à la charge de Secondi, dont j'apprends la récente exécution. Je ne n'en sais rien, mais je l'affirme ; autrement les ministres de la grâce royale auraient trompé et trahi le vœu que le monarque répète incessamment avoir été celui de sa vie entière. Les ministres se seraient contredits, eux qui se récriaient il y a quelques jours contre la calomnie parce qu'on annonçait qu'ils laisseraient s'accomplir l'abominable arrêt porté contre deux jeunes républicains pleins d'égarement mais de sincérité. La clémence souveraine est descendue sur eux: abandonnée à elle-même, elle ne manquerait jamais ; mais, vous le savez, elle est sujette aux vicissitudes de la politique et aux influences de la cour : il serait donc imprudent de s'y confier. Vous pourriez éprouver un terrible mécompte! Ne risquez pas, messieurs, ne risquez pas l'honneur de la révolution ! Pour quelques têtes de chouans, n'allez pas la prostituer par un bourreau, ne lui ravissez pas cette innocence qui rend si fiers ses adorateurs ! Pour eux, c'est une Minerve ; sa virginité fait sa splendeur, et sa splendeur fait sa force !

Peut-être trouvera-t-on que pour parler d'elle j'emprunte le langage des poëtes ; je ne le suis pas, et je le regrette. Les poëtes exaltent la vérité, mais ils la révèlent ; ce sont des prophètes ; ils déroulent le présent dans l'avenir : je ne crois pas déroger à l'austérité de ces débats, en invoquant leur autorité à l'égard de celle des philosophes. Or, de même que les uns dans leurs méditations profondes, les autres dans leurs sublimes inspirations ont salué l'ère d'une justice sans sacrifices humains ; lorsque la religion s'en affranchit, l'antiquité accomplit un immense progrès. Le respect toujours croissant pour la vie des hommes, est le plus éclatant critère de la marche ascendante de la civilisation ; celle-ci ne s'en va pas de conquêtes en conquêtes par un mouvement continu. Il y a des époques qu'on dirait marquées par la providence, des époques de crise et de fécondité, où tout change et se régénère, et dont les temps qui suivent ne sont que le développement et le reflet. A ce propos on a coutume de citer l'avénement du christianisme, qui enseigna un droit inoui aux sociétés par l'abolition de l'esclavage. Admirez, messieurs, et tressaillez-en avec moi d'enthousiasme, il est donné à cette révolution qui nous est chère de rivaliser, si elle veut, de bienfait avec le christianisme pour l'abolition de l'échafaud.

Messieurs, je vous convie à lui faire dans le monde et dans les siècles cette destinée magnifique, et, quoique parti d'une voix qui vous est inconnue, un semblable appel ne saurait demeurer en cette enceinte sans entraînement et sans succès!....

Mᵉ Lachèse, avocat à Angers, prend la parole en faveur de l'accusé Douet.

Messieurs les jurés,

Après l'éloquente et profonde discussion dont l'impression domine encore vos ames et la mienne, ce sera pour vous un examen bien pauvre et bien chétif que celui auquel je viens vous convier de vous livrer avec moi. En cet instant, plus de ces faits généraux qui vous ont été tracés avec tant de talent et de force, pendant que leurs caractères légaux vous étaient développés avec tant de sagacité et de logique ; plus de ces scènes variées qui vous ont été présentées avec tant de naturel et de vie, que vous pouvez dire sans exagération avoir vu, en quelque sorte, les bandes de l'ouest paraître et agir devant vous. Au lieu du drame multiplié et parfois sanglant qu'on vient de dérouler à vos regards, c'est sur un seul de ses acteurs que vous devez en ce moment jeter les yeux ; c'est pour un seul des accusés que

je sollicite votre bienveillante attention. Cet accusé, vous
connaîtrez facilement son nom lorsque je vous aurai dit que
pendant ces débats, et surtout au commencement de ces
débats, il a été l'objet d'inculpations émanées de sources
bien diverses. En même temps que de son siége le ministère public formulait contre lui les accusations de complot
et d'attentat, de ces bancs s'élevaient contre lui aussi les
mots de lâcheté et de trahison ; en même temps qu'on lui
reprochait d'avoir porté les armes contre le gouvernement
et de fomenter la guerre civile, on lui reprochait aussi d'a-
voir forfait aux devoirs les plus saints de l'amitié et de la
fraternité d'armes, en venant, pour obtenir sa liberté, dénoncer à la justice celui qui fut son compagnon d'enfance
et de dangers.... Douet un traître ! Douet un vil délateur !
Ah ! messieurs, s'il en était ainsi, ma voix, croyez le bien,
ne s'élèverait pas en cette enceinte pour le défendre ; ou,
du moins, si je voulais à tout prix accomplir la promesse
que, sans connaître encore la nature de ses torts, je fis à
son malheur et à sa détresse ; si je ne venais devant vous que
pour invoquer en sa faveur la disposition de nos codes qui fait
d'une impunité honteuse le salaire du délateur, je me bor-
nerais à mettre le livre de la loi entre ses mains, et je l'en-
verrais avec, mendier près de vous son acquittement. Mais,
messieurs, telle n'est pas, heureusement, la position de
l'accusé Douet, et je puis sans crainte entreprendre de le
défendre, non seulement aux yeux de la loi et de la justice,
mais aussi au tribunal de la conscience et de l'honneur.

La première des accusations portées contre mon client
est, vous ai-je dit, celle de complot. C'est sans doute avec
grande raison que le ministère public a trouvé dans le peu
d'éducation, dans la position sociale, dans toutes les habitudes et les antécédents de Douet, l'impossibilité de voir
dans ce prévenu un des organisateurs, un des auteurs du
complot dont il s'agit dans cette cause. En effet, Douet est
né de parents pauvres : son père est jardinier, l'une de ses

sœurs est forcée par le besoin de s'adonner à des fonctions domestiques. Lorsque vint pour lui le moment de payer sa dette à la patrie, ses goûts se trouvèrent d'accord avec la modicité de sa fortune pour l'engager à l'acquitter de sa personne. Il entra dans un régiment de lanciers, où bientôt il obtint, par sa bonne conduite, le grade de brigadier. Licencié après les journées de juillet 1830, il revint dans ses foyers, et travailla pendant quelques mois chez un décatisseur; mais une telle occupation était à la fois trop peu fructueuse et trop étrangère à ses goûts; d'une autre part, les moyens de sa famille devenaient de plus en plus insuffisants. Il résolut de se vendre; 1,800 francs furent le prix de son engagement; il reçut comptant 800 francs, qu'il versa avec joie entre les mains de son père et d'une de ses sœurs. Il entra dans le 6ᵉ régiment de chasseurs, en garnison à Beauvais, et se trouva avoir pour maréchal-des-logis son ami d'enfance, un de ses anciens compagnons d'armes, Constantin de Caqueray, l'un des accusés. C'est alors que repris une première, puis une seconde fois, pour avoir profité de permissions verbales que lui avait données ce sous-officier, il fut mis en prison, partagea sa captivité avec Caqueray, qui, de son côté, avait été dégradé, placé dans un autre régiment destiné à partir pour l'Afrique, et, en attendant son départ, emprisonné pour je ne sais quel propos séditieux. De Caqueray supportait impatiemment la perte de son grade et les rigueurs auxquelles il était soumis; Douet de son côté regrettait vivement les galons qu'il avait su obtenir dans la garde. Sur ces entrefaites, Douet fait une troisième absence, assez courte, pensait-il, pour lui permettre de ne pas manquer l'appel. Cette absence était, suivant lui, dans l'intérêt et à la demande de Caqueray, ce que méconnaît celui-ci. La vérité est qu'un événement imprévu ayant retardé l'arrivée de Douet, il se trouva exposé, pour cette troisième inexactitude, à des punitions sévères. Il résolut

de ne pas retourner à son régiment, et vint trouver de Caqueray, avec lequel il résolut de se rendre à Paris pour
tâcher de se faire réintégrer, ainsi que lui, dans les grades
qu'ils possédaient auparavant. Ils firent de nombreuses démarches : Douet écrivit, entre autres, au duc de Nemours,
en lui demandant à entrer dans son régiment. Ces soins
n'eurent aucun résultat. C'est à cette époque qu'étant
un jour entré, par hasard, à l'audience de la cour d'assises, ils y aperçurent le sieur Coudé fils, ancien camarade
de Douet : il était prévenu de propos séditieux ; sa mère
assistait aux débats, et eut le plaisir d'entendre prononcer
son acquittement. Il fut convenu qu'un déjeûner réunirait
le lendemain les anciens amis et Constantin de Caqueray.
Que se passa-t-il à ce déjeûner ainsi qu'aux autres conférences que Douet et Caqueray peuvent avoir eues avec la
famille Coudé? La seule chose qu'il importe de savoir,
c'est qu'après plusieurs projets, celui, entre autres, d'aller
en Espagne, ces deux jeunes gens résolurent de se rendre
dans la Vendée, à la Comterie, chez M. de Caqueray, parent de l'un d'eux, pour profiter d'une amnistie, qui,
d'après ce qu'on leur avait dit, devait être donnée dans ce
pays aux déserteurs qui feraient leur soumission. Ils y arrivèrent sans avoir été arrêtés, quoiqu'ils n'eussent pas de
passe-ports, et y reçurent une généreuse hospitalité de la
part de M. de Caqueray. Mais bientôt, craignant que leur
présence ne compromît celui auquel ils devaient leur
asile, ils résolurent de chercher une autre retraite. Le
nommé Cresson, l'un des accusés, qui se trouvait alors
à la Comterie, les aurait, à ce qu'il paraît, fortifiés dans
cette résolution, que dictaient les plus justes scrupules et
les craintes les plus naturelles. Pendant plusieurs jours, ils
restèrent dans une ferme isolée, en proie à des craintes
continuelles, ne se procurant des vivres qu'avec la plus
grande difficulté. Bientôt cette position précaire ne fut plus
tenable, et ils se trouvèrent contraints, par la plus impé-

rieuse nécessité, de se joindre à une bande pour exister.

Ici, messieurs, la vie de Caqueray et de Douet cesse d'être commune. Ce dernier, sorti, après trois jours, de la bande dans laquelle on l'avait conduit, et dans laquelle il n'avait jamais porté aucune arme, est trouvé errant à l'aventure avec un nommé Bodin et un paysan de la contrée. Bodin était armé. La troupe commandée par le lieutenant Gallerand, aujourd'hui capitaine au 41e, fit feu sur lui. Douet, sans armes, se rendit sans aucune résistance. C'est alors qu'il fit au capitaine Gallerand, et plus tard à M. le procureur du roi d'Angers, des révélations à la suite desquelles le sieur Coudé père fut arrêté et mis en accusation, comme coupable d'embauchage. La manière dont ces révélations furent obtenues sera l'objet d'un examen ultérieur.

Après cet exposé des faits, dont nous ne présentons que l'analyse succincte, Me Lachèse examine l'accusation de complicité de complot dirigée contre son client.

Les diverses démarches faites par Douet presqu'au moment où il quitta la capitale, prouvent suffisamment qu'il était loin de vouloir conspirer contre un gouvernement auquel il avait prêté serment de fidélité et qu'il demandait à servir encore. D'ailleurs, quel conspirateur que Douet! Le ministère public lui-même reconnaît que ses habitudes et son éducation lui permettent à peine de se faire une idée bien nette du mot de complot. Et quelle étrange complicité! Venir dans une contrée, y demeurer caché d'abord, la parcourir ensuite en fugitif, sans asile, sans armes surtout : quelle singulière manière de renverser un gouvernement !

En supposant d'ailleurs que l'apparition momentanée de Douet dans une bande pût constituer un délit, l'avocat soutient que ce délit se trouve effacé par les dispositions de l'article 100 du code pénal, qui veut qu'aucune peine ne soit prononcée contre ceux qui, ayant fait partie de bandes, n'auront été saisis que *hors des lieux de la réunion séditieuse, sans opposer de résistance et sans armes;* circonstances qui entourent évidemment l'arrestation de l'accusé Douet.

Un autre texte de la loi vient encore rendre l'acquittement de Douet nécessaire. L'article 108 du même code exempte de peines les coupables de complots, ou autres crimes semblables, lorsqu'ils ont procuré l'arrestation de quelques uns des auteurs ou complices de ces délits. Or, Douet a, par ses révélations, amené l'arrestation de Coudé père, et, sans vouloir prétendre que ce dernier soit accusé avec raison, il faut bien reconnaître que les renseignements donnés par Douet étaient loin d'être vagues et insignifiants, puisque la mise en prévention et plus tard la mise en accusation de Coudé en ont été le résultat.

Ici, dit Mᵉ Lachèse, je pourrais regarder ma tâche comme accomplie, car l'acquittement de Douet n'est plus désormais une chose douteuse ni contestable. Mais, messieurs, je croirais, comme je l'ai dit déjà, faillir à la partie la plus importante de ma mission, si je n'examinais avec vous les circonstances dans lesquelles sont intervenues ces révélations que tant de voix nous ont imputées à crime.

Rappelez-vous, messieurs, rappelez-vous quel supplice fut celui de Douet pendant l'interrogatoire qui servit d'ouverture à ces débats? Seul, isolé, au milieu de cette enceinte, devant un public nombreux, en présence de votre auguste tribunal, il se voyait accusé de toutes parts; de toutes parts, les mots de traître, de délateur venaient fondre sur lui! Et lui, troublé, éperdu, prêt un moment à défaillir, ne trouvait pas une seule voix qui s'élevât en sa faveur! pas une! pas même la mienne! Et, en effet, qu'aurais-je pu dire alors? Quels faits, quels témoignages vous aurais-je cités, dans un instant où vous n'en connaissiez aucun encore?

Mais plus tard est venu pour lui l'instant de la justice et de la réhabilitation. Vous vous rappelez, messieurs, la déposition si franche et si énergique du capitaine Gallerand.

Interrogé à plusieurs reprises par M. le président, par ce magistrat dont le caractère et la conduite ont aujourd'hui déjà obtenu de justes éloges, et à la haute convenance, à la lumineuse impartialité duquel j'éprouve le besoin de déférer, pour mon propre compte, un hommage public en cette enceinte; interrogé, dis-je, avec le plus grand soin, sur les circonstances qui suivirent la prise de Douet, M. Gallerand vous a fait un récit touchant que probablement votre souvenir conserve encore.

C'est en vain, vous le savez, qu'aussitôt son arrestation, Douet se vit menacé par le canon de vingt fusils, et sommé en même temps de déclarer la résidence habituelle et les lieux de retraite de la bande à laquelle il avait un instant appartenu : il resta silencieux. Pour seconde épreuve à son courage, on le conduisit derrière une haie, dans un lieu qui semblait marqué pour son supplice et on réitéra les mêmes menaces. De nouveau il resta inébranlable. Ce fut alors que le capitaine Gallerand prit le parti de l'interroger seul à seul.

Douet avait été fouillé : au lieu de trouver sur lui quelque plan de conspiration, comme on s'y attendait peut-être, on n'avait rencontré qu'un porte-feuille renfermant des notes et des pensées écrites, dans lesquelles il déplorait sa malheureuse, son intolérable situation. Un nom surtout s'y trouvait répété avec regret et douleur; c'était celui de sa mère!..... M. Gallerand comprit facilement quel était le point vulnérable du cœur de son prisonnier. Il lui parla de sa famille.... Il lui parla de sa mère! Et ce que des paroles de mort, ce que les menaces les plus terribles n'avaient pu faire, ce mot seul l'opéra. (Ici l'accusé verse des larmes abondantes.) Ses pleurs s'échappèrent: troublé, éperdu, il parla avec abandon : il dévoila son voyage et ses malheurs au capitaine Gallerand, dans lequel un langage plein de franchise et de générosité devait lui faire voir plutôt un ami qu'un interrogateur. C'est alors qu'il parla de Coudé! C'est alors aussi

qu'il parla de Constantin de Caqueray.. Pour demander la
permission de retourner le chercher dans les bandes. «Je sais
que je serai tué si j'y reparais, disait-il : mais je sais aussi
qu'il y est mal, qu'il se repent d'y être entré et je veux le ramener. » C'est ainsi, messieurs, qu'il méconnaissait les droits
et le dévouement de l'amitié! C'est ainsi qu'il oubliait son
frère d'armes! On a pourtant osé l'accuser à ce sujet!....

Me Lachèse termine sa plaidoierie en représentant au jury
les antécédents honorables de Douet, l'affection si vive
que lui porte sa famille dont il peut redevenir l'honneur et
l'appui, et demande avec une nouvelle insistance un acquittement d'autant moins douteux, selon lui, que si son client
peut avoir eu quelques torts, l'autorité militaire, devant
laquelle il devra être en tous cas renvoyé pour cause de
désertion, saura bien lui en faire subir le rigoureux châtiment.

Me Jullien prend la parole en faveur des accusés Sortant,
Coudé, Gervais et Chauveau.

Messieurs les jurés,

Après le plaidoyer brillant et lumineux qui vient d'être
prononcé par Me Janvier, je ne crois pas devoir entrer
dans la discussion des faits généraux ; je me borne à la défense des quatre accusés dont le sort m'est confié. Je commence par Sortant, qui vous a été présenté comme un chef
de bandes, et avant de discuter ce fait, je crois devoir jeter
un coup d'œil sur la physionnomie de ces réunions. On
vous l'a dit avec vérité, messieurs, les bandes n'ont jamais
eu un but politique ; elles n'étaient composées en partie que
d'hommes qui, attachés au sol natal, ne voulaient pas aller
sous les drapeaux et qui cherchaient à se soustraire aux recherches de l'autorité ; quelques autres fuyaient leurs foyers
où ils craignaient d'être arrêtés, parce qu'ils avaient été dé-

noncés pour avoir tenu quelques propos séditieux. Voilà, messieurs, quelle était la composition de ces bandes.

Sortant combattit en Vendée, dans les années 1793 et 1799. A cette époque, il eut l'honneur d'être nommé capitaine de paroisse, dignité que le courage et la probité faisaient seuls concéder.

En 1815, il combattit en soldat, pendant ces cent jours que Châteaubriand a appelés *une orgie de la fortune*.

A l'époque de 1830, Sortant ne rappela plus ses anciens souvenirs et demeura tranquille, aucun mouvement ne s'annonçait. Une troisième Vendée l'eût encore rencontré fidèle, j'en conviens.

Quelques propos, indiscrets peut-être, qu'un gouvernement fort méprise, firent décerner contre lui par M. le juge d'instruction de Beaupréau, un mandat d'amener, il en conçut des inquiétudes, et se décida à quitter son domicile d'après l'avis de Delaunay père; dont le caractère énergique vous est maintenant connu, il se rendit dans les bandes où il ne chercha jamais à obtenir un emploi supérieur, ce ne fut qu'en juillet 1831, et lors de leur division qu'il se trouva à la tête de cinq ou six réfractaires.

Les bandes, vous le savez, n'étaient composées que de quelques individus qui se réunissaient pour ainsi dire, au hasard, sans avoir de lieu fixe assigné pour cette réunion. Il est, je crois, impossible de rencontrer dans la narration de ces faits aucun but politique. Les hommes qui les composaient ne peuvent être qualifiés conspirateurs, on ne peut les accuser d'attentat ou de complot. J'y reconnais des gens inquiets, des mécontents, si vous voulez, et rien autre chose.

La preuve de ce que j'avance résulte surtout du rapport du ministre de l'intérieur, qui provoqua la nomination du général Bonnet comme commandant-général de l'ouest. Sortant ne peut donc être accusé d'attentat ayant pour but de détruire le gouvernement, ni d'avoir engagé un certain nombre d'individus à participer au complot que l'on lui attribue.

La qualité de chef qui lui a été donnée, ne lui a pas servi à user de son influence pour exciter les citoyens à la guerre civile.

Il est un fait constant, c'est qu'en aucune circonstance les bandes n'ont cherché à attaquer les troupes, elles faisaient au contraire tout ce qui dépendait d'elles pour les éviter, et fuir, pour ainsi dire, les combats qui résultaient quelquefois de ces rencontres.

Messieurs, quelques dépositions vous ont révélé diverses menaces de la part de Sortant; mais ces menaces n'ont été faites que de loin en loin: mais je crois devoir vous faire remarquer que ce n'est que par représailles que Sortant agissait ainsi, et que ceux qui le menaçaient avaient déjà tenu contre lui des propos qui méritaient de sa part l'usage des mêmes armes.

Si la bravoure de Sortant ne peut être mise en doute, son éducation n'a pas été soignée: vous le savez, il ne sait pas même écrire, et il n'est pas étonnant que vous le voyiez répondre à des menaces par des menaces, sans qu'on en puisse induire l'attentat dont on l'accuse. Quant à ce qui regarde les désarmements, Sortant n'a été chef de bande que pendant un court espace de temps, comme je l'ai déjà dit à l'époque de la dissolution de la bande de Delaunay père; cette bande, composée de soixante hommes, fut partagée entre ceux que ce chef jugea plus capables de faire éviter les combats, aux personnes qu'il leur confiait, jusqu'à ce quelles pussent rencontrer le moyen de rentrer chez elles. Une partie sous les ordres de Bodin, une autre sous ceux de Caqueray, et enfin cinq ou six de ces hommes reconnurent Sortant pour leur chef.

Ce fut à cette époque (juillet 1831), que Sortant fut chez le sieur Junin et chez le sieur Martineau. Le sieur Junin avait tenu un propos qui devait exciter l'ardeur de ses adversaires, il avait dit qu'il n'en craindrait pas un certain nombre, qu'il en tuerait beaucoup.

Cette forfanterie de l'homme à moustaches fut connue, on voulut mettre à l'épreuve la prétendue bravoure du chirurgien : la bande dans laquelle était Sortant se rendit chez lui ; celui-ci y vint aussi ; le sieur Junin fut désarmé, j'en conviens, mais sans violences à son égard. Le fait de désarmement du sieur Hervé n'offre non plus que la prise d'un fusil. Pour ce qui concerne le sieur Martineau, il n'a pu faire sa déposition que d'après des ouï dire, puisqu'à l'époque où la bande se présenta chez lui, il était absent de son domicile ; je sais que ce jour là, le drapeau qui flottait sur le clocher, fut incendié. Mais la loi ne punit que d'une simple peine correctionnelle la destruction des signes du gouvernement. Ici l'avocat cite le texte de la loi.

Ainsi vous voyez, messieurs, que ces faits ne peuvent être considérés comme attentats ayant pour but de détruire le gouvernement, ou d'exciter les citoyens à la guerre civile. Ce qui doit vous frapper aussi, c'est que toutes ces armes enlevées auraient dû, ce me semble, si l'on avait eu l'intention d'allumer ce terrible fléau, auraient dû, dis-je, servir à armer les hommes des bandes, et ultérieurement à attaquer les troupes, à chercher au moins dans une noble lutte à faire reparaître cette belle couleur qu'on peut aimer sans être coupable. Eh bien! cependant, malgré ces armes, malgré ce moyen, l'accusation n'avance aucun fait d'attaque de la part des bandes contre les troupes.

Soyez en sûrs, messieurs, si les bandes avaient eu le projet de détruire le gouvernement, elles auraient attaqué sans consulter leur nombre, elles auraient cru aux secours extraordinaires et se seraient abandonnées à la soumission de la providence, sur leurs succès ou leurs revers. Mais je le répète, les bandes ne faisaient aucun usage des armes enlevées, c'était un mode de garantie personnelle. Je crois aussi devoir attirer votre attention sur une chose qui, je le pense, est de nature à prouver que les hommes que nous défendons ne s'étaient pas jetés dans les bandes par amour de l'argent; non, ce n'était point l'argent qui les engageait à en faire partie, elles s'étaient formées par mécontentement, elles se perpétuaient par crainte, elles se dissipèrent par l'amnistie dont je vous entretiendrai tout à l'heure. Il y eut pourtant argent donné; personne ne l'a révélé, j'en conviens, mais Sortant l'a dit et Sortant dit vrai; Sortant est franc, tous l'ont reconnu. Sortant avait reçu, d'une personne qu'il n'a pas connue, une somme de 50 louis; eh bien! il est constant que Sortant n'en a pas fait usage au profit des bandes, et que, dans la sienne même, qui n'était composée que d'un très petit nombre d'hommes, Chevrier et Faligan n'ont reçu, dans l'espace de trois ou quatre mois que des sommes très modiques, et qui ne leur étaient nécessaires que pour leur procurer quelques nécessités à leur vie errante; tel que tabac, etc. A quoi bon de l'argent? pour vivre! Mais les bandes trouvaient dans le pays tout ce qui leur était nécesaire; il y a dans la Vendée sympathie à leur égard; chaque fois qu'elles se présentaient dans une ferme, elles étaient bien accueillies. Quelques individus sont venus déposer en justice qu'ils avaient été contraints à donner la nourriture, mais n'était-ce pas la crainte d'être poursuivis par l'autorité?

J'invoque ici le témoignage de M. le capitaine Gallerand; ne l'avez-vous entendu vous déclarer qu'il avait rencontré dans les paysans vendéens une grande humanité? que dans les fermes où les soldats se présentaient les métayers ne voulaient rien recevoir pour la nourriture qu'ils leur donnaient si fréquemment? Ils devaient être aussi charitables envers leurs frères que l'on poursuivait, qu'envers ceux qui cherchaient à les atteindre.

Je ne peux rencontrer dans ces faits le caractère essentiel d'attentat d'après la définition de la loi.

Ici Me Jullien donne lecture et commente les articles 86, 87 et 89 du code pénal; il poursuit ainsi :

Les bandes se divisaient pour être moins connues; ce qu'elles voulaient, ce qu'elles cherchaient surtout, c'était de rester réfractaires, de ne pas être atteintes; elles évitaient les rencontres et voulaient rester ignorées. Or, je le demande, est-ce là le caractère d'une conspiration? non sans doute, messieurs, il est dans l'habitude et même dans la nécessité que des conspirateurs se réunissent, attaquent et agissent, et vous ne rencontrez ni résolution fixe et arrêtée, ni attaque préméditée et entreprise, ni l'action si prompte, si décisive où le conspirateur joue de sa tête. Quant aux menaces qui ont été prononcées, je dirai qu'elles n'ont été faites que pour effrayer les personnes qui avaient connaissance des lieux où se rassemblaient les bandes, et dans l'intention qu'elles n'allassent pas les découvrir à l'autorité; quant à l'accusation de guerre civile, je ne crois pas devoir citer une autorité plus forte que celle de M. Casimir Périer, alors président du conseil, qui, dans un rapport à Louis-Philippe, donne la dénomination de troubles partiels aux événements qui se passaient dans cette contrée.

Le ministre même y reconnaît qu'il y avait trouble, mais que ce n'était pas la *guerre civile*.

Un autre chef d'accusation est à examiner, celui d'engagement ou d'enrôlement.

Les principes qui dominent cette question vous ont été trop lumineusement produits, pour que je me permette de faire autre chose que de me placer sous leur influence.

Sortant ne peut être considéré comme un recruteur : Sortant a vu sa bande s'augmenter; ce n'est pas parce qu'il a excité ou menacé pour se réunir à lui : mais si elle a pris de l'accroissement, c'est par la propre volonté de plusieurs personnes qui ont cru devoir se rendre près de lui; rien ne prouve que des munitions aient été données à Chevrier et

13

à Faligan. Peut-on appeler distribution de munitions la dé-
livrance d'une ou deux balles à ces deux personnes?

Non, ce n'est pas là cette fourniture, cet approvision-
nement, cet arsenal de contrebandes que la loi veut punir
pour l'empêcher.

Aucun acte ne se révèle dont on puisse inférer les signes,
les preuves caractéristiques d'un attentat, d'une tentative
d'attentat. Qu'ai-je dit? d'une tentative d'attentat! mais elle ne
peut pas exister. L'attentat doit être précédé du complot, eh
bien! ici je ne puis pas même concéder l'existence d'un
autre complot que celui qui se manifeste à chaque instant
dans les bandes de fuir la troupe, dans le but unique de
l'éviter.

Ces réflexions me suffisent pour arriver à la question
d'amnistie accordée à Sortant. Cet acte, dans l'intérêt moral, dans l'intérêt même du gouvernement, doit recevoir son
exécution.

Avant d'établir ces deux propositions, Me Jullien cite
les passages du rapport de M. Casimir Périer, qui ont
trait à la mission du général Bonnet dans l'ouest, à l'omnipotence qui lui est donnée pour pacifier le pays par tous
les moyens conciliatoires, et empêcher que ces troubles ne
dégénèrent en guerre civile.

L'avocat donne lecture de l'acte d'amnistie et de la permission de parcourir diverses localités de la Vendée.

Me Jullien annonce que le but de ses voyages était d'engager ceux qui en avaient fait partie à se soumettre comme
lui pour profiter avec lui de l'amnistie. A cette occasion,
l'avocat donne lecture d'une déposition faite devant le maire
de Latour-Landry, établissant que Sortant a fait opérer la
soumission d'un sieur Souris, et engagé plusieurs autres à
agir de même.

Ces lectures données, Me Jullien se livre à l'examen
annoncé.

En morale, dit-il, l'amnistie doit profiter à Sortant. En

morale, la promesse librement donnée par une personne libre, doit s'exécuter librement et de bonne foi.

La conscience s'oppose à une solution différente, et la vôtre, messieurs, consacrera les principes que je vous signale.

Jamais, non jamais un honnête homme ne peut que tenir à sa parole, et vouloir qu'on l'exécute. Eh bien! les gouvernements doivent être fidèles à ces principes.

Turenne, arrêté un jour sur les remparts de Verdun par une bande de voleurs, ne doit sa liberté qu'à la promesse d'une rançon; il ne l'a pas, et le lendemain il l'envoie.

Voilà le scrupule d'un grand homme, voilà la manière d'obéir à la foi jurée.

On vous a parlé de l'examen légal de la question, vous, messieurs les jurés, vous n'êtes pas juges de droit, vous êtes juges de conscience; vous n'avez à consulter qu'elle, vous ne devez craindre que de faire une réponse qu'elle vous reprocherait plus tard devant les hommes, et à la fin de vos jours devant le juge des justices.

Ah! messieurs, la question morale de cette cause est jugée, l'amnistie doit servir à qui elle a été concédée, et ce serait une déloyauté de la repousser, votre conscience vous la reprocherait.

En politique, concevez-vous qu'on doive méconnaître cet acte important.

Le ministre donne des ordres, envoie un commandant supérieur extraordinaire pour pacifier; il a les pouvoirs les plus étendus, il doit prévenir par tous les moyens de conciliation possibles la guerre civile que l'on redoute.

Eh bien! une soumission est opérée, c'est celle d'un des agents les plus actifs des bandes, d'un homme qui s'est attiré leur confiance, on tient à obtenir cette soumission, on traite : les ordres de suspendre les poursuites sont donnés; la soumission de Sortant s'opère, il rentre libre à son domicile , remet son fusil, et cherche à faire profiter ses compaguons de la même faveur que lui.

Il y a encore des soumissions à attendre., les obtiendra-t-on? Si on n'exécute pas l'amnistie accordée à Sortant, on n'aura plus foi dans les promesses du gouvernement, on ne croira plus aux paroles données.

Henri IV disait que si la bonne foi était exilée de la terre, elle devrait se retrouver dans le cœur des rois. Cette parole en vaut bien une autre, elle est de toutes les époques et doit toujours s'exécuter.

N'en est-ce pas assez, messieurs, sur ce point? je le pense ; je vous ferai seulement observer que si la question ne vous est pas posée., vous devez répondre négativement à toutes les questions à l'égard de Sortant.

Au dire de M. Gallerand, l'amnistie doit s'exécuter à l'égard de tous, et l'arrestation de Sortant a produit , des témoins non suspects vous l'ont déclaré , le plus mauvais effet sur les Vendéens, sur les soldats eux-mêmes. C'était, vous le savez, l'opinion du général Bonnet , du colonel Chousserie qui, apprenant que Sortant n'était pas coupable du malheureux événement de Chalopin., ont demandé la mise en liberté de l'accusé, parce que, concessionnaires de l'amnistie, ils savent qu'ils en doivent être les effets., et qu'ils doivent s'appliquer à Sortant.

Or, dites-le moi, ne sont-ce pas les meilleurs juges en cette matière.

Je terminerai par cette observation : Sortant a deux fils sous les drapeaux, si ces deux hommes, ayant connaissance de la foi violée à l'égard de leur père, abandonnaient leur régiment, de quel droit les punirait-on ? La violation de l'amnistie accordée à l'auteur de leurs jours légitimerait leur désertion. L'exécution des promesses est sacrée de quelque part qu'elle vienne. Ce n'est pas vous , messieurs, qui penserez autrement; je puis dès lors espérer que vous

déclarerez Sortant non coupable, et passerez à la justification des autres accusés.

Nous sommes arrivés à l'accusation qui pèse sur les sieurs
Gervais, Chauveau et Coudé, l'enrôlement et l'embauchage paraissent un même crime, la loi fait cependant une
espèce de distinction. Gervais s'est, dit-on, rendu coupable d'embauchage envers le sieur Masson, clairon. Une
seule déposition ne constate pas mais semble tout au plus
indiquer ce fait.

Ici Me Jullien rappelle le fait qui est relatif à cette déposition. D'après la loi, il ne peut y avoir d'embauchage sans
caractère déterminé. La loi du 4 nivôse an 4, est explicite
à cet égard. Il donne connaissance de cette loi.

La déposition du témoin, à laquelle je dois plus ajouter
foi, je ne parle pas ici de Masson, mais de Bloin, fait voir
que l'accusé n'engageait pas le sieur Masson à quitter le
corps, mais qu'il lui proposait de lui faire voir les bandes;
d'ailleurs Gervais n'a jamais été parmi les chouans, et je
pense qu'il faudrait une preuve plus certaine, une conviction plus intime que celle que je viens d'énumérer pour
prononcer la culpabilité du sieur Gervais. D'ailleurs, messieurs, l'acte d'accusation n'est pas chose élastique qui se
prête aux caprices du ministère public; or Gervais n'est
pas accusé d'embauchage, mais d'engagement ou d'enrôlement. Or il est impossible de rencontrer un crime de cette
nature dans les faits reprochés à Gervais; il n'y a pas même
tentative de ce crime.

Est-ce là chercher à lever des troupes? non, messieurs.
Je ne vous rappellerai pas les savants principes qui ont
été plaidés devant vous, je ne puis que m'y référer.

Quant à Chauveau, l'accusation ne peut pas se soutenir à
son égard. On lui reproche d'avoir tenté d'engager plusieurs personnes avec lesquelles il travaillait au canal de
Lauthion. Vous n'avez entendu aucun témoin qui puisse
permettre au ministère public le plus léger soupçon : en se

refugiant même dans les dépositions écrites, on ne découvre qu'une seule chose, c'est que Chauveau aurait parlé
des chouans, et aurait dit qu'ils occupaient la forêt de Vézins, qu'il avait été un instant avec eux, et qu'il s'en était
retiré après trois jours et en faisant le sacrifice de 3 francs
qui lui revenaient.

Je vous ferai observer que Chauveau n'est pas accusé
d'avoir fait partie des bandes, on n'a pas été aussi généreux
envers Coudé : le ministère public s'est élevé avec plus
de force contre lui, et a établi son échafaudage d'accusation sur des présomptions qui ne présentent aucune
consistance. Coudé demeurait à Paris, et fut arrêté d'après
une dépêche télégraphique, circonstance que j'ai apprise
par la plaidoierie de celui de mes confrères qui vient de me
précéder. C'est à cette circonstance, sans doute, que l'on
doit l'arrestation arbitraire du chef de bataillon que je
défends ; l'administration télégraphique oublia d'envoyer
le mandat d'amener. Coudé n'en fut pas moins incarcéré
quelques jours après, et, sur sa plainte en arrestation arbitraire et détention illégale, la cour de Paris *rendit au pouvoir
le service* de ne pas laisser poursuivre le préfet Vivien. l'officier de gendarmerie Mérat, le brigadier Jentel, le geo-
lier Ridoux, par le singulier motif que Jentel » avait dû
exécuter les ordres de son supérieur, qui avait *sujet de croire*
qu'un mandat d'amener avait été décerné; que, de son côté, —
le préfet n'avait fait que transmettre des renseignements,
et supposait le mandat ès mains de la gendarmerie, et
qu'enfin Ridoux n'était pas coupable de n'avoir point exigé
la représentation de mandat, parce que le dépôt de la préfecture de police n'était pas une prison. »

On déclara qu'il n'y avait pas lieu à suivre contre les
fonctionnaires, mais on ne rendit pas la liberté à Coudé,
qui vient aujourd'hui avec plus d'espoir vous la demander,
et se croit en droit de l'attendre de votre justice.

Vous avez appris, messieurs, que M. de Caqueray et
Douet, partis de Paris au mois de mai 1831, avaient pris

la route de la Vendée, pour, déserteurs qu'ils étaient, rester ignorés à l'administration chez un des parents du premier de ces accusés.

Vous savez aussi qu'après une résidence de vingt-deux
jours chez ce parent, ils craignirent à la fin de le compromettre (il faut si peu de chose pour éveiller les susceptibilités de l'autorité) se résolurent à s'enfoncer dans les
bois, et enfin à rejoindre les bandes. A peine y étaient-ils
depuis trois jours, que Douet s'y laissa prendre, et, sur
les vives instances qui lui furent faites, chercha dans des
déclarations fort inexactes à fournir une proie à l'avidité de
la police.

Il reconnut les bienfaits de son hôte, M. de Caqueray,
ancien député, en donnant les plus minutieux détails sur
les personnes qui habitaient son château, les motifs qui les y
amenaient, motifs mensongers, soit dit en passant, et sur
les habitudes de la maison.

Le fils Coudé avait eu le malheur de connaître Douet,
de l'amener chez son père, et le nom de celui-ci fut bientôt inscrit sur les tablettes du pouvoir. Coudé père fut arrêté, et on ne voulut rien moins que le considérer comme
un embaucheur.

C'était, suivant la police, et c'est encore aujourd'hui aux
yeux du ministère public, à Coudé qu'il faut reprocher la
présence de Douet et de Caqueray dans les bandes. Douet
fut amené à Paris, confronté avec le vieux brave qu'il
accusait : le démenti qu'il en reçut ne convainquit pas le
juge d'instruction, et bientôt chargé de chaînes, il fut
obligé de subir l'ignominieux voyage de cachots en cachots
jusque dans ceux d'Angers.

Le jeune de Caqueray fut aussi fait prisonnier par les
troupes, et l'instruction suivie contre ces trois personnes.

Le malheur du nouveau détenu doit être regardé comme
un événement favorable à mon client. Douet ne se tint plus
dans un système d'accusation aussi positif. Soit crainte

d'être convaincu d'imposture, soit remords dont, au reste, je lui saurais gré, soit enfin qu'on ait mal saisi, mal rapporté ses premiers interrogatoires, il ne persista plus dans la narration de faits, qui, seraient-ils vrais, ne constitueraient ni crime ni délit. Ainsi il raconta bien, comme il vous l'a fait à cette audience, que c'était à la suite d'un acquittement de M. Coudé fils, traduit aux assises pour propos politiques, qu'il se rendit chez ce jeune homme pour l'en féliciter; mais jadis il avait déclaré que Coudé père, profitant habilement de leur position de déserteurs, avait engagé Caqueray et lui à se rendre en Vendée pour se joindre aux bandes, et aujourd'hui il vous annonce qu'arrivés dans ce pays, leur but unique était de s'y cacher, d'y profiter de l'amnistie accordée aux déserteurs, et que la résolution d'entrer dans les bandes n'a été ni le mobile de leur voyage, ni le sujet de leur résolution pendant le premier mois de leur séjour à la Comterie.

Les interrogatoires de M. de Caqueray se trouvent alors en harmonie avec ceux de Douet, et ce qui doit y faire rencontrer la vérité, c'est qu'ils se trouvent confirmés par la déposition de la famille Caqueray.

Le ministère public, tant est grande son exgieance, ne s'est pas rendu à de si justes démonstrations. Il lui a plu de ne voir d'exactitude que dans les interrogatoires de Douet, qu'on peut avec raison qualifier de mensongers tout au moins d'inexacts, et, dans sa persistance, il n'a pas déserté l'accusation capitale qu'il porte contre mon client. Un alphabet en chiffres qu'on ne représente pas, une lettre insignifiante reçue par de Caqueray et écrite par Coudé, un don de 10 francs par ce dernier à l'un d'eux, voilà, messieurs, les éléments qui suffisent à une conviction qui est moins désireuse que la vôtre de la vérité. Le voyage des jeunes déserteurs servira, encore suivant l'accusation, à compromettre Coudé, parce qu'ils visiteront des personnes qui leur sont inconnues.

Remarquez, s'il vous plaît, que l'accusation, si profuse dans le nombre de ses témoins, n'en a produit aucun pour établir les conversations incitatrices qu'elle reproche à Coudé ; la sœur de Douet n'est pas même venue lui prêter son aide, et ce témoin pourtant devait sourire à qui voulait perdre mon honorable client. N'oubliez pas qu'on ne rapporte pas l'alphabet, qui, au dire de Douet, lui aurait été remis pour une correspondance mystérieuse et conspiratrice. Douet l'a-t-il détruit ? Eh bien ! je l'accorde ; mais, s'il existe, on le rencontrera au domicile de Coudé ; car vous pensez bien qu'on n'a pas dû être sobre d'une visite chez celui qu'on a si illégalement arrêté ; et puis d'ailleurs, je ne comprendrais rien à cette pudeur si rare de la part de l'autorité, et qu'elle ne met plus guère dans ses exactions. Cette fouille au domicile de M. Coudé n'a produit aucune découverte. Ah ! proclamez-le, messieurs, il n'est pas coupable ! La police se déclare vaincue ; elle n'a rien trouvé qui pût compromettre.

Cet alphabet eût-il existé, eût-il eu pour but de correspondre entre Coudé fils et ses amis, serait-ce dans un but de conspiration, serait-ce une preuve d'enrôlement ? Non ; messieurs, les jeunes de Caqueray et Douet étaient déserteurs, par conséquent attentifs à ce que la fidélité de la poste, assez suspecte à présent, et dont j'ai moi-même à me défier, ne fût pas mise à l'épreuve : elle succombe si souvent à la tentation ! Voilà, messieurs, l'explication, s'il s'il en faut une, de l'innocent stratagème employé par M. de Caqueray, mais ce n'est pas, j'espère, l'assurance qu'ils ont été enrôlés par Coudé père ou son fils ; car il ne doit pas vous échapper, messieurs, que celui pour qui je parle n'est pas accusé de complot, et que les débats n'autoriseraient à poser cette question qui n'en est pas résulte.

On scrute tout aujourd'hui, et un prêt de 10 francs est au ministère public une bonne fortune. Vous n'en penserez pas ainsi, messieurs, et la loyauté de M. de Caqueray

ne vous permet pas de douter que les arrhes de la place
de diligence aient été rendus : Douet lui-même n'ose pas
sur ce point contredire son co-accusé.

Serait-ce, en tout cas, une preuve d'engagement? Ah !
messieurs, vous n'aurez pas cette opinion ! Songez qu'il
s'agit de faire tomber un tête.

On a fait grand bruit d'une conversation dans laquelle
le projet d'aller en Vendée aurait été manifesté, et dont
Coudé ne les aurait pas dissuadés. Le voyage de cette pro-
vince n'est pas lui seul un indice d'enrôlement. Le motif,
nous n'aurions pas à l'expliquer; c'est à celui qui nous
accuse à le faire; mais y serions-nous obligés, nous vous
dirions : Ecoutez, messieurs, écoutez de Caqueray, Douet
lui-même ; que vous diront-ils? Lorsque nous quittâmes
Paris, il n'y avait de notre part d'autre intention prise que
d'éviter une arrestation ; nous allions nous cacher en attendant une amnistie, et Coudé ne pouvait nous engager pour
les bandes qu'il ne savait pas exister.

En est-ce assez, messieurs? Faut-il vous parler de leur
passage chez M. de Tristan, si ce n'est pour gémir de voir
une personne de plus si injustement compromise? Vous
n'ignorez pas, messieurs, que les voyageurs n'y parlèrent
même pas d'un projet hostile au gouvernement.

M. de Fougères n'en apprit pas davantage, et il ne vous
aura pas échappé qu'à aucune de ces résidences les accusés
n'avaient été annoncés.

Enfin, en Vendée même, chez M. de Caqueray, le projet manifesté par les jeunes gens n'était autre que de ne
pas encourir les punitions militaires qu'attire une désertion,
et c'est à l'insu de leur hôte qu'après un séjour d'un mois
chez lui ils se rendent aux bandes.

Y a-t-il, messieurs, dans les faits cette preuve qui
amène la conviction, et la force à se rendre à l'évidence ?
Non, sans doute.

Vous parlerai-je enfin de cette singulière manière dont

le ministère public interprète la loi ? N'est-il pas évident qu'il n'y a pas de levée de troupes, d'engagements de soldats ? car ce ne sont plus deux militaires que Caqueray et Douet : ils n'ont plus de drapeau.

Où sont les munitions, les armes fournies ? Nulle part.

Ah ! messieurs, c'en est assez ! Vous ne verrez pas des crimes dans cet arrangement de conversations, dans ce voyage sans autre but que de fuir : qu'ils existent dans l'imagination accusatrice, habituée à l'être, du ministère public ; puisqu'il nous le dit, je veux bien croire à son allégation. Mais n'est-ce pas sa coutume de croire aux culpabilités, et devez-vous toujours obéir à ses exigeances.

Je puis espérer, messieurs, que votre réponse lui prouvera le contraire.

M⁰ Duplessis prend la parole pour les accusés Frappereau, Scionnière, Martin et Pineau.

Messieurs les jurés,

Au point où en est déjà arrivé la défense, après les longues plaidoiries que vous avez entendues, après celle surtout si brillante et, disons-le, si prodigieuse du premier de nos confrères ; lorsque l'ensemble des faits vous est parfaitement connu ; lorsque les principes dont l'accusation, d'une rigueur énergiquement qualifiée, réclame l'application, ont été si complétement, si habilement discutés, il faut nous renfermer dans des bornes étroites, nous n'avons qu'à nous acquitter de la tâche toute spéciale qui nous a été réservée ; si nous revenons sur le caractère général de la cause, ce ne doit être que pour en faire ressortir les considérations qui peuvent expliquer, justifier, ou tout au moins excuser la conduite des accusés dont la défense nous a été confiée.

Deux de ces accusés, François Frappereau et René Scionnière, se trouvent dans une position presqu'absolu-

ment identique. L'un et l'autre se sont réunis, vers la
même époque, aux mêmes rassemblements d'insurgés ; l'un
et l'autre s'y sont joints par un motif à peu près semblable ;
l'un et l'autre ont été arrêtés le même jour, au même lieu.
Ainsi, messieurs, la défense de ces deux accusés se confond naturellement; je la réunirai, et ce que je dirai d'un seul
trouvera presque toujours son application nécessaire à l'é-
gard de l'autre. Nous nous levons encore pour deux accusés, Martin et Pineau ; non seulement ils se présentent
sous le poids du triple chef d'accusation porté contre
presque tous les accusés qui sont devant vous, et dans lequel l'accusation persiste avec une inconcevable ténacité, une
aveugle obstination ; mais il leur est reproché quelques
faits particuliers auxquels ils auraient participé ; faits dé-
tachés, et dont l'existence, si elle pouvait être prouvée
contre eux, ôterait à leur cause ce caractère politique qui
domine évidemment toute cette affaire. Aussi nous sépare-
rons la défense de Martin et de Pineau, du moins en ce
qui touche les actes spéciaux qui leur sont imputés, et qui,
outre le chef d'accusation qui les présente comme ayant
appartenu à des bandes de malfaiteurs, leur a valu encore
le luxe d'un cinquième chef d'accusation.

Messieurs, les faits qui concernent Frappereau et Scionnière sont simples, leur exposé très bref; ils ne sont point
sujets à contestation. Frappereau s'est joint aux habitants
de l'ouest soulevés, dans le mois de mars 1831 ; Scionnière
environ un mois plus tard. L'un et l'autre les ont accompagnés, plus ou moins constamment, jusqu'au 4 de novembre de la même année, qu'ils ont été arrêtés. Frappereau traitait alors, avec le maire de la commune, de sa
rentrée dans son domicile. Leur arrestation a eu lieu dans
un engagement près de Chemillé ; ils n'ont fait en ce moment aucun usage de leurs armes ; Scionnière a même jeté
la sienne ; tous deux n'ont opposé aucune résistance à la
force publique. Voilà, messieurs, le court et exact récit

des actions de Frappereau et de Scionnière : voilà la page
de leur vie qui vous est présentée ; vie qui pour Frappereau fut d'ailleurs obscure et honorable ; vie tout entière
de dévouement à une cause, sacrée pour lui comme pour
tant d'autres cœurs nobles et généreux ; vie dont il sacrifiait
peut-être imprudemment les restes ; mais dans une lutte
franche et loyale. Remarquez-le bien, messieurs, car nous
devons surtout faire descendre dans vos esprits cette conviction profonde, que Frappereau, fidèle aux traditions de
sa jeunesse, que Scionnière, tour à tour artisan honnête,
et soldat, qui avait servi sous le vieux drapeau de la France ;
que tous deux, disons-nous, s'ils ont fait la guerre, l'ont
faite en vrais Français, en braves. Et puisque ce mot de
drapeau se présente à moi, messieurs, il me rappelle que
nous n'avons pu échapper à cette éternelle et fastidieuse
comparaison, entre celui d'hier et celui d'aujourd'hui, qui
ne sera peut-être pas celui de demain. En France, messieurs, chaque couleur a ses gloires, il y a de l'injustice et
de la sottise à prodiguer aux unes et aux autres, selon le
temps et leurs diverses fortunes, d'ignobles ou de ridicules
injures. Nous adopterons avec fierté le drapeau d'Austerlitz,
de Marengo, des Pyramides ; mais daignez faire grâce à
celui de Bovines, de Ravennes, d'Ivri, de Rocroi, de Denain,
de Fontenoy, d'Alger ; à cette bannière que naguère votre
bouche, menteuse alors ou aujourd'hui, proclamait avec
amour le drapeau sans tache, le véritable symbole de
l'honneur et de la fidélité. Mais revenons à notre sujet :
nous disions que nulle part, dans l'accusation, vous ne
voyez les noms de Frappereau ni de Scionnière mêlés à
ceux auxquels des excès condamnables, procrits par
les lois de la guerre et de l'humanité, peuvent être justement reprochés. Nous vous adjurons de conserver fidèle-
ment ce souvenir, pour prononcer avec justice sur leur sort.

Mais, nous dit l'accusation, ce n'est pas le détail de la
conduite de Frappereau et de Scionnière que nous incri-

minons, c'est le fait principal de leur association à des
bandes d'insurgés ; c'est ce fait qu'une loi inénarrable qua-
lifie du double crime d'attentat à l'existence du gouvernement, et d'excitation à la guerre civile, et pour répara-
tion duquel elle les condamnerait à porter leur tête sur
l'échafaud.

Messieurs les jurés, dans votre impartiale et souveraine
justice, vous vous arrêterez moins aux définitions données
par la loi, qu'aux faits en eux-mêmes, avec toutes les circonstances qui les expliquent ou les modifient, avec les
intentions qui leur donnent leur véritable valeur. Vous
prenez en considération aussi les individus, leur position
sociale, le degré de leurs lumières, les influences auxquelles ils sont soumis, les sentiments naturels dont ils
sont animés, c'est de cet ensemble que vous faites ressortir la moralité de l'action déférée à votre appréciation consciencieuse, c'est de tous ces éléments que se forme votre
jugement dont vous ne devez compte qu'à un maître placé
bien haut au-dessus des lois écrites et des sociétés qui
les ont dictées. C'est surtout dans des matières politiques
de la nature de celle qui vous occupe aujourd'hui que ce
droit d'interprétation vous appartient dans toute sa latitude.
On comprend, en effet, qu'il est des actes que certaines
lois civiles, organes de la conscience universelle, et dé-
coulant des lois de la nature et par conséquent de la divi-
nité, caractérisent et punissent avec une autorité irrécu-
sable pour tous les temps comme pour tous les hommes ;
mais lorsqu'il s'agit de ces faits qui peuvent être appelés
des crimes aujourd'hui, et qui demain seront de vertueuses
actions parce qu'hier ils ont reçu des louanges et des couronnes, alors vos convictions se forment avec peine ; elles
ne peuvent s'appuyer sur une base première qui soit inébranlable ; vous ne pouvez les tirer que de mille éléments
divers laissés à votre religieux arbitre, abandonnés à la
difficile appréciation d'une conscience honnête avec ses

doutes poignants, ses inévitables scrupules. Ainsi, messieurs, pour vous mettre à même de juger sainement les actes reprochés à Frappereau et à Scionnière, nous vous devons des explications, non seulement sur ces faits en eux-mêmes, mais plutôt encore sur leurs causes déterminantes, sur la manière dont ils ont été envisagés par ceux auxquels on en fait un crime capital, sur les motifs divers qui ont pu les leur faire considérer d'un point de vue bien différent de celui où la loi place des hommes plus éclairés.

Frappereau et Scionnière sont allés joindre les bandes armées formées dans plusieurs départements de l'ouest; ils sont restés au milieu d'elles pendant plusieurs mois : voilà un fait certain, incontesté. Qui a pu les porter à ce parti désespéré, et les aveugler sur ce qu'il y avait de dangereux, sur ce qu'il y avait de coupable aux yeux de la loi?

Ici, messieurs, nous séparons les deux accusés : Frappereau est originaire de ces provinces où l'amour de nos anciens rois avait jeté de si profondes racines, où il a inspiré de si héroïques efforts. Trop jeune pour avoir figuré dans les rangs de cette armée vendéenne qui fut sur le point de rendre à la France l'immense service de la délivrer d'un gouvernement de sang, il prit les armes en 1815. Une seconde restauration le fit rentrer dans ses foyers. Il reçut une légère récompense (une pension de 50 francs) pour beaucoup de zèle et de grands sacrifices; mais il avait combattu sans intérêt, sans espérances personnelles : sa reconnaissance dépassa de beaucoup le prix accordé à sa fidélité.

Pendant quinze ans, vous le savez, messieurs, on préconisa la Vendée, et nous nous en souvenons. Que de bouches avaient alors pour elle autre chose que des injures et des réquisitoires de mort! A défaut de récompenses plus réelles, on lui prodigua les plus pompeux éloges. Alors c'était la terre classique de l'héroïsme et de la fidélité. Croit-on que les braves, mais simples habitants de l'ouest, n'aient pas été retrempés par ce concert unanime dè louanges, dans ce qui pour eux est unè véritable croyance, une autre religion. Eh bien! au bout de ces quinze années, qui au triomphe de leurs sentiments avaient ajouté pour eux, comme pour la France entière, tant de prospérités, aujourd'hui si loin de nous, une révolution éclate, qui blesse leurs affections les plus chères : qui les rejette dans cet état de suspicion et de surveillance auxquels ils sont moins qu'aucuns autres disposés à se soumettre. Dites-le, qui d'eux ou de vous a changé? Pensezvous que de semblables circonstances, plus fortes que la volonté de beaucoup d'hommes, n'aient pas disposé Frappercau, comme tant d'autres, à méconnaître un régime qu'il devait haïr et craindre? Qu'ils aient eu tort, je le veux bien; j'accorde encore qu'ils ont méconnu la générosité du gouvernement actuel, cette générosité qui, dans les premiers jours de ces débats, nous a été vantée, nous a été garantie par un digne organe de tout ce qui est noble, de tout ce qui est pur; mais qu'ils n'aient pas été influencés par les idées de toute leur vie, voilà ce que je nie; qu'ils n'aient pas cru commettre un crime en faisant insurrection contre un ordre de choses qui venait de l'insurrection, voilà ce que je me persuade facilement. Erreur, direzvous, principes désastreux; soit, mais à qui le reproche? Quand un gouvernement a été enfanté par une révolution, il voudrait qu'elle se reposât à son profit après ce laborieux travail. Vain espoir! l'éruption continue, et la lave refroidie est bientôt recouverte par une lave nouvelle et brûlante. Nous ne sommes pas de ceux qui prônent l'insurrection, nous en rougirions; mais, nous le disons, il faut qu'un gouvernement nouveau, et venu par la violence, accepte les conditions nécessaires de ce fatal acte de naissance; la révolte engendre la révolte, et après de semblables perturbations, il n'y a que le temps, qui, en faisant rentrer les nations soulevées dans l'ordre, comme les fleuves débordés dans leur lit, puisse rendre à la paix publique, ses garanties, aux vrais principes leur autorité. Ce que nous disons est si vrai que ce ne sont pas seulement les partisans de l'ordre de choses passé qui se sont soulevés contre le régime imposé par la révolution de juillet: d'autres opinions plus familiarisées avec l'insurrection, qui avaient pris la part la plus active à celle à laquelle le gouvernement actuel doit sa création, se sont également révoltées contre lui; elles aussi croient à la légitimité de leurs efforts; elles aussi ont la conscience d'un triomphe à venir. Elles sont comprimées, mais ne sont pas mortes. Leur dangereux et menaçant réveil pourrait rappeler à ce gouvernement qu'au lieu de prendre aux royalistes leur tête, il ferait mieux de leur demander leurs principes, leur cœur et leurs bras.

En vous présentant ces considérations, peut-être trop étendues, notre but était de vous démontrer à quelles impressions puissantes et naturelles ont pu obéir les habitants de l'ouest; impressions qui excluent toute idée de machination, de complot, au moins de leur part, eux trop ignorants, trop simples pour comprendre même le sens, la valeur et la portée de ces expressions. Et cependant, messieurs, ces mots nous ramènent à l'admirable plaidoierie du premier de nos confrères. Vous n'avez pu oublier le rare talent avec lequel il a rempli le mandat que nous avions eu la naturelle et heureuse idée de lui confier, celui de discuter les principes et les faits généraux qui servaient de base à l'accusation. Il a singulièrement abrégé notre tâche, car nous sommes assurés qu'il est maintenant bien établi dans vos esprits que les bandes de la Vendée ne peuvent être appelées des bandes de malfaiteurs; qu'il n'y a point eu d'enrôlement tel que le définit le texte de la loi pénale, qu'il n'y a point eu d'attentat tendant à changer la forme du gouvernement. Nous serions honteux de traiter après lui ces questions qu'il a environnées de tant de lumières. Ce serait surtout abuser de votre patience et de vos précieux mo-

14

ments que de renouveler une semblable discussion au sujet de mes quatre clients. Mais il me reste à dire quelque
chose sur la question de complot, que M⁰ Janvier a consenti à reconnaître dans la cause, complot suivi d'actes destinés à en préparer l'exécution. Cette concession de la
part du premier organe de la défense, vous avez pu le remarquer, messieurs, n'a point été absolue; elle ne devait
point l'être. Nous ne pouvons pas, à l'imitation de l'accusation, confondre vingt accusés, vingt positions différentes.
Chacune d'elles a son caractère, et la tâche de chaque défense
en particulier est de vous le faire connaître, de vous le faire
comprendre, de vous mettre à même de l'apprécier, et d'é-
clairer par là vos consciencieuses délibérations. Ainsi, s'il y
a eu complot, vous reconnaîtrez que M. de Caqueray et le
pauvre Scionnière n'ont pu y prendre une égale participation, qu'il y a entre eux, comme entre chacun des accusés
amenés devant vous, des nuances qu'il importe de distinguer et de faire ressortir. Il y a plus pour nous, messieurs,
nous soutenons qu'aucun de nos quatre clients n'a pris part
à un complot.

En effet, où voit-on que Frappereau, cet honnête ouvrier, ait concerté avec qui que ce soit aucun projet, aucune machination? Où voit-on que Scionnière, déserteur
et refugié par nécessité dans les bandes; que Martin, réfractaire, et se soustrayant à un service légalement dû;
que Pineau, jeune étourdi, qui avait fui la maison paternelle, se soient concertés entr'eux ou avec d'autres individus? ils ne se connaissaient pas, ils se sont réunis aux bandes
à des époques différentes? où voit-on dans leur conduite
la plus faible trace de ce que la loi appelle un complot,
de ce qu'indique le sens même de ce mot; inutile donc
d'insister sur ce point. Maintenant Frappereau, Scionnière,
Martin et Pineau ont-ils aidé ou assisté avec connaissance
de cause les auteurs d'un complot qu'ils n'ont jamais connu, complot que vous soupçonnez, dont vous signalez quel-

ques conséquences, car la formation des bandes n'est pas
autre chose, mais dont vous n'avez pu saisir le plus léger
fil d'une main assurée.

Après le complot, vient, dans l'ordre logique, l'attentat,
qui n'est que le commencement de réalisation, d'exécution de ce complot : or, si, comme dans cette cause, un
complot ayant pour but de changer le gouvernement n'a
pas été connu de nos clients, l'acte que l'on aurait voulu
appeler attentat et qui n'était que la conséquence du complot, change de nature, et doit aussi changer de qualification. En effet, il est constant que Frappereau, que Scionnière, que Martin, que Pineau, obéissant à des sentiments
divers, à des nécessités de positions différentes, se sont engagés séparément et successivement dans les bandes; qu'ils s'y
sont réunis par une résolution subite, tout individuelle,
or pour caractériser un attentat ayant pour but de changer
la forme du gouvernement, il faut autre chose qu'un acte
isolé, émanant d'une personne seule, dont les faits ne
peuvent entraîner le résultat que prévoit la loi. Un attentat
ayant pour objet de changer un gouvernement ne peut être
que la conséquence d'une conjuration entre plusieurs individus, parce qu'il faut, de toute nécessité, une réunion de
volontés et d'efforts pour aller au but qu'on se propose en
pareille circonstance. Ainsi Frappereau, comme Scionnière, Martin et Pineau, placés sous le poids d'une même
accusation d'attentat ou de complicité d'attentat, ayant
pour but de changer la forme du gouvernement, nous paraissent échapper complétement à ce chef d'accusation,
qui pèche par la base, par l'absence d'un complot qui aurait précédé, motivé l'attentat qui lui est imputé, qui
constituerait l'esprit et la cause de cet attentat, tel que le
définissent les articles 87 et 88 du code pénal. Reconnaissons-le donc, il n'y a ni complot, ni attentat de cette nature de la part de ces accusés. Maintenant y a-t-il complot
de guerre civile, ou attentat dont le but était d'exciter cette

guerre civile en armant les citoyens, et en les portant à s'armer les uns contre les autres ? et Frappereau, Scionnière,
Martin et Pineau peuvent-ils être déclarés coupables de ce
crime, tel qu'il est compris dans le premier chef d'accusation, qui emprunte les termes de l'article 91 du code pénal ? D'abord nous dirons que ces quatre individus nous
semblent se soustraire complétement au sens strict et littéral
de cette accusation : où les voit-on armer les citoyens les
uns contre les autres, où les voit-on les engager, les porter à s'armer ainsi ? Nulle part. Ils se sont armés eux-
mêmes, seuls et spontanément. Des bandes existaient, ils s'y
sont joints ; ils n'ont excité, encouragé personne à imiter
une semblable conduite, et même vous ne prouvez pas une
seule circonstance, où, armés qu'ils étaient personnellement, ils aient fait usage de leurs armes contre aucun de leurs
concitoyens. Et d'ailleurs, de même que nous avons envi-
sagé jusqu'ici, sous un rapport politique et général, cette
imputation de complot et d'attentat qu'on voulait vous
faire voir dans l'état même du soulèvement de Frappereau
et de ses compagnons, nous pourrions soutenir ici qu'ils
ont entendu prendre part à une véritable guerre civile,
sans que pour cela on ait le droit de les traîner devant une
cour d'assises.

La guerre civile, messieurs, sera toujours un immense
malheur, mais elle pourra souvent n'être pas un crime ;
voudrait-on qu'elle en fût un, encore faudrait-il dans ce
cas rechercher qui l'a commencée, à qui en appartient la
responsabilité. Si nous remontons à l'origine des mouvements qui ont agité les provinces de l'ouest, nous verrons
qu'ils sont contemporains des événements de 1830, qu'ils en
sont la suite et la conséquence. Vous vous le rappelez,
messieurs, l'accusation elle-même fait remonter la formation des bandes aux premiers jours du régime actuel ; un
magistrat des contrées insurgées, dans des dépositions dé-
taillées, pleines d'intérêt, et empreintes d'une grande mo-

dération et d'une parfaite loyauté, vous l'a confirmé ; l'existence de ces bandes a été constatée déclarée, bien peu de temps après la dernière révolution. Les soulevements de l'ouest n'ont point eu besoin d'être préparés par une conspiration, entamée postérieurement à l'accident de juillet, ils ont été la continuation de la défense du parti qui a succombé à cette époque , défense légitime, tentée sur d'autres points sans succès ; mais qui depuis les fameuses journées n'avait souffert aucune interruption ; ils ont été une protestation armée contre un ordre de choses qui blessait tant de consciences, tant de sentiments, et qui depuis a soulevé tant de passions, ruiné tant d'intérêts.

Si la guerre civile a existé, elle a commencé par ceux qui, dans les rues de Paris, ont attaqué, fusillé leurs concitoyens, innocents instruments d'un pouvoir auquel ils devaient obéir et qui ont payé de leur vie une honorable fidélité. En un mot, Frappereau et ses compagnons ont obéi à cette conviction , qu'on pouvait résister par la force à ce qui venait de la force : une révolution les a naturellement précipités dans des idées révolutionnaires (1), ils ont pris part à un soulévement armé, dont nous venons de peindre le caractère, ils l'avouent, quoique leur présence , celle de Frappereau et de Scionnière en particulier, y soit à peine aperçue jusqu'au moment de leur arrestation. Ces deux hommes n'échappent point à quelques engagements, mais ils font la guerre, guerre à leurs concitoyens, il est vrai , guerre fatale, nous ne saurions trop le répéter, mais guerre franche et loyale. Et n'a-t-on chez nous que l'échafaud pour

---

(1) Ici le président arrête le défenseur, et lui fait observer que les développements auxquels il se livre paraissent étrangers à la défense. L'avocat répond qu'il n'a eu d'autre but et d'autre intention que de représenter des considérations propres à faire apprécier les motifs de la conduite de ses clients.

ceux qui accueillent à coups de pavés ou à coup de fusils les agents de l'autorité et la force armée? Ne tiendra-t-on pas compte des dangereux exemples que l'on a donnés, des déplorables antécédents qu'on a soi-même établis?

Vous déclarerez donc, messieurs, nous en avons la ferme assurance, que Frappereau et ses compagnons n'ont coopéré à aucun complot tendant à exciter à la guerre civile, en armant les citoyens les uns contre les autres; car ils n'ont armé personne, et se sont joints seulement à un mouvement commencé; que s'il y a eu complot, ce que nous avons nié, et que s'ils ont assisté les auteurs de cette prétendue organisation de la guerre civile, c'est sans connaissance de cause, sans intention de conspirer et de participer à une guerre intestine, mais pour s'élever contre un gouvernement de fait, qu'ils n'acceptaient pas et pour défendre un ordre de choses qu'on n'avait cessé de soutenir depuis la révolution, qui, elle seule, avait commencé la lutte entre Français.

Nous n'avons pas craint d'envisager la conduite et la position de Frappereau et de ses co-accusés sous le point de vue politique, parce que c'est ainsi qu'elles se présentent le plus naturellement aux esprits et qu'il serait difficile de la dépouiller de ce caractère, que l'accusation a attaché tant d'intérêt à leur conserver. D'ailleurs Frappereau en particulier n'a jamais songé à renier les sentiments qui ont pu contribuer à la détermination qu'il a prise de suivre la voie dans laquelle il s'est engagé, voie de fidélité et de dévouement, si bien connue de lui, et parcourue déjà pendant de longues années; et cependant, messieurs, il nous est facile de vous prouver que quelque fût le zèle de Frappereau, il eût pu encore, sans quelques circonstances qui pour lui ont été impérieuses, décisives, se condamner à l'inaction; il eût pu être arrêté par tout ce qu'avait de périlleux sa dernière résolution; il eût pu suivre, par inspiration, des conseils ignorés de lui, et cependant dictés à d'autres par

une haute sagesse et un dévouement éclairé, conseils qui
interdisaient tout soulèvement nouveau, qui demandaient
la cessation de toutes les hostilités passées, conseils méconnus alors et depuis par une fidélité si souvent aveugle et par
l'héroïsme d'une mère, mais dont l'oubli devait compromettre tant d'existences, tant d'intérêts et jusques aux destinées d'un parti.

En effet, messieurs, nous vous présentons un certificat
délivré par le maire, l'adjoint et les principaux habitants de
la commune de Saint-Paul-des-Bois où réside Frappereau.
Il atteste que l'opinion unanime des compatriotes de Frappereau est que la crainte seule, crainte justifiée par des menaces
qui lui ont été faites, a pu le porter uniquement à se joindre
aux insurgés. Les autorités et les notables de la commune
déclarent qu'ils ont eu de ces circonstances une connaissance personnelle et y voient le véritable motif de la conduite de Frappereau. Vous remarquerez aussi que ce certificat, par sa nature et la forme de sa rédaction, n'est point de
ceux qu'on peut supposer avoir été arrachés par la crainte à
ceux qui l'ont revêtu de leurs noms.

Vous ne serez point étonné de ces particularités, messieurs; vous n'ignorez pas que dès les premiers jours du gouvernement nouveau, la Vendée fut placée en état de suspicion; on pouvait avoir raison de ne pas attendre de ses habitants
une grande affection; mais alors une autre conduite eût amené
d'autres résultats, plus de confiance eût procuré plus de paix;
ceux qui dès le premier moment, et depuis lors, n'ont cessé
de protester par tous les moyens, même par les armes, contre
l'ordre de choses présent, eussent pu attendre patiemment un
meilleur avenir. On sait en effet que dans l'origine les
soulèvements furent peu considérables, que d'imprudentes
mesures leur ont donné un plus grand développement. Les
passions particulières se sont aigries; une lutte sourde de
dénonciations et de calomnies s'est établie dans ce malheureux pays, les sentiments de Frappereau étaient connus, il

a pu dans ce temps les manifester avec quelque imprudence; on en a fait une arme contre lui, on a donné naissance à des terreurs plus ou moins fondées, on l'a précipité, lui, homme facile à impressionner, dans une extrémité qui fait peser sur lui le poids d'une accusation capitale, et qui d'ailleurs a flétri tout son avenir, car il n'est pas inutile que vous sachiez que la femme de ce malheureux est morte de chagrin depuis son emprisonnement, laissant deux enfants presqu'au berceau, abandonnés aujourd'hui à la charité publique. En ce qui touche l'accusé Scionnière, j'ai peine à me décider à vous entretenir particulièrement de lui; sa presque complète imbécillité qui vous a été révélée par les débats, semblait devoir m'en dispenser : il faut pourtant me résoudre à vous exposer sa position et ses antécédents, aussi brièvement qu'il me sera possible; puisque l'organe du ministère public, tout en reconnaissant que l'état mental de cet accusé pourrait paraître l'exclure de toute culpabilité, n'a cependant pas cru devoir, dans sa sévérité exclusive, abandonner la triple accusation capitale qui pèse sur lui, comme sur ses compagnons.

Scionnière est entré au service militaire, il y a porté ce dégoût qui suit constamment les enfants de l'ouest arrachés à leurs foyers; il n'y est resté que six mois, et s'est constamment montré mauvais soldat. Il eût sans doute été réformé lors de la première inspection de son corps, si, cantonné dans la Vendée, la crainte d'une punition infligée à quelques propos imprudents, ne l'eût porté à déserter. Scionnière profondément versé, comme vous devez le croire, dans la connaissance des vues, des secrets, et des intrigues des cours de l'Europe, avait parlé trop haut dans un lieu public, *dans un cabaret;* il m'a avoué qu'il avait *causé des puissances étrangères.* Il s'est rendu dans les bandes, ou, pour mieux dire, car cela vous a été attesté, il a été ramassé par elles, dépourvu de tous moyens de subsistance, il cherchait à se rendre dans sa commune, située sur la rive opposée de la

Loire, lorsqu'il fut rencontré par les insurgés. Il n'est jamais resté que peu de jours avec eux ; une fois jeté dans cette fausse position, sa qualité de déserteur l'y a retenu, enfin il a été arrêté le 4 novembre, et sans résistance, ayant jeté avec précipitation son arme, dont il a été reconnu qu'il n'avait fait aucun usage. La faiblesse de l'intelligence de Scionnière vous a été attestée par des compatriotes : nous vous présentons un certificat qui confirme ce qu'on vous a dit de l'infirmité mentale de toute sa famille; d'ailleurs vous avez vu Scionnière, et son visage, et ses paroles me semblent le meilleur plaidoyer qui puisse être produit en sa faveur. Je ne m'apesantirai pas davantage sur son compte , car j'ose croire que jamais votre raison et votre humanité ne voudront voir dans ce malheureux un conspirateur, un ennemi du gouvernement, un artisan de guerre civile, non plus qu'un malfaiteur, car pour mal faire , aux yeux de la loi, encore faut-il savoir ce que l'on fait, et d'ailleurs nous avons eu l'honneur de vous le dire , jamais Scionnière n'a été signalé dans aucune de ces circonstances où des excès quelconques ont été commis.

Ici, messieurs, se présenterait naturellement l'examen de cette partie de l'acte d'accusation, qui vous présente les individus soulevés de l'ouest, comme chefs ou membres d'associations de malfaiteurs; nous nous garderons de revenir sur une thèse qui nous semble épuisée. On vous a si clairement, si positivement expliqué ce que la loi entend par association , bandes de malfaiteurs, on vous a si parfaitement fait sentir que ces définitions ne peuvent s'appliquer aux bandes de la Vendée, que nous nous abstiendrons de toute observation ; nous le ferons avec d'autant plus de sécurité que deux de nos clients, Frappereau et Scionnière, n'ont jamais pris part à aucune mauvaise action, que Martin et Pineau sont sous le coup de chefs d'accusation particuliers, pour les faits spéciaux qui leur sont imputés; qu'ainsi, parmi ces accusés, il ne peut y avoir d'indivi'us accusés d'avoir pris part aux actes d'une association de malfaiteurs, quand même cette association existerait avec les conditions de la loi, car nous croyons plus qu'inutile d'attaquer cette étrange doctrine de la solidarité, pour ne pas lui donner d'autre qualification, qui a été présentée devant vous par le ministère public, doctrine que la défense a déjà frappée de la plus juste et de la plus énergique réprobation.

J'arrive maintenant au chef d'accusation particulier à Martin et à Pineau ; livrons-nous, messieurs, à l'examen, à la discussion des faits sur lesquels il est appuyé, il en est un d'une effrayante gravité ; nous ne nous le dissimulons pas ; mais de même que si cette accusation eût été prouvée contre eux, nous les eussions abandonnés avec horreur à toute la sévérité de votre justice, de même nous pensons que comme rien n'établit invinciblement leur culpabilité, ils doivent échapper au chef spécial d'accusation, sous le poids duquel ils sont subsidiairement placés. Nous comprendrions, et l'on ne pourrait être étonné, qu'au milieu d'événements de la nature de ceux qui ont troublé la paix des provinces de l'ouest, quelques gens pervers eussent profité de désordres d'origine évidemment politique, pour satisfaire de viles, d'odieuses passions ; et cependant à peine voyons-nous un crime qu'on puisse imputer à ces coupables inspirations ; ce que nous voyons bien plutôt, ce sont des excès qui trouvent leur source dans l'irritation qu'ont fait naître des antipathies prononcées d'opinions, des soupçons de dénonciations qui ne manquaient pas toujours de fondement. Si nous vous soumettons cette observation, ce n'est pas en faveur de Martin et de Pineau, qui nient formellement toute participation aux faits criminels qui leur sont imputés ; mais pour la moralité générale de cette cause. Parlons d'abord des deux visites faites chez le fermier Mousseau : à la première, Martin était-il présent ? Non. A la seconde, celle du 15 août 1831, Martin s'y trouva-t-il ? Mousseau prétend l'avoir reconnu, ils sont parents éloignés; il dit l'avoir traité de *cousin*. Martin affirme solennellement qu'il n'est jamais allé chez Mousseau. Il déclare que ce jour-là il était à une certaine distance de la demeure de Mousseau ; et vous n'aurez pas oublié que ce dernier, pressé de dire s'il connaissait positivement Martin, a répondu qu'*il croyait le reconnaître*, *qu'il avait pris un des visiteurs pour lui ; qu'il l'avait appelé son cousin, et que Martin, si c'était lui, ne lui avait pas répondu.* Trouverez-vous dans ce seul et unique témoignage, avec son caractère évident d'incertitude une preuve de la présence de Martin chez Mousseau, le 15 août? Non, messieurs. Et en effet, comment comprendre que lorsque les bandes se divisaient en petites fractions, pour se répandre de tous côtés, Martin se fût précisément joint à un détachement qui se rendait chez un parent, qu'il savait être un libéral, *un pataud*, et dont il devait pour cela craindre d'être reconnu, lorsqu'il s'agissait d'y faire une scène violente, à l'effet de punir d'abord Mousseau d'avoir témoigné contre les bandes, et puis son domestique, accusé d'un fait bien plus grave, d'avoir conduit les gendarmes sur les traces des insurgés ; car vous le voyez de nouveau dans cette occasion, c'est encore une vengeance, et une vengeance assez naturelle, qui conduit chez Mousseau. Et de plus la scène fut douce ; on le somma de donner de l'argent, mais on ne le maltraita nullement ; il paraîtrait même que le prétendu cousin de Mousseau n'avait pas pris part à la demande d'argent, qu'il se serait uniquement occupé de décrocher un jambon, qu'il aurait placé dans sa carnassière, malgré les vives réclamations du propriétaire désolé.

D'ailleurs je n'ai point à m'occuper des circonstances de cette visite; Martin nie y avoir coopéré, vous ne pouvez opposer à cette dénégation absolue qu'un témoignage unique, isolé, incertain, qu'une déclaration empreinte d'un doute que les questions les plus pressantes n'ont pu dissiper. Rien de semblable n'est reproché à Pineau, on ne retrouve son nom dans l'immense instruction de ce procès, qu'une seule fois et dans june circonstance fatale ; l'assassinat de Chalopin, il est joint à celui de Martin. Entrons dans le détail approfondi de ce déplorable événement, et voyons si l'accusation ne manque pas encore d'une base assez solide pour établir nos convictions.

Tout en vous exposant l'accusation portée contre Martin et Pineau, M. le procureur-général vous le disait dans son exposé : l'*assassinat* de Chalopin est couvert de ténèbres que nous espérons voir dissiper par les *débats ;* cette attente a été trompée, messieurs; ces débats, quelque légitime sollicitude, quelque rare sagacité qu'on ait mises dans leur direction, n'ont fait qu'épaissir le voile qui couvre ce fatal événement.

Le 8 octobre 1831, cinq individus quittent la bande de M. de Caqueray ; c'étaient les deux frères Allard, Martin, Pineau et Papin. La nomination d'un nouveau chef auquel les Allard ne voulaient pas obéir, cette jalousie partagée par Martin et Papin, dans un jour d'ivresse, avaient motivé cette menée ; Pineau se trouvait dans leur société, mais sans être animé de sentiments aussi violents, sa négligence seule l'empêcha de rejoindre à temps la bande de M. de Caqueray, qui continua sa marche, et l'abandonna. Du reste, pendant tout le temps que Martin et Papin avaient servi sous les ordres de ce dernier chef, aucun reproche ne leur avait été adressé sur leur conduite, notamment en ce qui touche Pineau; cela vous a été formellement attesté par M. de Caqueray, dont la loyauté et l'impartialité dans l'appréciation des individus placés sous son commandement ou qu'il a connus quelque part que ce soit, n'ont pu vous échapper. Le 9 à 7 heures du soir, les cinq nouveaux associés entrent chez M. Peton, maire de Cossé. Ils demandent à souper, on les sert. La conversation s'engage sur les matières politiques, elle s'anime entre les visiteurs et le fils de la maison; elle ne se donne lieu à aucune manifestation vio-

lente de la part des insurgés ; cependant les opinions de
M. Peton leur étaient connues, ils l'assurent qu'il n'a rien
à craindre d'eux, ils lui donnent au contraire des conseils
d'une prudent intérêt, ils l'engagent à s'abstenir d'aller
chasser seul. Les bandes, surtout celles peu nombreuses,
étaient dans une continuelle inquiétude, celle qui nous occupe partageait cette crainte ; un des cinq faisait faction à la
porte, la conversation tomba assez naturellement sur les
dangers que leur faisaient craindre les dénonciations, le nom
du malheureux Chalopin fut proféré, mais d'une manière
vague, son éloignement pour les insurgés était un fait no-
toire dans le pays ; MM. Peton affirment qu'aucune menace directe ne fut proférée contre lui ; que rien ne pouvait indiquer des projets hostiles, arrêtés, imminents contre
cet infortuné ; et ici, messieurs, nous devons relever une erreur échappée plusieurs fois à M. le procureur du roi, erreur
qui était de nature à faire impression sur vos esprits. Il a eu
tort d'avancer à plusieurs reprises, ce que l'instruction
ce que les débats démentent, un fait d'une immense gravité, celui de menaces directes faites contre Chalopin.
Martin ne prit qu'une part extrêmement faible à cette conversation, telle qu'elle a été révélée par le témoin ; Pineau
n'en prit aucune. Sortant, auquel, par une singulière bizarrerie, le même crime a été imputé, eut seul sa part de
menaces formelles. Ce fut aux dénonciateurs en général que
parut s'adresser la colère naturelle des hôtes et notamment
celle des frères Allard. Pendant le souper on regarde plusieurs fois à la pendule, on paraissait attendre une heure ;
cette remarque n'a pas échappé à l'accusation, elle a voulu
s'en servir, nous nous en emparons de notre côté. Si la
bande arrêtée chez M. Peton eût eu le projet sinistre
qu'on lui prête, concevra-t-on jamais qu'elle le dévoilât
avec une semblable imprudence au maire de la commune,
à l'un des plus proches voisins de la victime que l'on aurait
désignée, et lorsque cette circonstance décisive, recueillie

soigneusement par nous dans ces débats, vous a été révélée,
affirmée, lorsque, disons-nous, ceux des cinq individus, inconnus de M. Peton, s'étaient fait connaître à lui sans réserve,
sans hésitation. En effet, Martin seul était très connu de
MM. Péton, M. Peton père connaissait indirectement
Pineau, les autres leur était complttement étrangers.

Disons-le donc et reconnaissez-le, messieurs, ce ne
sont point là les procédés de gens qui méditent un assassinat horrible; et que l'accusation ne vienne pas nous dire
qu'une si incroyable imprudence n'exclut pas la possibilité
du crime que les chouans, habitués au brigandage, au
meurtre, n'en faisaient pas mystère; elle en imposerait
trop grossièrement. Elle a relevé avec exactitude le ca-
talogue des excès commis pendant plus d'une année, par
de nombreuses bandes, sur le territoire de plusieurs arrondissements. Elle a trouvé six meurtres commis en
trois occasions, dont une fut un engagement loyal. A Dieu
ne plaise que je conçoive l'idée de vous présenter ce
nombre comme minime. Ce sont six meurtres de trop,
six malheurs déplorables, surtout pour ceux auxquels ils
sont attribués, et pour la cause à laquelle se lient plus ou
moins directement leurs efforts. Mais du moins ils nous
permettent cette réflexion que nous avons voulu vous
suggérer, c'est que rien dans les événements de l'ouest
ne peut faire supposer que c'est de propos délibéré, la
tête levée, de gaîté de cœur, pour ainsi dire, que les insurgés se sont préparés à un crime, et il en serait ainsi si
les hôtes de M. Peton étaient les auteurs de l'assassinat
des Chalopin.

Avant de quitter la maison du maire de Cossé, relevons
encore une circonstance précieuse, celle relative à l'accusé
Pineau, à ses amers regrets de se trouver dans les bandes,
loin de la maison paternelle qu'il avait follement abandonnée. Messieurs, les larmes de la douleur et du repentir
vous paraîtront-elles une naturelle préparation au crime?

Nous déposons avec une entière confiance cette remarque puissante dans vos esprits et dans vos cœurs. Nous ne laisserons rien passer de ce que l'accusation à recueilli : ainsi on a parlé de l'injonction d'Allard de ne pas parler de la visite faite par les bandes chez M. Peton avant le jeudi suivant ; mais si vous rattachez ce fait au crime, vous le rendrez un aveu, et, nous l'avons dit plus haut, ce serait la plus aveugle, la plus inconcevable inconséquence ; n'y voudrez-vous pas voir plutôt une précaution nécessaire, commune aux bandes, sans cesse poursuivies, précaution mille fois renouvelée ailleurs, indispensable surtout à une troupe peu considérable et hors d'état de braver la plus légère attaque. Au lieu de rappeler le sourire sinistre d'Allard, auquel on donnait sa part de cette louange qu'aucun crime n'avait été commis dans le pays, M. le procureur du roi, par erreur, sans doute, a parlé d'un geste sinistre, menaçant, d'Allard jeune, quand, dit-il, on lui parlait de Chalopin, et quand les menaces étaient proférées contre ce dernier ; c'est encore une grave inexactitude, plusieurs fois répétée. Il y a une immense distance d'un geste à un sourire : un geste serait un faible élément de preuve, que sera-ce donc d'un sourire ? et quel est l'homme auquel il a été donné de se rendre l'exact interprète du mouvement le plus variable et le plus trompeur de la physionomie. Et vous, messieurs, dans un procès où ce mot terrible, *la mort*, se présente à chaque pas, jugerez-vous sur un sourire ? Il serait oiseux de nous attacher plus long-temps à un aussi futile incident, dans une aussi grave occurence.

A huit heures et demie, la bande quitte le domicile de M. Peton; elle suit le chemin qui conduit à l'Angibourgère, ferme des Chalopin ; mais, messieurs, ce chemin mène de Chemillé à Coron, à la Plaine, à plusieurs fermes et villages; par conséquent, vous ne pouvez en tirer la conclusion qu'on s'est nécessairement rendu à l'Angibourgère. M. Peton vous l'a déclaré : l'heure et la saison ne lui ont pas permis de suivre de vue les individus qui le quittaient au delà de cinquante pas, et il est distant d'une petite demi-lieue de la maison de Chalopin. Martin et Pineau assurent qu'ils ont quitté le chemin à quelques cents pas de chez M. Peton; qu'ils se rendirent à une métairie nommée Laroche, qu'ils laissèrent pour se poster sur la commune de Melay, dont Martin est natif, et où ils devaient retrouver une personne à laquelle ils avaient donné rendez-vous pour en recevoir des provisions; que c'était ce rendez-vous qui avait engagé les Allard à regarder plus d'une fois à la pendule. Et, nous le disons ici en passant, parce que ce fait a été discuté dans les débats, il n'y avait rien d'étonnant à ce que Martin se trouvât le lendemain de la séparation d'avec M. de Caqueray, à quatre lieues de lui du côté de Cossé, puisque son domicile était peu éloigné; et que, quant aux Allard, qui n'avaient pas ce même motif, on peut penser qu'il leur importait de n'être point du côté de Cholet, dont ils sont originaires, mais qu'ils ne pouvaient que se tenir dans les communes les plus habituellement occupées par les insurgés; comme celles de Coron, de Cossé, de Latour-Landry.

Il était neuf heures et quelques minutes quand M. Peton fils, et un domestique entendirent trois coups de fusil. D'un autre côté, ce n'est que vers dix heures, telles sont les déclarations unanimes des témoins de l'assassinat, qu'on arriva chez Chalopin; on frappa, on demanda du pain, *je n'ai pas mangé de la journée*, dit-on, et les accusés sortaient de souper chez M. Peton : notez déjà cette circonstance. Ce ne furent pas cinq individus, remarquez-le bien, messieurs, qui se rendirent au domicile de ces malheureux, mais une plus grande quantité, au moins une dizaine, selon la veuve Chalopin et son fils qui les vit et dont les témoignages sont confirmés par d'autres renseignements, par les déclarations écrites dans l'instruction d'un sieur et femme Plessis, d'un sieur Vivion, déclarations qui désignent nominativement un sieur Landreau comme faisant partie des bandes de plus de quinze à vingt individus qu'ils virent se dirigeant vers sept heures et demie du soir sur l'Angibourgère. Vous vous souviendrez encore qu'un nommé Godineau dit avoir vu, dans les mêmes instants, une bande de plus de vingt individus, conduits par M. de Caqueray. Il y a là erreur évidente sur le chef, mais non sur le fait en lui-même, qu'une femme, désignée par M. Peton fils, vit également une troupe aussi nombreuse : c'était sans doute la même.

Enfin vous aurez la conviction que dans cette funeste soirée la commune fut occupée par des détachements plus ou moins nombreux. Quant à l'heure, M. Peton affirme que c'est à neuf heures et quelques minutes qu'on a entendu de chez lui trois coups de fusil (dans l'instruction, il avait dit neuf heures *juste ;* c'est son expression); les Chalopin disent qu'on n'est venu chez eux qu'à dix heures : au moins ils donnaient cette indication précise dans la première déposition, plus rapprochée des événements et par conséquent plus certaine ; indication qui pourrait n'être pas exacte puisqu'ils étaient couchés alors, mais qui est confirmée par celle de la famille Pousset, qui veillait encore, et chez laquelle on jouait lorsque la fille Chalopin vint demander du secours et lorsqu'on entendit plusieurs coups de fusil ; les dépositions de la femme Pousset, de Pierre et Jean Pousset, d'Augereau, de Séchet, des filles Cassin et Denechau sont unanimes sur ce point ; tous disent que c'est vers dix heures. Vous verrez encore dans la déposition de la fille Chalopin qu'il ne se passa pas plus de trois minutes depuis l'entrée des chouans dans la maison jusqu'à l'accomplissement du crime, et que, par conséquent, il y a là erreur évidente sur les heures. En outre, on entendit chez M. Peton trois coups de fusil, et, selon les renseignements donnés sur la scène de l'assassinat, il y en eut une plus grande quantité de tirés. Nous ne connaissons

15

pas le procès-verbal dressé sur les cadavres des deux Chalopin; mais ils étaient atteints de plusieurs blessures. La
femme Pousset déclare les avoir reconnues sur son beau-
frère. On a entendu deux *décharges;* il y a eu deux hommes de tués; c'est un mot qui a été proféré et qui ne paraît
pas pouvoir s'appliquer à trois coups de fusil. Tous les témoins que nous avons cités plus haut disent avoir entendu
plusieurs coups, ce qui semble encore en indiquer un plus
grand nombre.

Il ne vous a pas échappé, messieurs, que la femme
Chalopin, ni le fils, ni aucun autre, n'avaient reconnu aucun des assaillants; que Chalopin père et fils, qui ont vécu
deux heures après leurs blessures, n'ont également reconnu personne. Des confrontations ont été faites dans
cette enceinte; elles n'ont eu aucun résultat, et cependant
tous les éléments de reconnaissance ont été réunis; on a
étudié, rappelé les figures, les voix, les vêtements. Il
était quelques indices qui pouvaient mettre sur la trace si
les accusés étaient coupables. En effet, le costume de
Martin et de Pineau vous a été exactement dépeint par
MM. Peton. Martin notamment portait un chapeau verni
qui eût dû devenir un signe facile de reconnaissance : il
n'en a rien été; cependant il a dû réfléter plus qu'aucun
autre objet la lumière allumée par Chalopin; ce chapeau
d'ailleurs était orné de galons. Mais la veuve vous a dit
qu'elle avait vu des casquettes, un chapeau ordinaire, mais
rien qui ressemblât à la coiffure si caractérisque de Martin
qu'elle eût cependant bien plus facilement conservée dans sa
mémoire. Dans de pareils moments, l'esprit est étourdi
par mille idées, mille sentiments qui se pressent et se suc-
cèdent avec rapidité, nous le concevons; mais d'un autre
côté toutes les facultés sont excitées au plus haut point;
elles conservait des impressions confuses d'abord, mais
qui, plus tard, se classent et ne s'effacent jamais. Il en
serait ainsi des notions qui pourraient rappeler à la veuve

Chalopin les auteurs de toutes ses infortunes. Chalopin fils, qui, dans cette terrible crise, a dû conserver plus de présence d'esprit qu'une femme, qui a examiné, qui se souvient des coiffures, ne peut se remémorer celle assez remarquable de Martin ; il a vu des casquettes, il a vu un chapeau ordinaire, il a vu des individus d'une taille moyenne, il a entendu des voix ; mais il ne retrouve rien de tout cela dans les deux accusés. J'ajouterai encore que Chalopin connaissait Martin, originaire de la commune voisine, et que sans doute il l'eût reconnu parmi les assaillants puisqu'il avait une lumière. Il paraîtrait même que Chalopin n'était pas connu parfaitement de ceux qui vinrent chez lui, ce qui ne pourrait encore s'appliquer à Martin, puisqu'on lui demanda son nom, et que ce fut sur sa réponse qu'on lui adressa cette interpellation menaçante et tout à la fois nécessaire pour éclairer les assaillants : *C'est à toi.*

Enfin, messieurs, rien ne peut vous éclairer complètement sur les vrais auteurs d'un crime qui demeurera à jamais sans excuse, mais qui ne restera peut-être pas toujours sans preuve et sans punition. Dans tous les temps des nuages épais ont couvert les événements de cette malheureuse soirée. On a désigné Sortant, on l'a même arrêté, et depuis on a reconnu l'injustice de ce soupçon; on a rappelé ses prétendues menaces, celles d'autres individus, mais rien n'a confirmé de semblables présomptions. Cette circonstance notable de la présence de cinq individus soupant chez M. Peton est devenue l'indice le plus naturel, le plus concluant, et l'on peut s'en étonner d'autant que cette opinion s'était établie que le meurtre avait été commis par un nombre d'individus exactement semblable, ce qui a été détruit par l'instruction, et plus complétement encore par les débats.

Ainsi donc, messieurs, vous êtes rejetés dans l'océan des doutes, des soupçons; votre conscience, frémissant au souvenir d'un crime atroce peut accueillir des présomptions toutes morales, mais trouver des preuves, aucune; et ce n'est point avec des présomptions que vous prononcerez sur la vie de vos semblables.

Nous avons été étonnés, nous ne pouvons le dissimuler, d'entendre professer devant vous cette doctrine que des preuves morales, des preuves d'intelligence devaient avoir sur des hommes éclairés plus d'empire que des preuves matérielles, physiques, parce que, vous dit-on, les sens peuvent se tromper et que l'intelligence n'abuse jamais. Messieurs, de pareils principes ne demandent même pas à être réfutés; vos esprits et vos consciences en feront justice. Nous sommes heureux d'ailleurs de pouvoir opposer à l'accusation, pour ainsi dire, l'accusation elle-même. En effet, je ne puis me refuser à citer une seconde fois un discours de M. le procureur-général ici présent prononcé à la chambre des députés, discours dans lequel il soutenait avec chaleur et conviction la loi sur le sacrilége, l'une de ces lois qui furent contre le dernier gouvernement la cause de tant de préventions et de tant de haines; discours dans lequel nous trouvons, dans un autre ordre d'idées, il est vrai, un principe rempli de sagesse et d'humanité, principe toujours applicable et qui établit avec quelle défiance absolue, des présomptions, *y en eût il cent*, *deux cents, mille* (ce sont les expressions de l'honorable orateur), doivent être éloignées en matières criminelles. Et, je vous le demande, messieurs, les preuves ou les prétendues preuves morales peuvent-elles être autre chose que des présomptions, que des inductions plus ou moins probables, plus ou moins senties, selon le degré d'intelligence de ceux auxquels elles sont offertes? est-ce avec des éléments aussi incertains que vous formerez vos convictions? Et d'ailleurs à des présomptions, nous aussi nous opposons des présomptions. Pineau a fait long-temps partie des bandes, jamais aucune plainte ne s'est élevée contre lui;

M. de Caqueray l'a attesté; vous ne voyez son nom dans
aucune scène violente, et, dans la carrière du crime, on
débute rarement par un assassinat. Martin est inculpé
d'un seul fait reprochable avant l'assassinat des Chalopin;
il le nia formellement; de là d'ailleurs à un meurtre il y a
loin, et même rappelez-vous un fait qui vous a été attesté
par M. le procureur du roi d'Angers, c'est la part active
qu'a prise Martin à la tradition des assassins des époux
Terrier, assassinat horrible, même plus que celui des
Chalopin, dont les chouans furent injustement accusés,
et dont ils livrèrent les auteurs avec une profonde indignation. Est-ce encore là, messieurs, une préparation
morale à un crime atroce? N'est-ce pas là une pré-
somption puissante en faveur de Martin?

Nous avons épuisé la discussion du chapitre le plus
douloureux peut-être de ces débats; nous lui avons donné
de l'étendue; vous le comprendrez, messieurs, et vous ne
nous en ferez pas un reproche; dans une matière aussi
grave, le plus simple détail avait son intérêt; pour vous
faire trouver sur ces bancs des coupables d'un crime
odieux, elle avait fait un faisceau de tout ce qu'elle avait
pu réunir d'indices; nous l'avons facilement délié, et alors
chacun des éléments qui le composaient a été réduit à sa
première faiblesse.

Maintenant, messieurs, après cette longue discussion,
il faut se résumer et arriver à une conclusion. J'ai cherché
à établir que Frappereau, et ici le nom de cet accusé
contient en thèse générale celui de tous les autres, ne pouvait être accusé de complot tendant à détruire ou changer
la forme du gouvernement; qu'en l'absence de ce complot
il ne pouvait y avoir de sa part attentat, qui, d'après les
dispositions combinées de la loi sur la matière, ne peut
être que la suite d'un complot, parce qu'un attentat ayant
pour but de changer le gouvernement ne peut être le fait
isolé d'un individu; qu'il ne pouvait être considéré comme

ayant excité la guerre civile ; que d'ailleurs sa participation à cette guerre est innocente et justifiée ; qu'on ne peut le regarder comme ayant appartenu à une bande de malfaiteurs, car jamais pensée de pillage ou de destruction n'est entrée dans son esprit, jamais elle n'a été le lien des bandes auxquelles il a appartenu, l'accusation ne retient contre lui aucun fait qui se rattache à une criminalité ordinaire : alors, ne dira-t-on pas, Frappereau échappera donc à tous les chefs d'accusation portés contre lui, et cependant il a été pris les armes à la main ?

J'avoue, messieurs, qu'une conclusion est difficile à tirer, et si vous n'admettez pas comme complète la justification logique que j'ai eu l'honneur de vous présenter, je conviens qu'il est peu aisé de trouver une qualification au fait reproché à Frappereau et à ses co-accusés. Si votre conscience, et j'ose espérer le contraire, se refusait obstinément à prononcer un acquittement auquel je persiste à conclure, acquittement qui me semble commandé par l'absence totale de coopération volontaire, raisonnée, à un complot que Frappereau n'a ni su ni pu comprendre, complot dont l'existence des bandes n'est qu'un acte préparatoire ; si, disions-nous, vous vous refusiez à un acquittement, il vous appartiendrait de rechercher quelle question vous auriez à choisir dans le nombre de celles qui vous seront soumises ; et, je ne puis me le dissimuler, le choix sera difficile, car plus les chefs d'accusation sont nombreux et acerbes, plus leurs conséquences doivent être terribles, plus vous éprouverez le besoin de trouver une intention formelle et coupable dans ceux que vous abandonneriez à l'impitoyable exigeance du ministère public. Encore, dans le cas où vous prononceriez dans ce sens la culpabilité de Frappereau, comme celle des autres accusés, j'ose croire que vous verriez, dans leur position, une foule de circonstances atténuantes dont le bénéfice ne pourrait leur être refusé !

En ce qui touche Scionnière, vous le renverrez, sans doute, de l'accusation ; sa culpabilité est nulle comme son esprit et sa volonté.

En ce qui concerne Martin et Pineau, si les chefs d'accusation particuliers portés contre eux sont éloignés, ils rentreront dans la catégorie générale. Ce que j'ai dit de Frappereau s'applique à eux pareillement.

Telle est la pénible concession à laquelle nous réduit la persistance de l'accusation, persistance inouie, aveugle, que nous déplorons et que nous blâmons, parce qu'elle nous paraît tout à la fois une injustice et une faute. Qu'elle eût poursuivi rigoureusement les auteurs de quelques excès commis par les bandes, qu'elle les eût désignés irréfragablement et livrés à la juste sévérité de la loi, nous y eussions les premiers applaudi ; mais qu'elle conserve à cette affaire sa physionomie politique à l'égard de tous les accusés, sans aucune exception ; qu'elle la revête d'un luxe de criminalité dont on n'avait jamais vu d'exemple ; qu'on vienne de sang-froid vous demander vingt têtes, sans vouloir en rabattre d'une seule, voilà ce qui nous surprend, ce qui nous révolte. On l'a dit, et certainement plus énergiquement que je ne saurai jamais le répéter, en aucun temps accusation aussi sanglante ne fut soutenue par un gouvernement ; pas même, on nous a fait cette concession, par la restauration, cette restauration si calomniée, et pour laquelle s'avance à grands pas le jour de la justice, dont le nom seul, si expressif et si complétement justifié, deviendra plus tard l'éternel éloge ; cette restauration qui fit des fautes, sans doute, mais que ses ennemis, s'ils étaient plus habiles, ne devraient pas faire regretter tous les jours aux hommes de raison et de bonne foi.

Après avoir échoué dans le projet de pacifier les provinces de l'ouest par les désarmements, les espions, les garnisaires, *la chasse aux chouans*, l'état de siége, voudrait-on tenter d'y parvenir par la terreur des échafauds ?

Fol espoir ! Comme si quelques cadavres pouvaient com-
bler le vaste cratère d'un volcan ! Craignez plutôt qu'à
l'exemple de ces pierres lancées par une main imprudente
dans les flammes agitées du Vésuve, ils ne soulèvent la
lave bouillonnante et ne décident encore une fatale éruption. Qu'on vienne vous dire que l'ordre public ébranlé a
besoin de garanties; qu'un gouvernement, même de fait,
et par cela seul qu'il est gouvernement et protecteur des
intérêts de tous, doit être appuyé et défendu; que des contrées désolées par la guerre et par les maux qu'elle traîne à
sa suite veulent être rassurées; que des excès commis
appellent une éclatante punition; nous le voulons bien : il
faut qu'une accusation soit soutenue, mais tout en nous ac-
cordant sur une exposition de principes, nous pouvons dif-
férer sur les conséquences à en tirer, et bien plus encore sur
l'application de ces conséquences aux individus; et vou-
dra-t-on dans une pareille cause ne tenir compte ni du
temps, ni des circonstances? Souvenez-vous-en, la voie
des réactions est périlleuse; l'expérience l'a proclamé;
l'expérience, cette révélation des siècles passés, dont les
nations et les individus, tournant sans cesse dans le même
cercle de fautes, de crimes et de malheurs, semblent à l'en-
vi dédaigner les leçons. Pour supporter le régime des
exécutions, qui tue tout d'abord les gouvernements dé-
biles, il en faut un qui soit doué d'une constitution
robuste ; qui, s'il est nouveau, ne rougisse pas de son
origine, qui ait foi en lui même, dans sa force, dans sa
légitimité; ou, si vous le voulez, dans sa popularité, dans sa
durée, et encore que d'exemples de repentir et de chutes !
Les condamnations politiques obtiennent rarement la sanc-
tion de l'opinion, non plus que de la postérité. L'idée de
leur nécessité absolue les justifie quelquefois à grand peine;
trop souvent on a dû nier jusqu'à leur utilité : je ne parle
point de leur justice. Souvenez-vous en surtout, vous, messieurs, auxquels on demande des condamnations capitales;

vous, sur lesquels on rejette une effrayante responsabilité, vous, hommes de paix et d'honneur, qu'on lance au milieu des intérêts et des passions des partis; qui se donnent si volontiers pour la société toute entière, et auxquels vous ne devez pas le sacrifice aveugle de votre conscience et du repos de tout votre vie. En résistant à d'imprudentes exigences, que la loi colorerait mal, songez que si vous remplissez avant tout un devoir, vous rendez encore un service. Le terrain où se dressent les échafauds devient glissant; à combien d'hommes, à combien de gouvernements le pied n'a-t-il pas coulé dans le sang? Pour consolider l'édifice chancelant d'une monarchie nouvelle, c'est un mauvais ciment que le sang qui vient des hommes; ce n'est que dans les froides et immenses galeries des catacombes qu'on bâtit avec des têtes humaines des monuments qui puissent braver quelque peu l'épreuve du temps.

Après ce plaidoyer, l'audience est renvoyée à demain, neuf heures du matin.

Audience du 11 octobre 1832.

PRÉSIDENCE DE M. BERGEVIN.

L'audience est ouverte à neuf heures.

Me Celliez a ensuite pris la parole en faveur des accusés Aumont et Blanchard.

Messieurs les jurés,

Les faits généraux sur lesquels repose dans ce vaste procès la triple accusation de complot, d'attentat et d'association de malfaiteurs, ont été devant vous examinés par le brillant orateur dont les accents énergiques retentissent encore dans cette enceinte. Dieu me garde de m'élancer après lui sur le terrain qu'il a traversé d'une course si éclatante, et qu'il a rendu brûlant pour tous. Vous avez encore présentes, messieurs les jurés, les vives paroles qu'il a jetées toutes palpitantes dans vos esprits et dans vos cœurs ; et c'est à ces paroles que je vous renvoie pour laver Blanchard de l'accusation qui pèse à la fois sur sa tête et sur celles de ses co-accusés.

Aussi bien, que pourrais-je vous dire après que Me Janvier a flétri l'odieuse interprétation de la loi, au nom de laquelle on vous demande tant de têtes ?

Ne vous a-t-il pas démontré jusques à l'évidence que, dans cette cause, rien ne justifie une accusation d'attentat : que tout au plus, et par forme de concession, on pourrait admettre qu'il y a eu complot accompagné de quelques actes préparatoires. N'a-t-il pas écarté définitivement ce nom de *malfaiteurs* dont on voulait flétrir les bandes en général, et montré l'hérésie flagrante dans cette doctrine de la solidarité qu'a invoquée M. le procureur du roi.

Je réclame pour Blanchard le bénéfice de cette logique protectrice. Et néanmoins la position de l'accusé que je défens me fait un devoir de vous présenter, messieurs, quelques observations particulières.

Ici l'avocat démontre que lors même que la doctrine de la défense serait repoussée, lors même que le jury déclarerait les autres accusés coupables d'attentat, il faudrait encore écarter ce chef d'accusation de la tête de Blanchard. Car on ne reproche à cet accusé aucun fait constitutif d'un attentat ayant pour but le renversement du gouvernement établi ; et, si on comprenait dans ces faits les désarmements, on n'en pourrait reprocher que deux à Blanchard ; et encore aurait-il, dans l'un de ces cas, rendu le fusil qu'il avait pris ; et dans l'autre il n'aurait pris le fusil d'un meunier qui lui avait rendu service, que pour lui éviter la visite de la bande qui avait manifesté l'intention de le désarmer.

L'avocat signale cette contradiction de l'accusation qui place le complot à côté de l'association de malfaiteurs, et qui, pour les mêmes faits, appelle les mêmes hommes tantôt conspirateurs et tantôt malfaiteurs. Il fait remarquer d'ailleurs qu'aucun des chefs divers de l'accusation ne s'applique spécialement à Blanchard. Car l'association de malfaiteurs ne peut pas résulter des faits qui sont imputés aux accusés ; ce point a été victorieusement établi par Me Janvier ; et d'un autre côté, s'il y a eu complot, le but général du complot étant nécessairement politique, Blanchard n'y a évidemment pris aucune part. Sa présence dans les bandes ne peut pas suffire pour l'impliquer dans un pareil complot.

Le but de Blanchard, lorsqu'il est entré dans les bandes, continue l'avocat, a été tout privatif. Blanchard est vendéen ; il est profondément attaché au sol natal, et il n'a pu supporter la triste pensée d'abandonner son pays pour se rendre sous les drapeaux. Et aussi il a voulu se soustraire à cet impôt du sang qui pèse d'un poids si lourd sur la classe pauvre et nombreuse à laquelle il appartient. Il entendait de toutes parts des conseils de désobéissance à la loi ; il avait sous les yeux de continuels exemples ; et il crut pouvoir, comme un grand nombre de ses compagnons d'âge, se soustraire à la dure obligation que lui imposaient la loi et sa misère. Il devint réfractaire. Bientôt il comprit qu'il allait être en butte aux poursuites de l'autorité ; il eut peur, et il abandonna son domicile.

Errant, et ne sachant où porter ses pas, il se laissa facilement entraîner dans l'une des bandes qui parcouraient le pays. Dès lors, exposé à de doubles poursuites en sa qualité de réfractaire et en sa qualité de chouan, il fut contraint par la nécessité de rester dans les bandes qui seules offraient un moyen de salut et de sécurité à ceux qui les composaient. C'est ainsi que s'explique, sans qu'il soit nécessaire de le comprendre dans un complot politique, l'entrée de Blanchard dans les bandes ; c'est ainsi que son séjour dans leur sein se justifie par ce séjour même.

Ainsi donc , messieurs les jurés, aucun chef de l'accusation commune ne peut s'appliquer directement à Blanchard. Et pourtant il est coupable, je ne veux pas le nier ; vous ne me croiriez pas. Vous devrez donc, messieurs, examiner le degré de culpabilité de Blanchard; et, parmi les nombreuses questions qui vous seront soumises, vous chercherez celle à laquelle vous devez faire une réponse affirmative. Et dans cet examen vous n'oublierez pas de peser les circonstances qui peuvent atténuer la culpabilité de l'accusé. Vous vous rappellerez la déposition du principal du collége de Cholet, M. Raimbault, qui vous a appris les désirs de Blanchard et ses projets de soumission. Vous savez qu'il fut arrêté au moment même où il se rendait chez un des agents intermédiaires de M. Raimbault, pour y traiter des conditions de sa reddition. Vous lui tiendrez compte, messieurs, de cette volonté si bien manifestée de profiter de l'amnistie qu'on lui offrait ; vous songerez que quelques heures plus tard, quelques minutes peut-être, et son passé tout entier était oublié , et Blanchard amnistié n'eût jamais paru sur ces bancs.

Il est une autre considération, d'un ordre plus élevé, qui vous guidera, messieurs, dans vos appréciations : c'est le souvenir de la règle que vous devez suivre dans l'imputabilité du crime. Tout crime , messieurs , lorsqu'il est commis , indique dans la constitution sociale un vice , un mal, auquel il faut porter remède ; et ce remède ce n'est pas seulemens le châtiment ou la correction du coupable ; la société doit avoir sa part dans la responsabilité. C'est à vous, messieurs, à faire cette part, et à prendre alors en considération la position du coupable dans cette classe d'hommes voués à la misère et à l'ignorance, qui, par leur naissance, sont destitués des priviléges de la fortune et de l'éducation, que

la société avare réserve pour un petit nombre de ses membres.

Avant d'aller plus loin, et quoiqu'il soit loin de ma
pensée de voir dans ce procès un procès de doctrines, j'ai
besoin de vous dire, messieurs, de vous dire hautement que
je repousse les doctrines politiques qui ont été développées
à cette barre. Et néanmoins je dois vous rappeler ici que
lorsque le pouvoir, au nom de sa conservation et la loi à la
main, une loi de sang, vient vous demander une tête, vingt
peut-être, vous avez le droit et le devoir d'examiner si ce
pouvoir a toujours bien fait, s'il n'est pas coupable aussi
pour la faute dont il veut punir l'accusé.

Vous vous demanderez, messieurs les jurés, si le gouvernement né de la révolution de juillet a toujours bien compris
ce noble dévouement, cette fière indépendance qui, on
vous l'a dit, sont les traits principaux du caractère vendéen ; indépendance qui s'allie pourtant avec une soumission dans laquelle il n'y a rien de servile, car elle a sa
source dans la foi religieuse ; qu'on appelle, si l'on veut,
cette foi du nom de superstition, qu'importe, elle est un
fait dont il faut tenir compte. Car il est vrai que pour ces
hommes le nom de Dieu signifie encore quelque chose,
aussi bien que celui de roi.

Un des accusés vous l'a dit dans sa naïveté : *Vive le Roi,
c'est le mot vendéen.* Oui, c'est bien là le mot qui peint
tout ce pays : c'est bien là le respect de ces hommes pour
une autorité que leur raison n'explique pas, mais que leur
cœur reconnaît, parce qu'elle se fait sentir par des bienfaits. C'était là le chemin que devait suivre hardiment le
pouvoir nouveau : c'était à leurs cœurs dévoués qu'il fallait
s'adresser en méritant leur affection, et jamais son autorité n'eût été méconnue.

L'a-t-il toujours fait ? A-t-il assez connu ces hommes
pour les bien diriger ? Ou au contraire, n'a-t-il pas aigri
toutes ces populations, en permettant à ses agents de railler

leurs croyances catholiques , et leurs mœurs patriarchales ?
A-t-il enfin tenu la conduite, pris les mesures qui eussent
prévenu la fatale insurrection ?

Je pose ces questions, messieurs, et je ne les résous
pas. Pour la réponse, je vous renvoie au réquisitoire de
M. le procureur du roi , et aux dépositions des témoins que
vous avez entendus.

Autre considération, messieurs :

Vous le savez, pendant quinze années la restauration ré-
compensa ceux qui avaient survécu aux anciennes guerres de
la Vendée, et ceux qui avaient pris part à l'insurrection de
1815. Elle fut souvent ingrate et mesquine, mais enfin elle ré-
compensa ; elle accorda à Sortant, à Delaunay, à d'autres
chefs et soldats, des pensions , qui même furent continuées
par le gouvernement de juillet. Il faut louer le pouvoir de
l'esprit de conservation qui lui dicta cette mesure; mais
il faut songer aussi qu'en Vendée aujourd'hui , il y a beaucoup de ces hommes que M. le procureur du roi vous a
dépeints avec raison comme grossiers et ignorants. Croyez
vous donc, messieurs, que ces hommes soient assez subtils
pour distinguer les nuances des temps et des circonstances?
Et quand ils voient se relever le drapeau tricolore , pour
ne plus retomber , j'en ai la conviction, ne doivent-ils pas
croire que, comme autrefois leurs pères, ils feront bien
de défendre encore le drapeau blanc. Si leurs pères ont
mérité la gloire et les récompenses, ne doivent-ils pas
compter aussi sur les récompenses et la gloire ? Et flétri-
rez-vous aujourd'hui les fils, alors que vous avez encore des
surnoms glorieux pour les noms de leurs pères ?

Ah ! messieurs, vous jeterez toutes ces considérations
dans la balance de votre justice, lorsqu'il s'agira de faire
la part qui revient à chacun dans les résultats funestes de ce
drame sanglant.

Me Celliez passe ensuite à l'examen des différents chefs
d'accusation qui pèsent spécialement sur son client. A l'oc-

casion de l'assassinat des gendarmes de Maulévrier, qui avait d'abord été imputé à Blanchard, il rend justice à la loyauté de M. le procureur du roi, qui a déclaré n'avoir pas trouvé, dans l'instruction orale, la preuve de la culpabilité de Blanchard. Mais il s'élève avec force contre les rigueurs inouïes de l'accusation qui, bien que l'instruction écrite ne fournisse absolument aucun autre document que l'instruction orale, avait présumé Blanchard coupable de ce crime ; accusation soutenue entièrement par M. le procureur général, dans son réquisitoire préliminaire.

Honte, s'écrie l'avocat, honte à ceux qui dressent ainsi devant la victime un échafaud menteur, alors qu'ils savent bien que cet échafaud ne réclamera pas sa tête. Voilà près d'une année que Blanchard est sous le poids de cette énorme accusation. Au milieu de cette tourbe vulgaire des conspirateurs, dans laquelle il serait confondu, son signe à lui, c'est ce mot fatal : *assassin ;* signe menteur, mais que la foule a distingué. Et moi-même, depuis qu'il est dans cette ville, ne me suis-je pas entendu plaindre cent fois du lourd fardeau que sa défense imposait à mon inexpérience? N'ai-je pas entendu sans cesse bourdonner à mes oreilles : « Blanchard ; mais votre Blanchard, c'est un assassin ! »

Ah ! le jour de la justice est enfin arrivé. Le temps est venu de proclamer hautement que Blanchard n'est pas un assassin, et de renvoyer à ses accusateurs la honte d'une accusation calomniatrice.

Me Celliez nie la participation de Blanchard à la violation du domicile de madame Mamers. Ce fait n'est nullement prouvé contre lui. Il n'est fait mention de Blanchard, à cette occasion, ni dans l'instruction écrite, ni dans l'acte d'accusation ; en sorte que la défense n'a pu être préparée. Un seul témoin a prétendu reconnaître Blanchard à l'audience : Me Celliez voit dans cette reconnaissance un effet de l'influence exercée par les conversations qui ont nécessairement lieu entre les témoins, pendant des débats aussi longs.

Quant à l'accusation de vol, avec circonstances aggravantes, Me Celliez la repousse également comme n'étant pas fondée. Il rappelle à messieurs les jurés les faits avec de grands détails. Il insiste sur la mauvaise moralité des époux Charrier, sur la déposition desquels se fonde l'accusation. Il rappelle que Charrier a déjà supposé un vol de 1,200 francs, pour ne pas payer ses fermages, et s'est ensuite désisté de la plainte qu'il avait portée. Il signale au souvenir de messieurs les jurés le cri de mort qui a été proféré contre Blanchard par Charrier, la veille de sa déposition. Enfin il rappelle les contradictions dans lesquelles sont tombées à l'audience Charrier et sa femme. Il saisit cette occasion de remercier de sa haute impartialité M. le président, pour l'éloge duquel il ne peut plus trouver d'expression, depuis qu'il a été si ingénieusement couronné des fleurs de l'éloquence d'un illustre confrère.

L'avocat démontre ensuite par le rapprochement des circonstances et des différentes parties des dépositions de témoins, que malgré sa présence lors des violences exercées contre Charrier et de la violation de son domicile, Blanchard n'a pris aucune part personnelle à ces violences. Qu'il s'est ensuite opposé autant que cela a été en son pouvoir, au vol qui a été commis. Il est acquis à la défense que Blanchard s'est écrié, avant qu'on forçât le tiroir : » Si vous » volez vous êtes des gredins; je me retire, et vous ne me » verrez» plus avec vous. » Il est sorti, et on ne l'a plus revu.

Me Celliez démontre également que Blanchard n'a point exercé de violences contre la femme Charrier. Ce témoin après avoir hésité toujours dans sa déposition incertaine, n'a fait de réponses affirmatives que lorsqu'elles lui eurent été dictées en quelque sorte par les questions perfidement adroites de M. le procureur-général.

Ainsi, continue Me Celliez, pour les deux chefs d'assassinat et de vol, je demande une réponse négative. Pour les autres, en renvoyant messieurs les jurés à la plaidoierie irrésistible de Me Janvier, et en écartant le chef d'attentat, je ne puis demander à messieurs les jurés que d'accompagner leur réponse affirmative à l'une des questions qui leur seront soumises, de la déclaration qu'il y a des circonstances atténuantes ; circonstances qui résultent de l'état du pays, de la position sociale de Blanchard, de son ignorance, et sur toute chose du désir qu'il avait manifesté de faire sa soumission ; soumission qu'a seule empêchée son arrestation. Je me fie donc à la sagesse de messieurs les jurés : certain d'ailleurs qu'ils ne prononceront pas contre Blanchard un arrêt de mort, car la patrie pour sa sécurité n'a pas besoin de sacrifices humains ; et ils n'accorderont pas au ministère public les vingt têtes qu'il sollicite pour l'exemple.

Me Vallon, avocat de Chevrier et Faligan, prend la parole.

Messieurs les jurés,

Les plaidoieries que déjà vous avez entendues ont singulièrement avancé la tâche qui m'appartenait en qualité de défenseur des accusés Chevrier et Faligan. Vos consciences sont trop amies des principes d'équité pour que les doctrines d'éternelle justice qui ont été plaidées n'aient pas éveillé vos sympathies et conquis votre approbation. Vos cœurs sont trop haut placés pour ne s'être pas associés avec empressement et fierté à tout ce qu'avaient de généreux et de patriotique ces accents qui les ont frappés. C'est ainsi, messieurs, que déjà sont acquises à ma défense les garanties des moyens et du talent des avocats, mes devanciers ; vaste égide qui protège indistinctement tous les

prévenus que réunissent sur ces bancs des chefs d'accusation analogues.

Elle couvre avec tant de faveur ceux dont la défense m'est
spécialement confiée, que j'aurais pu m'abstenir de prendre
la parole, mais la défense qu'on doit à un accusé est une
dette qu'on paie au malheur; aussi, lorsqu'on se présente
pour l'acquitter, est-on toujours excusable, alors même
qu'on est surabondant.

Après avoir établi les faits de la cause, Me Vallon s'exprime ainsi :

Lorsque le seul énoncé des faits qui appartiennent à mes
clients suffit pour démontrer que s'ils ont commis une faute,
elle se réduit à l'indiscipline de deux conscrits rebelles aux
lois de la conscription, lorsque chacun de ces faits est un
défi porté au ministère public de trouver dans la conduite
de Chevrier et Faligan les éléments d'un complot ou d'un
attentat contre le gouvernement, ne doit-on pas être étran-
gement surpris de les voir sous le coup d'une accusation
capitale ? Et ne sommes-nous pas conduits par cela même
à remonter aux sources du procès qui fait l'objet de ces
graves et affligeants débats.

Aux prises avec une accusation qui pousse en masse vers
vous vingt-trois hommes dont elle vous demande les têtes,
il faut et reconnaître et signaler les causes d'une proscription judiciaire aussi effrayante ; déjà elles vous ont été dé-
noncées, mais ma voix a besoin de les répéter, elle les re-
dirait encore après mille, tant il importe à la sûreté et à
l'honneur du pays de tarir les sources de ces innombrables
procès politiques.

Ils sont dus au système le plus déplorable que puisse
adopter un gouvernement et ses agents. Ce système consiste depuis quelque temps à ériger tous les mécon-
tentements en autant de conspirations, à interpréter les
plaintes comme autant de rumeurs d'un complot qui fer-
mente, et par voie de conséquences, à signaler la manifes-

tation de ces plaintes comme autant d'attentats contre le
gouvernement existant. Aussi, voyez, messieurs les jurés,
où nous ont conduit ces aveugles défiances et les effroyables
répressions qu'elles engendrent. Le pouvoir n'avait pas
honte de compter naguère jusqu'à quinze cents détenus politiques dans la capitale, seule; les prisons de la plus belle
nation du monde regorgent de détenus, on a peuplé les cachots de célébrité, et le talent et la gloire de la France sont
passés de la tribune nationale et du Luxembourg sur des
bancs de cours d'assises et dans des repaires de police!

Qu'il nous soit permis de le dire dans l'intérêt même
du pouvoir qui nous attaque, malheur aux gouvernements
que protègent de pareilles susceptibilités; et si la défiance,
suivant l'axiome vulgaire, est la mère de la sûreté, la peur
est pour les rois de France un mauvais conseiller d'état, et
la crainte du peuple est un préservatif certain contre son
amour.

C'est à vous, messieurs les jurés, à protéger en même
temps et les sujets et le pouvoir lui-même contre un aussi
déplorable système, en interprétant sainement la législation criminelle avec laquelle il fait valoir ses terreurs; c'est
à vous à consacrer que le peuple de France n'est point
conspirateur, par cela seul qu'il est mécontent et qu'on
s'est cruellement mépris en plaçant certaines provinces en
état de suspicion et d'hostilité vis-à-vis le souverain. Certes,
ces provinces peuvent avoir besoin de surveillance, parce
que, fidèles au culte du malheur, leurs vœux sont peut-être
pour un temps qui n'existe plus; mais précisément parce
que le culte du malheur est une chose généreuse et sainte,
les vœux qui s'y rattachent ne sauraient être de coupables
conspirations et de lâches attentats.

Pour que messieurs les gens du roi aient vu des complots
partout, pour que leur imagination se soit peuplée de
conspirateurs, et, par suite, les prisons de détenus, il faut
qu'ils aient banni de leur esprit et de leurs requisitoires les

principes de droit criminel les plus rigoureux et les plus inflexibles en matière de crimes politiques.

Il importe donc que je revienne quelques instants, mais seulement pour les résumer par une définition rapide, à cette doctrine, que le talent des avocats qui m'ont précédé dans cette discussion, a inauguré dans la cause.

Ce serait le principe de législation criminelle le plus erronné et le plus fécond en sanglantes conséquences, que d'admettre qu'il suffit qu'il y ait eu mécontentement, effervescence de la part des sujets pour qu'il y ait eu complot, qu'il suffit qu'il y ait eu entraînement, prise d'armes de la part des mécontents pour admettre qu'il y ait eu attentat contre l'existence du gouvernement; ce serait le principe le plus erronné, car ce serait admettre que le fait suffit pour constituer l'intention; or cette monstrueuse erreur ne saurait engendrer la définition du complot.

Le complot est une résolution arrêtée entre plusieurs individus, c'est le concours de plusieurs volontés vers un seul et même but qui est l'ame de toutes leurs actions, la pensée de tous leurs instants. C'est dire assez qu'il faut que ce but soit compris de tous.

Quant à l'attentat, comme ce n'est autre chose que la pensée du complot réfléchie par l'action matérielle, reproduite par elle, il faudra qu'il y ait dans l'action toute la force, toute l'étendue, toute l'unité de l'intention qui est l'élément du complot.

Ces définitions, les seules admissibles et les seules consacrées par le bon sens et la sainte interprétation de la loi, imposent à l'accusation une double accusation à l'égard de Chevrier et Faligan. Après avoir prouvé qu'ils se sont affiliés à la pensée du complot, identifiés avec elle, il faudra qu'elle retrouve et signale cette pensée dans l'action. Ainsi il faudra qu'elle vous montre Faligan et Chevrier s'armant avec l'intention de renverser le trône de juillet; il faudra dans sa démonstration et dans son système que pas un de

leurs coups ne partent, si tant est qu'ils en aient tiré, qu'ils
ne sachent contre quel but ils le dirigent, il faudra que le
trône de Louis-Philippe soit le point de mire de toutes leurs
balles, il faudra que le cri d'Henri V soit leur cri de guerre
et de ralliement, on devra le surprendre sur leurs lèvres
au moment du combat, puisque, suivant l'accusation, il
sera entré dans leur cœur au moment du complot.

Maintenant, messieurs, que j'ai fixé dans la cause les
conditions sans lesquelles il ne saurait y avoir ni complot
ni attentat, cherchons-en la réalisation dans la conduite de
Chevrier et de Faligan, suivons-les pas à pas dans toutes
leurs démarches, partageons leurs courses, et nous demeu-
rerons convaincus qu'à aucun instant de leur vie nomade,
de leur existence de réfractaires, il n'est possible de surprendre une seule action qui les constitue en état de complot et d'attentat contre l'existence du gouvernement.

Me Vallon, après avoir scruté les démarches de ses
clients jusqu'à leur entrée dans les bandes, discute ainsi le
fait de leur incorporation dans ces bandes.

Mais, s'est écriée l'accusation, c'est le seul fait de l'entrée dans les bandes des accusés Chevrier et Faligan qui
détermine de leur part l'attentat qui leur est reproché; il ne
nous faut que cela, nous n'avons besoin que de cela seul
pour le prouver. Que le ministère public daigne calmer
l'effervescence de son réquisitoire et de ses désirs; ce n'est
pas en France et devant l'élite des citoyens du pays qu'on
obtient deux têtes d'hommes avec une phrase, avec une assertion; elles valent bien la peine peut-être qu'on la développe et surtout qu'on la justifie!

Pour que cette justification existe dans la cause, une double obligation incombe sur le ministère public, il faut d'a-
bord qu'il prouve que les bandes avaient pour objet et pour
but, dans le véritable sens et dans le sens légal du mot, le
renversement du gouvernement. Vos consciences, messieurs les jurés, sont encore toutes palpitantes des convic-

tions qu'y a déposées l'avocat qui a plaidé les généralités
de la défense, et fixé, d'une manière immuable, les théo-
ries protectrices de tous les accusés. Et certes je me garderai de ternir par de faibles et imprudents accents le
reflet brillant de justification et de faveur qu'il a répandu
sur toute la cause.

Mais à l'abri de ce génie tutélaire des accusés ici présents, je puis, avec d'autant plus de sécurité, raisonner
hypothétiquement avec l'accusation, que la réalisation de
cette hypothèse est devenue désormais impossible. Et je
dirai à l'accusation qu'en admettant que ses preuves
aient constitué les bandes en position d'attentat contre la
sûreté de l'état, qu'en admettant qu'elle ait démontré
qu'elles agissaient incessamment dans un esprit et dans un
but de conspiration, sa tâche ne serait pas complète à
l'égard de mes clients. Il faut encore qu'elle démontre qu'ils
se sont affiliés à l'esprit et au projet de leurs compagnons
d'armes; qu'elle prouve que leur entrée dans les bandes à
l'époque et dans les circonstances où elle a eu lieu,
que leur séjour dans ces bandes, si momentané et si rapide
qu'on peut à peine le signaler, est compatible avec le projet
immense de renverser un trône. Eh bien! messieurs, nous
ne craignons pas de le dire, il n'est pas un seul des faits reprochés à mes clients qui ne soit exclusif de ce projet, il
n'en n'est pas un seul qui ne porte avec lui la preuve qu'ils
n'ont pas même agi dans un but politique.

Toutefois, et contrairement à cette assertion que nous
émettons, sans craindre d'être démentis, nous avons ouï
au cours des débats un témoin dont la déposition pourrait
laisser croire que Faligan a été poussé dans les bandes par
le curé de la paroisse de Coron qu'il habitait. Vous avez été
témoins, messieurs, de l'énergie et de la vivacité avec
lesquelles cette imputation a été repoussée par les accusés. Il leur eût été plus avantageux, cependant, de la
laisser passer sans contradiction, de la laisser se glis-

sez dans vos consciences, sans dénégation et à la faveur de leur silence; car elle eût pu servir à prouver qu'ils avaient été entraînés par des suggestions auxquelles leur position sociale et leur croyance religieuse ne leur aurait pas donné la force de résister. Mais ils n'ont point voulu d'un auxiliaire que leur conscience repoussait; ils n'en n'ont point voulu, parce que la vérité leur défendait d'en user. Oui, messieurs, la vérité autant que leurs affections; car on ne les verra pas, eux, fils de la Bretagne, on ne les verra pas s'efforçant, dans cette enceinte, de signaler au mépris public les ministres des autels, en les désignant par une de ces expressions qui partent de je ne sais quel cœur, et qui salissent les bouches qu'elles traversent (1). Ils sont assez étranges, en effet, les enfants de la Vendée pour avoir quelque respect pour ces hommes dont la vie se passe à bénir et à consoler; ils sont assez étranges pour ne pas calomnier lâchement ces hommes qui n'opposent à la calomnie que des paroles de pardon et de paix!

Me Vallon démontre qu'en entrant dans les bandes Chevrier et Faligan n'ont obéi à aucun instinct conspirateur, à aucun mobile politique; leur réunion aux bandes était liée, selon lui, à la nécessité de leur position.

Par cela seul, dit-il, qu'un conscrit, en Vendée, avait le malheur d'être réfractaire et de persévérer dans le dégoût du service militaire, il devenait l'objet de poursuites inouies. Tandis que des garnisaires, assis au foyer domestique, écrasaient du poids de leur cohabitation la fortune de son père, le conscrit réfractaire était errant par les champs, en butte à des rigueurs qui font mal à dire, poursuivi de gîte en gîte, relancé chaque matin par les balles des colonnes mobiles, expirant chaque soir de fatigue et de faim, traqué, lui, fils de la France, citoyen libre et

---

(1) Un témoin avait traité de *prêtraille* les prêtres de la Vendée.

noble, traqué comme une bête fauve, il lui fallait, de toute force, échapper à une position aussi atroce.

Les bandes lui en offraient le moyen, car les fugitifs se trouvaient dans une contrée où un réfractaire, s'il se fût avisé de se dire patriote, dans la vieille acception du mot, serait mort de faim; tandis qu'en se disant chouan il trouvait partout et du pain et l'hospitalité.

Ils s'armaient donc ces réfractaires, car un fusil et le titre de chouan étaient tout pour eux; un fusil était un sauf-conduit, une recommandation à la bienveillance de tous les fermiers, c'était la clef de toutes les métairies, c'était de la soupe le matin, de la paille fraîche le soir, c'était toutes les jouissances de la vie de réfractaire qu'il avait dans la main; qu'il portait sur son épaule, c'était pour lui la pierre philosophale, encore une fois c'était tout pour lui. Pour que cette opinion ne vous apparaisse pas, messieurs, comme n'étant autre chose que le produit capricieux de mon imagination, qu'il me suffise de vous rappeler l'interrogatoire de Charrier père, l'un des prévenus, qu'il me suffise de vous rappeler et les motifs et les détails de sa vie fugitive. Il vous en fit part, messieurs les jurés, avec une franchise et une naïveté qui plus d'une fois excitèrent vos sourires et rencontrèrent toujours vos convictions. Je n'avais pris, vous disait-il, je n'avais pris un fusil que pour manger. Eh bien! il a dit vrai, Charrier père; plus d'un chouan comme lui figura dans les bandes plutôt comme convives que comme soldats, de telle façon qu'on peut dire, pardonnez moi, messieurs, la bizarrerie et la trivialité de cette image, la naïveté de Charrier père me l'inspire, que la bayonnette fut pour eux plutôt une innocente fourchette qu'une arme coupable de guerre civile.

Me Vallon discute ici avec force et avec étendue, les dépositions qui concernent ses clients; il y puise de nouvelles preuves des motifs qui les poussèrent dans les bandes et des motifs qui les y retinrent. Il s'efforce de démontrer

que lors de leur arrestation, Chevrier et Faligan ne faisaient plus partie des bandes, et songeaient encore moins
à combattre, à faire qu'à deux la guerre de partisans.

A l'appui de cette démonstration j'avais invoqué comme
adminicule de preuve la déposition des soldats qui avaient
reconnu à la seule inspection des pierres trouvées aux fusils
des accusés, que ces fusils n'avaient pas été tirés, et à ce
propos j'ai fait remarquer que ces fusils soumis dans ce
moment à vos regards comme pièces de conviction étaient
dépourvus de leurs pierres, et j'avais cru devoir témoigner
la surprise que m'occasionait l'incurie qui avait présidé à
la garde de ces pièces de conviction. Ces observations mi-
nutieuses peut-être nous ont valu de la part d'un des organes
du parquet un reproche dont le principal mérite était
certes celui de la franchise. En réponse à ce reproche,
nous ferons valoir de rechef la surprise que déjà nous avons
manifestée, et nous déclarons que lorsqu'il s'agit pour nous
de défendre la tête de nos semblables, non seulement nous
ne craignons pas d'être minutieux dans nos observations et
rigoureux dans nos exigeances, mais que nous regardons
ces exigeances comme un devoir de conscience : qu'on
nous critique maintenant, pour peu qu'on en ait le courage,
nous voulons qu'on sache que notre amour-propre ne saurait être blessé, quand notre conscience est satisfaite ; il
devient donc désormais impossible de le méconnaître parce
que cette démo nstration éclate dans chacune des démarches,
je dirais presque dans chacune des pensées de Chevrier et
Faligan, ce n'est point dans un but politique qu'ils sont
entrés dans les bandes! Jamais il ne leur vint à l'esprit de
s'associer à cette œuvre gigantesque à laquelle peuvent
bien suffire les forces de tout un peuple, mais qui doit
toujours effrayer celle de quelques individus isolés, à
cette œuvre immense de la destruction d'un pouvoir souverain.

Il faut que le village de Caron renonce à l'honneur d'a-

voir produit des Fiesque ou des Catilina; car ce n'est point
en haine d'un gouvernement que deux de ses habitants ont
eu la prétention de s'ériger en mandataires sanglants et en
vengeurs souverains de leurs concitoyens ; plus égoïstes et
moins téméraires, c'est en haine d'un événement particulier,
c'est en haine de la conscription qu'ils ont semblé s'associer
à une lutte. Et c'est pour éviter le service militaire seul
qu'ils ont bravé la misère, la faim et les balles des colonnes mobiles.

Mais ici il me vient à l'esprit que je pourrais bien être
accusé d'invraisemblance par le ministère public, et dans
ma sollicitude pour une cause qui m'est chère, je dois me
jeter au-devant de ces objections en ne dissimulant pas mes
prévisions. On pourrait nous dire que l'homme ne lutte et
ne se débat contre une position qui le menace que lorsqu'elle doit être moins avantageuse où plus funeste que celle
dont il jouit : c'est ainsi que nous concevons, dira l'accusation, que si le destin et la loi voulaient qu'un homme en
possession de toutes les jouissances de la vie les échangeât
contre les rigueurs du métier de soldat, qu'un de ces joyeux
courtisans du plaisir, par exemple, abjurant sa vie de caprices
et de folies pour s'enchaîner à la glèbe de l'obéissance passive, s'arrachât au duvet du luxe pour subir les duretés du
lit de camp , nous concevons qu'un pareil homme supporte-
tout en haine de la conscription. Mais était-ce là la position
de Chevrier et de Faligan : fils de cultivateurs, sous le toit
de chaume de leurs pères? Et le genre de vie surtout auquel
ils se condamnaient dans les bandes, n'était-il pas mille
fois plus pénible et plus rude que celui des camps ou plutôt
des garnisons ?

Telle serait, messieurs, l'objection du ministère public
et nous n'avons pas craint de la présenter dans toute sa
force, tant elle est d'une contradiction facile. Les mœurs
bretonnes et l'histoire de la Vendée en font complète
justice.

L'avocat dépeint ici l'antipathie des habitants de la Vendée, contre les funestes exigeances de la conscription.

Oui, messieurs, dit-il, ce lourd impôt du sang qui se pré-
lève sur l'élite des générations françaises pèse sur la Bretagne d'un poids plus insupportable que sur toute autre partie de la France ; la conscription est un joug sanglant auquel
la jeunesse vendéenne aime mieux souvent se briser la tête
que de s'enchaîner. Ses conséquences en effet sont atroces
pour le caractère breton, elles sont atroces parce que l'indépendance et l'amour du sol natal en sont les éléments
essentiels, le principe agissant et constitutif. Aussi, pour se
dérober à une de ces conséquences de la vie militaire, à
cette nécessité de l'obéissance passive qui vient défleurir les
plus belles années de la vie, qui réduit le caractère des
Bretons, mais qui, selon eux, le flétrit et le déshonore,
il n'est pas de misères, il n'est pas de dangers qu'ils ne
supportent et ne préfèrent.

Aussi est-il arrivé, et sous tous les règnes, qu'on a vu la
Vendée opposer aux appels de la conscription toujours du
dégoût et de la résistance et souvent une résistance qui se
fît valoir par les armes.

Un des témoins les plus imposants de ces débats, M. le
procureur du roi d'Angers, vous affirmait que sous la restauration et lors de l'événement de juillet 1830, il se trouvait dans le seul arrondissement de Beaupréau, un grand
nombre de réfractaires.

Eh bien, oui, messieurs, la restauration elle-même avait
besoin d'user des plus habiles ménagements pour conquérir
les conscrits de la Vendée; et s'ils se rendaient alors en plus
grand nombre et plus volontiers qu'aujourd'hui dans les
régiments de l'armée, c'est qu'ils craignaient alors moins
qu'aujourd'hui de voir froissées par les mœurs des régiments
leurs croyances religieuses, c'est qu'alors ils craignaient
moins de voir leur affections politiques accueillies par les
huées du corps de garde où les lazzis de la caserne ; et puis

alors aussi venaient sans doute au moment du départ, les anciens du pays, les vieux fusils d'honneur qui poussaient les conscrits vers les régiments, et les consolaient en leur disant qu'ils allaient servir sous un drappeau compatriote et que la bannière des Lescure et des Larochejacquelein guérissait du mal du pays?

Sous le gouvernement qui précéda la restauration, la haine de la conscription se manifesta par une opposition plus vive et plus continue ; vous vous feriez difficilement une idée, messieurs, des nombreux obstacles, des résistances de chaque année qu'eut à vaincre Bonaparte : il eut à surmonter ces obstacles et les surmonta, mais il ne s'avisa pas, lui, d'accuser les réfractaires de complot contre la sûreté de l'état ; on ne le vit pas à cause d'eux traîner successivement à la barre des cours d'assises de communes entières de la Bretagne; il n'ordonnait pas non plus de chasses aux conscrits; il ramenait vers les régiments et présentait aux rangs de son armée, en les appelant un peuple de géants, ceux qu'on flétrit aujourd'hui et qu'on décime. Oui, messieurs, c'est justice de dire que Bonaparte n'en n'usa pas aussi sévèrement que le pouvoir de nos jours envers les conscrits réfractaires; il prisait d'avantage ce que valaient les soldats de la Bretagne, il les tenait pour des braves, il savait que la gloire de la France coulait dans leurs veines, et il gardait pour les champs de bataille d'Austerlitz et de Wagram le sang qu'on répand aujourd'hui dans les trappes où les Cathelineau succombent.

Puisque sous tous les règnes, la conscription et ses rigueurs ont causé l'irritation des réfractaires et ont souvent déterminé leurs hostilités, que le gouvernement de juillet 1830 ne soit pas plus ombrageux que la restauration et l'empire. Qu'il ne se croie pas privilégié pour les complots et les attentats, qu'il renonce à ses terreurs... Et si moins généreux et moins expansifs que le Moniteur, nous n'osons promettre chaque matin à Louis-Philippe l'amour univer-

sel des Bretons, nous pourrons lui dire qu'on ne conspire
pas en Bretagne, par cela seul qu'on est mécontent ou réfractaire , qu'on n'y médite pas par cela seul des guerres
civiles.

Et que, s'il veut s'en convaincre, il consulte ces preuves
d'éternelle vérité que consacre et le temps et le respect
des hommes, qu'il consulte l'histoire, et l'histoire lui dira :
En 1815, il y eut aussi en Bretagne effervescence et prise
d'armes. Sanglante et longue , cette lutte était devenue l'a-
gonie de la Vendée expirante... Ce fut alors que se rua
sur la France la horde des armées étrangères ; leur triomphe devait avoir pour conséquence de terminer le carnage,
de donner aux départements de l'ouest la victoire et le repos. Eh bien ! les Vendéens répudièrent cette conséquence;
ils allèrent offrir aux généraux de l'empire le peu de sang
qu'ils leur avaient laissé pour aider l'empire à se maintenir
et à purifier le sol de la France de la présence des étrangers.
Voilà comment on conspire en Vendée, voilà comment
on y attente à l'existence des gouvernements, voilà surtout comment on y trahit la patrie, comment on y déchire
son sein...

Me Vallon aborde ensuite la discussion du deuxième
chef relatif à l'association des malfaiteurs contre les personnes et les propriétés.

Le reproche honteux que l'accusation n'a pas craint
d'opposer aux prévenus dans la deuxième partie de son réquisitoire devait affecter péniblement, messieurs les jurés,
les défenseurs d'accusés politiques qui pouvaient bien à ce
titre redouter la sévérité de messieurs les gens du roi, mais
que ce titre aussi devait affranchir de leur mépris. Vous
avez partagé, nous ne saurions en douter, la surprise qu'ont
occasionés aux défenseurs les récriminations étranges et
ignominieuses du deuxième chef d'accusation ; quant à
nous personnellement, messieurs , nous avons le malheur
malgré notre jeune expérience, d'en être réduits à ce point

de tout attendre du ministère public agissant en matière politique et de n'être plus surpris de rien.

L'art d'accuser, en effet, en pareille matière, est peut-être l'art le plus perfectionné et le plus osé que vous puissiez concevoir; scandaleusement oublieux, il brave les souvenirs et les remords du passé, il les immole sans scrupule au présent, il se fait à toutes les époques; nouveau Protée, il prend toutes les formes, revêt toutes les couleurs, et, si on l'a vu triomphant et fier devant des tribunaux d'exception, comme quelqu'un sûr d'avance du nombre de têtes qu'il doit obtenir, il est insinuant et souple devant un jury dont il redoute et la sagacité et l'admirable tolérance politique. C'est surtout lorsqu'il se présente devant vous, messieurs, avec ce caractère qu'on doit prévoir son habileté et la redouter.

Le deuxième chef d'accusation dont il s'agit au procès actuel, justifie et notre opinion et nos craintes; reconnaissons-le, c'est un chef-d'œuvre de l'art.

L'accusation avait assez mauvaise opinion des chances de succès que lui offrait son premier chef, pour qu'elle dût chercher à rendre plus dangereuses qu'elles ne le sont en réalité pour les accusés, les imputations des crimes politiques qu'il renferme. Aussi a-t-on voulu, pour les rembrunir en y jetant un reflet de déshonneur et d'infamie; et, pour perdre les prétendus conspirateurs, on en a fait des détrousseurs de grand chemin et des coupe-jarrets.

Me Vallon combat le reproche d'association de malfaiteurs contre les personnes et les propriétés, en s'attachant surtout à démontrer qu'il existe une contradiction flagrante à présenter des accusés comme mus par un mobile politique, par le projet de faire triompher une cause, et à les présenter en même temps comme cumulant ce projet avec celui de former une association de malfaiteurs. Il faut remarquer tout ce qu'il y a d'étrange et de déraisonnable dans cette prétention de la part du ministère public, de faire croire que c'est sous des bannières sur lesquelles sont écrits *meurtre*, *assassinat* et *pillage*, qu'on espère enrôler des majorités.

Certes, dit Me Vallon, parmi les événements de la Vendée viennent se placer de coupables attentats, de funestes malheurs, d'atroces abus de la force. En tête de ces malheurs, messieurs les jurés, nous plaçons le meurtre de la Creillère, la mort de M. Gélusseau. Mais quelles soient en paix les mânes de cet homme mort en soldat, que la terre des braves lui soit légère! il a emporté dans la tombe plus que ne valait sans doute ce qui lui restait de vie à parcourir, l'admiration et les regrets des siens et l'estime de ceux qui furent ses adversaires. Parmi les atroces abus de la force, figure l'assassinat des infortunés Chalopin; mais vous l'avez remarqué, messieurs, et l'élan de douleur qui s'est manifesté sur ces bancs ne vous aura pas trompé, il n'est pas une voix parmi les accusés, il n'en n'est pas une seule dans toute la Vendée qui ne se soit élevée pour crier infamie et malédiction sur les meurtriers des Chalopin.

Il faut bien le reconnaître les larmes dans les yeux et la douleur dans l'ame, c'est à des individus ayant appartenu aux bandes qu'il sera demandé compte un jour de ce sang innocent. Mais que ces meurtres puissent être imputés aux bandes elles-mêmes, qui oserait le dire s'il a un peu de clairvoyance dans l'esprit et de justice dans le cœur? L'accusation elle-même ne saurait en avoir le courage?

Mais elle aurait dû avoir celui de vous dire que ces crimes étaient l'inévitable résultat des guerres civiles, qu'ils étaient un incident hideux de tous les partis, sans appartenir à aucun d'eux, Car, messieurs, si le ministère public n'a donné place dans son acte d'accusation qu'à ceux qui se rattachent indirectement aux bandes, il faut qu'on sache qu'il y aura aussi pour nous un autre acte d'accusation; et celui-là une main amie ne saurait le soustraire des cartons d'un procureur-général; l'histoire impartiale et inexorable pour tous, consacrera la mort de mademoiselle de la Rolerie, l'assassinat de M. de Baschet, et plus d'un autre encore aura droit à une page lugubre et sanglante.

Mais croira-t-on que nous serons assez lâchement calomniateurs, nous, défenseurs des bandes, pour dire qu'il était dans le système de l'armée de faire des feux de peloton sur de jeunes filles de dix-sept ans, et de mutiler avec la barbarie d'un coupe-jarret d'Afrique, un militaire inoffensif autant qu'il était homme d'honneur?

Nous n'oserions le dire, parce-que nous mentirions à nos propres convictions. Mais alors qu'on imite notre réserve! qu'on se garde d'attribuer au système des bandes des actions atroces qui n'appartiennent qu'à ces assassins qu'on remarque par malheur à la suite de toutes les guerres civiles, à peu près semblables à ces bêtes féroces qu'on voit suivre les corps d'armée pour se jeter sur des cadavres et des blessés.

Que si l'on veut un trait qui caractérise le système des bandes envers les personnes, on se souvienne qu'en de nombreuses rencontres elles firent des prisonniers, et qu'il n'y eut pas un seul attentat, la plus légère violence envers un captif. C'est ainsi, messieurs les jurés, que la troupe commandée par Sortant, et dont faisaient partie Chevrier et Faligan firent dans les landes du Mai, des prisonniers d'un régiment de ligne; ils les renvoyèrent sous leur drapeau après les avoir indemnisés d'une soustraction d'argent et les avoir consolés par de copieuses libations, d'une captivité qui ne dura tout un jour que parce qu'une partie se passa en toasts.

On sait, messieurs, quelles furent les représailles dont on usa envers les prisonniers vendéens; on sait comment une populace infâme se chargea de les acquitter le long d'une route de soixante lieues, en faisant subir à de nombreuses reprises, à des gens chargés de chaînes, des haltes qui semblaient autant de guet-à-pens d'assassinat. Honte à ces bourreaux de captifs ; une voix éloquente les a flétris dans cette enceinte du nom de bacchantes d'échafaud et de hurleurs de guillotine. Que cette qualification leur reste, qu'elle soit à eux à toujours, elle est la réprobation de la France indignée.

Le défenseur discute l'accusation d'association en tant qu'elle aurait pour but l'attentat aux propriétés. Il s'attache à faire ressortir l'esprit de l'article 265 du code pénal en invoquant et les motifs donnés lors de la discussion de la loi et l'avis des commentateurs.

En droit, vous le voyez, dit-il, messieurs, les conditions indispensables pour l'application de l'article 265 du code pénal, c'est l'intention exclusive de tout autre de mettre en commun le produit des méfaits commis sur les propriétés d'autrui ; l'association dont parle la loi est une espèce de société en nom collectif formée par des gens qui font métier du vol et du pillage dans un but de partage d'objets volés ; fixer cette définition dans la cause, c'est en bannir l'application possible de l'article 265. Je ne ferai pas aux accusés l'injure de discuter la chose la plus incontestable du procès, leur moralité ; mais je regarde comme un devoir de rappeler encore une fois ce qu'il y a de plus dominant et de plus honorable dans la cause, de rappeler ce fait qui est à lui tout seul la profession de foi la plus éloquente en faveur de la probité de nos clients, par cela même qu'il est un fait.

Il a été reconnu par le ministère public et consacré par des dépositions nombreuses que c'était une règle invariable dans les bandes d'en expulser quiconque compromettait sa réputation par un fait de vol ou de pillage ; et cette règle reçut son application toutes les fois que les circonstances la réclamèrent... Ainsi, plus de débat possible entre l'accusation et la défense sur ce point... Mais aussi plus d'efforts de la part du ministère public pour introduire dans la cause un système dont les faits font justice, un système auquel les antécédents de chacun des accusés restés dans les bandes donnent le plus complet démenti. Non, messieurs, les soldats de M. de Caqueray et de M. Delaunay ne sont pas des voleurs, ils ne sont pas des bandits... Et si on ne les voit pas après le combat, la poitrine parée d'un ruban, au moins ne les vit-on pas avant figurer sur des bancs de cours d'assises. Qu'importe maintenant qu'on les appelle des brigands au lieu de les appeler des héros ; eu France il y eut toujours un dictionnaire pour les vaincus ; mais la postérité sait en arracher les feuilles, elle les remplace par celles de l'histoire, par celles de l'histoire qui dira que si les Vendéens furent assez malheureux pour figurer dans des troubles civils, on ne vit sur leur poitrine que les cicatrices du guerrier, mais qu'on ne surprit jamais sur leurs épaules le stigmate du crime.

Encore un mot, messieurs, sur ce second chef d'accusation, et si j'ajoute à ma défense, c'est moins en faveur de mes clients que je regarde comme absous par avance et par la seule force des premières explications données, qu'en faveur de la contrée à laquelle ils appartiennent. Leur patriotisme a souffert plus que leur amour-propre n'a été blessé d'entendre dire par le ministère public que les chouans étaient organisés de telle façon que sans vivres réglés, sans rations sur lesquelles ils pussent compter, sans régularité de solde, ils se trouvaient dans la nécessité de commettre, pour exister, des exactions ou des vols.

Les chouans, messieurs, n'avaient pas besoin de piller ce que toutes les mains leur offraient : et, encore une fois, l'on a fait une cruelle injure à la Bretagne, en supposant qu'elle pouvait refuser du pain à ses enfants mourant de besoin ; c'est une mère qu'on a blessée au cœur, car on a douté de ses plus belles et de ses plus vieilles qualités. Dans ce pays, tous les habitants se regardent comme solidaires, lorsqu'il s'agit pour quelques uns de souffrances

et de dangers; dans ce pays, on sait souffrir avec son voisin et son frère, et mourir même avec lui s'il le faut;
mais on ne sait pas l'abandonner ou le trahir. Aussi, messieurs, la police a-t-elle fait à la Vendée l'honneur de
désespérer d'elle; elle a pensé que cette noble terre n'a-
vait pas produit, eu égard au temps qui court, ce qu'il lui
fallait de traîtres et d'espions pour ses honteux besoins. Et
en vérité, elle a bien fait la police de désespérer de la
Vendée, elle n'y eût pas trouvé deux hommes, non, pas
deux hommes, qui, à si grand prix d'argent que ce soit,
eussent vendu le sang de leur frère; car, s'il est des palais
où l'argent est tout, de quelque part qu'il vienne, il est des
chaumières où il est compté pour rien; et ces chaumières
sont celles de la Bretagne. Dans ce pays, la honte ne s'es-
compte pas, et l'or qui la rétribue la décuple pour celui
qui le reçoit.

Me Vallon, après avoir résumé les différents moyens de
fait et de droit qu'il a fait valoir en faveur de ses clients,
termine ainsi : « Je finis, messieurs les jurés, en réclamant hautement de votre impartialité et de vos lumières le
bénéfice de ces différents moyens pour les accusés Che-
vrier et Faligan. Vous avez déjà reconnu que le premier
chef d'accusation était seul susceptible d'une discussion sé-
rieuse; mais il doit être sans danger pour mes clients. Vos
consciences se seront obstinément refusé à voir en eux
deux conspirateurs; vous n'aurez reconnu dans toutes leurs
actions, ainsi que nous vous l'avons dit et répété, que la
conduite de deux jeunes réfractaires, qui ne songeaient
guère à priver le chef de l'état de son trône; mais qui voulaient garder, eux, leur indépendance, leur chaumière, et
respirer l'air du sol natal; vous proclamerez enfin qu'ils
n'ont conspiré que contre la loi qui les appelait sous les
drapeaux.

Du reste, messieurs, aujourd'hui ils sont réconciliés
avec la conscription. Ils ont appris ce qu'il en coûte de lut-

ter contre elle ; ils l'ont appris par une année de détention, par un siècle d'angoisses, et de ces angoisses atroces, qu'une accusation capitale entretient et fixe dans le cœur de l'homme.

Une accusation capitale, messieurs les jurés, où en sommes-nous donc? Quel mot ! quelle monstrueuse exigeance ! A-t-on bien pu vous proposer de la réaliser? A-t-on bien pu vous proposer de charger vos consciences, vos consciences de Français, vos consciences d'honnêtes gens, du fardeau d'un pareil remords? A-t-on bien pu vous demander de punir l'indiscipline de deux réfractaires, en donnant au bourreau ces deux jeunes têtes si belles de courage, si riantes d'espoir et d'avenir. Le bourreau! Ah ! messieurs, daignez me pardonner, je me repens d'avoir prononcé ce mot devant vous, il est une injure, une injure qui dégoûte et fait mal, tant il est hideux d'injustice et de rigidité !

Me Dubois de Saint-Vincent prend ici la parole pour les accusés Julien Légeard, Jean Renaudeau et Laurent Cresson ; il commence sa plaidoierie en exprimant la crainte qu'il éprouve de rompre le charme sous lequel avait placé tout l'auditoire un orateur (Me Janvier) qui avait eu pour auxiliaires l'énergie que donne la conviction, et cette grâce, cette pureté de diction que le génie et le talent peuvent seuls inspirer ; mais il annonce qu'il puisera dans le sentiment du devoir les forces nécessaires pour accomplir sa tâche. Il rend compte des impressions qu'a fait éprouver à ses clients l'événement judiciaire qui les a appelés devant la cour d'assises de Loir et Cher, et des hommages qu'ils rendirent aux magistrats qui prononcèrent cet arrêt de renvoi qui devait rassurer les plus timides. « Ils ont entendu, dit-il la voix de ces magistrats leur criant : Accusés de faits politiques, vous ne devez pas être jugés au milieu des passions politiques. Le sol de l'Anjou est encore

trop brûlant : ce n'est pas aux vainqueurs à juger les vaincus. Il est donné à bien peu d'hommes d'être généreux
après la victoire. Nous veillerons sur vous, nous vous amè-
nerons devant des juges qui prêteront une oreille également
attentive et à ceux qui accusent et à ceux qui défendent.
Ceux-là se tiendront en garde, s'il le fallait, contre les passions du moment : s'il le fallait aussi, ils prouveraient que le
courage civil est une des grandes vertus du magistrat.

» Oui, messieurs les jurés, tel est le sens, tel est l'esprit
de cet arrêt qui vous fit juges de mes clients : ainsi pensè-
rent les magistrats qui l'ont rendu, et aussitôt ils cherchèrent quelle ville, quels hommes offraient le plus de garantie aux accusés. Ils vous choisirent, messieurs, et ce choix
fut applaudi. Vous jugerez sans passion , parce que vous
n'en avez d'autre que celle de bien faire ; vous jugerez
avec l'impartialité de l'histoire , parce que l'histoire jugera
un jour votre propre décision ; vous jugerez sans crainte,
parce que votre cœur n'est accessible qu'au sentiment du
devoir : en un mot vous êtes des juges comme les accusés
les désiraient , les appelaient dans les longs jours et les
nuits encore plus longues de leur captivité. »

Le défenseur flétrit la lâcheté de ces hommes qui ont
outragé des prisonniers chargés de fers , il déverse ensuite
son indignation sur la mesure qui donnait un surveillant à
la communication entre les accusés et leurs avocats, et rend
hommage au magistrat, président des débats, qui a rendu à
des communications aussi sacrées toute leur liberté. Quant
aux inventeurs d'une pareille mesure , il leur a conseillé
de la faire oublier, pour que leur nom ne soit pas flétri par
une telle tache.

Me Saint-Vincent expose ensuite à messieurs les jurés
comment il comprend leurs fonctions dans les procès politiques : il trouve, dit-il, la règle de leur conduite dans les
enseignements de l'histoire des révolutions qui troublent
la France depuis plusieurs années. Après avoir dit que ce

qui est applaudi un jour est flétri le lendemain ; que ceux que la popularité caresse sont repoussés quelques jours après, l'orateur cite à l'appui de ses paroles les exemples suivants :

« Paris n'a que des bénédictions et des louanges pour Louis XVI ouvrant les états généraux ; Paris voit s'élever l'échafaud sur lequel tombera cette tête dépouillée de sa couronne. C'est en vain que Mirabeau expirant dit à ses amis que celui qui fut aussi populaire doit s'estimer heureux de mourir dans son lit. Quelques mois après, ce même peuple qui l'adora, brisait le sépulcre de son tribun et dispersait ses restes mortels. N'avons-nous pas vu le grand homme du siècle, celui qui fit asseoir la gloire à ses côtés sur un trône que soutenait une épée victorieuse, emmené bien loin de cette Europe qu'il parcourut en tous sens à la tête de ses armées, et finir ses jours sur un rocher désert, au milieu de l'Océan. Comptez les exils, comptez les retours dans la patrie de cette famille à laquelle la France doit tant de prospérité ! Rappelez-vous cette monarchie qui, malgré ses apparences de force, tomba devant une insurrection de trois jours ! Voyez aussi les héros de cette époque traînés journellement devant les cours criminelles ! Voyez aussi ce prince, d'abord si populaire, livré aujourd'hui aux attaques les plus violentes de ceux qui les premiers le saluèrent du nom de *roi !*

» Maintenant, messieurs les jurés, qui donc vous dira : Condamnez, condamnez ces hommes-ci ; ils ont manifesté une opinion contraire à l'opinion du moment. C'est à dire que si notre malheureuse France doit être long-temps encore déchirée par les révolutions, la moitié des Français aura été jugée et condamnée par l'autre moitié. C'est avec des édits de pacification que le bon roi avait rétabli le calme dans son royaume si long-temps troublé : il n'essaya ni des dragonnades, ni des cours criminelles, non plus que des garnisaires et de l'état de siége. »

Le défenseur engage les jurés à se faire juges de la politique elle-même, à s'élever, par les preuves, au-delà de
cette atmosphère politique qui pèse si lourde et si épaisse
sur la France entière, pour mieux apprécier les actes qui
sont l'objet de l'accusation.

La justification de Légeard, accusé de tentative d'enrôlement, lui paraît bien facile, puisque, en admettant l'exactitude du récit fait par les témoins, la loi ne pourrait être
appliquée. Il s'afflige qu'on ait employé des militaires à
des manéges de police. Les faits reprochés ne lui paraissent
constituer qu'une proposition d'enrôlement non agréée,
qui rentrerait dans l'application de la loi du 4 nivôse an 4,
mais ne peut être considérée comme tentative du crime
d'enrôlement dont est accusé son client. En finissant cette
partie de la défense, l'avocat de Légeard fait connaître que
ce prétendu embaucheur a trois enfants sous les drapeaux,
que son arrestation, qui remonte à seize mois, a jeté sa
famille dans la plus profonde misère. « Permettez-moi de
lui dire avant vous, s'écrie-t-il, Légeard, vous serez libre ;
allez vers votre famille, et dites-lui que vous trouvâtes à
Blois des juges que le malheur attendrit et que l'injustice
indigne. »

Me Saint-Vincent fait observer que l'accusation qui
pèse sur Renaudeau est celle de complot, d'attentat contre
la sûreté intérieure de l'état ; que de plus on le considère
comme ayant fait partie d'une association de malfaiteurs. Il
adhère aux principes développés d'une manière si remarquable par Me Janvier sur le caractère légal de ces crimes,
et présente un résumé des thèses qu'il a soutenues sur cette
triple question de droit. Il cherche à établir que toutes les
bandes vendéennes pouvaient ne pas avoir été formées dans
le but de préparer ou commencer l'exécution du complot
dont parle l'acte d'accusation.

« Ainsi, dit-il, après le renversement d'une monarchie
à laquelle se rattachent, au surplus, des pensées de gloire,

des souvenirs de prospérité, dans un pays où l'on croit encore à la sainteté du serment, où les principes d'anarchie
et de désordre n'ont pas encore prévalu sur les principes
d'ordre et de conservation, il est arrivé que des hommes
consciencieux, des hommes à conviction profonde, dont la
croyance politique et religieuse n'est pas facile à ébranler,
n'ont vu un tel changement qu'avec douleur. On leur parla
de liberté d'opinions. Ils y crurent pour leur malheur.
Quelques uns ne dissimulèrent ni leurs regrets ni peut-être
leurs espérances. Ces imprudents apprirent bientôt qu'il
peut exister des gouvernements où le mot de liberté est
écrit dans toutes les lois, où l'arbitraire cependant marche
tête levée. Montesquieu dit même que c'est là le pire des
gouvernements. Des menaces de poursuites, des commen-
cements de persécution forcèrent quelques unes de ces
personnes à quitter leur domicile pour se soustraire à l'action judiciaire. D'un autre côté, leur nombre fut augmenté
par des jeunes gens que la loi appelait au service militaire,
et qui ne pouvaient vaincre la répugnance qu'ils éprou-
vaient à engager leur fidélité à un drapeau qui n'était pas le
drapeau de leur affection ; hommes pleins de générosité et
de bravoure, qui auraient vaincu l'étranger, dont la présence n'a pas souillé cette terre de Bretagne, vierge encore de l'invasion ennemie ; mais qui manquaient de courage pour aller combattre dans les rues de nos villes des
malheureux qui ne leur inspirent que de la pitié. Enfin aux
précédents vinrent se joindre des militaires impatients du
joug de la discipline, ou que l'amour du sol natal poussait
à la désertion. N'est-ce pas ainsi, messieurs, que se sont
formées successivement presque toutes ces bandes errantes,
généralement inoffensives, composées d'hommes fuyant
l'injustice ou la persécution, attaquant rarement, ne faisant presque toujours usage de leurs armes que pour leur
défense personnelle. »

Avant d'aborder l'examen des faits concernant l'accusé

Renaudeau, son avocat établit que sa présence dans les bandes, représentées toutes sans exception comme autant de conjurations ambulantes, ne peut constituer par elle-même la participation à un complot, à un attentat, avec d'autant plus de raison que des menaces de poursuites pour propos séditieux l'avaient décidé à quitter son domicile. Il se plaint ensuite de l'exagération à l'aide de laquelle on a présenté, dans un premier rapport, la chasse exécutée contre cinq chouans par trente-trois militaires, comme un véritable combat qui aurait duré plus d'une heure.

« Il faut pardonner, dit-il, au vainqueur d'Austerlitz la petite faiblesse de déguiser la vérité dans des bulletins mis à l'ordre du jour de l'Europe entière. L'amour du nom français et de la gloire nationale pouvaient lui inspirer cette fraude pieuse. »

Il rend justice à la franchise du capitaine Gallerand qui a rétabli les faits non plus avec la véracité douteuse d'un bulletin, mais avec la vérité que lui imposait son serment. Tout en applaudissant à la bravoure et à la bonne foi de cet officier, il rappelle que c'est un besoin pour lui de rappeler la partie de sa déposition où il s'est vanté de sa facilité à violer les domiciles des Vendéens, comme si la loi ne punissait pas de telles violations.

« Le lieu d'une pareille confidence me paraît bien mal choisi, s'est-il écrié. On dit en Angleterre, on ne peut plus le dire en France, que le domicile du citoyen est une forteresse. Il paraît que l'illusion était complète pour le capitaine Gallerand, et que, par suite d'une habitude toute française, il faisait enlever ces forteresses au pas de charge et à la pointe de la baïonnette. »

A l'aide des documents nombreux qui établissent la bonne moralité de son client, Me Saint-Vincent combat cette accusation d'association de malfaiteurs si déplacée à côté de celle de complot et d'attentat. Il rappelle les paroles de l'orateur du gouvernement qui prouvent suffisamment

que l'association de malfaiteurs , suivant la loi , est l'association des êtres pervers qui , n'ayant d'autre métier que le
vol et le pillage , conviennent de mettre en commun les
produits de leurs méfaits. Pour son client. ancien soldat ,
la mort comme peine politique serait, dit-il , une faveur
bien préférable à la qualification infamante de malfaiteur.
L'avocat termine cette seconde partie de sa plaidoierie en
invoquant le souvenir d'un trait de courage tout en l'honneur de son client. Il le place sous la protection d'un tel
souvenir, et invoque pour lui l'indulgence et la justice du
jury.

Arrivé à la défense du lieutenant Cresson , accusé de
complicité de complot et d'attentat contre la sûreté intérieure de l'état, comme ayant donné des instructions aux
accusés Constantin de Caqueray et Douet pour organiser
et discipliner les bandes, Me Saint-Vincent exprime l'embarras qu'il éprouve pour combattre une accusation qu'il
ne comprend pas, embarras qui a été partagé par le ministère public. Suivant lui, cette accusation est impalpable.
Il ne la conçoit que par le désir qu'on aurait eu d'enlever
à la Vendée un chef redoutable, si un mouvement général
venait à s'opérer ; car le lieutenant Cresson avait déployé
un grand courage dans les dernières guerres civiles , et ses
principes religieux et politiques lui donnaient une grande
influence. Il a invoqué le témoignage du député Robineau
qui a rendu haute justice au caractère honorable de cet
accusé. Pour peindre toutes les qualités de son client,
Me Saint-Vincent s'est exprimé ainsi :

« C'est un fanatique, dira-t-on. Où est donc la loi qui
punit le fanatisme ? Examinons, messieurs, une accusation d'un genre si nouveau. Serait-ce parce que , père de
dix enfants, il a refusé une solde de réforme qui l'obligeait
à un serment que sa conscience condamne, qu'on l'appel-
lerait fanatique ? Je l'ai dit, le lieutenant Cresson appartient à un pays assez arriéré, si l'on veut, pour qu'on croie

à la sincérité du serment ; il se regarde comme lié par celui
qu'il prêta à une autre dynastie, à une autre constitution ;
il n'a pas entendu la grande voix de la nation qui demandait
d'autres lois, d'autres gouvernants : d'ailleurs il s'accommode
parfaitement de sa fidélité et de son honorable pauvreté ; il
plaint ceux que la soif des honneurs et des richesses dispose au contraire à s'accommoder de tous les régimes, à
engager leur fidélité à tous les gouvernants, si leur intérêt
s'y trouve. A ceux-là il dit : Arrière, arrière les hommes
qui brûlent aujourd'hui ce qu'ils adorèrent jusqu'à l'abais-
sement. Dira-t-on qu'il est fanatique par ses idées religieuses ? La piété de mon client n'est pas une piété de circonstance ; elle fut de toutes les époques de sa vie. Sa religion n'est pas non plus une religion de commande ; c'est
dans sa conviction qu'il la puise et la réchauffe. Nous connaissons les hypocrites en politique et en religion ; nous
savons que ces caméléons ne se conduisent que suivant les
circonstances et leur intérêt. Non, certes, ce n'est pas
dans une telle catégorie qu'on placera jamais mon client.
En religion, il est fanatique comme l'étaient ces premiers
chrétiens qui sacrifiaient leur vie à leur croyance ; et, je ne
suis pas exclusif, je dis aussi comme l'étaient ces Français
qui, après la révocation de l'édit de Nantes, marchaient à
l'exil pour conserver leur foi. En politique, il est fanatique
comme un Châteaubriand ; ou bien encore comme ces
deux magistrats de la cour de Poitiers qui viennent de descendre de leurs siéges aux applaudissements des gens de
bien. Condamnez, si vous pouvez, un pareil fanatisme,
ou plutôt joignez votre admiration à la nôtre. »

Me Saint-Vincent, après avoir établi que l'accusation
ne repose que sur des paroles prononcées dans l'intimité,
s'exprime ainsi :

« Nous en sommes donc venus à voir ériger des accusations
capitales sur de simples conversations, dans lesquelles
chacun a cru pouvoir librement manifester son opinion

sur les hommes et sur les choses d'aujourd'hui et d'autrefois. Les vieux soldats comme le lieutenant Cresson aiment
à conter leurs campagnes. Que celui qui prit part à ces
guerres de Vendée qui occuperont une si grande place dans
l'histoire se garde donc d'en faire le récit, car, sur la dénonciation d'un seul des auditeurs, il pourrait bien être
accusé d'avoir donné des instructions sur la manière dont
se dirige la guerre de partisans, et il y va de sa tête. Si ce
narrateur fut de ces hommes fidèles qui accompagnèrent
Napoléon de l'île d'Elbe à Paris, qu'il se garde aussi de
raconter dans tous ses détails cette marche si hardie et si
prompte que l'on n'eut même pas le temps de la comprendre; il pourrait bien être accusé de donner des instructions pour ramener un autre prétendant On est si disposé à s'effrayer que l'ombre même d'une femme fait trem-
bler. A celui-là encore, il faut recommander la discrétion,
car il y va aussi de sa tête.

Pour établir que sous la monarchie absolue on profes-
sait que des paroles indiscrètes ne pouvaient faire la matière d'un complot, le défenseur cite un passage de Montesquieu; il cite aussi une partie de la plaidoierie de
Me Battier dans une cause analogue, pour prouver que les
révélations d'un co-accusé n'ont jamais pu former judiciai-
rement la preuve de la complicité à un complot on à un
attentat.

Me Saint-Vincent résume sa plaidoierie, et la termine
ainsi :

« Après avoir jeté un regard en arrière pour vous rappeler
tout ce qui a été dit en faveur de trois accusés dont aucun
ne serait indigne de votre indulgence, si tous n'avaient
droit à votre justice, permettez-moi, messieurs les jurés,
de gémir avec vous sur tant d'infortunes particulières cau-
sées par nos querelles intestines, et que les infortunes générales ne peuvent priver de votre intérêt. N'est-ce pas
assez que notre France soit courbée sous tant de misères?

Pourquoi ajouter de nouveaux malheurs à tant d'autres qui affligent les gens de bien ? Et quels plus grands malheurs que des châtiments infligés pour dissentiments politiques ? Assez de sang a été versé, assez de larmes ont coulé ; occupez-vous à réparer tant de maux ; surtout n'en perpétuez pas le souvenir par des condamnations judiciaires, qui, en politique, sont de nouvelles sources de haines et de récriminations, de nouvelles causes irritantes. »

» J'entends le ministère public qui vous dit : Condamnez ceux-ci pour prévenir de nouvelles accusations. Sans doute, messieurs, lorsque les passions politiques sont éteintes, lorsque les opinions sont comprimées et vaincues par un état général de prospérité, ils sont bien coupables ceux qui, par des tentatives criminelles ont troublé ou détruit cette paix, ce bonheur qui donnaient tant de force au pays. Mais lorsque les partis sont en présence et presque sous les armes, lorsque le parti dominant n'est arrivé au pouvoir qu'en proclamant la sainteté et la liberté de l'insurrection, faudrait-il que ceux qui furent épargnés sur le champ de bataille périssent par l'homicide légal ? Qui donc plus que Napoléon apporta la guerre civile sur le sol de la patrie, lorsque s'élançant de la retraite qu'il obtint par un traité de paix, il arriva comme par bonds dans la capitale de France ? Où est-il celui qui voudrait aujourd'hui avoir fait tomber un seul cheveu, je ne dis pas de la tête du grand homme, mais de celle d'un de ses vieux grenadiers, compagnons d'une aussi glorieuse entreprise.

« Il faudrait, messieurs les jurés, que les faits politiques ne pussent être jugés que dix ans après leur accomplissement. Alors, l'opinion des juges, formée par l'observation même des événements postérieurs, serait à l'abri de toute erreur funeste. Un temps arrive où l'on fait des martyrs de ceux qui payèrent de leur vie l'entraînement de leur conviction politique. La France pleure aujourd'hui la mort du prince de la Moscowa, dont l'éloquent défenseur viendra sous peu de jours honorer de sa présence le banc des accusés. Rennes a déjà vu l'échafaud se rougir du sang vendéen ! Ce n'est pas vous, messieurs, qui voudriez suivre ces traces sanglantes, qui voudriez envoyer dans les bagnes des hommes que leur conviction politique a dirigés dans tous les actes qu'on leur reproche. Non, le défenseur de Légeard, de Renaudeau, du lieutenant Cresson ne craint pas pour eux des rigueurs que la loi réserve aux grands coupables. Il attend avec confiance un verdict qui rendra à la liberté trois pères de famille. En bénissant vos noms, ils se féliciteront d'avoir eu pour juges des hommes éclairés, et, ce qui est mieux encore, de bons citoyens. »

Me Auguste Johanet, avocat à Orléans, prend la parole pour Charrier père et fils.

Messieurs les jurés,

C'est avec une sorte de crainte, je l'avouerai, que je viens remplir devant vous le devoir sacré de la défense. A peine entré dans la carrière, étranger à cette ville, j'ose mêler ma voix à celle de vos concitoyens qui tour à tour ont captivé vos suffrages, et me faire entendre après cet avocat d'un talent si fier et d'une parole si haute, qui est apparu dans cette enceinte comme une providence commune à tous les accusés. Un instant, j'ai hésité à accepter cette terrible mission, mais je dois le dire, cette cause excite si vivement mes sympathies, que jai cessé de désespérer de mon zèle et de mes efforts. Je me sens rassuré d'ailleurs par le souvenir de la religieuse attention que vous avez apporté à ces longs débats, et de l'admirable impartialité qui y a présidée.

Je ne traiterai pas de nouveau les hautes questions qui ont été développées avec tant d'éclat par Me Janvier, mais j'y rattacherai tous les faits relatifs à Charrier père. J'espère, à force de preuves, vous démontrer que mon client n'a pas conduit Caqueray et Douet aux bandes, n'a pas enrôlé Ivon, enfin qu'il n'a pas fait partie ni d'un complot, ni d'une association de malfaiteurs ; je me flatte même de détruire les moindres présomptions sur lesquelles l'accusation a tenté d'étayer son frêle échafaudage.

Charrier père était maréchal-ferrant à la Tour-Landry. Son caractère doux, ses habitudes de travail, l'avaient toujours éloigné de la pensée d'entrer dans les bandes, et à ce sujet, il vous a dit fort naïvement : *je ne suis pas bon soldat.* N'allez pas toutefois trouver une contradiction à cette conduite dans la réponse affirmative de l'accusé, quand on lui a demandé s'il s'était battu dans les anciennes guerres de la Vendée. Sans doute, Charrier père a pris les armes, en 1815 ; il est parti *comme les autres*, vous a-t-il dit, et ses expressions peignent parfaitement l'époque. En effet, messieurs, dans cette contrée hospitalière de l'honneur et du dévouement, il suffit que la patrie paraisse courir le moindre danger, pour que chaque Vendéen ressente ce généreux élan, cette noble impulsion qui prennent leur source dans une vieille fidélité qui forme le fond de leur caractère.

Charrier père suivit donc le drapeau auquel son pays se ralliait. Mais dès qu'il n'y eut plus rien à faire pour cette sainte cause, il rentra dans ses foyers, au sein de sa famille. Il redevint maréchal-ferrant, et ne s'occupa plus que de son atelier. La restauration arriva et pendant ses quinze années de paix et de bonheur, selon les uns, de despotisme et de tyrannnie, selon M. le procureur général, Charrier continua paisiblement son métier, entouré de l'estime de tous ses concitoyens. La révolution de juillet affligea sans doute le fidèle Charrier, mais elle le trouva calme, résigné, surtout sans aucune hostilité contre elle. Je vous raconterai plus tard comment son fils fut forcé de quitter la maison paternelle. Il me suffit de vous dire, en ce moment, que cette nouvelle frappa comme d'un coup de fou-

dre le brave Charrier, et vous avez entendu plusieurs témoins vous déclarer qu'il avait tenté tous les moyens pour
déterminer son fils à quitter les bandes dont il prévoyait
le malheureux sort. L'infortuné était loin de penser que lui-
même allait bientôt être réduit à rejoindre un fils qu'il ai-
mait tant. Cependant, messsieurs, ce second malheur
était prêt à fondre sur la famille Charrier. Au mois d'août
1831, Crouston se présente chez Charrier, son ami, lui
dit qu'il est malade, le prie de vouloir bien le remplacer
et de conduire, dans une métairie voisine, deux jeunes gens
auxquels M. de Caqueray de la Comterie, l'avait donné
pour guide. *Je m'en charge*, fut la réponse du complaisant
Charrier. Cette complaisance devait perdre Charrier père,
comme je vais vous l'exposer tout à l'heure.

Arrivons à la déposition de Crouston.

Crouston, dit Bourdon, messieurs, est un ancien tambour de l'armée royale, et en cette qualité, il a fait beaucoup de bruit dans le monde, aussi est-il devenu très célèbre, l'histoire lui a consacré plus d'une page, les poëtes
l'ont chanté, et les nombreux voyageurs qui viennent dans
cette contrée, ne manquent pas d'aller le visiter comme un
monument respectable, comme une sorte de sainte relique.
On lui adresse mille questions, et sans doute aussi on lui fait
battre quelque rappel sur son tambour d'autrefois. Il y a
même des gens qui ne quitteraient pas la Vendée sans avoir
vu Crouston : à leurs yeux, c'est la Vendée personnifiée,
c'est toute l'armée royale. Au reste, Crouston se résigne
à sa renommée, il en subit volontiers toutes les conséquences, disons mieux, il l'exploite assez habilement.
C'est elle qui le fait vivre, ou, pour mieux dire, qui le fait
boire. Il passe sa vie à parcourir les châteaux, recrute des
aumônes, et remporte le tribut de la générosité qu'il dépense toujours gaiement au cabaret, sans souci, sans inquiétude du lendemain, parce que sa vieille réputation lui
répond de tout. M. de Caqueray était un des bienfaiteurs

privilégiés de Crouston, et le château de la Comterie était l'objet des prédilections du tambour. Ce fut donc à Crouston, ce visiteur habituel, que M. de Caqueray crut pouvoir s'adresser pour conduire son jeune parent et Douet dans une métairie distante de quelques lieues de la Comterie. Crouston se trouva malade en route, *il avait bu*, vous a dit M. de Caqueray, il fut obligé de monter le cheval de ces messieurs, et il ne put les conduire jusqu'au lieu indiqué. Ce fut alors qu'il pria Charrier père de prendre sa place, et de les mener à la *métairie*. Charrier père consent à rendre ce service à son ami, et il part. A ce sujet l'accusation se récrie, elle vous dépeint Charrier conduisant Douet et Caqueray aux bandes. Ici messieurs, je ne comprends pas l'accusation, et vous ne la comprendrez pas non plus.

En effet, messieurs, Charrier père ne savait pas que ces deux jeunes gens allaient aux bandes, et je le prouve en vous rappelant ce que M. de Caqueray de la Comterie vous a affirmé avec toute sa loyauté, c'est que Caqueray et Douet eux-mêmes ne savaient pas encore où ils allaient. Leur plan, leur but était de quitter la Comterie où leur séjour pouvait nuire à M. de Caqueray, ils voulaient s'en éloigner et attendre en changeant de lieu chaque jour ce moment qu'ils croyaient prochain, où une insurrection contre l'anarchie républicaine qu'on redoutait, s'organiserait dans la Vendée. Crouston devait les conduire à une métairie comme vous l'a dit lui-même le défenseur de Douet; c'est donc dans son imagination, peut-être aussi au fond du verre et non dans une communication qui lui aurait été faite, que le tambour Crouston a vu le projet d'aller aux bandes. Charrier conduisit donc les deux jeunes gens à la ferme.

Ici encore, messieurs, l'accusation prétend que Charrier se conduisit en maître qui dispose de tout, et elle se fonde sur la recommandation que, d'un ton familier, il aurait faite au métayer de les bien traiter.

Pour moi, messieurs, je m'explique plus naturellement que l'accusation un pareil fait. En effet, Charrier père est l'ami du fermier pour lequel il travaille, il a donc pu, sans agir en maître, dire au fermier ce que M. de Caqueray vous a répété : « Ce sont de braves garçons ; donnez-leur à boire et à manger, et traitez-les bien. » Le fermier y consent de bon cœur, alors Charrier, qui a rempli sa mission, quitte la métairie et retourne à la Tour-Landry. Jusqu'ici, messieurs, vous n'avez certainement rien vu qui puisse vous faire seulement penser que Charrier a conduit Caqueray aux bandes, vous n'en verrez pas non plus la preuve dans la réapparition de Charrier père à la ferme le lendemain, car Douet vous a dit qu'il n'y était venu que pour apporter un soc de charrue, parce qu'il était le maréchal du fermier. Le soir, Bodin et un autre chouan passèrent à la ferme, comme le pratiquent souvent les chouans pour se reposer ou pour manger, et emmenèrent avec eux Caqueray et Douet, dont Charrier n'a plus entendu parler depuis. J'ajouterai à ces faits les déclarations de monsieur et mademoiselle de Caqueray qui vous ont assuré n'avoir jamais entendu dire que Charrier père eût conduit leur parent aux bandes.

Ainsi, messieurs, tombe en ce point déjà l'accusation contre Charrier père, vous verrez dans son action, complaisance, désir de rendre service, mais non pas ce que vous représente l'accusation, l'intention de conduire, d'affilier aux bandes Caqueray et Douet. Vous apprécierez donc la déposition de Crouston et votre impartialité saura en faire justice en faveur du malheureux Charrier.

Charrier père informé qu'une dénonciation de Douet allait compromettre sa liberté, fut obligé de quitter son atelier, sa femme, ses six enfants, et de chercher un asile contre la persécution. Ne croyez pas, messieurs, que je

veuille ici me répandre en justes reproches contre Douet.
Non, j'éprouve trop de répugnance à ajouter aux tourments
du remords. Douet, comme vous l'a prouvé son habile défenseur, est resté pur jusqu'au moment où il a été fait prisonnier; mais alors il a joué un rôle que comme militaire
surtout il aurait dû repousser. Je le livre donc tout entier à
lui-même, et certes, messieurs, c'est encore là une manière
de venger le malheureux Charrier qui est aujourd'hui sa
victime.

Suivons maintenant, messieurs, Charrier chassé de son
domicile par cette dénonciation, ou plutôt écoutons ce qu'il
nous a raconté lui-même avec cet accent de vérité que vous
avez su sans doute apprécier. J'errais, vous a-t-il dit, dans
la campagne, me cachant dans les fermes, et cherchant
toujours à me rapprocher de Latour-Landry pour avoir des
nouvelles de ma femme et de mes enfants. Quelquefois,
au contraire, je m'éloignais de plusieurs lieues pour éviter
les poursuites qu'on dirigeait contre moi, c'est alors que
j'ai rencontré les bandes auxquelles je me suis joint pendant
quelques jours pour trouver des moyens d'existence. Telle
était la vie du pauvre maréchal de Latour-Landry dont l'acte
d'accusation a tiré un si merveilleux parti. Comme il est
évident que ses apparitions dans les bandes étaient rares,
on a incriminé ses fréquentes absences en prétendant
qu'elles avaient pour but de recruter des partisans et des réfractaires. Vous reconnaîtrez, j'en suis convaincu, l'absur-
dité d'une pareille imputation, et vous verrez dans Charrier
non un embaucheur, mais un homme dont l'unique désir
était de se rapprocher de sa famille et de son pays. Je n'ai pas
besoin de vous rappeler, ce que les débats vous ont prouvé,
que mon client n'a assisté à aucun désarmement ni à aucun
engagement avec la troupe de ligne. Jamais, non plus, il
n'a reçu ni munitions, ni argent pas davantage ; et déjà,
sans doute, vous avez acquis la preuve que Charrier n'a
jamais été chouan que parce que la nécessité l'y a réduit

et que le seul désir de conserver sa liberté l'a poussé à quitter son domicile.

Vous ne le rangerez pas parmi ceux qui ont participé à un complot quelconque, car vous avez pu remarquer que sa conduite a plutôt été celle d'un fuyard que d'un conspirateur. Assurément, vous ne le regarderez pas non plus comme membre d'une association de malfaiteurs, car sa vie dans le peu de jours qu'il a passés, à divers intervalles, dans les bandes, a été parfaitement inoffensive, et aucun vol, aucune mauvaise action n'ont été commis par lui, ni même en sa présence.

En jetant les yeux sur l'acte d'accusation qui a été si prodigue, je rencontre encore le nom de Charrier père qu'on y représente comme l'embaucheur d'Ivon. Ici, messieurs, l'accusation est encore une fois en défaut, par suite de la déposition d'Ivon lui-même qui vous a déclaré que pour ne pas retourner dans un régiment où sa qualité d'ancien soldat de la garde était pour lui un sujet continuel de querelles, il s'était décidé à aller joindre les bandes. Il n'a pas même communiqué son projet à Charrier qui lui a dit que son fils, à son grand regret, était dans les bandes.

J'arrive maintenant, messieurs, à la discussion des faits reprochés à mon jeune client. Charrier fils, messieurs, travaillait chez son père, à Latour-Landry, lorsqu'à la suite d'une altercation dans laquelle on le provoqua par des injures grossières, il laissa échapper quelques propos imprudents. Ces propos furent recueillis, exagérés, une dénonciation survint bientôt, des menaces d'arrestation furent prononcées contre le jeune Charrier, qui fut obligé de prendre la fuite comme son malheureux père dont je viens de vous entretenir. C'est ici, messieurs, le lieu de remarquer combien l'espionnage et la délation furent souvent la cause de la disparition de plusieurs habitants de la Vendée qui, pour éviter les poursuites de la justice, se jetaient dans les bandes, préférant la vie dure et sauvage, la destinée

aventureuse d'un chouan , à la triste condition de prisonnier. Presque tous ceux qui paraissent devant vous , vous
ont parlé des nombreuses dénonciations qui ont été exercées contre eux, et vous reconnaissez dans leur présence
sur ces bancs, leurs déplorables suites. Un simple soupçon,
la plus légère expression de regret, le moindre service rendu
par la reconnaissance à un bienfaiteur atteint et convaincu
d'être ami de la légitimité , étaient aussitôt travestis, chan-
gés en discours séditieux, en attentat contre le gouvernement , et souvent on incarcérait les prétendus coupables.

Après avoir erré pendant quelque temps au hasard , le
jeune Charrier fit rencontre des bandes. Dans son imagination de vingt ans , la vie d'un chouan ne se présentait pas
si pénible, si complète de privations , et puis il croyait
échapper ainsi à la prison , et vous concevrez sans doute
qu'il ait préféré les haies et les chemins creux aux barreaux
de fer et aux verroux. Charrier fils se résigna donc à son
sort ; jeune, vif, il aurait peut-être même trouvé dans cette
vie toute de mouvements, d'excursions , une sorte de contentement ; mais son cœur sensible , son ame aimante ne
pouvaient supporter l'idée que son absence enlevait un soutien à sa famille, et la continuelle pensée de sa bonne mère,
de ses jeunes frères et sœurs l'affligeait profondément. Souvent il voulait retourner auprès de sa famille , mais la
crainte d'être arrêté le retenait toujours. M. Delaunay père
l'admit dans sa bande ; le jeune Charrier, naturellement
actif, hardi, entreprenant, conquit l'estime de son chef, qui
lui donna le surnom de *caporal la valeur*. Je revendique ce
nom pour mon jeune client, messieurs, parce qu'il me
semble d'autant plus honorable qu'il ne l'a acquis dans aucune expédition où le sang ait coulé et qu'il ne se rattache
à aucune action qu'on puisse lui reprocher. Je tiens seulement à vous faire remarquer que Delaunay, qui se connaissait en hommes, avait distingué chez Charrier fils , une
heureuse disposition au courage , à l'intrépidité , ce sont

des vertus guerrières avec lesquelles vous êtes faits pour sympathiser. L'accusation, qui dans cette déplorable cause, s'est emparée de tout avec tant d'avidité, a voulu trouver dans ce titre de *caporal la valeur* une preuve que Charrier fils avait commandé comme chef ou sous-chef une association de malfaiteurs. Comme cette complaisance de l'accusation à faire sonner bien haut ce glorieux titre serait fort nuisible à mon jeune client, je m'empresse de vous dire, messieurs, que ce grade a toujours été purement imaginaire, et que jamais Charrier n'a commandé un seul homme. Tous ses compagnons avec lui sur ces bancs vous l'ont attesté, et vous avez entendu M. de Caqueray qui, plus tard a été son chef, vous affirmer que le *caporal la valeur* était simple soldat, montait sa garde, faisait sa faction, et n'a joui d'aucune espèce de privilége. J'ai donc sur ce point pleinement désintéressé ma défense, et vous n'oublierez pas cette distinction très importante.

Delaunay père, messieurs, ce chef au mâle courage, à l'austère vertu, exerçait, comme on vous l'a si bien démontré, une prodigieuse influence sur tout ce qui l'entourait. Il encourageait le jeune Charrier à rester dans sa bande, mais il ne lui reconnaissait pas cependant assez de capacité pour lui confier ses plans, ses projets; il n'a donc pas fait du *caporal la valeur* un agent conspirateur, et, me rattachant sur ce point encore à la lumineuse discussion de cet orateur qui est devenu comme un ancre de salut pour la défense, je dirai qu'il n'y avait pas complot, mais expectative. J'en trouverai une preuve nouvelle dans ces expressions de Delaunay père au jeune Charrier, *ça va bientôt s'enlever*, lui disait-il, ces expressions, messieurs, me semblent peindre merveilleusement bien et le caractère de Delaunay père et l'époque où il les employait. Pour mieux les apprécier, rappelez-vous que Delaunay père avait combattu la république, qui s'était aliéné la Vendée moins en insultant ses idées monarchiques que ses idées religieuses si enracinées : elle avait proscrit son culte, ses prêtres ; dès lors elle trouva dans toute cette contrée un ennemi irréconciliable. Après la révolution de juillet on eut le tort, il faut en convenir, de ne pas traiter la Vendée avec tous les ménagements, disons plus, avec toute la justice qu'on lui devait. On ne voulut pas comprendre tout ce que ses regrets avaient de naturel ; on s'offensa de sa douleur , on incrimina ses plaintes, on trouva ses larmes séditieuses, en un mot, on voulait la voir sans murmure, sans arrière pensée, on exigeait d'elle l'impossible. On entra bientôt largement dans la voie des soupçons, des vexations mêmes: des visites domiciliaires furent le signal des mesures arbitraires qui devaient bientôt être suivies de l'abattement des croix et de la proscription des cérémonies extérieures du culte. Delaunay père fut exaspéré par ce qu'il crut être les exigeances du parti républicain qui ne devait pas tarder, assurait-on , à lever le masque. Les nouvelles de Paris le confirmaient dans cette pensée , car la capitale comptait les mois et presque les semaines, par des émeutes violentes. Delaunay, qui avait vu la première république, prétendait retrouver dans ces perturbations les mêmes éléments qu'en 93, et chaque jour semblait vouloir le confirmer dans ces idées qu'il communiquait à tous ceux qui composaient sa bande. Lorsqu'il apprit que la complaisante royauté avait gratté les fleurs de lis sur son écusson, il ne déguisa plus ses prévisions , il voyait dans cette inconcevable concession une preuve certaine de la prochaine insurrection de la république, et c'est contre elle qu'il disposait tout dans la Vendée.

Vous concevrez qu'il était facile à Delaunay père d'influencer les esprits de ceux que la nécessité forçait à le joindre : quant aux réfractaires, son empire sur eux était d'autant plus grand, que si tous ces hommes sont, comme on vous l'a dit, messieurs, fanatiques de religion et de légitimité , ils sont aussi fanatiques de paix et d'amour du pays. Pour eux la patrie est tout, rien ne peut les en détacher, et s'ils ont tant aimé la restauration, c'est parce qu'elle ne les arrachait pas violemment au foyer domestique, au champ paternel, pour les envoyer en masse périr à l'étranger ; semblable à ce héros qui achète la gloire au prix du sang, du deuil de toutes les familles, qui court de Memphis à Vienne, de Cadix à Moscou, qui jette au hasard des couronnes à ses parents, à ses soldats, qui étouffe la liberté et finit par voir enchaîner la sienne à Sainte-Hélène, où il meurt rongé de déchirants souvenirs et d'amers regrets. Ah! messieurs, plaignons ce grand homme, car, après tant de batailles, de conquêtes, il n'aura pas même laissé au monde encore tout retentissant de ses exploits, un héritier de son nom et de sa renommée. Vous concevrez donc, messieurs, que la légitimité parut plus douce aux tranquilles habitants de la Vendée ; aussi, quand le drapeau tricolore remplaça le drapeau blanc au clocher du village, leur désespoir fut immense, en un instant ils présagèrent d'affreux malheurs. La guerre étrangère les enlevant à leurs cabanes de chaume dont l'aspect les réjouissait plus que tous les palais des capitales de l'Europe, leur apparut hideuse et terrible, et leur fit préférer la vie aventureuse et vagabonde des chouans.

Je dois maintenant examiner la vérité de l'accusation à l'égard de l'arrestation du gendarme Ricossais. Vous en conviendrez, messieurs, jamais arrestation ne fut suivie de plus d'amabilité, de courtoisie. Il est vrai que d'abord on a saisi à la bride le cheval du gendarme, qu'on a couché en joue en lui disant : *Halte-là!* Mais à cela près, tout s'est passé fort gaiment. L'acte d'accusation a prétendu que Charrier fils était l'auteur de cette voie fait, mais le gendarme Ricossais vous a dit qu'il n'avait point reconnu Charrier fils, et que le nommé Davy, actuellement en prison à Angers, lui avait dit que c'était lui Davy qui l'avait couché en joue à la porte du cabaret. Poursuivons le récit des faits, et vous verrez que ce qui a commencé comme

un drame a continué et fini comme une comédie. A peine
le gendarme a-t-il mis pied à terre, qu'on lui offre à boire,
ce qu'il accepte avec empressement, deux bouteilles sont
vides pendant qu'on visite son porte-manteau. On ouvre
poliment les dépêches dont il était porteur, et c'est Charrier, le seul qui sût lire de toute la troupe, qu'on charge
de les examiner. Charrier ne put résister à ces instances,
mais il remit les dépêches dans le porte-manteau dès qu'il
vit qu'il ne contenait rien contre les chouans ou leurs amis,
on continua la conversation, et le gendarme proposa de si
bon cœur de payer une troisième bouteille, qu'il fut vrai-
ment impossible de refuser. Il partit ensuite, étonné de
tant de procédés inattendus, il s'aperçut en route seulement que ses pistolets avaient disparu, mais c'était un jour de
marché et le gendarme l'a attesté, il avait passé beaucoup de
monde et plusieurs individus s'étaient arrêtés autour du cheval. La preuve qu'on n'avait pas envie de le désarmer c'est
qu'on lui laissa son sabre... Il est donc constant que c'est Davy
et non Charrier qui a couché le gendarme en joue, et Charrier
fils n'a fait que lire un instant les dépêches, comme il l'a non
seulement avoué, mais déclaré avec la plus grande franchise.
Vous ne verrez pas là, messieurs, une mauvaise action,
surtout quand vous réfléchirez que la lecture des dépêches
était en quelque sorte aux yeux de Charrier un devoir de
protection. En effet, messieurs, on était alors à cette époque où chaque jour était signalé par une visite domiciliaire
dans un presbytère ou dans un château de ces contrées devenues suspectes, et en lisant les dépêches, on voulait
s'assurer si elles ne donnaient pas quelques ordres fâcheux
dont on pût empêcher l'exécution. Vous avouerez, messieurs, que c'était là une idée généreuse, une pensée de
bienveillance qu'on ne peut désapprouver. Elle est le résultat de cet attachement inviolable qu'ils professent
pour leurs vieux propriétaires, leurs continuels bienfaiteurs.
Vous avez remarqué la pénible impression qu'ont produites

sur les accusés les expressions de mépris du sieur Junin, qui vous a témoigné son aversion pour ce qu'il a osé appeler devant vous *les nobles et la prêtraille.* Vous avez fait justice de cette grossièreté, et vous en avez conclu que plus d'une fois il s'est rencontré des hommes qui par l'injustice de leurs procédés, l'acrimonie de leurs propos ont irrité et blessé profondément les Vendéens dont la vive affection regarde comme une injure personnelle tout ce qui offense ces deux classes éminemment respectables : tels sont, messieurs, leurs sentiments pleins de générosité, de conviction, et à ce double titre, ils exciteront votre intérêt. Un autre fait est encore imputé à Charrier fils, il est relatif au désarmement qui a eu lieu chez M. Martineau. Lors de la déposition des témoins, des éclaircissements ont été donnés à ce sujet. Charrier fils n'était point au désarmement de M. Martineau, il était sur la route du village, sans armes, lorsqu'il fut rencontré par Dixneuf qui lui remit un fusil et l'engagea à les suivre. Plus tard et quand le fusil n'a plus été en sa possession il a appris qu'il appartenait à M. Martineau. Quant à l'incendie du drapeau tricolore dont l'accusation a fait tant de bruit, Charrier y a assisté, à ce qu'il paraît, comme tant d'autres, mais ce n'est pas lui qui l'a brûlé, il n'a proféré aucun cri, il a été spectateur et voilà tout. Je ne vous parlerai pas de ce que M. Junin vous a dit qu'il avait cru reconnaître Charrier fils au nombre des individus qui sont venus le désarmer. Dans l'instruction écrite, ces témoins n'en avaient point parlé. Au surplus, Charrier fils lui a fait une réponse sans réplique, c'est qu'à cette époque, et le fait est certain, il n'était pas encore dans les bandes.

Je termine ici la discussion des faits, vous n'y trouverez pas la preuve que Charrier père et fils aient jamais fait partie d'un complot, encore moins d'une association de malfaiteurs telle que la loi la caractérise. Je vous le demande, messieurs, verrez-vous dans Charrier père et fils des hommes frappés de réprobation, dont les journées étaient marquées par de nouvelles horreurs, ainsi que l'accusation vous a représenté ces vingt-deux accusés? non, messieurs, vous reconnaîtrez que la nécessité seule les a chassés de leur maison, les a arrachés à leurs travaux. Je vous avoue que je ne m'explique pas le luxe d'expressions flétrissantes que l'accusation a étalé avec tant de complaisance contre les malheureux qui comparaissent devant vous. Ah! messieurs, vous ne partagerez pas cette étrange obstination à voir dans des hommes égarés peut-être par des illusions politiques des brigands, des assassins, vous leur rendez plus de justice, vous reconnaissez parmi eux des chefs loyaux et intrépides de valeureux soldats, et j'ose l'espérer, vous distinguerez Charrier père dont l'attitude a été si calme, si franche pendant ces débats, et Charrier fils aussi qui vous a expliqué avec tant de modération et de vérité les motifs de son entrée et de son séjour dans les bandes. Rendez-les, je vous en supplie, à une épouse désolée, à un vieux père, à des enfants en pleurs, à une mère en proie à de mortelles angoisses depuis quatre mois; ah! messieurs, ce me sera une douce gloire et je vous devrai toute ma vie un immense bienfait.

Enfin, messieurs, je suis arrivé au plus heureux moment de ma cause, je m'y arrête avec consolation. Vous m'avez deviné, sans doute, je veux parler de l'amnistie qui résulte à la fois et du sauf-conduit délivré à Sortant par le colonel Chousserie, et de la proclamation du général Solignac. C'est ici le lieu de vous rappeler, messieurs, qu'à une certaine époque, le jeune Charrier avait quitté les bandes, encouragé par les promesses d'amnistie qui lui furent faites par M. Raimbault, principal du collège de Cholet, qui, un instant, a joué le rôle de médiateur auprès des bandes. Quelques jours après, Charrier craignant, d'après le bruit public, que les négociations de M. Raimbault restassent sans effet, fut obligé de se joindre de nouveau aux bandes. Mais bientôt une proclamation du général Solignac, commandant en chef les provinces de l'ouest, est affichée à la porte de toutes les mairies, de toutes les églises. Alors, messieurs, Charrier père et son fils n'hésitèrent pas un seul instant à faire leur soumission, et à rendre leurs armes au maire de la commune, en présence du garde champêtre et de plusieurs autres témoins. En effet, Charrier et son fils étaient pleinement rassurés, leur confiance était sans bornes. N'y avait-il pas, au bas de cette proclamation d'amnistie, la signature d'un général français?... Ah! ce noble titre leur répondait de tout; l'honneur militaire était pour eux une immense et inviolable garantie. Cependant quelques jours après leur retour à Latour-Landry, on vient arracher mes deux clients à leur domicile, à leurs travaux pour les traîner en prison. Ici, messieurs, je me sens, en quelque sorte, défaillir d'indignation, à l'aspect d'une si effroyable violation de la foi jurée, je frémis, surtout, en pensant que Bodin, condamné à mort par contumace, comme mes deux clients, et qui s'est rendu en même temps qu'eux, a échangé les terreurs de l'échafaud contre le bonheur d'une vie de famille; il jouit en paix de sa liberté dans le bourg même de Latour-Landry. D'où vient cette déplorable exception, ce cruel privilége? Ah! messieurs, pour la tranquillité de vos consciences, hâtez-vous d'en faire justice.

Je ne m'explique pas ce silence commode de l'accusation, sur une question aussi grave. On dirait qu'elle n'a vu dans les volumineux dossiers que des interrogatoires, des dépositions de témoins, car elle n'a pas daigné vous parler de ces traités qu'on dirait n'avoir jamais figuré dans les pièces du procès. On les a regardés presqu'avec la même légèreté, la même indifférence qu'on accorderait à un protocole. Cependant, messieurs, si la fidélité et la foi jurée, si la loyauté et la franchise semblent passées de mode dans la diplomatie européenne, la diplomatie des

camps a de plus sévères exigeances. Si la plume des di-
plomates coule si légèrement sur les feuilles volantes, c'est
sur l'airain que sont gravées les promesses de l'honneur
militaire écrites avec la pointe de l'épée.

Il ne s'agit pas d'examiner en ce moment si l'autorité
conserva toute sa dignité en traitant de puissance à puissance avec un chef de bande ; vous savez quels graves événements, quelle impérieuse nécessité, exigèrent ces mesures ; une chose incontestable, c'est qu'un véritable traité
a été conclu et que le colonel Chousserie a engagé sa parole et celle du gouvernement qu'il représente.

Pourquoi faut-il que ce brave militaire n'ait pu se rendre
dans le sanctuaire de la justice ! Ah! sans doute, messieurs,
il eût renouvelé devant vous cette promesse si formelle, si
imposante que renferme son sauf-conduit. Sans doute,
aussi, une douleur plus poignante encore que la fièvre, l'eut
saisi en voyant la justice douter un seul instant de la parole
d'un colonel français. Mais que dis-je? tous les militaires
et les braves officiers que j'aperçois dans cette enceinte ne
sont-ils pas solidaires de l'honneur de leur uniforme? Je
les adjure donc de me dire s'ils ne rougiraient pas de voir
l'accusation, le code à la main, au nom de la légalité, obtenir des têtes que l'épée a protégées, qu'elle a prises solennellement sous sa sauve-garde. Tous, messieurs, n'é-
coutant que la loyauté de leur caractère, la main sur leur
conscience de soldat, me répondraient avec le capitaine
Gallerand que le sauf-conduit du colonel Chousserie et les
proclamations du général Solignac entraînaient amnistie
complète, sans restriction aucune pour ceux qui se sou-
mettaient, parce que le gouvernement voulait la paix à tout
prix.

Remarquez-le bien, messieurs, nous ne sommes plus
ici sous l'empire de la légalité criminelle, mais sous la
haute protection du droit des gens, de l'honneur national.
Ah! messieurs, laissons à cette jeune et brave armée, pour

laquelle on est si avare de gloire, laissons-lui du moins la chasteté de la foi jurée ; et craignons de la blesser dans sa noble virginité. Dans ces temps de guerre civile, de conflagration générale, il faut que la toge cède à l'épée. Ne lui contestons pas une de ses plus utiles prérogatives, n'entravons pas la libre disposition de l'amnistie, ce puissant moyen d'apaiser, d'anéantir les insurrections. Vous comprendrez ce devoir et vous craindrez de condamner le colonel Chousserie, que dis-je, l'autorité militaire tout entière et vous-mêmes à de tardifs, mais d'inutiles remords. A ce sujet, un souvenir récent passe dans mon ame, je l'emprunte aussi à une époque de guerre civile. Lorsque Sombreuil, arraché si jeune et si beau à l'autel où l'appelait sa belle fiancée, vint à Quiberon, où il devait trouver tant de gloire et aussi tant de malheur, il offrit sa tête comme une noble rançon pour racheter la liberté de tous ses compagnons d'armes. Hoche accepta ses conditions que le tribunal révolutionnaire repoussa. Le général n'osa pas réclamer en faveur de sa promesse ; un carnage affreux, des flots de sang furent la conséquence de cette lâcheté. Je le sais, messieurs, une statue est élevée à ce général dans une grande cité, mais passez dans la plaine de Quiberon, au milieu des ossements blanchis..... Ecoutez, un nom vient sans cesse troubler cette solitude funèbre, on croit entendre sortir du fond de leurs tombeaux brisés une grande et terrible voix..... C'est celle de l'implacable histoire.

Ah ! messieurs, si cette impossible condamnation allait intervenir, déchirez dans cette enceinte, je vous en conjure, ces traités d'honneur que vous condamnez à une si fatale impuissance, anéantissez-les, qu'il n'en reste aucune trace dans votre greffe criminel, afin de soustraire vos arrêts aux regards indignés de l'avenir. Ou plutôt, messieurs, je m'attache à cette pièce libératrice, et si votre justice trompée pouvait frapper ces victimes, j'irais sur la place fatale, cette pièce à la main, j'irais l'attacher au poteau d'in-

famie et jusqu'à l'échafaud même. La hache n'oserait pas
tomber devant ce signe de salut, et j'aurais pour complices
tous ces braves soldats indignés qu'on osât continuer jusqu'à
l'échafaud une lutte terminée par des traités de paix et que,
sur cet infâme champ de bataille, on leur donnât le bourreau pour-auxiliaire.

M⁵ Maigreau prend la parole, et s'exprime ainsi :

Messieurs les jurés,

Je serai bref. J'arrive bien tard dans cette arène où le
sort de tant d'accusés nous appelle. Votre attention, noble-
ment soutenue par la gravité des débats, s'épuise enfin, et
je respecte trop l'importance de vos fonctions pour ne pas
sentir combien elles deviennent plus pénibles en se prolongeant. Je serai bref.

Je parle pour Ivon et pour Aumont. Puissent mes paroles n'être stériles ni pour l'un ni pour l'autre ! puis-
sent-elles surtout écarter la déclaration funèbre qu'on vous
demande contre Aumont, placé par l'accusation dans une
catégorie toute spéciale ! -

J'ai peu à dire, messieurs, sur Ivon. Le ministère public l'a justement confondu dans cette classe d'accusés qui
ne sont atteints que par les chefs généraux d'accusation.

Ivon est né dans la Vendée. Voilà l'origine de sa position
actuelle. Soldat dans la garde royale avant 1830, appelé
depuis la révolution dans un régiment de ligne, il a déserté.
Mais il a fait nombre dans les bandes, et voilà tout. Aucun
fait particulier ne lui a été reproché. Surpris, ainsi que
Delaunay, à la Bellardière, il s'est rendu sans résistance.
Son fusil était chargé depuis long-temps. Le fait est avéré.
Il est donc déserteur, et la justice militaire l'attend à la
porte de votre audience. Veuillez, messieurs, vous rappeler ces atténuantes circonstances. Je dois maintenant
m'occuper d'Aumont.

De sinistres préventions s'élèvent, je le sais, contre cet accusé. Non seulement on lui reproche et les charges que l'accusation avait produites contre lui, et le fait inconnu jusqu'ici et révélé devant vous par le témoin Hervé, mais encore on le place sous l'influence anticipée d'autres accusations dont il doit subir les débats. Veuillez, messieurs, vous prémunir contre ces précoces impressions. Si vous les accueilliez, elles désarmeraient injustement la défense. Que dire contre des faits à peine énoncés qui ne peuvent être ici ni contredits utilement ni prouvés. A chaque fait, sa preuve, son mérite ou sa peine; à chaque chose, son caractère et ses résultats; et ce serait, j'ose le dire, une étrange confusion, un pléonasme cruel que de juger un accusé sous l'impression de faits dont on se réserve de lui demander compte ultérieurement.

Ces faits, étrangers aux débats actuels, seront-ils mieux établis d'ailleurs qu'une foule de circonstances graves qui incriminaient plusieurs des accusés et qui se sont évanouies aux débats?

L'avocat rappelle au jury que le vol fait chez M. Manceaux ne peut plus concerner Aumont. M. Manceaux ne le reconnaît pas. D'ailleurs c'est du 13 mai qu'il s'agit. Hervé, désarmé dans son domicile le 25 mars, assure le reconnaître : il fait erreur; car il est avéré qu'il n'est entré dans les bandes qu'à la fin de mai; de Caqueray, Soriant, l'ont dit, et le témoin Poureau a servi jusqu'à la fin de mai, avec lui, dans la même maison. Le doute n'est pas permis à cet égard. Et pourtant Hervé déclare le reconnaître, ajoute l'avocat.

A cette occasion, et après quelques détails sur la famille d'Aumont, sur sa conduite dans les bandes, où M. de Caqueray n'eut aucun reproche à lui faire, il parle de la ressemblance d'Aumont avec Dixneuf, ressemblance attestée par les accusés et quelques témoins; il y trouve la cause de la confusion qu'a faite Hervé, confusion incontestable, qu'a pu faire aussi M. Guilbault, donc le nom rappelle le seul fait qui reste à la charge d'Aumont.

L'avocat discute le signalement donné par M. Guilbault, du costume de l'homme qui l'a attaqué; il établit qu'il s'applique à Dixneuf, et ne peut convenir à Aumont.

Je regrette en quelque sorte, dit-il ensuite, que le fait n'ait pas été hors de contestation. Je consens à l'admettre comme vrai; il me convient mieux de vous présenter, messieurs, la défense légale et complète qu'il appelle; vous en pressentez toute la gravité pénale; c'est d'un meurtre, ou d'une tentative de meurtre, d'un crime capital qu'il s'agit. Il va sans dire, messieurs, que je ne viens pas excuser des actes de violence, de brutalité; mais il faut les apprécier, les qualifier légalement. Une attaque aussi forcenée, si Aumont fut l'assaillant, ne peut être approuvée par personne. Mais la loi attache à chaque fait une criminalité, un nom, une peine divers. Tout en condamnant une action coupable, il faut pourtant l'appeler par son nom légal. On risquerait de s'égarer, en se livrant au sentiment d'indignation qu'elle inspire. Les émotions du cœur sont une séduction fâcheuse, quand il ne faut qu'appliquer la loi. Les plus nobles inspirations sont des guides faillibles, quand il s'agit de raisonner avec des textes. Or, messieurs, nos lois pénales érigent en crime la simple tentative du crime; bien plus, elles la punissent à l'égal du crime consommé; mais sachez à quelles rigoureuses conditions.

Ici l'avocat lit l'article 2 du code criminel. Il continue :

Si le temps ne me faisait précipiter mes paroles, je vous démontrerais, au lieu de vous l'affirmer, que des philosophes éclairés, des criminalistes célèbres, ont blâmé, ont combattu cette incrimination de la tentative, et surtout son assimilation au crime même. Chez les Anglais, la tentative n'est pas punie; mais la loi existe, respectons-la. Seulement, puisqu'elle n'a pas l'assentiment général, puisque sa rigueur alarme des consciences ; ne l'exagérons pas, et ne faisons que ce qu'elle a littéralement voulu.

Je vous présente, je le conçois, messieurs, une sorte de thèse de métaphysique judiciaire : je l'abrégerai, mais elle est inévitable.

Quels sont les éléments indispensables de *la tentative*, telle que la loi la punit ?

Ce qui la constitue, c'est l'exécution commencée, et sa suspension par des circonstances étrangères à l'accusé.

Ainsi, messieurs, *la tentative*, dans l'esprit du législa-lateur, c'est le crime commencé, déjà presque exécuté, qui touche à son dernier période, qui sera consommé à l'instant, si un hasard heureux ne l'arrête. Et comprenez, messieurs, la pensée juste et morale de la loi. L'exécution commencée n'est pas une seule condition qui la fasse résoudre à frapper ; le coupable peut encore reculer sur le bord de l'abyme. Elle lui tend encore une main secourable et gé-néreuse. Elle a pensé que le moment, l'aspect du crime, l'effroi salutaire qu'il inspire, pouvaient désarmer le bras du coupable. Elle ne le punit que quand il y a certitude qu'il a commis le crime autant qu'il l'a pu ; quand il n'y a plus lieu ni place au regret, au repentir ; quand la perver-sité a été poussée aux derniers excès ; quand le retour est impossible. Mais a-t-il été subjugué par de nouvelles ins-pirations ? a-t-il reculé devant l'énormité ou l'inutilité de son action ? a-t-il changé de dessein ? enfin, pouvant con-sommer son forfait déjà commencé, s'est-il arrêté ? la loi lui remet sa faute, lui tient compte de ses remords et lui pardonne.

Il y a plus, messieurs, et cette considération révèle tout le scrupule de la loi ; elle exige que la tentative qu'elle pour-suit n'ait été suspendue *que par des circonstances étrangères à l'accusé*. Ainsi il n'y a pas de délit, si la volonté de l'in-dividu s'est associée aux causes externes pour arrêter la con-sommation du crime. Pour qu'il y ait peine, en un mot,

il faut absence, exclusion de toute volonté dans la suspension du fait; il faut qu'on ne puisse l'imputer qu'au
hasard.

L'avocat se livre ensuite à la discussion des faits. L'agres-
sion contre M. Guilbault s'est exhalée en menaces atroces
sans doute ; deux coups de poing lui ont été assénés. Mais
ces violences constituent-elles un meurtre commencé? Et si
l'on pouvait pousser la rigueur jusqu'à cette pensée, pour-
rait-on dire aussi que cette ébauche d'assassinat a été effacée par une volonté étrangère à celle de l'accusé? Qui donc
aurait arrêté ce furieux? Est-ce la présence de deux spec-
tateurs de cette scène ? Mais lui seul était armé d'un fusil.
Sont-ce les représentations de ses compagnons? mais s'il
les a accueillies, la criminalité du fait s'évanouit ; sa volonté a donc concouru à l'arrêter, et vous n'oubliez pas,
messieurs, que la loi exige que l'auteur de la tentative ait
été enchaîné par une force indomptable ; s'ils s'arrête,
comme Aumont l'aurait fait ici, devant des remontrances,
devant un obstacle qu'il dépend de lui de franchir, il donne
la mesure de son intention ; il la proclame incertaine, flot-
tante, dépourvue de cette perversité tenace, inflexible, qui
pousse jusqu'au bout, ou ne lâche prise que devant l'impossibilité.

Inutile, messieurs, de repousser la préméditation qu'on
avait cru trouver dans cette rencontre fortuite ; pas la
moindre trace n'existe d'un projet formé à l'avance. L'acte
d'accusation associait à la tentative de meurtre une tentative de vol. Le ministère public n'a pas reproduit ce reproche, les même réponses s'y appliqueraient d'une manière
plus sensible encore. Vous vous rappelez d'ailleurs, messieurs, cette déclaration de M. Guilbault, que la demande
d'argent lui a été faite *sans insistance*. On ne l'a pas fouillé ; ce serait, il faut en convenir, un malfaiteur bien novice
et bien crédule que celui qui s'arrêterait devant un simple
refus.

Après quelques détails, l'avocat termine ainsi :

Aumont rentre donc sous le coup des chefs généraux d'accusation, auxquels je me garderai bien de revenir. Y toucher, messieurs, ce serait altérer, j'ai presque dit, profaner, les dévoloppements qu'ils ont reçus du premier défenseur ; ce serait douter des émotions vraies et profondes qu'ont jetées dans tous les cœurs sa dialectique puissante, et cette haute philosophie, ce libéralisme élevé dont vous avez entendu dérouler devant vous les enseignements généreux, les richesses oratoires. Grâces soient rendues à l'avocat qui comprend aussi la politique, qui plane au-dessus des passions vulgaires ; qui sait allier l'amour de la patrie et de nos institutions aux nobles inspirations de cette clémence qui dans les discordes civiles est autant un besoin qu'un sentiment. Oui, je me refugie avec bonheur dans les discussions générales auxquelles il s'est livré ; elles seront la sauve-garde de tous les accusés, comme elles seront long-temps l'honneur du barreau.

L'accusé Coudé, après être entré dans quelques détails sur sa famille, sur ses habitudes et ses opinions, passe à une discussion des faits qui pèsent sur lui d'après l'accusation et les combat avec force. Il s'attache principalement à prouver qu'il n'existait point d'alphabet en chiffres servant de signe de ralliement entre Caqueray, Douet et lui ; il s'étaie aussi sur ce qu'il prétend que Douet n'a parlé de lui que pour sauver sa tête, et, d'après les insinuations qui lui avaient été faites : il termine en disant qu'il sacrifierait ses jours pour voir sa patrie heureuse.

L'audience est levée et renvoyée à demain, neuf heures du matin.

———————

Une erreur, pour un certain nombre d'exemplaires, a été commise dans le discours de Mᵉ Johannet. La page 278 occupe la place que devrait occuper la page 279, *et vice versâ*.

Audience du 12 octobre 1832.

PRÉSIDENCE DE M. BERGEVIN.

L'audience est ouverte à neuf heures.

M. le procureur-général est absent pour cause de maladie.

M. de Cambefort, substitut du procureur du roi, chargé de la réplique, a la parole ; il s'exprime ainsi :

Messieurs les jurés :

A ce moment où la discussion est arrivée, ce n'est pas seulement une convenance, c'est un devoir pour nous de ménager votre attention, fatiguée par d'aussi longs débats.

Mais avant tout, nous avons besoin de relever à vos yeux l'indépendance de nos fonctions.

On a dit à l'accusation, et dans une intention que nous savons bienveillante, que la pensée qui lui dictait ses paroles, ne serait pas la même, si, dépouillant son caractère public, elle venait siéger parmi vous.

Si cette opinion était partagée par vous, elle devrait nous enlever votre confiance qui nous est si nécessaire pour nous soutenir dans l'exercice de notre ministère.

Non, messieurs, à notre égard nous ne nous regardons point comme enchaînés à un système ; nous ne considérons point un acte d'accusation comme un thème obligé sur lequel nous devions formuler des paroles accusatrices.

Il y va pour tous ici de la conscience, et ce n'est pas un enjeu qu'on puisse livrer aux convenances, parce que nous ne connaissons pas de devoir d'état qui puisse en exiger le sacrifice.

Mais c'est que l'on a supposé à l'accusation une pensée qu'elle n'eut jamais, une pensée de sang..... Non, messieurs, en caractérisant, d'après la loi, les actes criminels auxquels les accusés se sont livrés, l'accusation n'ignorait pas les moyens d'en atténuer la rigueur pénale, et si peut-ê re, elle a cru que ce n'était pas elle qui, la première, devait les présenter, elle ne les a point rejetés, et nous ne nous plaignons point de la division du travail qui nous a été imparti, puisqu'à nous, messieurs, il appartient de protester hautement contre l'interprétation donnée à ses paroles, interprétation qui ne lui supposait pas l'appréciation morale des faits de cette cause, ou qui vous la représentait comme passionnée dans leur poursuite.

Et maintenant, messieurs, après nous être loyalement expliqué sur la peine, nous devons le dire, nous persistons à attribuer aux faits imputés à ceux qui siègent sur ces bancs, le caractère de criminalité légale qui leur a été déjà assigné : nous ne les croyons pas coupables seulement, comme l'a prétendu la défense, d'un simple complot suivi d'actes commis pour en préparer l'exécution, nous pensons, messieurs, que l'exécution a été complète pour plusieurs d'entre eux, qu'elle a été tentée pour les autres, et qu'ainsi tous les caractères de l'attentat, prévus par les articles 88, 89, 91 du code pénal, se retrouvent dans les faits dont ils sont accusés.

Ici, M. le substitut donne lecture du texte des articles de la loi qu'il a cités; il établit les différentes nuances qui séparent le simple complot, qui n'est que la résolution d'agir arrêtée et concertée entre deux ou plusieurs personnes, du complot suivi d'un acte commis pour en préparer l'exécution, et de l'attentat qui n'est que la réalisation du complot, et appliquant cette doctrine à Caqueray, il continue ainsi :

Caqueray, avant de quitter Paris, était déjà coupable de complot formé par la résolution d'agir arrêtée et concertée entre lui, Douet et Coulé père.

A cet égard, messieurs, il nous suffit de vous reporter aux déclarations de ce Douet, que nul aujourd'hui n'oserait

plus qualifier d'espion ni de calomniateur ; or Douet déclare qu'ils étaient décidés, lui et Caqueray , à se transporter en Vendée pour combattre dans leur pays , au lieu de
s'aller jeter en Espagne , comme ils en avaient d'abord
formé le projet ;

Veut-on encore contester la déclaration de Douet? plusieurs faits dévoilent leur projet bien arrêté, et ces faits sont
avoués par Caqueray.

Leurs conférences avec Coudé père, la remise d'un alphabet en chiffres faite par ce dernier ; la surveillance dont
ils sont l'objet de la part de Coudé père lorsqu'ils se pro-
menaient dans le passage Véro-Dodat , et lorsqu'ils voya-
geaient dans la diligence de Paris à Orléans ; la remise de
lettres de recommandation, ou de signes de reconnaissance
pour MM. Tristan, Lambot de Fougères, et Lecerf ;

Et plus encore, messieurs, le consentement de Caqueray, dont le caractère vous a été représenté comme em-
preint d'une certaine fierté, à voyager d'étapes en étapes
dans les châteaux de MM. Tristan et Fougères, comme si
Caqueray, avec la fierté qu'on lui suppose, eût consenti à
recevoir l'hospitalité gratuite chez ces différentes personnes,
s'il n'avait pas été un homme politique , agissant pour le
parti dont il éprouvait les sympathies.

Tout prouve donc qu'avant de quitter Paris, Caqueray
avait la résolution concertée et arrêtée avec Douet, et c'est
là le complot simple , dont il est question dans l'article
89, alinéa 2.

En continuant d'analyser sa conduite, nous allons retrouver les caractères du complot suivi d'actes pour en
préparer l'exécution.

Et d'abord, le fait seul de se transporter de Paris en
Vendée, car Caqueray n'était pas Vendéen ; son arrivée à
la Comterie, chez son parent M. de Caqueray , l'ex-député ; son changement de vêtements pour pouvoir s'affilier
aux bandes ; son consentement à se laisser conduire par

Crouston chez Charrier père, qui devait lui-même l'amener chez Ivon, où la bande de Bodin devait bientôt l'y venir chercher; enfin son affiliation même dans la bande de
Bodin.

Tels sont, messieurs, les faits qui, à nos yeux, constituent ce que la loi nomme les actes commis pour préparer
l'exécution du complot.

Mais lorsque déja affilié dans les bandes, Caqueray s'y
est armé, qu'il parcourt le pays, en exigeant la nourriture
des métayers, chez lesquels l'effroi plus encore, ainsi qu'il
est aujourd'hui prouvé, que la sympathie pour les bandes
sont forcés à la donner.

Lorsque Caqueray lui-même devint chef d'une bande,
et que les actes les plus violents sont commis par lui, et
encore bien même qu'on doive les considérer comme
devant éviter de plus grands malheurs à ceux qui en sont
les victimes; que cette bande, à la tête de laquelle il se
trouve, a un but, avoué par l'accusé lui-même, d'hostilité
ouverte contre le gouvernement, comment donc ne pas
reconnaître alors tous les caractères de l'attentat? que voulez-vous de plus que la levée de boucliers?

On répond, que ce qui constitue l'attentat, d'après le
rapport fait sur la loi même, c'est le *suprême danger*: et
l'on ajoute:

Qu'étaient-ce que les bandes de la Vendée en 1831? Un
noyau de mécontents, qui attendaient un insurrection générale; une préparation à un soulèvement général, qui eut
constitué alors le *suprême danger*, comme dans les derniers
événements du 7 juin, et qu'on aurait dû caractériser
alors d'attentat; mais ces bandes isolées, sans ces grands
moyens de soulèvement, ne méritaient pas qu'on leur fît
l'honneur de les supposer assez importantes pour mettre la
patrie en danger.

Singulier attentat, disait-on encore, les bandes combattaient comme les Parthes, en fuyant.

Ce système, messieurs, tend à faire résulter la criminalité légale des faits eux-mêmes, de leur *résultat* en réalité; et quoique nous pensions aussi, que sous peine de commettre des aberrations dangereuses pour l'équité, il faille considérer en matière politique, non seulement l'intention du coupable, non seulement le texte et l'esprit de la loi qui leur est applicable, mais encore le mal même qu'ils ont produit, nous ne pensons pas que ce soit le *résultat* seul qui doive fixer la criminalité légale des faits.

Le résultat plus ou moins grave peut être un moyen d'atténuation.

Mais la loi a dû préciser à l'avance les conditions du crime, sans en laisser la détermination à l'événement.

Cette règle est conforme aux principes du droit criminel, et aussi aux principes éternels d'équité, qui veulent qu'on soit coupable par l'intention jointe au fait.

Ainsi donc, messieurs, que le *résultat* atténue plus ou moins pour des faits politiques, la peine qui est la suite de la caractérisation criminelle du fait, nous l'admettons; mais qu'elle en change la nature et le caractère, nous ne saurions le croire.

Si les bandes combattaient comme les Parthes, comme les Parthes aussi elles étaient dangereuses, même en fuyant.

Nous persistons donc à penser que dans tous les faits prouvés contre Caqueray, on retrouve tout ce qui constitue, aux termes de la loi, *l'attentat*.

M. le substitut applique également ce système à l'accusé Douet, mais comme il paraît prouvé que ce dernier ne s'est jamais armé, il pense qu'à son égard il n'y aurait que tentative d'attentat, et cependant il rappelle à messieurs les jurés qu'ils auront à examiner s'il n'y aurait pas lieu de lui appliquer le bénéfice de l'artice 108 du code pénal.

En passant ensuite à tous les autres accusés, il s'exprime ainsi :

On a fait reproche au ministère public de son luxe d'accusations, et d'avoir présenté les bandes comme une association de malfaiteurs; laissons, a-t-on dit, aux bandes, leur caractère politique :

Nous l'admettons, nous voulons croire que dans leur but, les bandes ne s'étaient point organisées pour piller les propriétés particulières, et que le vol, l'assassinat n'ont été que le cortége de la guerre civile.

Mais alors nous aurons le droit d'exiger que la défense soit conséquente avec ses principes, et qu'après nous avoir montré la Vendée comme divisée en deux partis, ayant des convictions si vives, si profondes, comme deux peuples ayant des opinions différentes, elle ne vienne pas prétendre, à l'égard de la plupart des accusés, que leur éducation, leur peu de lumières, ne leur permettent pas d'être des hommes politiques, agissant dans un but politique.

Comme si, messieurs, il fallait une haute portée d'intelligence pour être l'agent actif dans une conspiration; comme s'il fallait des études historiques pour, sciemment, volontairement être chouan, et jeter la terreur dans un pays.

Nous ne saurions trouver davantage une excuse dans l'intérêt particulier qu'a pu avoir chacun des accusés à faire partie des bandes; que ce soit pour éviter le service militaire ou les poursuites du pouvoir judiciaire, pour avoir proféré quelques cris séditieux, ou que ce soit par ambition personnelle pour obtenir une épaulette d'officier, en cas de révolution nouvelle, ou bien encore que ce soit par un fanatisme d'opinion.

Qu'importe après tout? Les conspirations se forment de tous les mécontents, et quel que soit l'intérêt particulier qui les dirige, il suffit qu'ils sachent que s'affilier à une bande agissant contre l'autorité, opérant des désarmements, brûlant le drapeau tricolore, c'est faire une action dont le résultat sera d'amener le trouble dans l'état, pour les rendre coupables.

Et la plupart des accusés sont convaincus de cette culpabilité.

(M. le substitut retrace rapidement les faits attribués à chacun des accusés, et explique que le complot, pour la plupart, s'est confondu instantanément avec l'attentat du moment où ils se sont armés dans les bandes. M. le substitut arrive ensuite à l'accusé Coudé.)

L'accusé Coudé vous a fait entendre sa justification ; nous aurions préféré, messieurs, répondre à son défenseur.

Eh bien, quelle que soit la difficulté qu'il éprouve à comprendre ce qu'il appelle votre préoccupation, nous devons le dire, rien n'a changé à son égard notre conviction profonde qu'il est coupable, non pas d'enrôlement peut-être, le crime a pu être mal défini à son égard, mais bien certainement d'embauchage, ou au moins d'engagement, d'excitation à faire quitter à des militaires leurs drapeaux, pour se joindre à des rebelles ; crime prévu par les articles 1 ou 4 de la loi de nivôse an 4.

(M. le substitut rappelle toutes les charges qui pèsent sur l'accusé Coudé, et il termine en annonçant qu'il demandera que la cour pose la question subsidiaire à l'égard de Coudé, non moins coupable que Caqueray, et plus encore peut-être, car il faut une sorte de courage pour faire partie d'une bande de chouans ; et l'embaucheur, qui agit dans l'ombre, peut faire autant de mal avec plus de lâcheté. Enfin il rappelle les charges particulières à Aumont, à Blanchard, à Martin et Pineau, les deux derniers accusés de l'assassinat de Chalopin.)

Il ajoute qu'à l'égard des nommés Chauveau, Gervais, Cresson, Charrier père, les charges résultant des débats ne lui paraissent pas assez solidement établies pour convaincre de leur culpabilité. Puis il ajoute :

Vous aurez à examiner, messieurs, à l'égard de Delaunay fils, s'il y a lieu de lui appliquer le bénéfice de l'article
64 du code pénal invoqué par son défenseur : vous verrez,
messieurs, en vous rappelant la vie de Delaunay père,
son caractère, l'influence qu'il a pu exercer sur les résolu-
tions de son fils ; c'est une haute question de morale dont
nous ne craignons point d'abandonner la solution à vos
consciences.

Et ce nom de Delaunay père, messieurs, qui est venu
retentir dans cette enceinte comme un haut enseignement
moral des tristes conséquences des passions politiques, cet
homme dont la vie fut si triste, si pleine d'amers chagrins ;
et qui meurt sans sépulture, abandonné dans une bruyère,
loin du foyer domestique, et qui, après tant de sacrifices,
de malheurs, ne mérite de la bouche de l'éloquent orateur
qui défendait son fils, pour toute oraison funèbre, que ces
paroles vraies : *Delaunay père fut un fanatique conséquent.*

Ce nom, messieurs, ne sera oublié par aucun de nous :
à lui seul, il nous rappellera que quelque brillantes que
soient les qualités privées, elles ne produisent aucun bien
quand elles ne sont point régularisées par l'ordre, et qu'on
ne les fait point servir aux intérêts de la patrie ; elles nous
rappelleront l'amère déception de quiconque préfère le
titre d'homme de parti à celui de citoyen.

Pour vous, messieurs, à qui les graves intérêts de la société sont confiés en ce moment, votre équité fera l'application de ces principes conservateurs ; jugeant un procès
politique, vous ne serez pas hommes de parti, mais
vous resterez citoyens ; et vous mériterez cet éloge qu'étant
montés sur ce siége en hommes *probes* et *libres*, vous en
êtes descendus en hommes justes et courageux.

M⁰ Janvier, immédiatement après la réplique du ministère public, prend la parole.

Messieurs, dit il, vous devez être accablés du poids et

de vos souvenirs et de nos paroles. J'éprouve une véritable
hésitation d'ajouter encore à la fatigue et, pourquoi ne
pas le dire, à l'ennui que nous vous faisons subir. J'hésite
d'autant plus, que déjà, j'en suis sûr, vous avez porté dans
vos consciences l'arrêt de ces hommes, et que cet arrêt
est tout d'équité, tout de miséricorde. Mais des malheureux
dans leur position ne trouvent jamais qu'il en soit dit assez
pour leur défense, et je dois condescendre à cette inquiétude que vous concevrez aisément.

D'ailleurs l'accusation s'imaginerait peut-être nous avoir
vaincus si nous lui abandonnions le champ de bataille.
Puisqu'elle s'y est replacée, il faut l'y suivre ; mais ce sera
à grands pas ; autrement mes forces n'y sauraient suffire.
Vous savez, en effet, quelle marque nouvelle et immense
de confiance m'ont donnée mes collègues : ils m'ont remis
en main la cause de leurs clients.

A peine si je sais leurs noms, et moins encore leurs
crimes. N'est-ce pas à moi une témérité inouïe d'entreprendre de parler de ce que j'ignore? Je m'efforcerai de ne
commettre ni trop d'omissions ni trop d'erreurs. Du reste,
vous suppléeriez aux unes, vous répareriez les autres. Avec
des jurés tels que vous, le défenseur peut impunément
faillir; le salut de son client n'en est point compromis.

Me Janvier aborde aussitôt les généralités de la cause en
droit et en fait sur lesquelles était revenu le ministère public. Pas une objection ne reste sans une vigoureuse et rapide réponse.

Puis l'avocat passe à chacun des accusés en particulier,
non seulement de ses deux clients originaires, mais de ceux
qu'il vient de recevoir. Il se promène au milieu de ces
immenses détails, ne s'attache qu'aux principaux, et ne
néglige pas une seule des considérations capables de servir
chacun des accusés.

Enfin Me Janvier est arrivé à l'accusé Sorlant, et c'est
ici que la discussion a pris un intérêt nouveau.

Je félicite l'accusation, dit Me Janvier, de vous avoir enfin parlé des sauf-conduits ; car dès le commencement, quoique étranger à la cause de Sortant, je ne savais si le silence de l'accusation était pudeur ou tactique. Je ne parlerai pas des actes de Sortant, je les ignore, je ne me les rappelle pas. Ce qu'il y a de certain, c'est que l'accusation parle de lui comme de la chouannerie incarnée, comme de la Vendée faite homme. J'y consens ; soit : Sortant est un type de révolte, Sortant (on le murmurait tout-à-l'heure à mes côtés) est le Rob-Roy français, c'est Rob-Roy en 1832 ; Sortant est un homme d'un caractère fortement trempé. Des paroles de Sortant, les unes sont pleines d'emphase, les autres pleines d'audace, et tour à tour vous les avez entendues exciter l'étonnement et les sourires de l'auditoire. Cet homme, il faut le reconnaître, a été doué d'un instinct au-dessus de sa vulgaire position. Le hasard de la naissance en a fait un maçon, les hasards de la guerre civile pouvaient en faire un général. Stofflet, Cathelineau et d'autres encore étaient partis d'aussi bas. Sortant eût pu avoir une page dans l'histoire : que veut-on lui donner ? une place dans un bagne : voilà le sort qu'on veut lui faire. Regardez le, et dites-moi si cet homme n'a pas écrit sur le front ce caractère du commandement, cette faculté si rare et quelquefois si précieuse. Et il fallait bien, messieurs, qu'il en fût ainsi, car on a traité avec lui de puissance à puissance. Quelquefois, dans ces débats, il osa parler de son traité de paix. Moi-même, messieurs, ami de la révolution de juillet, je me suis senti humilié, blessé d'un pareil langage, et cependant, il faut le dire, la conduite tenue à son égard autorise et légitime jusqu'à un certain point les paroles qu'il a prononcées. Oui, on a traité de la paix avec lui ; oui, on a traité de la paix et on en a violé les conditions ; oui, des conditions avaient été faites, et quand même cet homme serait chargé de tous les crimes qu'on lui impute, cet homme devrait être par vous considéré comme inviolable. Cette feuille de papier dont il est porteur est un véritable contrat environné de toute la solennité qui préside aux conventions : c'est un contrat fait, pour plus de sûreté, en triple expédition. Sortant ne s'est soumis au gouvernement de juillet que parce qu'un agent de ce gouvernement lui a engagé sa foi. Que vous propose-t-on? messieurs, de faire mentir un militaire français, un officier supérieur, à une promesse scellée avec la poignée de son épée.

Il y aurait, messieurs (je ne crains pas d'employer cette expression), il y aurait du jésuitisme à prétendre que Sortant est placé hors des termes de son sauf-conduit ; que Sortant peut-être condamné pour le vol fait chez Manceaux. Si vous le condamniez pour ce vol, savez-vous quelle serait sa peine? ce serait celle des travaux forcés, à perpétuité. Ainsi vous enverriez aux travaux forcés pour toute sa vie, cet homme avec lequel on a traité de la paix.

Mᵉ Janvier soutient ici qu'en admettant le fait reproché à Sortant, il ne peut constituer un vol, mais seulement une contribution, une exaction de guerre civile. Sortant, dit-il, et vous le savez maintenant, messieurs, Sortant peut être un chouan, violent, passionné ; mais lui un voleur, capable de s'approprier à main armée le bien d'autrui! vous ne le croirez jamais.

Mᵉ Janvier établit avec les débats que tous les faits reprochés aujourd'hui à Sortant étaient connus au moment où son sauf conduit lui a été accordé.

Sortant n'a rien fait de plus que ses compagnons. Comme eux il doit profiter de l'amnistie. Sortant, depuis sa soumission, a été l'agent accrédité du gouvernement ; il a reçu de lui une mission officielle pour engager ses anciens subordonnés à imiter sa conduite. Il a été l'ambassadeur du gouvernement près les bandes. Mᵉ Janvier lit à cet égard une attestation en forme établissant que plusieurs chouans ne se sont soumis qu'à la sollicitation de Sortant, chargé par le

gouvernement de les engager à faire leur soumission.
Dira-t-on que c'est M. le colonel Chousserie lui-même
qui a arrêté Sortant ? Qu'on ne vienne pas charger de pareils actes la responsabilité de M. le colonel Chousserie. Je ne
le connais pas, et cependant je le défens, parce qu'il faut être
juste envers un homme qui a si loyalement rempli ses devoirs. Il ne le fit arrêter que parce qu'il le croyait coupable de l'assassinat des Chalopin.

Je conçois parfaitement les devoirs imposés à la magistrature. Les magistrats ne relèvent que des règles tracées par
la loi. Ils sont esclaves des règles écrites de la procédure ;
vous, messieurs, vous n'êtes pas enchaînés par de misérables liens. Les seuls liens pour vous sont les liens d'honneur
et de probité. Eh bien ! la probité, l'honneur vous font un
devoir de ne pas condamner Sortant.

M. le capitaine Gallerand vous l'a dit : L'arrestation de
Sortant, au mépris du sauf-conduit qui lui avait été accordé, a produit le plus déplorable effet parmi la population, parmi les patriotes. Il vous l'a dit encore, son absolu-
tion ferait un mauvais effet ; sa condamnation ferait
également un mauvais effet. Dans toute hypothèse, il y a
aura inconvénient. S'il y a divers partis à prendre, hésiterez-
vous entre eux ? hésiterez-vous à vous prononcer pour le parti
le plus honorable, pour le parti dans lequel au moins l'honneur sera sauf. C'est à l'honneur du gouvernement que
vous devez tenir avant tout.

Rappelez-vous maintenant, messieurs, les démarches
de M. le colonel Chousserie et de M. le général Bonnet ;
ils les firent pour obtenir la liberté de Sortant, après s'être
convaincus que Sortant n'avait pas participé à l'assassinat
de Chalopin. Ils étaient donc convaincus que Sortant n'a-
vait pas excédé d'ailleurs les termes de son sauf-conduit.
Vainement M. le procureur-général, sans le dire ouvertement, a essayé d'insinuer que M. le colonel Chousserie
avait outrepassé les pouvoirs qui lui avaient été conférés

par le gouvernement. Le colonel Chousserie était investi
d'une espèce de dictature, et je trouve les principes de cette
dictature, qui était non seulement de rigueur, mais encore
de grâce, dans un rapport au Roi, adressé le 7 mai 1831
par le président du conseil qui, quoi qu'on en ait dit, a
réussi à pacifier la Vendée en employant les voies de la
modération et de la justice ; il a beaucoup été attaqué pendant sa vie, et il appartient peut-être à ceux qui ne l'ont
pas flatté de son vivant de le louer après sa mort. M. Casimir Périer, dans son rapport, s'exprimait en ces
termes.

« Il a paru, d'après le témoignage et à la demande même
des autorités qui administrent ces contrées, que la centrali-
sation des pouvoirs militaires et la concentration des forces
auraient pour résultat d'effectuer la pacification des communes inquiétées, en suppléant, par l'ensemble des mesures et la rapidité de l'action, aux moyens trop limités
des autorités locales contre chaque tentative combattue
isolément.

» J'ai donc l'honneur de proposer à Votre Majesté
d'envoyer dans les 4e, 12e et 13e divisions militaires un
commissaire extraordinaire ayant les troupes à sa disposition, les commandant sous ses ordres ; secondé par tous
les moyens que possèdent les autorités administratives,
ecclésiastiques et judiciaires, transportant le siége de son action partout où les circonstances l'exigeront, et dirigeant
sur tous les points des colonnes mobiles, sans être arrêté
par les limites des différentes juridictions militaires, ni retardé par des conflits de pouvoirs. »

Vous voyez, messieurs, continue Me Janvier, l'intention
bien avouée de conférer à l'autorité militaire une sorte
d'omnipotence, non seulement pour la rigueur, mais encore pour la clémence.

On a parlé tout bas à ces débats et les journaux parlent
aujourd'hui de l'arrestation de Bodin, de Bodin qui était

sous la protection d'un sauf-conduit. Si ce fait est vrai, tant pis, tant pis pour ceux qui l'ont conseillé : c'est une mesure maladroite, mesquine, je n'hésite pas à le dire, et ce ne serait pas sans remords que j'apprendrais que ce sont nos observations qui l'ont suggérée. Cette arrestation ne pourrait amener qu'une seule réflexion, c'est que pour expier une violation de promesses, on en aurait commis une seconde.

Me Janvier s'étonne du soin mis par l'accusation à ne faire qu'effleurer la question des sauf-conduits. Elle a eu sous ce rapport un caractère tout-à-fait diplomatique, elle n'a pas voulu s'expliquer sur l'évidente violation de contrat commise à l'égard de Sortant. Il fallait, ajoute l'orateur, si vous vouliez revenir, à l'égard de Sortant, sur la parole donnée, il fallait lui rendre son fusil, sa bruyère, sa vie sauvage et vagabonde, il fallait le laisser chercher son salut, l'impunité dans la fuite ou dans la guerre. Il ne fallait pas l'arrêter contre la foi des traités ! Ce n'est pas vous, messieurs, qui consommerez cette trahison et qui y mettrez la dernière main.

On a dit, messieurs, et un de nos jeunes confrères l'a répété dans ces débats : Si la bonne foi était exilée de la terre, elle devrait se retrouver dans le cœur des magistrats. Je dirai moi, si la bonne foi était exilée de la terre elle devrait se retrouver non dans le cœur des rois (les rois ne comptent plus guère en politique), mais dans les gouvernements. Qu'est-ce en effet qu'un gouvernement qui n'est plus respecté des citoyens ? C'est un gouvernement moralement découronné. C'est donc sous le rapport politique qu'il faut vous garder de condamner Sortant, et si je ne craignais pas de consacrer ici un mot abominable en le répétant, je dirais ce serait plus qu'un crime, ce serait une faute.

Prenez-y garde, ce serait une grande faute de briser entre les mains du gouvernement ce moyen pacificateur,

salutaire des amnisties. Si vous violez envers un seul Vendéen les promesses données, pas un seul Vendéen ne croira
désormais à vos promesses. La Vendée est défiante et ran-
cuneuse ; elle regarderait comme une trahison, comme un
guet-à-pens toutes les propositions de paix qui lui seraient
adressées, elle persévérerait dans sa rebellion, et elle ferait
bien, car il vaut mieux mourir en combattant que de mourir sur un échafaud, que de traîner sa vie dans les galères.

Il y a dans Sortant un principe qui vit et domine dans
cette affaire, et quelle que soit l'obscurité d'un homme,
son indignité, quand elle présente la personnification d'un
principe, il devient sacré comme le principe lui-même.
Chez les anciens, celui qui violait un pacte était dévoué
aux dieux infernaux. Gardez-vous d'attenter à Sortant, car
ce maçon, ce brigand, si vous le voulez, est le symbole
vivant de ce qui lie et relie les hommes entre eux, de
ce qui est l'ame de la société ; il est le symbole de la foi
promise.

Suivant moi, messieurs les jurés, une clémence, une
clémence infinie peut seule réconcilier la Vendée avec une
révolution qu'elle ne repousse que faute de la comprendre. Elle s'imagine qu'à cause de son nom elle est nécessairement dolosive et violente. Je ne vous le cache pas,
ses défiances redoubleront si vous condamnez sans pitié ses
enfants, si vous violez à l'égard de certains ce qu'il y de
plus sacré parmi les hommes, la foi promise : si vous im-
primez la flétrissure sur ceux qui sont purs à ses yeux ; enfin, si vous versez le sang d'un seul. Non, jamais la Vendée ne pourra se résigner si on la traite ainsi ; un instant
elle pourra paraître pacifiée par la terreur ; une telle paix
n'est pas durable. Les ressentiments comprimés éclateront;
ils seront impuissants, sans doute ; ce n'est pas notre victoire qui nous inquiète, mais l'usage que nous nous ac-
coutumerons à en faire. Ce sera toujours à recommencer ;
nos fils et les fils de nos fils n'en verront pas la fin. Nous

leur aurons légué un funeste héritage. Comme nous, ils seront réduits à gouverner la Vendée par des défaites et des supplices. Elle sera éternellement à la France pire que l'Écosse n'a été près d'un siècle à l'Angleterre, pire que lui est encore aujourd'hui l'Irlande. Messieurs, pour un peuple, est-ce vivre d'avoir sans cesse à vaincre et à punir dans son propre sein.

Voulez-vous ne pas mettre au cœur de la patrie un cancer qui ronge ses prospérités? Suivez mes inspirations. Il y a peut-être de ma part quelqu'orgueil à le dire, mais elles sont les meilleures. De ces éloges si flatteurs qui m'ont été adressés de toutes parts, et que je ne méritais point, je n'en accepte qu'un seul. Je me suis affranchi des passions du jour. Ma pensée et ma parole aiment à s'élancer vers les grands intérêts de l'avenir; l'avenir, messieurs, appartient à la révolution de juillet, mais à une condition, qu'elle restera fidèle aux idées sous le drapau desquelles elle a combattu et triomphé. Ces idées sont sa force et sa beauté.

Je vous l'avoue, les attaques dirigées contre elle par quelques uns des défenseurs ont navré mon ame. Elles sont parties de consciences sincères; mais ma conscience à moi ne saurait y souscrire. J'honore le talent et le caractère de mes collègues; ma gratitude est sans bornes pour tant de témoignages de confiance et d'affection qu'ils m'ont prodigués; qu'ils en reçoivent la publique expression. Mais en nous associant pour un même résultat, nul de nous n'a entendu abjurer ses principes, chacun a réservé l'indépendance de ses paroles; ils m'approuveront d'en user à mon tour. Il est des cas où le silence est une adhésion; il y aurait mensonge et lâcheté à me taire. Oui, la révolution de juillet a commis des fautes, elle n'a pas commis de crimes; or, les fautes se réparent, il n'y a que des crimes qui ne s'effacent point; elle peut donc marcher la tête haute; elle n'est pas comme Caïn marquée au front d'un sceau indélébile. Non, j'en jure! Elle n'est pas la maudite des nations! Attendez! elle sera bénie entre elles! Malgré des mécomptes et des désenchantements, ma foi n'a point passé! attendez! les nations s'inclinant d'admiration et de reconnaissance, verront, du sein de l'orage, s'élever la brillante aurore de leurs destinées nouvelles.

La justice, messieurs, est la fille aînée de la civilisation; elle doit devancer ses sœurs; la première elle doit signaler les progrès de sa mère. Or, les temps sont venus où la justice doit dépouiller le caractère inflexible dont l'a, depuis des siècles, empreinte la race des légistes. Pour revenir à une analogie que j'ai déjà présentée, parce qu'il n'y en a pas qui soit plus glorieuse : en politique, comme jadis en religion, la loi de rigueur doit succéder à la loi de grâce.

O ma patrie, toi que l'on n'invoque que pour obtenir des châtiments, ne te confie pas à ces hommes sincères à t'aimer, mais aveugles à te servir, qui te rejeteraient dans une carrière semée de malheurs et de honte. Sois généreuse et clémente envers tous tes enfants; c'est toujours toi qu'ils adorent sous des noms divers et sous des images contraires. Pardonne, pardonne à ceux qui s'égarent en te cherchant au milieu des partis.

Le vœu que je t'adresse ne peut manquer d'être exaucé, car voici douze de tes meilleurs citoyens qui ne feront pas de la justice une implacable Némésis.....

Messieurs, je dépose au pied de votre tribunal, comme à l'autel d'une Thémis libératrice, nos communes espérances... Vos devoirs approchent, les miens sont consommés!....

Les plaidoieries étant terminées, M. le président s'adresse aux accusés, et leur demande s'ils ont quelque chose à ajouter à leur défense. Tous gardent le silence. Il prononce alors ces mots : Est-il quelqu'un, soit parmi les témoins, soit dans l'auditoire, qui ait quelque chose à dire en faveur des accusés?

Les débats sont terminés.

M. le président, d'une voix altérée par la fatigue et profondément émue, s'exprime à peu près dans ces termes :

Messieurs les jurés,

J'éprouve en ce moment un des plus pénibles sentiments dont mon ame puisse être affectée. Je ne m'étais chargé de la direction de ces débats qu'avec peine et dans la conscience intime de l'insuffisance de mes forces. J'ai fait ce que j'ai pu.... peut-être plus.... Mes prévisions se sont réalisées. Arrivé presqu'au terme, j'ai peu l'espérance de pouvoir vous présenter, tel que je le conçois, le complément que la loi m'a chargé d'apporter à l'instruction de ce procès. Non point, messieurs, que les observations que je vais vous soumettre ne puissent à la rigueur remplir les prescriptions de la loi. Mais est-ce ainsi, messieurs, que je concevais ma mission? Non, sans doute. Dans un procès aussi grave, où il s'agit de la vie, de la liberté de vingt-deux accusés, je vous devais compte de toutes mes méditations, je vous devais un examen approfondi de tous les faits, je vous devais une appréciation raisonnée et consciencieuse des doctrines qui ont eté controversées devant vous.

Après quelques considérations générales sur ce procès et sur les motifs qui l'ont fait renvoyer à Blois, M. le président continue :

La loi m'impose à votre égard, messieurs les jurés, une triple obligation : vous retracer les charges et les moyens de défense, vous rappeler vos devoirs, et vous expliquer les questions à résoudre.

La seconde de ces obligations me sera bien facile et bien douce à remplir. Quand on s'adresse à des gens d'honneur, pénétrés de la haute gravité de la mission qu'ils ont à accomplir, il suffit de les renvoyer à leur conscience; ils trouvent toujours en elle le guide le plus sûr. Mais en est-il ainsi de la première? Non, sans doute, messieurs, et ce n'est qu'avec un profond sentiment d'anxiété que nous l'aborderons.

. A une époque où il n'est permis à personne, magistrat ou simple citoyen, de n'avoir pas d'opinions politiques, où les dissentiments de cette nature se changent si facilement en inimitiés particulières, où l'attachement à un parti implique presque toujours une haine violente pour les partis contraires; dans un procès, funeste conséquence de la défaite et des illusions d'un parti, où se présente tout ce qu'il y a de plus vivant et de plus passionné dans l'ordre politique, qui oserait se flatter d'être assez maître de soi-même, pour, dépouillant toutes ses convictions personnelles, tenir d'une main équitable et sûre la balance suspendue entre l'accusation et la défense. Et cependant, messieurs, l'impartialité est le premier et le plus indispensable des devoirs d'un président. Si, lorsqu'il s'agit de crimes ordinaires, où chacun est d'accord sur l'appréciation morale de ces actes considérés en thèse générale, des objections, dont je n'ai point ici à apprécier le mérite, ont souvent été proposées contre les résumés, elles s'appuient sur des considérations bien autrement puissantes lorsqu'il s'agit de matières politiques. Là la diversité d'opinions fait la diversité des doctrines; le vrai, le bon, l'honnête ne sont que relatifs : les principes de la plus pure morale, de la plus exacte justice s'évanouissent devant les passions, et le jugement des actions des hommes n'a plus d'autre base que l'utilité que ces actions peuvent avoir pour la cause qu'on défend.

D'un autre côté, dans une affaire si prodigieusement compliquée de détails, qui pourrait se flatter de n'être pas trahi par sa mémoire? Or, messieurs, cette pensée que nul après le président ne peut prendre la parole, même pour rectifier des erreurs matérielles, fait peser sur ce magistrat la plus grave responsabilité.

Ces idées ont été pour moi l'objet de longues méditations, et je suis demeuré convaincu qu'il ne me serait pas donné de résoudre les graves difficultés de cette position. Je n'ai point prétendu satisfaire aux exigences des partis ; ma mission est d'un ordre plus élevé ; je proclamerai ces principes éternels de justice et d'équité, qui interdisent aux passions intéressées l'entrée de cette enceinte, je vous rappellerai les principes d'ordre et de modération qui font la force et la conservation des états, je vous retracerai les dispositions des lois dans leurs rapports avec les faits.

Heureux s'il m'était donné de ne point m'écarter de ces règles si sages, qu'il est si facile de tracer et qu'il est si difficile de suivre. Mais si, par des paroles échappées à l'entraînement de l'audience, par le récit de détails erronnés, je devais dévier de cette ligne d'impartialité, que mon caractère et mon opinion comme citoyen, mes devoirs comme magistrat, m'ont tracée, je fais des vœux sincères, et la justice et l'humanité ne me désavoueront pas, pour que ma partialité soit plutôt en faveur des accusés.

Ici, M. le président, entrant dans l'examen des faits, raconte brièvement les causes, l'origine et la formation des bandes dans la Vendée. Il examine en point de vue général quelle est la criminalité de la conduite de ces bandes. Il renouvelle les définitions du complot, de l'attentat et des divers autres crimes reprochés aux accusés.

Ensuite, abordant les faits relatifs à chacun des accusés, il rappelle les charges et les moyens de défense qui ont été proposés et par le ministère public et par les défenseurs.

Caqueray, a-t-il dit, est celui qui se présente tout naturellement le premier à votre examen ; sa conduite depuis le mois de mai 1831, époque à laquelle il était maréchal des logis dans un régiment de chasseurs, vous est connue, sa franchise ne vous en a dissimulé aucune des circonstances. Il est entré dans les bandes, il est devenu l'un de leurs chefs, il s'est trouvé à un engagement avec la troupe de ligne, et il a été arrêté les armes à la main. Le but de sa conduite il ne l'a jamais célé , c'était un but politique. Du reste on ne reproche à Caqueray aucunes exactions , aucuns crimes particuliers : au contraire il est certain qu'il a souvent par sa fermeté arrêté les désordres auxquels l'esprit d'insoumission de ces hommes les aurait portés.

M. le président examine si ces faits constituent le complot ou l'attentat, et , sans s'exprimer d'une manière catégorique à cet égard, il paraît néanmoins regarder ces faits comme constituant l'attentat ; mais il pense qu'il existe évidemment dans cette affaire des circonstances atténuante. A cet égard , a-t-il dit, l'accusation et la defense ont été d'accord.

M. le président rappelle ensuite sommairement les principaux faits relatifs aux autres accusés. La plupart sont des journaliers ou des réfractaires. Ils sont tous placés , mais avec des circonstances plus ou moins atténuantes , sous la double accusation de complot et d'attentat, car presque tous ont été dans les bandes, et pris les armes à la main.

Il en est deux cependant à l'égard desquels M. le président s'est livré à de plus longs développements, ce sont les nommés Delaunay et Sortant. Après avoir rappelé les charges que le ministère public a fait valoir contre eux , M. le président ajoute :

Inutile de ma part sans doute , messieurs les jurés , de vous rappeler les moyens de défense de Delaunay : en passant par ma bouche , ils ne pourraient que s'affaiblir. Vous êtes encore sous l'impression profonde des éloquentes et si touchantes paroles de son défenseur (Me Janvier).

Vous avez vu Delaunay père , vous connaissez sa vie, ses malheurs et sa mort; il était riche autrefois, son dévouement, son fanatisme l'ont ruiné. Il avait un fils, il a voulu, comme Delaunay voulait, l'entraîner avec lui, et, pour tout héritage, il a laissé à ce malheureux jeune homme, comme acte de dernière volonté, une place sur ces bancs. On invoque en sa faveur les dispositions de l'article 64 du code pénal : c'est une question de haute moralité abandonnée à vos consciences.

On a invoqué, pour Sortant, le bénéfice d'une amnistie ou d'un sauf-conduit, qui lui aurait été accordé par M. le colonel Chousserie.

M. le procureur-général a soutenu qu'en droit ce sauf-conduit ne devait avoir aucune influence sur le cours de la justice régulière, et qu'en fait il y avait doute sur la question de savoir si réellement il s'appliquait à tous les faits reprochés à Sortant. La défense s'élevant à cet égard aux plus hautes considérations de morale et de politique, a combattu les doctrines du ministère public ; elle a vu dans cette amnistie un acte de bonne foi, et, sans en examiner la légalité, elle y a vu une convention conclue entre le pouvoir et un citoyen; convention dont l'inexécution serait aussi honteuse que funeste pour le gouvernement. Si jamais Sortant pouvait être condamné, qui oserait se fier désormais dans la Vendée aux promesses du pouvoir, et ne serait-ce pas arrêter immédiatement ces nombreuses soumissions qui s'opèrent chaque jour.

Je suis trop ami du gouvernement, dit en terminant cette discussion M. le président, et trop désireux de la pacification de la Vendée, pour ne pas réunir mes vœux à ceux de la défense.

De nombreux faits particuliers étaient imputés à quelques uns des accusés, M. le président les rappelle successivement et passe à l'examen et à l'explication des questions à résoudre. Il fait remarquer que par suite des changements intervenus dans la législation depuis la rédaction de l'acte d'accusation, il a été contraint d'établir les questions sur de nouvelles bases; que cela a été l'objet d'un immense travail puisqu'il a porté sur plus de trois cents questions à résoudre.

Ce magistrat termine en rappelant à messieurs les jurés toute l'importance de leur mission, et en leur faisant connaître l'échelle de pénalité dans laquelle ils peuvent se mouvoir, en raison des nombreuses questions qu'ils ont à résoudre, et de la différence de culpabilité qui existe entre les divers accusés.

Lecture est ensuite donnée des questions.

Ce résumé a duré plus de trois heures.

Après une discussion peu importante sur la position de plusieurs questions subsidiaires, MM. les jurés sont entrés dans la chambre de leurs délibérations à six heures du soir, et en sont sortis à une heure du matin. Pendant tout le temps de leur délibération, l'affluence n'a pas cessé d'être considérable. De sages précautions avaient été prises pour assurer à la délibération du jury tout le calme dont elle avait besoin. La garde nationale, dont un bataillon était sous les armes, a, dans cette circonstance, rivalisé avec la ligne, avec laquelle elle avait demandé à M. le général la faveur de faire le service. Deux ou trois perturbateurs, placés dans la partie la plus reculée de l'auditoire, ont à peine essayé quelques cris confus, ou tenté d'entonner les couplets de *la Marseillaise :* l'ordre et le silence ont été complétement rétablis. M. le préfet Lezay-Marnésia et M. le général commandant, ne se sont retirés qu'après la levée de l'audience.

Deux cent vingt-quatre questions étaient posées au jury. M. Renou, chef du jury, donne lecture de ses déclarations; elles sont négatives sur tous les points, à l'égard des accusés Coudé, Frappereau, Scionnière, Chauveau, Charrier père, Légeard, Ivon et Gervais.

L'accusé Delaunay est déclaré coupable d'avoir été auteur ou co-auteur du complot; mais en même temps le jury déclare que dans la perpétration de ce fait, il a été contraint par une force à laquelle il n'a pu résister. (Cette dernière déclaration fait disparaître le crime.)

L'accusé Cresson, déclaré non coupable sur les chefs de complot et d'attentat, est déclaré coupable de non révélation. (Ce dernier fait a disparu du Code pénal depuis la loi du 18 avril 1832; il ne constitue aujourd'hui ni crime ni délit.)

L'accusé Douet est déclaré non coupable sur tous les faits. Le jury déclare en outre qu'il a, par ses révélations, procuré l'arrestation de plusieurs des accusés.

En conséquence, les accusés Coudé, Frappereau, Scionnière, Chauveau, Charrier père, Légeard, Ivon, Gervais, Delaunay, Cresson et Douet, sont déclarés acquittés de l'accusation. M. le président ordonne leur mise en liberté, mais ordonne, sur les réquisitions de M. le procureur du roi, qu'ils soient, par mesure de sûreté, provisoirement reconduits à la maison d'arrêt.

Cet arrêt est entendu avec calme, de la part de l'auditoire; on entend seulement une voix partie de la foule, s'écrier: *Je demande pour eux la croix d'honneur*

Les accusés Sortant, Caqueray, Pineau, Blanchard et Renaudeau, sont déclarés coupables d'avoir été auteurs ou co-auteurs d'un complot formé depuis la révolution de 1830, par la résolution d'agir, concertée entre plusieurs personnes, et avec ce seul caractère qu'il aurait eu pour but d'exciter à la guerre civile, en portant les citoyens à s'armer les uns contre les autres. Il sont en outre déclarés coupables d'actes commis pour en préparer et faciliter l'exécution, et d'avoir aidé et assisté avec connaissance de cause les coupables de ces mêmes actes.

Les accusés Charrier fils, Martin, Aumont, Chevrier et Faligan sont déclarés auteurs, co-auteurs et complices du même complot, ayant pour but d'exciter à la guerre civile, en portant les citoyens à s'armer les uns contre les autres. Ils sont déclarés non coupables d'actes commis, ou de complicité dans les actes commis pour en faciliter l'exécution.

La déclaration du jury est négative à l'égard de ces dix accusés, relativement aux caractères du complot qui le présenteraient comme ayant eu pour but de changer le gou--verment, d'exciter les citoyens à s'armer contre l'autorité royale.

Les accusés Sortant et Caqueray sont déclarés coupables d'un ou plusieurs attentats exécutés depuis la révolution de 1830, et ayant pour but d'exciter à la guerre civile, en portant les citoyens à s'armer les uns contre les autres.

La déclaration du jury est négative sur ce chef d'accusation, à l'égard des autres accusés.

Sa déclaration est également négative sur toutes les questions relatives aux enrôlements et tentatives d'enrôlement, embauchage et tentative d'embauchage, ainsi qu'à l'association de malfaiteurs.

L'accusé Blanchard est déclaré non coupable sur le chef d'accusation relatif à l'assassinat des trois gendarmes de Maulévrier.

Les accusés Martin et Pineau sont déclarés non coupables du meurtre de Chalopin père et fils qui leur était imputé par l'acte d'accusation.

L'accusé Aumont est déclaré non coupable du vol de 48 francs commis au préjudice de M. Manceaux, maire de la Chapelle-Aubry.

L'accusé Blanchard est déclaré non coupable du vol de 2,500 francs commis au préjudice du sieur Charrier. Il est déclaré coupable de s'être rendu complice dudit vol commis la nuit dans une maison habitée, avec violences, et avec cette dernière circonstance que les coupables étaient porteurs d'armes apparentes ou cachées

L'accusé Martin est déclaré coupable du vol de treize pièces de 6 livres et deux pièces de 5 francs, commis au préjudice du sieur Manceaux, et avec des circonstances aggravantes comprises dans la question résolue affirmativement à l'égard de l'accusé Blanchard.

L'accusé Aumont est déclaré coupable d'une tentative de meurtre commise sans préméditation ni guet-à-pens sur la personne de M. Guillebaut, maire du May. Le jury déclare en même temps que cette tentative n'a pas été accompagnée des caractères qui l'assimilent au meurtre consommé, c'est à dire qu'elle n'a pas été suivie d'un commencement d'exécution, et qu'elle n'a pas manqué son effet par des circonstances fortuites et indépendantes de sa volonté. (Ce fait ne constitue ni crime ni délit.)

L'accusé Sortant est déclaré coupable d'un vol de 48 fr. commis chez M. Manceaux, maire de la Chapelle-Aubry, avec toutes les circonstances résolues affirmativement à l'égard de l'accusé Blanchard.

Le jury dit enfin, à l'égard de Scionnière, déclaré non coupable sur tous les chefs, qu'il était en état de démence au moment où les crimes dont il était accusé ont été commis.

Toutes les questions résolues affirmativement par le jury, l'ont été avec cette modification qu'il existe des circonstances atténuantes à l'égard des accusés auxquels elles ont rapport.

M. Leconte, procureur du roi, se lève et dit : Pour le roi et la justice, nous requérons que Sortant, déclaré coupable d'un complot que nous appellerons parfait, et, en outre d'un vol qualifié chez le sieur Manceaux, soit condamné à 20 ans de détention.

Nous requérons que Caqueray, déclaré coupable d'un complot parfait, soit condamné à 15 ans de détention.

Nous requérons que Charrier fils, déclaré coupable de complot non accompagné d'actes commencés, soit condamné à 5 ans de prison.

Nous requérons que Martin, déclaré coupable de com-

plot parfait, et de vol chez le sieur Manceaux, soit condamné à 20 ans de détention.

Nous requérons que Pineau soit condamné à quinze ans
de détention.

Nous requérons que Blanchard, déclaré coupable de complot parfait, soit condamné à vingt ans de détention; qu'Aumont, déclaré coupable d'un complot parfait, et en outre
d'un vol qualifié chez Charrier, soit condamné à vingt ans
de détention.

Nous requérons que Chevrier et Faligan, complices du
complot sans actes commencés, soient condamnés à cinq
ans de prison.

Nous requérons enfin que Renaudeau, déclaré coupable
d'un complot parfait sans autres circonstances, soit condamné à quinze ans de détention.

Me Janvier, au nom de la défense, supplie la cour de
se montrer indulgente envers les accusés.

La cour rentre dans la chambre du conseil pour déli-
bérer. Pendant ce temps, un bruit sourd et quelques murmures éclatent dans la partie la plus reculée de l'auditoire.
Les noms de Cuny et de Lepage, condamnés à mort à l'occasion des affaires des 5 et 6 juin, circulent à demi-voix.
Un détachement du 1er régiment de ligne et un détachement de la garde nationale sont placés dans l'enceinte de
l'audience. Le calme se rétablit en un instant.

Les accusés sont tous dans une parfaite immobilité; ils
n'adressent à personne la parole.

La cour, après une courte délibération, condamne Sortant et Caqueray à dix ans de détention, Blanchard et Aumont à douze ans, Pineau à huit ans, Renaudeau à cinq ans,
Charrier fils, Chevrier et Faligan à deux ans de simple
emprisonnement; Martin est condamné à dix ans de réclusion, sans exposition.

L'audience est levée à trois heures et demie du matin.

Audience du 13 octobre 1832.

PRÉSIDENCE DE M. BERGEVIN.

Affaire Martin.

La cour a eu à s'occuper de l'accusation portée contre le nommé Jean Martin, qui avait déjà comparu devant elle avec les accusés Caqueray, Sortant et autres, et qui avait été condamné à dix ans de réclusion. Martin était de nouveau accusé de complicité de complot et d'attentat contre le gouvernement, et d'excitation à la guerre civile et d'association à des bandes de malfaiteurs. La base de cette accusation était un certain nombre de désarmements, opérés au mois de novembre 1831, chez divers particuliers de la commune de Champ (Maine-et-Loire), sans violences ni menaces.

Les débats de cette affaire n'ont rien présenté qui fût de nature à exciter l'attention. L'accusation a été soutenue par M. Delaunay, substitut du procureur du roi. Il a cherché à établir l'existence d'une tentative d'attentat et d'un complot suivi d'actes préparatoires. Il a abandonné le chef relatif aux bandes de malfaiteurs. Il s'est empressé de reconnaître dans la conduite de l'accusé de nombreuses circonstances atténuantes qu'il a signalées au jury.

Me Duplessis, avocat de Martin, a présenté de courtes observations en faveur de l'accusé. Il s'est occupé de prouver que le fait au sujet duquel une nouvelle accusation pèse sur Martin est compris dans l'ancienne accusation; que les désarmements sont des faits de guerre civile, préparatoires de l'exécution du complot qui aurait pour but de l'exciter; qu'il y aurait, en justice, inhumanité à prononcer contre son client une nouvelle condamnation pour un fait qui a servi de base à l'une des réponses affirmatives données par le jury quelques heures auparavant. Le défenseur glisse légèrement sur l'exposé très simple des faits et sur les définitions des mots *complot* et *attentat* dans le sens de la loi. Cette discussion avait été également effleurée par l'organe du ministère public. Il insiste particulièrement sur ce qu'il y aurait d'injuste à faire supporter à un condamné un arrêt aggravatif de peines pour des faits déjà qualifiés et atteints par un ancien arrêt. L'avocat expose à ce sujet la doctrine qui découle de cet ancien axiome, transporté du droit romain dans le droit français : *Non bis in idem*, principe qui veut qu'un même crime ne donne pas lieu à deux peines. Il cherche à persuader aux jurés que ce principe serait violé par l'application d'une autre condamnation à Martin ; il prie les jurés de se prémunir contre une pareille erreur, qui, dit-il, serait une injustice, une barbarie qui interdirait les principes du droit, ceux de la raison et de l'humanité, et qui deviendrait, si l'on peut se servir de cette expression, un véritable *pléonasme* judiciaire. Le défenseur finit en recommandant l'accusé à la justice des jurés et dans tous les cas à leur indulgence.

Une courte discussion s'élève entre l'organe du ministère public et l'avocat sur la véritable interprétation de cet adage : *Non bis in idem*.

M. le président fait un résumé abrégé des débats, et remet au chef du jury les questions.

Après une assez longue délibération, la cour rentre en séance, et Martin est déclaré coupable seulement de complot simple, avec circonstances atténuantes, qui ne donne lieu qu'à une peine correctionnelle.

En conséquence, le ministère public, en vertu de l'article 365 du code d'instruction criminelle qui interdit la cumulation des peines, et en raison de ce que Martin a été condamné pour le même fait à une peine supérieure, requiert qu'il ne soit prononcé aucune condamnation, la cour, après en avoir délibéré, rend un arrêt conforme aux conclusions du ministère public.

Audience du 15 octobre 1832.

PRÉSIDENCE DE M. BERGEVIN.

L'audience est ouverte à midi.

M. le procureur du roi fait connaître que M. de Montigny, juré, ne peut se rendre à l'audience pour cause de maladie. Il demande que la cour ordonne qu'il soit nommé un docteur pour constater l'état de santé de M. de Montigny, et M. le président remet la séance à trois heures de relevée.

A cette heure, le certificat n'est point encore parvenu à la cour, et ce n'est qu'à l'audience du 16 au matin que, d'après les observations de Me Celliez, la cour ordonne le renvoi de l'affaire des accusés Rochard et Aumont à samedi 20 courant, et le tirage d'un nouveau jury pour cette affaire.

Audience du 16 octobre 1832.

PRÉSIDENCE DE M. BERGEVIN.

Affaire de M. Berryer.

La célébrité de l'accusé, la nature de l'accusation avaient attiré une affluence considérable. Long-temps avant l'audience, la salle est remplie; on remarque un grand nombre de dames de la mise la plus recherchée; tous les officiers de la garnison, M. le préfet, M. le général, et les autres autorités sont placés derrière la cour.

A onze heures, la séance est ouverte.

On procède au tirage des jurés; ce sont MM. Aubert, Parrain, Courcelles, Godet-Brillard, Barillon, Pillot,

Robert jeune, Couverchel, Godinot, Pillon-Morinet, Bailly, Thiébault. *Juré supplémentaire :* M. Lemaire.

On introduit M. Berryer.

M. le président le fait placer sur un siége particulier.

Me Fontaine et Me Flayol, ses défenseurs, prennent place à côté de lui.

Me Delmas, avocat du barreau de Paris et ami de M. Berryer, et Me Maigreau, avocat du barreau de Blois, assistent la défense comme conseils.

A l'arrivée du célèbre accusé, et lorsqu'il se lève pour répondre aux questions d'usage sur ses noms et profession, une vive sensation se manifeste dans l'auditoire.

M. Berryer déclare être âgé de 42 ans, avocat à la cour royale de Paris, et membre de la chambre des députés.

On procède à l'appel des témoins ; deux d'entre eux sont absents ; ce sont MM. Jourdan et Tournier.

M. le procureur-général dit qu'à l'égard de M. Jourdan il n'a pu se présenter au tribunal, attendu qu'il était absent de son domicile lorsque la citation a été remise. En ce qui concerne M. Tournier, cet officier éprouve une indisposition grave, par suite de laquelle il demande quelques heures de délai pour se présenter devant la cour.

M. Berryer fait observer que, durant les débats, la loi veut que les témoins, avant leur déposition, n'aient de communication avec personne, et qu'il serait urgent que l'on prît des mesures pour que la loi eût son exécution à l'égard de M. Tournier.

Me Fontaine prie la cour de commettre un de ses huissiers audienciers pour que cette mission soit mieux remplie.

M. le président, faisant droit à ces observations, commet un huissier pour se rendre au domicile de M. Tournier et empêcher toute communication d'étrangers avec lui.

Au moment du départ de l'huissier, on annonce l'arrivée de M. Tournier.

Le greffier donne lecture de l'acte d'accusation.

Acte d'accusation de M. Berryer fils, avocat à Paris et membre de la chambre des députés, accusé de complicité dans les complots de la Vendée.

Peu de mois s'étaient écoulés depuis la révolution de juillet, que les partisans de la dynastie déchue, relevés de leur abattement par la certitude de la marche loyale, généreuse et libérale du nouveau gouvernement, conçurent l'espoir d'organiser impunément une vaste conspiration dans le but de replacer sur le trône le duc de Bordeaux sous la régence de sa mère, la duchesse de Berry.

Trois plans principaux paraissent avoir été arrêtés par les meneurs du parti légitimiste pour arriver aux succès de leurs coupables espérances : 1° employer la liberté de la presse et de la tribune pour égarer l'opinion publique, pour calomnier le gouvernement de Louis-Philippe, pour mettre en question l'assentiment de la nation française à son avénement, pour n'accorder à son gouvernement que le caractère d'un *pouvoir de fait* qui pouvait être *légalement* renversé, pour appeler, en un mot, l'intérêt et l'affection sur le duc de Bordeaux et l'offrir à la France comme le seul *souverain légitime*, et comme la source unique de la paix et du bonheur matériel de notre pays.

2° Organiser la guerre civile dans le midi et dans l'ouest par le fanatisme, le mensonge, l'appât de l'or, et en réveillant les vieux sentiments de fidélité chevaleresque, en employant au besoin l'influence du propriétaire puissant sur le fermier dépendant, et jusqu'aux menaces de mort et d'incendie.

3° Enfin organiser, à Paris même, une bande de sicaires, y faire entrer, à force d'or et de promesses, les prolétaires et les mécontents de toutes les opinions, les armer de torches pour incendier les Tuileries, et de poignards pour attenter à la vie du chef de l'état et des membres de sa famille.

Ces trois plans ont été suivis parallèlement vers le même but, ils devaient se prêter un mutuel secours.

Le dernier, dont l'exécution a été tentée dans plusieurs circonstances, et notamment dans l'affaire de la rue des Prouvaires, à constamment échoué grâce à l'active surveillance de la police.

Le deuxième n'a éclaté à Marseille d'abord, et ensuite dans l'ouest, que pour être comprimé aussitôt et prouver la faiblese du parti carliste, et le dévouement de la nation au trône de Louis-Philippe.

Le premier plan est celui dont le sieur Berryer fils se proclame l'agent, et qu'il reconnaît avoir poursuivi et vouloir poursuivre de concert avec MM. Châteaubriand, Fitz-James, Hyde de Neuville, il déclare à la vérité que les voies *légales et régulières* sont les seules qu'il admette pour arriver à son but, et repousse la solidarité des moyens violents que d'autres partisans de la *légitimité* ont cru devoir employer pour réaliser leurs communs desseins; mais les faits que l'instruction a appris contre lui, et dont l'analyse va suivre, ne permettent pas de le considérer comme étranger à la prise d'armes qui a eu lieu dans les départements de l'ouest, ni aux attentats qui se méditaient à Paris même.

Le sieur Berryer fils était notoirement connu pour être à Paris, chargé des intérêts pécuniaires de la famille exilée à Holy-Rood : ses relations avec elle ne peuvent être l'objet d'un doute. Depuis long-temps la police était avertie qu'il devait prendre part à toutes les menées légitimistes, et sa conduite était devenue l'objet d'une surveillance active.

Un fait grave vint bientôt changer les soupçons en certitude : il fut appris que tandis que la duchesse de Berry faisait à *Massa* les préparatifs de son débarquement à Marseille, le sieur Berryer entretenait avec elle une correspondance coupable, et lui servait d'intermédiaire pour attacher à sa cause quelques officiers supérieurs mécontents d'être placés sur les cadres de disponibilité. A la fin de mars ou

au commencement d'avril, le sieur Tournier, ancien lieutenant colonel du premier régiment des volontaires de la
charte, formé après les journées de juillet, et que la dissolution de ce corps avait laissé hors des cadres de l'armée,
fut adressé au sieur Berryer fils par des ex-officiers de la
garde royale qui avaient su exploiter son mécontentement
contre le gouvernement actuel : celui-ci promit de lui faire
obtenir le grade de colonel d'abord, et ensuite celui de maréchal-de-camp, s'il voulait servir la cause de la duchesse
de Berry. Il lui demanda même le nom d'autres officiers
qui fussent dans les mêmes dispositions que lui. Le sieur
Tournier lui indiqua son frère, Antoine Tournier, le chef
de bataillon Chartier, et un sieur Michonnet, demeurant à
Bourges. Berryer fils ne lui laissa point ignorer le but du
complot, il le chargea d'enlever les ministères et les Tuile-
rie, afin de s'assurer de la personne du roi et de celle des
princes.

Le sieur Tournier eut quelques jours après une seconde
entrevue avec Berryer fils ; il reçut de lui deux billets de
cinq cents francs chaque, pour venir au secours des hommes dont le sieur Tournier avait annoncé pouvoir disposer,
avec promesse d'obtenir plus tard d'autres sommes.

Une vingtaine de jours après, dans une troisième entrevue avec Berryer fils, le sieur Tournier eut communication de quatre brevets, que le premier avait reçus de Massa.
Ces brevets avaient été écrits avec du jus de citron, et le
papier qui les contenait avait été roussi par la nécessité de
les approcher du feu pour rendre l'écriture apparente. Le
brevet destiné au sieur Tournier était le seul écrit en entier de la main de Marie-Caroline; il est ainsi conçu.

« J'accueillerai et récompenserai tous les services qui
« seront rendus à mon fils et notamment ceux du lieute-
» nant-colonel François Tournier en le nommant co-
« lonel. »

Massa, le 21 avril 1832,   MARIE-CAROLINE.

Les trois autres brevets destinés au frère du sieur Tournier, au sieur Chartier et au sieur Michonnet, ne portaient
de la main de la princesse que ces mots : « Approuvé,
» Marie-Caroline. » Berryer ne remit au sieur Tournier
que son brevet et celui de Chartier, il garda les deux autres.

Ces faits graves ont été appris par la déposition formelle
du sieur Tournier, qui a en même temps déposé les deux
brevets qui sont joints aux pièces de la procédure. Berryer
fils a nié connaître le sieur Tournier et n'avoir jamais eu
aucune relation avec lui. L'écriture du brevet du sieur Tournier, rapprochée d'autres lettres de la duchesse de Berry, saisies à Nantes sur quelques-uns des principaux conspirateurs,
n'a laissé, dans l'esprit des magistrats chargés de l'instruction à Nantes, aucun doute sur l'identité de la main qui a
écrit et ces brevets et ces lettres. Une vérification solennelle achèvera de constater si la duchesse de Berry a réellement formé les caractères qui lui sont attribués.

Le sieur Tournier apprend en outre que lors de cette
troisième entrevue, c'est à dire vers la fin d'avril ou dans
les premiers jours de mai, Berryer fils lui annonça qu'il
allait faire un voyage, que sous peu de jours il aurait occasion de voir la duchesse de Berry, et qu'il espérait que
l'ouest et le midi seconderaient Paris.

Vers la même époque, le préfet de police était averti que
plusieurs réunions de chefs légitimistes avaient lieu à Paris,
et que dans l'un de ces conciliabules on avait proposé de
constituer un gouvernement provisoire composé de messieurs le duc de Bellune, Hyde de Neuville, Châteaubriand,
Berryer fils, avec le sieur Charbonnier de la Guernerie,
pour secrétaire; qu'une somme de soixante-six mille francs
avait été dépensée, tant en achats d'armes qu'en distributions à des agents de complot.

Le 20 mai, Berryer fils, ainsi qu'il l'avait annoncé à
Tournier, partit de Paris dans sa calèche, n'ayant qu'un
passe-port pour l'Angleterre à lui délivré le 7 juin 1831,

l'autorisant à s'embarquer à Calais avec son *fils âgé de 19 ans.* Il arriva à Nantes le 22 mai vers huit heures du matin, et descendit chez le sieur de Granville, son ami. Il se mit aussitôt en relation avec le sieur Guibourg, avocat à Nantes, l'un des agents immédiats de la duchesse de Berry, et dès le soir même, vers deux heures, il quitta Nantes pour aller trouver la duchesse de Berry qui, depuis le 15 mai, était dans la Vendée. Berryer fils a reconnu avoir eu une entrevue avec elle dans la nuit du 22 au 23 mai, et l'avoir trouvée couchée dans une maison dont il a constamment refusé d'indiquer la position; il a également refusé de désigner la route qu'il avait suivie, la commune où avait eu lieu l'entrevue, l'individu qui lui avait servi de guide, et le nom des personnes qui, suivant lui, ont été présentes à leur entretien. Berryer fils ne fut de retour à Nantes que le 23 mai à onze heures du soir.

Quel a été le but de cette entrevue? Berryer fils a prétendu, dans ses interrogatoires, qu'il avait eu pour objet de détourner la duchesse du projet insensé de faire verser sans fruit pour sa cause le sang des braves paysans de la Vendée, mais qu'il l'avait quittée avec la triste certitude que ses conseils avaient été sans influence sur une détermination fortement arrêtée.

Il est impossible de concilier cette mission pacifique avec l'embauchage du lieutenant-colonel Tournier, et les brevets reçus de Massa par Berryer fils. Comment concevoir que celui qui, en annonçant son prochain voyage pour voir la duchesse de Berry, manifestait en même temps l'espoir que *l'ouest* et *le midi* seconderaient Paris, serait venu tout exprès pour arrêter cette même explosion de *l'ouest*, fixée d'abord au 24 mai, et remise en définitive au 4 juin.

Puis, pourquoi Berryer qui savait, ainsi qu'il le reconnaît lui-même, que le signal du combat à outrance devait être donné dans les jours suivants, prolonge-t-il son séjour à Nantes jusqu'au dimanche 2 juin? Pourquoi n'aban-

donne-t-il cette ville que sur l'ordre qui lui en est donné
par l'autorité qui l'avertit de l'inquiétude que sa présence
excite parmi la population?

D'un autre côté il est difficile d'expliquer comment Berryer fils qui savait, de son propre aveu avant son départ de
Paris, que la duchesse était dans la Vendée, qui était en
relation avec elle pendant son séjour à Massa, qui ne pouvait manquer d'être initié dans son projet de débarquement
à Marseille, aurait attendu jusqu'à la veille du jour où l'insurrection devait éclater dans l'ouest pour venir mettre obstacle à une levée de boucliers, dont le signal déjà donné,
ne pouvait être révoqué dans un si court intervalle?

Si l'on ajoute à ces observations le mystère dont Berryer fils a enveloppé son voyage à Nantes, le soin qu'il a
pris de faire proclamer long-temps à l'avenir par les journaux carlistes qu'il devait aller en Bretagne défendre l'accusé Guillemot, tandis qu'il est appris par l'instruction
qu'il avait refusé de se charger de cette défense; si enfin on
remarque, qu'au lieu de retourner à Paris, Berryer fils
forme subitement le projet de se diriger vers Aix en Suisse,
aussitôt qu'il a été informé que ses démarches sont péné-
trées par la police, il sera difficile de ne pas être convaincu
qu'il a pris une part active au complot que la duchesse de
Berry était venue pour mettre à exécution dans l'ouest et
qui a éclaté dans la nuit du 3 au 4 juin.

Quelques unes des pièces saisies à Paris, au domicile de
Berryer fils, après son arrestation à Angoulême, et notamment un projet d'un emprunt de 75 millions, avec la garantie de *tous les biens de l'état*; une note où l'on recommande à *ces messieurs* un ancien serviteur du château, qui
peut être utile à la cause; des chansons grossièrement inju-
rieuses contre Louis-Philippe, viennent ajouter un nouveau poids aux présomptions qui se réunissent pour démontrer que Berryer fils était un des principaux agents des
menées carlistes qui ont agité la France.

En conséquence, Pierre-Antoine Berryer fils est accusé :

1° De s'être rendu complice de l'attentat consommé dans les départements de l'ouest, ou, en tout cas, du complot qui l'a précédé et qui a été suivi d'actes commis ou commencés pour en préparer l'exécution ; lesquels attentat et complot ont eu pour but soit de détruire ou de changer le gouvernement, et d'exciter les citoyens à s'armer contre l'autorité royale, soit d'exciter la guerre civile, en armant ou en portant les citoyens ou habitants à s'armer les uns contre les autres, soit de porter la dévastation, le massacre et le pillage dans une ou plusieurs communes ; ladite complicité résultant de ce que ledit Berryer aurait, avec connaissance, aidé ou assisté l'auteur ou les auteurs de ces attentat et complot dans les faits qui les ont préparés ou facilités, ou dans ceux qui les ont consommés ; crimes prévus et repris par les articles 59, 60, 87, 88, 89 et 91 du code pénal ;

2° D'avoir enrôlé ou engagé des soldats sans ordres ou autorisation du pouvoir légitime ;

En tout cas, d'avoir tenté d'engager ou d'enrôler des soldats sans ordre ou autorisation du pouvoir légitime, tentative manifestée par des actes extérieurs, et suivie d'un commencement d'exécution qui n'a manqué son effet que par des circonstances fortuites ou indépendantes de la volonté dudit Berryer, crimes prévus et repris par les articles 2 et 92 du code pénal.

Fait au parquet de la cour royale de Rennes, le 20 août 1832.

Le procureur général,

HELLE.

La *Gazette des Tribunaux*, qui a publié cet acte d'accusation dans son numéro du 17 octobre, y a joint la pièce suivante qui faisait partie du dossier :

Lettre de M. le conseiller d'état préfet de police à M. le ministre de l'intérieur.

8 mai, à minuit.

Monsieur le comte,

En rentrant dans mon cabinet, j'ai trouvé plusieurs rapports écrits, et j'ai reçu des communications de plusieurs de mes agents qui confirment, avec de nouveaux détails, les faits principaux sur lesquels l'attention de V. Exc. s'était déjà arrêtée.

Je m'empresse de vous transmettre ces renseignements, et d'y joindre ceux qui m'étaient parvenus depuis quelques jours, afin de vous présenter dans un seul cadre le tableau des criminelles intrigues du parti carliste à Paris.

L'échec du 2 février avait suspendu le cours de ces intrigues; mais le mois d'avril les a vu renaître, avec une certaine activité, sous la direction de quelques nouveaux chefs et de quelques uns de ceux que les tribunaux ont successivement acquittés. Les factieux préparaient ainsi les moyens d'appuyer, par des troubles dans la capitale, les opérations commencées dans le midi.

La honteuse issue de l'échauffourée de Marseille paraît avoir redoublé la rage fanatique de ces émeutiers légitimistes. Peut-être se faisaient-ils encore illusion; peut-être espéraient-ils encore recevoir quelques bulletins favorables de la duchesse de Berry; peut-être aussi se flattaient-ils de pouvoir, avec le concours des républicains, réparer leurs défaites par un soulèvement à Paris !

Quoi qu'il en soit, les chefs secondaires, assistés et guidés par les fondés de pouvoir de la famille déchue, s'étaient réunis dès samedi soir (5 mai) pour arrêter un plan d'insurrection.

Cette première réunion a eu lieu rue des Marais, n° 15. Une seconde a eu lieu dimanche, rue de Lille, n° 50; une troisième hier (7 mai), rue Neuve-Saint-Roch, n° 13, chez la dame Berthe, lingère. Enfin l'on s'est encore assemblé ce soir chez M. Berthier de Sauvigny, le même qui vient d'être acquitté par le jury, et qui demeure place de la Bourse, n° 9.

Ce comité révolutionnaire est composé de huit personnes, dont sept me sont déjà désignées, savoir : de Verneuil, président du comité, et Laffecteur (sortis récemment de prison) ; Monnières, demeurant rue Saint-Nicolas d'Autin, n° 9; un sieur Robert, demeurant rue Neuve-de-la-Ferme, n° 33; un capitaine irlandais, demeurant rue des Marais-Saint-Martin, n° 15; un colonel Pirron et Pelloux.

Beaucoup de plans avaient été discutés et adoptés dans chaque con-
ciliabule; mais ce soir (8 mai), ils ont été modifiés de la manière suivante:
il a été convenu que l'attaque n'aurait pas lieu demain, comme il avait
été décidé. L'on différera de huit, dix ou quinze jours, jusqu'à ce que
l'on sache la duchesse de Berry en sûreté, pour ne pas la compromettre.
En attendant, une somme de 32,000 fr. a été dépensée pour acheter des
armes et de la poudre; les armes sont des pistolets, des épées, des cannes
à dard et des poignards, dont deux sont déjà entre mes mains, car le
tout a été distribué aux complices.

Une autre somme de 34,000 fr. a été répartie entre les meneurs de ce
complot, et je sais que le sieur Tournier a reçu 4000 fr., Laffecteur,
1000 fr.; Kabys, ex-capitaine des Suisses, 2000 fr.; vingt-cinq soldats
suisses 1000 fr.: Monières, 400 fr.

L'on a de plus arrêté aujourd'hui (8 mai), la composition du gouvernement provisoire. Les noms de MM. le duc de Bellune, Hyde de
Neuville, Châteaubriand, Berryer fils, figurent en première ligne. Le
sieur Charbonnier de la Guernerie, qui se trouve maintenant dans une
maison de santé à Chaillot, et qui sera demain matin réintégré à Sainte-
Pélagie, est nommé secrétaire de ce gouvernement.

Les principaux agents dont ces conspirateurs se servent pour embaucher sont les sieurs Meunier, fils de l'ancien concierge de l'administration des postes; Sibut, ex-gendarme; Magnan et Granger. Ces misérables
paraissent compter sur deux serviteurs du château des Tuileries. Il a été
très sérieusement question d'y mettre le feu par la salle de spectacle le
jour où le mouvement éclatera. J'espère connaître bientôt les noms des
hommes du château sur lesquels paraissent compter les conspirateurs.

Trois cents pétards, contenant chacun 12 balles, ont été fabriqués, à
ce qu'on m'assure. Si le fait est vrai, je saurai bientôt où se trouvent ces
projectiles.

Sibut, Magnan et Monières sont, dit-on, porteurs de poignards em-
poisonnés. La rage de ces bandits ne peut pas se contenir, toutes les fois
qu'il est question de Sa Majesté et de la famille royale: c'est surtout à
S. A. R. Mgr le duc d'Orléans qu'ils portent une haine implacable.
Permettez-moi, monsieur le comte, d'exciter votre sollicitude pour faire
redoubler les mesures de surveillance qui sont peut-être nécessaires pour
ne pas compromettre les destinées de la patrie! Je frémis en pensant aux
dangers auxquels une trop grande confiance peut exposer des jours que
tout Français digne de ce nom voudrait conserver au prix de son sang.

La faction carliste n'est pas la seule qui s'agite: les furieux et méprisables républicains voudraient aussi réaliser par la violence leurs plans

criminels; quelques uns des leurs sont chargés d'acheter des armes: ils ont jeté leurs vues sur quelques vieux fusils exposés en vente sur les quais; ils sont convenus des prix avec les marchands; mais ces bandits sanguinaires n'ont pas encore pu réunir une petite somme de 200 francs dont ils ont besoin pour enlever ou du moins pour essayer de faire enlever ces armes.

J'ai l'honneur, etc.   Signé GISQUET.

Pour copie conforme, le greffier en chef,
Signé DRÉON.

M. le président à M. Berryer. Depuis 1830, êtes-vous chargé des intérêts des membres de la branche aînée de la famille des Bourbons? — R. Je n'ai jamais été chargé particulièrement des intérêts de S. M. Charles X, mais l'on m'a consulté à l'égard de plusieurs intérêts privés de S. A. R. Mgr le duc de Bordeaux; et j'ai plaidé pour S. M. Charles X. — D. Avez-vous eu des correspondances avec cette maison? — R. Je n'ai reçu qu'une seule lettre venant d'Holy-Rood, du reste mes relations n'ont été, comme je l'ai dit, que pour des intérêts privés, et avec les membres du conseil de famille? — D. N'avez-vous pas pris un passe-port pour vous rendre avec votre fils en Angleterre? — R. Oui, monsieur, après la clôture de la session de 1831, je formai le projet de me rendre dans ce pays; je pris cette résolution par suite de la proposition de M. Baude, et j'avais l'intention d'engager la famille royale à vendre les biens qu'elle avait en France. Je parlai même à cette époque de mon projet à M. Casimir Périer, je lui demandai de ne pas me faire environner d'agents de police pour découvrir l'objet d'un voyage que je lui déclarais, ce cortége devant être pénible pour moi et mettre dans une continuelle suspicion les personnes que ma mission me forcerait d'entrenir; il me le promit. Mais d'après la connaissance que j'acquis ensuite des intentions de la famille royale relativement à ces biens, je vis que mon voyage serait inutile et je ne l'effectuai pas? — D. N'avez-vous pas quitté Paris durant le cours du mois d'avril dernier?—R. J'ai déjà répondu à cette question lors de mon interrogatoire à Nantes, et je dirai de nouveau que je puis, pour ainsi dire, prouver jour par jour, ma présence dans la capitale durant ce mois. Les trois ou quatre premiers jours, je fus retenu chez moi par une indisposition. Le 5 j'assistai au convoi de M. de Martignac, dont je devais prononcer l'oraison funèbre, honneur que je cédai à M. Hyde de Neuville. Du 8 au 15 de ce mois, je reçus un très grand nombre de visites, entr'autres M. Genoude, gérant de la *Gazette de France,* auquel on avait intenté une action en justice, pour un article publié contre le *Courrier de l'Europe.* Le 21 de ce mois, j'assistai à la clôture de la session; je puis prouver ce fait par une attestation de messieurs les questeurs, faisant partie du dossier qui est entre les mains de Me Fontaine. Les 25, 26 et 29, j'eus encore à m'occuper de l'affaire de M. Genoude, et ce même jour 29 j'eus un entretien chez moi avec un magistrat, M. Fouquet, qui, sans que je la lui demandasse, vient de m'adresser une lettre qui me rappelle ce fait et le certifie. — D. Vous n'êtes point allé à Aix dans le courant de ce mois? — R. Non, monsieur; mais on m'a envoyé à Paris un journal ministériel du midi, en date du 5 mai, qui contenait un article dans lequel on disait que plusieurs individus, la plupart inconnus, mais parmi lesquels je me trouvais, parcouraient ces contrées; ce qu'il y a de certain, c'est que cet article était de toute fausseté et avait un but odieux qui sera expliqué dans ma défense. — D. A quelle époque vous êtes-vous décidé à aller en Bretagne? — R. Le samedi 19 mai, j'avais eu l'intention de me mettre en route, mais ce ne fut que le dimanche 20 que j'exécutai ce projet. — D. Ne vous êtes vous pas rendu à Nantes dans le dessein de défendre un sieur Guillemot? — R. On m'avait fait la proposition de me charger de la cause de cette personne, après que j'eus fait acquitter plusieurs accusés que j'avais défendus devant la cour d'assises de Fontenay; mais

je répondis que ne connaissant pas M. Guillemot, ni le
fond de son affaire, je ne pouvais promettre, quant à présent, me charger de sa défense. On renouvela encore à cet
égard une tentative pour m'engager à plaider cette affaire,
et je fis la même réponse. — D. Aviez-vous la certitude de
voir madame la duchesse de Berry, lorsque vous vous rendîtes dans la Vendée? — R. Aucunement. Voici l'exacte
vérité à cet égard : Ce n'est que par les papiers publics
que j'ai entendu parler de la présence de son altesse royale
dans cette contrée. Le 18 mai, quelqu'un me dit qu'il savait
de bonne source que la princesse y était; j'acquis la certitude de sa présence le 19, par deux lettres que reçurent
deux de mes amis; ce fut cette assurance qui me détermina
à entreprendre le voyage, espérant pouvoir rencontrer son
altesse royale. — D. Arrivé à Nantes, y restâtes-vous longtemps? — R. J'y arrivai à huit heures, et je quittai cette
ville à onze. — D. Comment vous rendîtes-vous auprès de
la princesse? — R. Je m'adressai à des personnes dont
mes opinions sont bien connues, et qui me procurèrent un
homme que je n'ai vu que cette seule fois, cet homme me
servit de guide pendant environ six lieues, et ensuite un
second guide me conduisit après que le premier lui eut dit
seulement : Voilà une personne qu'il faut conduire. Ce second me remit à un troisième, lequel guida mes pas jusqu'à
l'endroit où j'eus l'honneur de saluer son altesse royale.
Quant au silence que j'ai toujours gardé sur les personnes
qui m'ont indiqué son altesse royale, la route que j'ai suivie, et sur le lieu où était la princesse, je pense qu'il est un
devoir sacré pour moi et que l'on ne peut me l'imputer à crime; dût-il l'être, j'y persisterais.—D. Quel motif a pu vous
porter à aller voir la duchesse? — R. Je me déterminai à
faire ce voyage, pour faire connaître à son altesse quelles
étaient mes opinions sur la situation des choses en France.
— D. Quel a été le sommaire de votre conversation avec
la duchesse de Berry? — R. Je ne crois pas devoir trahir

le secret d'une illustre princesse, dont les malheurs et le courage sont au-dessus de tout ce que l'on peut exprimer. Je crois donc ne devoir point faire connaître quelle fut ma conversation avec elle. — D. Pouvez-vous dire si un grand nombre de personnes accompagnait la duchesse? — R. C'est une pensée bien consolante pour l'honneur vendéen et le caractère français, que de voir que cette princesse qui, pour sa sûreté, est obligée de changer trois ou quatre fois de demeure par semaine, qui a peut-être parcouru quatre cents chaumières, et dont à chaque séjour dix personnes au moins ont connu la présence, n'ait pas encore trouvé un traître pour dénoncer ses retraites, et que l'autorité ne puisse accuser personne aujourd'hui à cette occasion. — D. Vous avez donné à entendre que l'objet de votre entretien était relatif à la situation de la France ; ne parlâtes-vous pas de la guerre civile en Vendée. N'engageâtes-vous pas la princesse à quitter la France, à renoncer pour ce moment à toute prise d'armes? — R. Déjà cette question m'a été adressée à Nantes, où, arrivé le 10 juin, je fus mis au *secret* jusqu'au 19. Ce fut le 11 seulement que je vis pour la première fois M. le procureur du roi de cette ville ; cependant, dans un rapport au ministre le 4 juin et parvenu au ministère le 6 dudit mois, ce magistrat avait affirmé avoir eu avec moi un long entretien, dans lequel je lui aurais parlé dans le sens que vous venez de m'indiquer ; selon lui, j'avais l'air navré du peu de succès de mes efforts auprès de la princesse, et j'accusais son altesse royale de son invincible opiniâtreté pour la guerre civile. Eh! bien, messieurs, ce rapport, c'est une infamie ; il est faux en tout point ; je n'ai jamais vu M. le procureur du roi de Nantes, avant le 11 ; je n'ai jamais eu de conversation pareille avec lui, et en calomniant l'auguste princesse et en la faisant dénoncer par moi, il a commis un double crime et voulu nous déshonorer tous les deux ; c'est pourtant d'après ce rapport du 4 que j'ai été arrêté le 11.

M. le président donne lecture d'une note signée par
M. Berryer père et dont voici l'extrait :

» Si l'on avait toujours consulté les sages amis de la légitimité, on se serait convaincu qu'il n'était pas temps d'organiser un mouvement dans Paris, attendu que la garde
nationale était vigilante et la garnison fidèle, et que à l'é-
gard de la guerre civile dans l'ouest il y avait beaucoup
trop de troupe dans cette contrée dont les campagnes
seraient dévastées sans atteindre le but que l'on se proposait »

M. le président; aviez vous dessein de soumettre cette
note à la princesse? — R. Je suis résolu à ne répondre
qu'à des faits qui me sont uniquement personnels, je n'a-
vais point connaissance de la remise de cette note ; elle
n'est pas conforme à ce que j'ai pu remettre. Je ne la reconnais donc pas; mon père la reçue étant à Rennes pour
l'arrêt d'accusation, qui fut rendu en trois jours, quoique la
loi en accorde cinq ; il n'a pu me la communiquer à Nantes :
je la repousse d'ailleurs parce qu'elle n'appartient pas au
procès. Quant à ce qu'a pu écrire M. de Châteaubriand, et
que j'aurais remis, il a offert d'être mis en accusation à
côté de moi et même à ma place. Ce noble défi, qui n'a pas
été accepté, l'honore autant qu'il prouve l'injustice de
l'accusation portée contre moi.

M. le procureur-général, il est important pour éclaircir
les débats de préciser quel était le véritable motif de votre
voyage et le résultat de votre conversation.

M. Berryer : Je crois m'être expliqué nettement à cet
égard. Depuis quinze ans, soit comme avocat, soit comme
député, j'ai soutenu l'opinion que je m'étais formée ; je
l'ai défendue dans des circonstances graves et difficiles, et
depuis deux ans, seul dans la chambre des députés, je l'ai
soutenue, parce qu'elle est enracinée dans mon cœur. Je suis
royaliste par le fond de mes entrailles, je l'ai toujours été,
et avec indépendance et désintéressement : lorsque mes

amis étaient aux affaires, je puis dire sans orgueil que je n'ai rien demandé, que j'ai beaucoup refusé ; j'ai toujours ambitionné d'être utile et non d'être élevé à des honneurs où au pouvoir.

M. le procureur général : La conscience est un asile où nous ne pourions pas pénétrer, mais il est de notre devoir de vous demander quel était le but de votre voyage.

Berryer : Je le répète je me suis rendu auprès de son altesse pour lui exprimer mes opinions, je les ai cru, je les crois encore dans l'intérêt de mon pays ; s'il y a péril à me taire, je l'accepte, mais je ne veux pas donner d'autres explications à cet égard, — D. N'avez vous pas eu avec M. de Châteaubriand sur la situation politique de la France, et principalement sur l'état des départements de l'ouest, des conversations où M. de Châteaubriand aurait dit que ce serait l'acte d'un bon citoyen de faire connaître à son altesse, au moyen d'une note que l'on lui transmettrait, la situation véritable, et qu'il serait à propos de la supplier de se rembarquer, afin d'éviter à la France et aux fidèles Vendéens les orages qui nous menaçaient. Étiez-vous chargé de porter ces paroles à la princesse? — R. Je suis incapable de trahir la vérité, mais je le suis aussi de faire des révélations, j'aperçois que l'intention de ces questions ou au moins leur résultat serait de jeter quelque blâme sur son altesse royale, je ne répondrai donc pas ; je sais que je suis sous le coup de quatre accusations capitales ; mais n'importe, je sais avant tout ce que je dois à l'auguste mère de Henri V. Quant à une mission, je n'en ai point reçue, personne n'a le droit de m'en donner ; ma démarche m'appartient : j'en accepte la responsabilité. — D. Après votre entrevue avec la duchesse, votre but a-t-il été rempli? — R. Oui, monsieur, je lui ai exprimé ma pensée ; c'était là mon but ; je n'ai rien de plus à dire.

M. le président : vous êtes maître de votre pensée, monsieur, et je la respecte ; mon devoir ne me donne le droit de vous questionner que sur vos actions.

M. Berryer : je vois, M. le président, que vous comprenez tout ce qu'il y a de sacré dans mon silence ; je crois devoir vous en remercier, ainsi que de la sagacité et de l'impartialité que vous apportez dans le cours de ces débats.

M. le président : vous êtes revenu à Nantes après deux jours. — R. J'y suis revenu le lendemain soir 23, vers es onze heures, et j'avais vu la princesse la veille à minuit. — D. Lors de votre retour vous ne parûtes pas satisfait de votre voyage ? — R. Cette course avait été pénible pour moi ; je voyageais à cheval dans un pays occupé sur tous les points par des détachements de troupes, qui à chaque instant tiraient des coups de fusil. — D. Aviez-vous quelque connaissance qu'une insurrection devait éclater en Vendée ? — R. Les habitants de ce pays , dont les sentiments sympathisent si bien avec les miens, m'avaient, dans leur conversation, fait part de l'exaspération que causait le système d'occupation militaire. Ce système avait amené dans chaque localité des excès de mœurs auxquels ce pays patriarchal n'est pas accoutumé, et il était impossible de traverser ces contrées sans y remarquer des ferments d'insurrection. — D. Pourquoi êtes vous resté huit jours à Nantes? — R. Le 24, je restai chez M. Granville, où je logeais ; le lendemain nous partîmes avec son épouse pour aller dans une de ses propriétés, et je revins à Nantes le lundi 28 ; j'y suis resté parce que je voyais devant moi se dérouler un tableau d'événements graves et malheureux ; je pensais alors que je pouvais être utile. — D. Où allâtes-vous en quittant Nantes ? — R. M. le procureur du roi m'ayant fait prévenir qu'il se verrait contraint de me faire arrêter si je ne quittais pas cette ville , M. Granville eut la complaisance de se rendre chez ce magistrat pour connaître la cause de cette mesure. Il lui répondit que c'était parce que j'avais vu madame la duchesse de Berry. M. Granville se rendit ensuite chez M. le préfet pour savoir si cet ordre n'émanait pas de lui. Ce fonctionnaire lui dit que non, que je pouvais rester à Nantes ; mais que si je voulais partir, et me faire tracer un itinéraire il était prêt à me satisfaire. D'après cette réponse, comme mon intention était d'aller remercier les électeurs de la Haute-Loire de la confiance dont ils m'avaient honoré en me nommant leur député, je traçai mon itinéraire par Bourbon-Vendée, Rochefort, Monbrisson, Lyon, Pont-Beauvoisin, etc., je voulais me rendre aux eaux d'Aix, et de là à Paris pour l'ouverture de la prochaine session. D'après cet itinéraire, l'on a dit que je voulais quitter la France ; certes, il n'est pas présumable que j'eusse parcouru deux cent cinquante à trois cents lieues pour exécuter ce projet quand je pouvais, étant à Nantes, à quatre heures de la mer, me rendre facilement en Angleterre : le passe-port que j'avais pour ce royaume n'était d'ailleurs pas périmé. — D. N'avez vous pas reçu dans le mois d'avril dernier une lettre venant de Massa ? — R. Non, monsieur, je n'ai eu aucune correspondance avec son altesse royale avant de la voir dans la Vendée.—D. N'avez-vous pas vu M. Tournier dans le mois d'avril dernier ? — R. J'ai vu cette personne une ou deux fois à cette époque. — D. M. Tournier dit que vous lui avez remis deux brevets que voici. — R. Avant le moment ou je fus interrogé par vous, M. le président, je n'avais pas encore eu connaissance des pièces de l'accusation ; mais depuis lors j'ai vu les deux pièces dont il s'agit ; je ne les reconnais pas comme remises par moi à M. Tournier. — D. Pensez-vous que la première de ces pièces soit écrite par madame la duchesse de Berry, et que l'approbation mise au bas de la deuxième soit de sa main. — D. Je crois qu'il y a quelque analogie entre cette écriture et celle de son altesse, mais cependant je ne puis assurer que ce fut elle qui eut écrit la première et approuvé la deuxième. Une réflexion m'est venue à l'égard de ces brevets qui, avait on dit d'abord, avaient été remis à la poste et m'étaient parvenus par cette voie. D'après cette réflexion, j'avais écrit à M. le directeur général des postes pour savoir combien de temps une lettre venant de Massa était en route avant de parvenir à son adresse, et de plus pour connaître quel était le moyen sanitaire que l'on employait pour purifier les lettres venant d'Italie. M. le directeur-général m'a répondu qu'il ne pouvait satisfaire à cette dernière question.

Quant à la seconde demande, M. le directeur ayant donné les documents nécessaires, M. Berryer démontre que les brevets auraient été remis par lui avant même qu'ils fussent parvenus, et il fait observer que le témoin a changé sa première déclaration en disant dans son interrogatoire du 8 octobre que M. Berryer avait lui dit qu'il allait s'absenter pour voir la duchesse de Berry, et qu'il rapporterait avec lui les brevets.

M. le procureur-général : Quel était le motif qui vous engageait à recevoir M. Tournier chez vous ? — R. Messieurs les jurés, les deux caractères dont je suis revêtu, m'imposent la loi de recevoir journellement chez moi soit des personnes qui ont besoin de mon ministère comme avocat, soit des pétitionnaires qui adressent quelques demandes à la chambre des députés. On ne se fait pas annoncer chez moi comme chez un grand seigneur ; j'y reçois ceux qui viennent me consulter ou ceux dont je suis l'organe auprès des autorités que je ne vois qu'à la chambre. Mes opinions politiques, assez connues, me font entourer d'une nuée d'espions qu'il est quelquefois difficile de reconnaître ; mais cependant, quand cela arrive, et que je les découvre, je ne les congédie pas, parce qu'il m'en reviendrait d'autres, et qu'un espion connu n'est plus nuisible ; en outre, il vient chez moi des hommes à projets, des hommes à espérances, plusieurs m'ont dit qu'ils avaient à leur disposition six mille, dix mille hommes prêts pour un coup de main. Enfin j'ai chez moi au moins, dans des papiers qui sont au rebut, soixante plans de conspiration; je l'ai dit mille fois en riant à M. le préfet de police Vivien, je n'attache à tout cela aucune importance, un homme politique doit recevoir poliment tout le monde, même les rêveurs. Quant à M. Tournier, je me rappelle qu'il est venu, qu'il a paru très mécontent du gouvernement actuel, et qu'après m'avoir dit qu'il organisait la légion Lafayette, il me demanda mon avis pour assister à un banquet des trois cents républicains, m'annonçant qu'il viendrait me rapporter ce qui s'y passerait; je lui répondis, comme je le devais, que je le voulais bien.

M. le président : Lors de la visite dans votre domicile plusieurs papiers furent saisis; les voici: je vais vous les présenter un à un : 1° Voici une lettre signée d'un sieur Gélot; avez-vous connaissance que ce papier fût dans votre cabinet? — R. Je me rappelle cette lettre; elle me fut adressée en février dernier; le signataire exprime son attachement à la branche aînée des Bourbons; il m'invitait à faire passer cette lettre à Holy-Rood; mais, comme je n'eus pas d'occasion, je ne pus remplir les intentions de la personne qui l'écrivit; j'en suis très fâché, j'aurais bien voulu qu'il obtint un secours. Cette circonstance justifie, messieurs, que mes relations avec les membres de la famille royale n'étaient point directes.

M. le président : Plusieurs chansons contre le gouvernement ont été saisies dans la chambre de votre fils. — R. Elles ne sont pas écrites par mon fils, je ne sais où elles ont pu être saisies. Tout ce que je puis dire c'est que je recevais souvent des vers, des chansons, des épigrammes, que je jetais dans un panier sous mon bureau. La police aurait pu en trouver là de très énergiques, c'eût été des pièces plus graves encore pour appuyer cette accusation capitale. Je crois devoir faire observer ici que tous ces papiers, lors de

la perquisition faite chez moi , n'ont point été paraphés ,
et il me semble que cette omission est très répréhensible.

M. le président montre à M. Berryer une lettre d'un
nommé Tissot qui se recommande à sa bonté et à sa générosité. M. Berryer dit que cette personne était octogénaire,
qu'elle avait une pension sur la liste civile , et que plusieurs
fois il a plaidé à la chambre en faveur des infortunés qui
ont été réduits à la misère par suite de la radiation ou de
la réduc ion des fonds qu'ils obtenaient sur cette liste.

M. le président donne ensuite à l'accusé un papier dans
lequel on indique que dans un jardin, à Sèvres, entre un
massif d'arbres et un tombeau auprès d'une pierre marquée C. B. on trouvera une boîte en fer blanc de 8 à 9
pouces de largeur et qui contient des titres précieux. Ce
papier est sans signature , et il y a une surcharge qui empêche de distinguer la date.

M. Berryer : Je connais parfaitement cette lettre ; elle
était dans mon cabinet, mais ce qui m'étonne, c'est que
l'on n'aie pas saisi en même temps un procès-verbal et un
plan ébauché qui y était joint. Le procès-verbal constatait
qu'en 1817 , d'après la demande de la personne qui m'é-
crivait etqueje ne dois point nommer, j'ai été procéder, en
présence de M. le maire de Sèvres, à la fouille que l'on
désirait que je fisse à l'endroit indiqué. Il ne s'agissait que
d'avoir des papiers de famille , et le procès-verbal constate
cette opération ; de plus, je ferai remarquer que le papier
de cette lettre est très ancien et que l'encre qui efface la signature et la date est beaucoup plus noire que le texte de
la lettre, et a été mise récemment. J'ajouterai que c'est là
une des plus grandes iniquités des hommes du gouvernement dans cette affaire , en détachant la lettre mystérieuse
de sa liasse , en effaçant la date et la signature , on m'accuse de conspiration en disant que la lettre est récente et
que les chiffres C. B. veulent dire Caroline de Berry ! Cette
œuvre de faussaire , avec laquelle il n'est pas un citoyen

que l'on ne pût perdre, je la livre à l'horreur publique !
Voilà par quel moyen on me tient en prison depuis quatre
mois, et on veut me faire monter sur l'échafaud. (Sensation profonde dans l'auditoire.)

On présente à M. Berryer un papier sur lequel est un
projet d'emprunt au capital de 25,000,000 de francs avec
amortissement de demi pour cent et commission de banque
de deux et demi, ce papier n'a aucune date ni signature.

M. le président demande pour quel motif ce papier était
chez lui. — R. Cet emprunt était fait dans l'intérêt du gouvernement romain par l'entremise de M. le marquis
Alessandro Torlonia. Comme il y avait concurrence à cet
égard entre deux individus, un ancien notaire à Paris et un
ancien avoué qui agissaient au nom d'une des personnes
qui désiraient avoir cet emprunt, vinrent me consulter
M. de Torlonia m'écrivit aussi ; sa lettre et la note et le
projet de traité de cet emprunt romain étaient derrière ma
pendule, formant un dossier, celle qui l'expliquait ; mais
il fallait m'accuser de soudoyer la guerre civile avec l'or.
d'Holy-Rood ; c'est encore un crime de la police, du genre de
celui que je viens de signaler il y a un instant, et je ne conçois
pas comment, en saisissant cette note, on n'a pas aussi déposé
au greffe. Aussitôt après l'arrêt d'accusation, quand mes
conseils ont pu enfin prendre communication des pièces, j'ai
écrit aussitôt à mon père qui a trouvé des notes dans mon
cabinet aux endroits indiqués et le procès-verbal de 1817
du maire de Sèvres qui explique le dépôt et le dossier de
l'emprunt romain. Mais ces pièces je ne les avais pas, je
n'aurais pu les avoir, le 4 juillet que je devais comparaître
devant le conseil de guerre sur une assignation donnée à
trois jours, c'est sur quoi les hommes du gouvernement comptaient pour me faire fusiller. (Mouvement d'horreur générale dans l'auditoire.)

On procède à l'appel des témoins.

M. *Tournier*, lieutenant-colonel, âgé de 47 ans, demeu-

rant à Courbevoye: En février dernier, les partisans du
gouvernement déchu rêvaient le retour de Henri V. J'é-
tais à me promener aux Tuileries, lorsque trois individus
m'ont accosté pour me faire des propositions relatives à cet
objet. Deux de ces hommes me parurent être des officiers
de l'ex garde et le troisième un avocat Comme, sans doute,
ils connaissaient par les journeaux les réclamations que
je faisais auprès du gouvernement, ils me dirent qu'ils
savaient bien que le juste milieu m'avait mal récompensé;
ils ajoutèrent que si je voulais les aider on me donnerait
30,000 fr., la décoration, le grade de colonel, et que
plus tard je serais nommé maréchal-de-camp. Ils m'engagèrent à aller voir M. Berryer, qui, disaient-ils, était
ministre de la régence. Mais comme j'avais joué ma
tête en juillet, et que leurs propositions était opposées
à mes sentiments, je refusai d'abord; mais ensuite, je
considérai que je pourrais mettre le gouvernement sur la
trace des conspirateurs, et je finis par accéder à leurs
désirs. Je me rendis chez M. Berryer où j'attendis une
demi-heure dans un grand salon. On m'introduisit dans
son cabinet. Je le trouvai auprès de sa cheminée. Il paraît qu'il était instruit de mon arrivée. Je lui témoi-
gnai le mécontentement que j'éprouvais, car je voulais
savoir quel était le plan qu'il avait adopté. Il me dit
qu'il me remettrait un brevet, et que si je connaissais
d'autres officiers qui voulussent nous seconder, je pouvais
lui donner leurs noms. Je lui en donnai trois, sans que je
connusse des personnes qui portassent ces noms. A la
seconde entrevue, il me donna deux billets de cinq cents
francs, en me disant que c'était pour secourir ceux qui devaient nous aider, et que plus tard on en donnerait davantage. Il ajouta qu'il allait faire un voyage, et qu'il rapporterait les brevets signés par la duchessse de Berry. Quinze
ou dix-huit jours après, je retournai une troisième fois
chez lui, il me remit deux brevets qu'il alla chercher

dans la chambre de son épouse. Je vais repartir , me dit-il, et je vous préviendrai à mon retour du jour de l'exécution, pour le renversement du gouvernement. Vous irez aux Tuileries et aux ministères, on vous donnera de l'argent, mais cachez bien vos brevets, car si on vous les voyait , je dirais que je ne vous ai rien remis.

M. le président : Quelle était votre position avant 1830. — R. J'étais retiré du service , où je suis entré en 1804. — D. Quels étaient vos sujets de mécontentement contre le gouvernement. — R. On voulait me retirer mes appointements. — D. Vous avez formé le régiment de la Charte. — R. Oui , monsieur, et j'ai pris une part très active à la révolution de juillet. — D. Êtes vous réellement lieutenant-colonel , ou n'est-ce qu'un titre que vous avez pris à la révolution de juillet, et que le gouvernement n'a pas reconnu. — R. J'ai , en effet, pris ce titre à l'époque que vous dites ; le gouvernement ne l'a pas reconnu.

Me Fontaine : Pourquoi alors portez-vous les épaulettes ? — R. Je suis en réclamation.

Me Fontaine : Ainsi monsieur s'est donné un grade à lui-même , et ce n'est pas un officier en activité, ce n'est qu'un colonel en réclamation. (Rire dans l'auditoire).

M. le président : Jusqu'à quelle époque avez-vous touché vos appointements. — R. Jusqu'au mois de décembre. — D. N'avez-vous pas dit à M. Berryer que vous pourriez disposer de cinq à six mille hommes. — R. Non, monsieur. — D. Connaissez-vous les personnes qui vous ont engagé à aller chez M. Berryer? — R. Je les ai vues plusieurs fois après notre rencontre aux Tuileries , mais je ne sais pas leurs noms. — D. Dans quelle visite M. Berryer vous demanda-t-il les noms des officiers dont vous pouviez être sûr pour renverser le gouvernement? — R. Dans la deuxième visite.

Ici, le témoin interrogé plusieurs fois sur les différentes circonstances de ses visites, change entièrement ses premières déclarations, et finit par dire que la mémoire le sert mal en ce moment.

D. Dans quel but avez-vous reçu les deux billets de cinq cents francs?— R. Je les ai reçus pour donner des secours à ceux qui en avaient besoin, et quand M. Berryer me les offrit, je fis réflexion que si je les refusais cela pourrait l'engager à se méfier de moi. — D. A qui avez-vous remis les brevets?— R. J'en ai parlé d'abord à mes chefs et ensuite je les ai remis à M. Berthelin, juge d'instruction à Paris.

D. Ce magistrat ne vous a donc pas proposé de signer les brevets lorsque vous lui en fîtes la remise? — R. Non, monsieur.

M. le président fait observer au témoin qu'il a éprouvé de sa part le refus de signer les pièces du procès, et qu'il serait très possible qu'il eût fait la même chose devant M. Berthelin.

M. Berryer fait observer qu'il n'y a ni le paraphe du témoin, ni du juge, ni du greffier.

M. le procureur général : M. le colonel conçoit l'importance des déclarations qu'il a faites. Je l'adjure au nom de l'honneur de dire s'il a eu trois entrevues chez M. Berryer, et dans laquelle il lui a remis les deux brevets et les deux billets de cinq cents francs. — R. Je ne puis préciser mieux que je ne l'ai fait précédemment le moment où ces objets m'ont été remis. — D. A qui remîtes-vous ces brevets primitivement? — R. Je les remis à M. le maréchal Soult; mais je ne puis préciser l'époque.

— Vous êtes-vous dessaisi de ces brevets?— Oui, monsieur, Il était cinq heures quand je les remis au ministre, et il me les renvoya à onze heures du soir.

Me Fontaine, avocat de M. Berryer : Qui a remis ces brevets à votre domicile. — R. Je n'étais pas chez moi quand on me les apporta, la personne qui me remplaçait en mon absence, me dit que c'était un jeune homme qui les lui avait remis.

Me Fontaine ; Y avait il une lettre d'avis ? était-elle sous enveloppe portant une suscription ? — R. Ils étaient dans un papier sans adresse, c'est madame Monalchi, qui demeure avec moi, qui me les a remis à onze heures du soir.

Me Fontaine : Qu'est-ce que cette dame ? (Embarras du témoin, puis sourire.)

M. le président : Vous êtes garçon ? — R. Oui ; monsieur le président.

M. Berryer : Je désirerais que le témoin pût déterminer, autant que sa mémoire le lui permettra, les diverses époques où il s'est rendu chez moi.

Le témoin dit que sa mémoire est en défaut à cet égard.

M. le président lui demande s'il croit que c'est après ou avant le complot de la rue des Prouvaires ?

Le témoin, avec hésitation : Je crois que c'est un mois après qu'eut lieu la première entrevue, la seconde eut lieu huit jours ensuite, et il s'écoula vingt jours entre celle-ci et la troisième.

M. Berryer : Le témoin pourrait, il me semble, préciser plus particulièrement l'époque de ses entrevues, puisqu'il dit avoir eu des brevets signés par madame la duchesse de Berry, il doit avoir remarqué particulièrement le débarquement sur les côtes de la Provence, et les événements de Marseille.

M. le président : Est-ce avant ou après cet événement ? — R. Je ne puis préciser l'époque.

M. Berryer et Me Fontaine établissent, par des pièces, que les brevets étant datés de Massa, du 23 avril, et devant, d'après les circonstances et les détails de la déclaration du sieur Tournier, avoir été remis avant l'événement de Marseille ; il est impossible que cette remise ait été faite par M. Berryer, parce que par les calculs des distances, et des délais et des correspondances, il est impossible, du 23 avril au 2 mai, de faire arriver les brevets par la poste.

M. le président : avez-vous été interrogé deux fois par M. le juge d'instruction? — R. Oui, monsieur. — D. Votre interrogatoire fut-il long? — R. L'on me donna alors les récépissés des brevets que j'avais déposés.

M. Berryer fait observer qu'il y a un interrogatoire de ce jour, et que le témoin dit n'avoir eu que les récépissés des brevets.

Le témoin : Dans le cours du mois de février, quelque temps après l'affaire des Prouvaires, je fus conduit dans une maison de santé, à Chaillot, par un de ces individus qui m'avaient mis en relation avec M. Berryer. Nous allâmes voir dans cette maison M. Charbonnier de la Guesnerie, qui avait été compromis dans l'affaire des Prouvaires.

M. le procureur général : Connaissez-vous la personne qui vous conduisit à Chaillot? — Non, monsieur. Je crois que c'est un des deux individus qve je croyais être officiers de l'ex-garde. — D. Vous connaissiez donc M. Charbonnier?— Non, monsieur. — D. Qu'alliez-vous donc faire enfin auprès de lui? — J'ai été entraîné par la personne qui me conduisait; et d'ailleurs je voulais avoir des renseignements sur un dîner républicain, qui devait avoir lieu au Palais-Royal, et auquel je fus invité. J'acceptai, mais ensuite j'écrivis que je ne pouvais pas m'y rendre.

Me Fontaine : Mais puisque, d'après vous, vous ne connaissiez personne, comment avez-vous pu adresser votre lettre? — R. Je la fis remettre au maître du restaurant, à qui l'on recommanda de la donner à n'importe qui des personnes de cette société.

M. le procureur général : Dans votre conversation avec M. Charbonnier, ne parla-t-on pas de complot, de projet, etc. — R. Non, monsieur; on ne parla que des espérances que l'on fondait sur le mécontentement.— D. Parla-t-on de M. Berryer? — R. Non, monsieur.

A quelques autres questions qui lui sont adressées, le témoin ne répond que par ces mots : Je ne sais ; je suis malade ; je demande une remise à demain, pour rappeler ma mémoire : je dirai mieux demain.

M. le président : Sieur Tournier, j'ai appris que vous aviez ici un secrétaire qui est venu avec vous : est-ce vrai ?
— R. Oui, monsieur le président.

— Allez vous asseoir.

M. Vassal (Alexandre), âgé de 34 ans, commissaire de police à Paris : J'ai reçu un mandat décerné par M. le pré-fet de police, pour faire recherches au domicile de monsieur Berryer ; j'ai exécuté cet ordre ; je n'ai rien à ajouter à mon procès-verbal.

M. le président : Les pièces saisies n'ont pas été cotées et paraphées par vous.

Le témoin : Je ferai observer à la cour que l'usage n'est point de coter chaque pièce ; mais que nous y apposons une étiquette après les avoir réunies.

M. le président : Cette marche, selon moi, n'est ni juste ni légale, surtout quand il s'agit d'un conspirateur. Je conçois que lorsqu'un homme est arrêté pour vol, et qu'une perquisition a lieu à son domicile, cette formalité puisse être négligée ; mais quand les faits sont relatifs à une conspiration, et que dans les papiers trouvés il dépend quelquefois d'un point ou d'une virgule, pour la condamnation ou l'acquittement, je crois qu'il est du devoir de l'autorité, de faire, devant la personne qui assiste à la recherche, un *fac simile* des pièces, et de les coter et de les parapher. J'ai été procureur du roi j'ai toujours fait ainsi ; les autorités judiciaires ne font jamais autrement dans l'intérêt des citoyens. Il y a au dossier des pièces saisies sur M. Berryer, à Angoulême, et, quoiqu'insignifiantes, elles ont été revêtues des formalités que j'indique. Je désire que l'observation que je fais retentisse au dehors de cette enceinte.

M. le président montre à M. le commissaire de police la note sur l'emprunt, et lui demande si elle était dans le cabinet de M. Berryer.

Le témoin : Elle y était, sur le bureau probablement.

M. Berryer : Peut-être vous rappellerez-vous qu'elle était sur la cheminée, derrière la pendule.

Le témoin : Je ne puis dire au juste où elle était.

M. le président, montrant au témoin la lettre relative à la fouille que M. Berryer dit avoir été faite à Sèvres, en 1817, lui demande si cette lettre ne portait pas une signature. — R. Je ne puis me ressouvenir exactement; je l'ai saisie parce qu'elle m'a paru présenter un caractère douteux.

M. le président : Cette pièce, lorsque vous la saisîtes, était-elle dans l'état où je vous la présente? — R. Depuis le temps que j'ai procédé à cette perquisition, j'en ai fait tant d'autres que je ne puis me rappeler son état à cette époque.

M. Berryer : Ces pièces ne sont-elles pas restées vingt jours à la police avant d'être déposées à l'autorité judiciaire? — R. Oui, monsieur.

M. *Granville*, propriétaire, domicilié à Nantes. Ce témoin donne, ainsi que M. Berryer l'a fait, le détail journalier des actions de M. Berryer pendant sa présence dans cette ville. Il dit que ce député fut trouver madame la duchesse de Berry, et que ce fut dans des intentions honorables. Il dépose également sur les visites qu'il a faites à M. le préfet et à M. le procureur du roi, qui, ajoute-t-il, l'avait sollicité de dire qu'il avait eu un entretien avec M. Berryer avant le 4 juin, et que lui, témoin, connaissant la fausseté de ce dire, avait formellement refusé de parler en ce sens, ainsi que madame de Granville, auprès de laquelle M. le procureur du roi avait fait les mêmes instances.

M. le président : N'avez-vous pas dit que lorsque

M. Berryer revint d'auprès de la duchesse, il paraissait affligé et fatigué.—R. Je n'eus aucune conversation avec lui lors de son arrivée ; mais ce fut le lendemain que je crus m'apercevoir qu'il n'était pas très satisfait, sans qu'il entrât avec moi dans aucune explication.

La séance est levée à cinq heures un quart, et remise à demain neuf heures et demie.

Audience du 17 octobre 1832.

PRÉSIDENCE DE M. BERGEVIN.

La séance est ouverte à dix heures et demie.

On introduit M. Berryer. A son entrée, MM. les avocats se lèvent ainsi qu'un grand nombre de personnes qui le saluent. On remarque comme à l'audience d'hier des dames élégamment parées ; l'affluence est considérable tant dans la salle que dans les couloirs. Une force armée imposante a quelque peine à maintenir la circulation.

M. l'avocat-général : Comme nous croyons nécessaire d'adresser de nouvelles questions au sieur Tournier, qui n'a pas aujourd'hui répondu à l'appel des témoins, nous demandons à la cour qu'il lui plaise ordonner que le sieur Tournier sera tenu de se présenter.

M. le président donne lecture d'une lettre du sieur Tournier, qui fait connaître que sa maladie prenant un caractère plus grave, il ne peut se rendre à la cour.

M. l'avocat-général : La demande que nous faisons relativement à la comparution du sieur Tournier, a pour objet de lui adresser des interpellations pour lui faire préciser les époques où se sont passés les faits contenus dans ses déclarations; nous nous en rapportons à la sagesse de la cour pour déterminer les mesures à prendre en cette occurence.

M. le président, en vertu de son pouvoir discrétionnaire, nomme deux médecins (MM. Beaussier et Baschet), qui se rendent au domicile du sieur Tournier, pour constater l'état de sa santé.

M. l'avocat-général : Il nous paraît aussi nécessaire de faire vérifier s'il y a identité entre l'écriture des brevets et celle de madame la duchesse de Berry ; il existe chez M. Pardessus, notaire cette ville, un contrat de mariage du sieur Boursier, régisseur du château de Chambord; ce contrat est une pièce authentique qui a été signée par la princesse devant cinq cents personnes.

M. le président ordonne l'apport de cette pièce devant la cour, et nomme pour procéder à cette vérification, M. Dézairs, professeur d'écriture à Blois, et M. Blanchon, chef de bureau à la préfecture.

M. Pardessus quitte l'audience, et rentre quelques instants après, rapportant la minute du contrat de mariage du sieur Boursier. Les experts, après avoir prêté serment, se retirent pour procéder à la vérification. A leur rentrée, ils déclarent qu'après avoir examiné attentivement la signature qui se trouve au bas du contrat de M. Boursier, et fait la comparaison avec le texte de l'un des brevets et l'approuvé placé au bas de l'autre, ils ne trouvent aucune identité entre ces deux écritures, et que l'on ne peut reconnaître la même habitude de la main dans ces pièces. (Mouvement général de surprise).

M. le président fait remettre les brevets et le contrat signé par la princesse, à MM. les jurés, et ensuite à M. Berryer, en lui disant :

Monsieur, dans le cours de ces débats, vous avez eu l'occasion de témoigner une grande franchise. Vous connaissez l'écriture de madame la duchesse de Berry. Déclarez-nous si vous pensez que l'écriture de l'un des brevets et la signature des deux brevets est de la main de la princesse.

M. Berryer : J'ai peu vu son écriture ; cependant je dois

dire que celle de madame la duchesse de Berry est longue
comme celle du brevet. Certes, si j'avais à me défendre en
contestant la sincérité des écritures, je pourrais tirer un
grand avantage de la différence énorme qui existe entre la
signature authentique apposée au contrat qui sert de pièce
de comparaison, et celle apposée aux prétendus brevets. Il
est évident que ces signatures n'offrent aucune espèce d'i-
dentité entre elles. Je dirai avec franchise que s'il y avait
une pièce qui me parût fausse, ce serait la signature de
madame la duchesse de Berry apposée sur le contrat de
mariage. (On rit.)

Les médecins déclarent que M. Tournier n'est pas malade, mais que son courage est défaillant. On fera tout ce
ce qu'on voudra, a-t-il dit, mais je ne puis sortir ; je demande qu'on remette à demain.

M. l'avocat-général renonce à faire entendre M. Tournier.

M. l'avocat-général a la parole.

Messieurs les jurés, dit-il, en acceptant la mission de
venir accuser devant vous un député de la France, l'un des
membres les plus distingués du barreau, un homme placé
dans une haute position sociale, protégé par l'intérêt qui
s'attache naturellement à un grand talent ; en acceptant
cette mission, messieurs, nous avons moins consulté nos
forces qu'obéi au sentiment du devoir, à l'amour du bien
public. L'accusation nous présentait M. Berryer comme
complice des ennemis qui conspirent contre la liberté et le
gouvernement. Notre zèle n'a pu nous faire oublier le devoir qu'imposent aux magistrats la conscience et l'honneur ;
c'est un de ces devoirs sacrés que nous venons remplir en
ce moment devant vous, en déclarant que nous ne pouvons
pas soutenir l'accusation. (Longs applaudissements.) Pas
d'applaudissements, messieurs, qui fait son devoir n'en a
pas besoin. Dès hier, à la fin de votre séance, nous avions
pris déjà cette résolution. Dans le silence et le calme de la

nuit, nous avons consulté et recueilli nos souvenirs. Nous avons vu les charges de l'accusation fuir et disparaître. Le seul témoin de la cause qui pouvait faire quelque impression sur votre esprit n'a pas su donner à son langage cette force morale qui seule commande la confiance aux juges. L'accusation ne reste plus appuyée que sur les brevets arrivés de Massa, que sur le voyage de Bretagne, et sur la facilité avec laquelle M . Berryer est parvenu près de la duchesse de Berry. Nous livrons ces circonstances et l'accusation à votre sagesse ; en agissant ainsi, nous croyons servir utilement le gouvernement auquel nous avons juré fidélité ; nous croyons servir utilement la justice et la venger des attaques, des imputations que, trop légèrement peut-être , on a hasardé contre elle, en montrant que les magistrats de juillet, fidèles aux anciennes traditions, ne savent obéir qu'à leur conscience.

M. Berryer se lève : Messieurs les jurés, dit-il, avec une vive émotion, aussitôt que je suis arrivé dans ce pays , j'ai vu que j'arrivais dans une sphère nouvelle ; au lieu des machinations et des mensonges que je rencontrais sans cesse multipliés sous mes pas, depuis que je suis arrivé devant le magistrat de cette ville, j'ai senti que j'étais devant un homme noble, loyal, sincère, ami de l'accomplissement de ses devoirs. Je me suis senti protégé , non par aucun de ces mouvements d'affection qui m'ont entouré depuis mon arrivée ici, mais protégé par l'amour de la justice dans une grande et noble ame , et à cette audience je vois un magistrat chargé du ministère le plus sévère , mais aussi le plus nécessaire à la société , comprendre ses devoirs dans toute leur étendue. Il ne me suffit pas à moi de sortir de cette enceinte avec un verdict d'acquittement , j'aurais besoin d'une justification complète , j'aurais besoin que mes amis, appelés à parler en mon nom, vous fissent connaître ma vie ; mais je cède à l'impression qui vous anime, vos consciences françaises m'ont compris , j'attends que vous confirmiez ce qui vient de se passer dans cette enceinte.

Mes Fontaine, Flayol et Delmas, avocats de M. Berryer, déclarent renoncer à la parole, sur l'invitation de
M. Berryer lui-même.

Les débats sont terminés.

M. le président : Messieurs les jurés, je ne ferai point de
résumé ; il ne faut pas, par d'inutiles paroles, retarder un
résultat aussi équitable que désiré. Nous nous en rapportons à vos consciences sur les questions qui vous sont
posées. (Des applaudissements se font entendre dans l'auditoire.)

M. le président, avec dignité : On ne doit faire entendre dans l'audience aucun signe, soit d'approbation
soit d'improbation : il faut éviter ces manifestations dans
le sanctuaire de la justice.

MM. les jurés se retirent à onze heures et demie dans
la chambre de délibération ; ils rentrent bientôt, et le chef
du jury donne connaissance du verdict négatif sur toutes
les questions.

En conséquence, M. le président, d'après l'article 368
du code d'instruction criminelle, ordonne la mise en liberté de M. Berryer, qui reçoit les félicitations de ses
nombreux amis présents à l'audience.

L'audience est levée à midi et demi.

Audience du 18 octobre 1832.

PRÉSIDENCE DE M. BERGEVIN.

*Affaire de M. Panheleux, prévenu de complot contre la sûreté
de l'état, et de tentative d'enrôlement.*

La séance est ouverte à 11 heures.

M. le président : Quels sont vos noms, prénoms, âge

et domicile. — R. Panheleux (Jacques), âgé de 51 ans, demeurant à Saint-Nicolas-Redon, et tenant un bureau de tabac. — D. A quelle distance le château de Careille est-il de votre maison ? —R. A quatre lieues. — D. Ne saviez-vous pas que le 24 mai l'on devait se réunir dans ce château? — R. Non, monsieur. — D. N'avez-vous pas mis quatre pièces de six livres dans la poche de Tessier? — R. Non, monsieur.

On procède à l'audition des témoins.

Montvoisin (Jacques), âgé de 45 ans, marchand à Redon : M Panheleux me dit un jour: Le gouvernement n'est pas juste, il faut le renverser, et je pense que vous serez des nôtres.

Me Ménard, défenseur de l'accusé, fait observer que ces mots avaient été prononcés peu de temps après la révolution de 1830.

Bougu (François-Pierre), âgé de 45 ans, gendarme à cheval à Redon : Vers la fin du mois de mai, je trouvai M. Panheleux dans un cabaret, où il disait qu'il fallait former une armée contre le roi, et s'écria : vive Henri V. Il paraissait ivre en ce moment.—D. Pouvez-vous préciser l'époque à laquelle il tint ces propos? — R. C'était seulement quelques jours avant son arrestation. M. le président à l'accusé : Quand avez-vous été arrêté? — R. Le 4 juin. — M. le président : Pouvez vous nous donner, comme gendarme, quelques documents sur l'état du pays à cette époque?—R. Il circulait beaucoup de proclamations, et de monnaie au nom et à l'effigie de Henri V. — D. Avez vous entendu dire que le 24 mai il devait y avoir une prise d'armes? — R. Oui, monsieur, il était question de s'emparer de Nantes et de Rennes. Me Ménard demande au témoin si son client n'a point la réputation d'être un homme tranquille et s'il a connaissance qu'il ait pris part aux troubles de 1815.— R. J'étais à l'armée à cette époque, par conséquent je ne puis répondre à cette dernière partie de votre question; quant à

la première, le sieur Panheleux a la réputation d'un brave
homme.

Tessier (Julien Pierre), âgé de 44 ans, chef de chantier
au canal de Vessac : La veille du jour de l'ascension, cet
individu me demanda si je voulais aller avec lui, sans me
dire où il prétendait me mener. Le soir il m'engagea à quitter mes travaux : tu serais bien payé, me disait-il, et plus
tard tu aurais un grade. M⁰ Ménard fait observer en ce moment que lorsque Panheleux parla de grade au sieur Tessier, il était question de le faire entrer dans la garde nationale que l'on organisait, et que comme il avait été militaire
il pouvait être de quelque utilité pour l'instruction des gardes
nationaux.

M. le président : Avez-vous été militaire ? — R. J'ai
été sous-officier pendant neuf ans. — R. Quand il vous
glissa les quatre pièces de six livres, vous en aperçûtes-vous
et vous dit-il quelque chose ? — R. Il ne me dit rien, et je
ne m'aperçus que quelques moments après que j'avais cet
argent dans ma poche. M⁰ Ménard fait observer que, dans
son premier interrogatoire, le témoin avait dit qu'il ne pouvait assurer que ce fût Panheleux qui lui eût mis cet argent
dans sa poche.

M. le procureur du roi. Y avait-il quelqu'un avec Panheleux avant le moment où vous vous aperçûtes que vous
aviez cet argent dans votre poche ? — R. Oui, monsieur,
il y avait plusieurs personnes dans la maison.

Poulain (Pierre), âgé de 49 ans, journalier : Le jour de
l'ascension, je rencontrai Panheleux sur la route, il me dit :
Veux-tu te rendre au château de Careille ? J'y consentis, et j'y
allai aussitôt : un domestique vêtu d'un habit rouge, me dit
que j'étais bon pour le service, ainsi qu'un camarade avec
qui j'étais, et nous donna à manger ; nous descendîmes au
jardin ; mais comme on vint nous avertir qu'un détachement de troupe était auprès du château, nous nous sauvâmes
aussitôt. — D. Vous dit-on dans le château que l'on allait

vous donner des fusils? — R. Oui, monsieur. — D. Lorsque l'accusé vous engagea à vous rendre dans cette maison,
vous dit-il que M. le marquis de Coislin, qui en est propriétaire, voulait vous parler? — R. Non, monsieur.

M. le président : Pourquoi vous sauvâtes-vous lorsque
vous eûtes connaissance que la troupe approchait? — R.
On nous dit qu'il fallait nous retirer, et nous entendîmes
tirer des coups de fusil.

M. *Gauthier* (Julien), âgé de 51 ans, marchand : Le
nommé Panheleux vint un jour chez moi me demander un
de mes enfants pour aller avec lui le soir même. Je lui
répondis que je ne pouvais y consentir. — D. Quelle était
votre pensée lorsqu'il vous fit cette proposition? — R.
J'eus l'idée que c'était pour aller joindre les chouans. —
D. Vous connaissez donc les opinions de l'accusé? — R.
Non, monsieur ; mais ce qui me le fit croire c'est qu'il me
dit tout sera terminé avant huit jours.

Me Ménard : M. Panheleux n'était-il pas dans ce moment à la recherche de sa fille qui avait quitté le toit paternel? — R. Ceci eut lieu trois jours avant.

La liste des témoins est épuisée.

M. le président : La parole est à M. le procureur du roi.

Ce magistrat s'exprime ainsi : Encore palpitants des
vives émotions que vous ont fait éprouver les intéressants
débats qui ont eu lieu dans cette enceinte ces jours derniers,
vous trouverez peut-être, messieurs, que cette cause mérite moins d'attention que celles sur lesquelles vous avez
été appelés à prononcer depuis l'ouverture de cette session.
Cependant, messieurs, celle-ci mérite de votre part une
attention aussi soutenue : ce sont les mêmes intérêts, le
même but, le même esprit qui ont amené l'accusé sur ces
bancs. C'est ce que je vais vous démontrer en parcourant
les divers faits de l'accusation.

M. le procureur du roi passe ensuite en revue les charges qui pèsent sur l'accusé, et persiste dans les conclusions de l'acte d'accusation.

M° Ménard, avocat à Savenay (Loire-Inférieure), défenseur de M. Par.heleux, prend la parole.

Messieurs les jurés ;

Il y a peu de jours, j'étais dans cette enceinte, où l'on accusait de complot contre l'état, où l'on accusait d'attentat au renversement du trône de juillet, où l'on accusait de guerre civile enfin.

Et, devant tout débat même, mon œil justifiait à mon esprit, pour ainsi dire, la gravité de l'accusation.

Je voyais là, entre ces gendarmes, plus de vingt accusés, et je me disais : En effet, à vingt l'on peut conspirer.

Je voyais là, devant la justice, devant vous, messieurs, des uniformes de rebelles et des mousquets, presque fumants, arrachés des mains de la rebellion.

On parlait de balles, de cartouches, de pillage, de meurtres et d'assassinats.

J'ai horreur de la peine capitale... C'est pour moi un reste de barbarie... un empiétement sur le pouvoir divin... D'autres ont prouvé que c'est une cruelle inutilité. Cependant, je l'avoue, je comprenais, non sans peine et sans douleur, mais je comprenais, que si l'accusation s'appuyait sur des faits entièrement exacts, elle pût, au nom de la lettre froide de la loi, vous demander vingt têtes de Français.

Aujourd'hui l'on accuse encore de complot contre l'état, d'attentat au renversement du trône de juillet... Aujourd'hui l'on accuse encore de guerre civile.

Mais, dans chaque partie de cette salle, mon œil se promène en vain ; il ne rencontre même pas, au milieu des gardes, un autre homme qui ait pu conspirer avec mon client... Mon client, il y est seul, et c'est de complot qu'on ose l'accuser !

Ma vue n'est plus frappée de ces signes de révolte, de ces témoins silencieux, muets révélateurs de guerre civile, qui disposaient si fortement à la conviction.

Là, je n'aperçois plus d'uniformes, plus de mousquets, plus de balles, plus de poudre... si ce n'est celle qui s'élève parfois d'un monceau de procédures, barbouillées en secret, en l'absence des accusés et contre eux.

On ne fait plus vibrer à vos oreilles (on ne le pourrait sans trahir la vérité) les mots sonores, les mots influents, de pillage, de meurtre et d'assassinat ; on ne précise plus de faits; on ne reproche plus de coups de main; on est réduit à la nécessité d'incriminer de simples entretiens, même du bavardage, pour reproduire les expressions d'un témoin; et pourtant, messieurs, c'est toujours une tête que l'on demande.

C'est dans un code qui se ressent du sceptre de fer, du despotisme de son premier patron, que l'on espère puiser des arguments plus ou moins plausibles, des raisons plus ou moins satisfaisantes, disons-le, plus ou moins heureuses, pour soutenir une demande de sang.

Et le ministère public, messieurs les jurés, n'est pas impassible, quoiqu'il paraisse... Il a cru devoir être aussi cruel que la loi qu'il invoque ; mais, je n'en saurais douter, sa demande le gêne... lui fait mal... Applaudissons aux nobles impulsions de son cœur; elles sont bien honorables.

En ce moment, je m'aperçois que j'ai un double mandat. Je suis avocat et citoyen. Je parlerai d'abord comme citoyen.... Que l'accusé ne me croie pas oublieux de ma tâche; j'y reviendrai incessamment... je ferai tous mes efforts pour justifier la confiance qu'il a mise en moi.

Chaque citoyen peut et doit faire le procès aux mauvaises lois. Il le peut, car elles sont plus que tout dans le domaine de la presse, de la discussion...

Il le doit, car ce serait faillir à son devoir que de ne pas
stigmatiser hautement les égarements d'une législation pénale, que de ne pas hâter ainsi le grand jour de la vérité, où
l'on substitue enfin le bien au mal.

Ici Me Ménard commente les motifs qui ont pu rendre
aussi sévères les dispositions du code pénal, promulgué
sous l'empire, dans un temps où tout cédait à la volonté
ferme de Napoléon, et, après de longs développements
sur l'état de la Vendée, en 1831, et en particulier de l'arrondissement de Savenay, il dit :

N'oubliez-pas, de grâce, MM. les jurés, que l'arrondissement de Savenay n'a pris aucune part, apparente du moins,
à l'insurrection suscitée par la famille déchue ou ses partisans.

N'oubliez pas que dans cet arrondissement, s'il y a eu des
craintes, il n'y a pas eu de bandes, pas eu de soulèvements,
pas eu un seul rebelle en armes.

N'oubliez-pas que l'ordre public même n'a pas été
troublé.

L'accusation a deux chefs principaux. Elle a beaucoup
dit, pour persuader quelque chose; elle demande beaucoup
pour obtenir un peu.

Mais ces deux chefs, qui ne peuvent entraîner une double condamnation, ces deux chefs dont l'un frappe l'autre
de néant, démontrent évidemment le peu de confiance que
l'accusation avait en elle-même.

En effet, si l'accusation eût été convaincue que M. Panheleux était coupable du fait d'enrôlement, par exemple,
elle se fût bornée à traduire devant vous M. Panheleux
comme enrôleur.

L'avocat examine avec détail et combat les faits reprochés à son client.

Au reste, dit-il, ce n'est pas à moi de démontrer que
l'accusé n'a pas comploté, n'a pu comploter; c'est au mi-

nistère public à justifier son accusation. Il ne la justifie
pas.

Faut-il que de telles accusations viennent augmenter
vos fatigues, prolonger une session si longue déjà.

L'accusé eût-il été imprudent même, serait-ce assez
pour le métamorphoser en criminel? Pour lui arracher sa
liberté ou la vie, plonger impitoyablement sa femme et
ses enfans dans la plus affreuse misère.

Non, l'imprudence n'est pas un crime, et, si l'accusé
avait besoin de clémence, il en trouverait dans ses juges,
car ils sont consciencieux et ils aiment leur pays ; ils savent ses besoins.

Ah ! messieurs, la patrie est en souffrance ; elle est agi-
tée dans ses fils ; la discorde est dans son sein ; l'industrie
languit ; le commerce s'arrête... de peur.

Eh bien ! sera-ce en faisant tomber des têtes que la
France trouvera le repos? Sera-ce en faisant tomber des
têtes qu'un parti convaincra l'autre de ses erreurs? Sera-ce
en faisant tomber des têtes que l'industrie et le commerce
reprendront leur cours.

Quand le sang a coulé, on ne sait plus où le sang s'arrê-
tera. En politique, un arrêt de mort peut entraîner un mil-
lion de pareils arrêts.

Le sang laisse des traces indélébiles, irritantes. Le sang
amène toujours l'heure des représailles, et parfois elles
sont terribles. Ceux que l'on arrache à la vie ont des dis-
ciples, des amis, des parents : lorsqu'on croit se délivrer
d'un ennemi, c'est vingt ennemis que l'on s'acquiert.

Par exemple, messieurs, l'accusé est père de huit enfans. Il fut toujours bon, tendre pour eux; aussi ils l'aiment,
ils le chérissent. Pensez-vous qu'en tuant le père sur la
guillotine, le trône de juillet aura huit amis dans ses
enfants.

Messieurs, c'est pour la patrie que je vous implore!.. J'ai
rempli ma mission, je ne suis plus le mandataire de l'accusé.

Ah! Je vous en supplie, ne donnez point de nouvelles causes à nos divisions politiques; ne donnez point, à l'un de nos partis, des motifs sérieux enfin de maudire hautement notre bienfaisante révolution.

Elle n'a point versé de sang inutile. Comme elle, soyons purs de ce sang... Elle est née aux cris de la liberté, n'en faisons point surgir des chaînes... Les fers et le sang irritent, la clémence fait des partisans. Songez à la France, messieurs, soyez cléments, vous serez Français.

M. le président, dans un court résumé, explique avec justesse et impartialité les faits de l'accusation, et l'analyse de la défense.

Après une demi-heure de délibération, MM. les jurés rentrent en séance, et déclarent l'accusé Panheleux, coupable d'avoir pris part à un complot dont le but était d'exciter à la guerre civile, en portant les citoyens à s'armer les uns contre les autres, mais avec des circonstances atténuantes.

En conséquence, la cour condamne Panheleux, à trois ans d'emprisonnement, à être pendant le même temps sous la surveillance de la haute police.

L'audience est suspendue, et reprise à trois heures un quart.

Affaire de M. Aillet.

M. le président fait appeler le premier témoin.

Faucheux (Pierre-Joseph), gendarme, âgé de 33 ans, ayant été prévenu que le sieur Aillet avait dit que quand le moment d'agir arriverait, ils ne manqueraient pas d'armes, et que son fils, qui allait à Nantes en apporterait dans sa voiture, j'instruisis mes chefs de ces propos. Par suite du rapport que je fis, on procéda à une perquisition dans la voiture du sieur Aillet au moment où elle arrivait chez lui, et l'on trouva dans un ballot, dont la forme était à peu près celle de ceux qui contiennent du noir animal, des fusils démontés, une espingole, quatre cents épinglettes et deux pistolets.

Pécault (Pierre), teinturier, âgé de 27 ans. Ce témoin rapporte les propos tenus par le sieur Aillet et dont a parlé le gendarme Faucheux. Il dit les avoir entendus, et que le fils Aillet, qui était absent dans le moment, étant entré, son père lui demanda pourquoi il tardait tant; Aillet fils répondit : J'ai rencontré le domestique du curé qui m'a demandé si nous commencions quelque chose ; je lui ai répondu que lorsque la Vendée aurait donné l'exemple, nous ferions ce qui dépendrait de nous pour réussir. Le témoin ajoute que dans la conversation il fut question d'uniformes, mais qu'il ne peut dire au juste ce qui fut dit à cet égard.

Brioude (Jacques), domestique du sieur Aillet, âgé de 20 ans. Il dit avoir chargé à Nantes 43 paillassons contenant du noir animal, et qu'il fut fort étonné, lorsqu'en arrivant chez son maître, on trouva sur la voiture des ballots contenant les armes.

M. le substitut du procureur du roi soutient l'accusation.

Me Lathébeaudière, avocat à Nantes, prend la défense de l'accusé ; il commence par faire sa profession de foi politique.

Messieurs, dit-il en la terminant, lorsqu'au milieu de mille nuances d'opinions diverses, deux grands principes peuvent se trouver encore en présence, lorsque le barreau devient trop souvent une tribune d'où l'on propage des doctrines politiques, à cette place même où ont été prêchées des opinions que je respecte parce qu'elles sont consciencieuses, mais que je ne partage pas, j'ai cru qu'il était de mon devoir de protester énergiquement contre elles. Me taire à cet égard eût été acte de faiblesse, puisque étranger au milieu de vous, venu de loin pour défendre une cause qui, au premier coup d'œil, semble se rattacher à cette nuance politique, je paraissais derrière cette cause accepter la solidarité des paroles prononcées en faveur d'autres prévenus, et m'en faire un mérite auprès de ceux qui ne me connaissent pas. Ainsi donc je déclare ici que je la repousse de toutes mes forces.

L'avocat pense qu'en politique le meilleur système est le pardon et l'oubli des fautes ; il s'élève avec force contre les tracasseries mesquines exercées sans profit et sans succès contre le plus grand nombre des prévenus. Il range par classes les hommes qui se sont faits les adversaires de la révolution de juillet et éprouve l'embarras de ne savoir dans quelle classe son client sera rangé. Il prouve même que par sa position et son caractère, le sieur Aillet est incapable de prendre parti pour une couleur politique, quelle qu'elle soit ; il appuie cette assertion d'un très grand nombre de certificats.

Abordant l'acte d'accusation, Me Lathébeaudière signale les articles 87, 89, 91, 92 ; lesquels s'y trouvent reproduits comme dans toutes ces affaires politiques : Véritable circulaire, dit-il, que le parquet a lancée contre tous les prévenus en masse.

Il établit ensuite les moyens de se former une conviction dans des affaires aussi graves, et quand l'accusation prouvée entraînerait la peine de mort. Il pose à cet égard les principes généraux dont il va faire l'application aux moyens présentés par le ministère public.

Ici Me Lathébeaudière discute ces moyens avec le soin le plus minutieux ; il s'attache à démontrer que, dans cette cause si pauvre en faits, aucun fait n'a été suffisamment prouvé, et il appuie fortement sur ce point, que, dans l'insuffisance de ces preuves, son client dénie formellement les faits qui lui sont imputés. Il discute également l'acte d'accusation, et tâche de démontrer qu'en admettant même que les faits du procès fussent prouvés, les chefs d'accusation ne seraient pas encore justifiés.

En terminant, l'avocat prouve l'inutilité et le danger, pour les vainqueurs, des persécutions en politique.

« Depuis quarante ans, dit Me Lathébeaudière, la France éprouve, presque sans interruption, des secousses politiques : chaque parti a été successivement et vainqueur et vaincu. Trop souvent ils se sont dévorés l'un l'autre, et maintenant qu'il est possible de présager encore de nouvelles agitations, qui peut être certain qu'aujourd'hui, au faîte du pouvoir, il ne sera pas demain brisé, renversé par celui qui va conspirer.

« Disons ici notre pensée tout entière ; disons-la avec regret, mais avec franchise et hardiesse : en politique, le succès légitime, les entreprises.

« En novembre 1827, les Parisiens furent vaincus, ce fut *une sédition.*

« En juillet 1830, les Parisiens furent vainqueurs, ce fut *une révolution.*

« Et pourtant, à ces deux époques, s'agitait la même cause, juste, noble, sainte ; la cause de la liberté. »

L'avocat rappelle au jury que naguère, dans un procès immense qui occupait toutes les attentions, des faits graves étaient prouvés contre les nombreux prévenus, étaient par eux avoués ; qu'alors il fit preuve d'indulgence. Il lui remet avec confiance le sort de son client.

Après une courte délibération, le jury répond négativement aux questions qui avaient été posées.

Pierre Aillet est mis immédiatement en liberté.

L'audience est levée à six heures et demie.

Audience du 19 octobre 1832.

PRÉSIDENCE DE M. BERGEVIN.

Affaire du sieur Huet du Pavillon, âgé de quarante-un ans.

M. le président fait observer qu'il n'y a point d'acte d'accusation, attendu que cette affaire n'a été soumise à la décision du jury que d'après la nouvelle loi sur les délits de la presse.

On procède à l'appel des témoins qui se retirent dans la chambre qui leur est destinée.

Hugron (Pierre), tisserand, âgé de 40 ans. Le jour de la procession des rogations, j'ai vu les demoiselles du Pavillon qui tenaient des papiers en tête desquels se trouvait le mot proclamation, elles lisaient un de ces papiers qui avaient des fleurs de lis, et, comme j'entendis qu'il était question dans ces proclamations de la duchesse de Berry et de Henri V, la curiosité m'engagea à en prendre quatre.

M. le président : Dans votre premier interrogatoire vous avez dit que c'était le sieur Huet qui lisait ces proclamations et qu'il était sur une butte assez élevée.

Le témoin : Le sieur Huet était sur une butte où se trouve la chapelle vers laquelle se dirigeait la procession qui était à cinquante pas, mais, c'étaeint les demoiselles qui lisaient.

Mᵉ Larocluze, avocat de l'accusé, fait observer qu'un grand nombre de ces proclamations étaient semées dans les routes et sur les chemins de cette contrée.

Le témoin : C'est vrai.

Le nommé *Guillot*, second témoin, dit n'avoir pas entendu lire les proclamations par M. Huet, mais il assure qu'on en trouvait fréquemment sur les routes et les chemins, et que dans le pays on parlait journellement d'une prise d'armes.

M. le président au témoin : D'où teniez-vous ces proclamations ?

L'accusé : En me rendant à la chapelle, je les ai vues sur la route, et après les avoir ramassées, je les ai lues avec mes enfants.

Me Larocluze : Le terrain sur lequel se trouvait M. Huet n'était pas un lieu public, car il dépendait de la clôture formée autour la chapelle qui appartient à M. le marquis de Coislin.

M. le procureur du roi : Messieurs les jurés, plusieurs moyens sont mis en usage pour parvenir à armer les citoyens les uns contre les autres et à allumer la guerre civile; on cherche à tenter les militaires en leur offrant une solde plus forte que celle qu'ils ont étant sous les drapeaux ; on leur fait distribuer ou répandre des proclamations, et c'est la tâche dont avait été chargé le sieur Huet, ex-percepteur des contributions.

M. le procureur du roi soutient l'accusation, en faisant ressortir les charges qui pèsent sur l'accusé.

Me Larocluze, après avoir exposé que le sieur Huet a toujours été considéré comme un homme d'une conduite irréprochable, soutient qu'il n'a pas lu les proclamations dans un lieu public ; que les ayant trouvées sur son chemin, la curiosité seule le porta à les lire avec ses demoiselles; mais que cette lecture fut faite à voix basse de sorte qu'il était impossible que d'autres personnes entendissent.

M. le président résume les débats.

MM. les jurés, après quelques moments de délibération ayant répondu négativement aux questions qui leur ont été soumises, M. le président ordonne la mise en liberté de M. Huet.

Affaire du sieur Léon Biret, âgé de 27 ans, prêtre catholique,
à Guérande.

M. le président : N'avez-vous pas dit dans une conversation que vous eûtes avec M. Bedeau, commandant de la
garde nationale de Guérande, que tenant en vos mains un
crucifix et un drapeau blanc, vous feriez exterminer la
garde nationale de cette ville? — R. Non, monsieur, je ne
me rappelle pas ce propos. — D. N'avez-vous pas eu une
conversation avec les nommés Veillard, caporal, Rolland
et Loreille, fusilliers au 42e de ligne ? — R. J'avais assez
souvent, dans l'hospice de Guérande, des conversations avec
les militaires qui se trouvaient dans cet établissement, je
ne me souviens pas précisément celle que j'eus avec ceux
que vous me désignez.

On précède à l'audition des témoins.

M. Bedeau, âgé de 31 ans, déclare que l'accusé lui a
tenu le propos qui vient d'être rapporté, mais qu'il a été
fort étonné de recevoir une assignation pour cet objet, car,
ajoute-t-il, cette conversation ayant été particulière et ami-
cale, je n'en fis la confidence à M. le maire du pays que
dans l'intention d'obtenir que le sieur Biret, fût envoyé
dans une autre paroisse.

Me Larocluze : Je prie monsieur Bedeau de dire ce
qu'il pense sur la moralité et la charité du sieur Biret,
ainsi que sur sa conduite ecclésiastique.

Le témoin : Sous le rapport des mœurs et de la conduite, comme ecclésiastique, le sieur Biret est exempt
de reproche, il est à ma connaissance qu'il faisait beaucoup
d'aumônes ; mais ses opinions politiques sont contraires au
gouvernement existant.

Les nommés Veillard, caporal ; Rolland et Loreille,
fusilliers au 42e de ligne, déclarent que le sieur Biret leur
a dit que, quand ils sortiraient de l'hôpital de Guérande,

peur rejoindre leur régiment, ils ne devaient pas avoir peur des chouans, qui étaient de bons enfants, et auxquels on donnait 75 centimes par jour ; que, sous peu de jours, on allait voir le drapeau blanc flotter à la place du tricolore. Ils ajoutent que M. Biret leur annonça que la duchesse de Berry était dans la Vendée, où il y avait, ainsi que dans la Bretagne, des troupes royalistes très considérables ; que la voiture de Louis-Philippe était prête pour le conduire hors de France, et qu'alors leur régiment serait licencié, comme étant un corps sur lequel on ne pouvait compter.

M. le procureur du roi a la parole.

Messieurs les jurés,

Gardez-vous d'attribuer aux magistrats qui ont dirigé la poursuite de ce procès l'intention de porter atteinte au respect dû à la religion de nos pères. Ils ont su distinguer le citoyen du prêtre. Ils sont loin de nous ces temps d'ignorance où le sacerdoce, justiciable du sacerdoce seul, semblait former dans la nation une nation étrangère, ayant ses lois, ses mœurs, ses magistrats, son souverain particulier. Aujourd'hui le ministre du culte catholique ne cesse pas d'être citoyen. Il jouit de tous les droits civils; il doit être soumis à toutes les lois du royaume.

Nous n'avons jamais eu l'intention de rechercher la conduite de l'accusé comme prêtre ; elle est hors de nos investigations. Citoyen français, il a manqué à ses obligations ; fonctionnaire public, payé par le gouvernement, au lieu de lui prêter l'assistance, qu'à ce double titre, il lui devait, il a tenté de faire abandonner à des défenseurs de sa patrie le drapeau national.

M. le procureur du roi développe les éléments de l'acte d'accusation. Il prouve que les discours tenus par l'accusé aux soldats, témoins, ont eu pour but de leur faire entrevoir la chute du gouvernement actuel et la prochaine élévation de Henri V sur le trône. Il les attaque par les moyens les plus adroits : il leur représente la duchesse de Berry entourée d'une nombreuse armée qui couvre la Vendée et même la Bretagne ; ces soldats de Henri V reçoivent quinze sous par jour : l'accusé va plus loin. Pour dégager les soldats de l'obéissance qu'ils doivent à leurs chefs, il les leur rend méprisables ; ce sont des lâches qui abandonneront Louis-Philippe comme ils ont abandonné Napoléon.

De tous ces discours, M. le procureur du roi conclut que l'intention manifestée de l'accusé a été de faire abandonner le drapeau national par trois défenseurs de la patrie ; il persiste à soutenir l'accusation.

Me Larocluze : Depuis long-temps certains journaux cherchent à déverser le blâme sur les ecclésiastiques qui sont dans ces malheureuses contrées, en leur attribuant d'être les moteurs des troubles qui les désolent ; naguère encore un officier, dans cette enceinte, a cherché à accréditer cette opinion, et c'est là, messieurs, ce qui donne lieu aux investigations de la part des employés subalternes de la police, investigations qui deviennent chaque jour plus fréquentes.

Après cet exorde, l'avocat entre dans la discussion des faits, et termine en faisant ressortir le caractère charitable et les vertus privées de l'accusé.

M. le président, après un résumé court et impartial, remet les questions à MM. les jurés qui les résolvent négativement.

M. le président ordonne la mise en liberté du sieur Biret.

Affaire de Colin Louis, laboureur, âgé de 29 ans.

Cet homme était accusé d'avoir pris part à divers faits de désarmements qui ont eu lieu dans la commune de

Junyé; mais les débats ayant fait connaître qu'il avait été contraint à suivre les chouans qui étaient en grand nombre dans cet endroit, et qu'il n'avait participé à ces actes illégaux, dont quelques uns ont été accompagnés de violences, que par suite des menaces qui lui avaient été faites, le jury, l'ayant déclaré non coupable, la cour ordonne sa mise en liberté.

Audience du 20 octobre 1832.

PRÉSIDENCE DE M. RIFFAULT.

Affaire Aumont, Rochard et Simonet.

L'audience est ouverte à dix heures.
On procède à l'appel des témoins.

Interrogatoire de Rochard.

M. le président : A qu'le époque êtes vous entré dans les bandes? — R. Le jour de la toussaint 1831. — D. Quel motif vous a engagé à entrer dans les bandes? — R. Je craignais d'être arrêté pour avoir tenu des propos séditieux. — D. Qui était votre chef? — R. Le nommé Buffard. — D. Avez-vous assisté à des engagements avec la troupe? — R. Jamais. — D. Combien étiez-vous dans cette bande? — R. Environ seize hommes. — D. N'avez-vous pas été chez Nérière, et ne lui avez-vous pas demandé de l'argent? — R. Nous lui avons demandé son fusil, mais point d'argent, puisque cet homme est réduit à implorer la commisération publique. — D. N'êtes-vous pas allé chez le sieur Barreau? — R. Non, monsieur. — D. Lorsque vous vous présentâtes chez le sieur Clémot, ne prîtes-vous pas plusieurs objets, tels que bretelles, épingles etc.?

—R. J'eus une paire de bretelles que je remis à un de mes camarades.—D. Aumont n'avait-il pas un nom de guerre? — R. Oui, il se nommait *Sans-Peur*.

M. le substitut : Aumont n'a-t-il pas tiré un coup de fusil chez le sieur Clémot? — R. Je ne sais pas. — D. Chez le sieur Boussion n'avez-vous pas pris un fusil et demandé de l'argent? — R. Oui, monsieur — D. Qui a demandé l'argent? — R. Je l'ignore. — D. Combien avez-vous sous-trait au sieur Boussion? — R. Il nous remit soixante-dix-neuf francs. — D. Combien avez-vous eu pour votre part? — R. Dix francs. — D. Aumont en reçut-il? — Oui, monsieur. — D. Éliez-vous armé? — R. Oui, monsieur.— D. Avez-vous été chez M. Raimbault, maire de la Chapelle-Rousselin? — R. Oui, nous y fûmes, et on lui prit cinquante francs. — D. Combien y avait-il d'hommes? — R. Nous étions quatre ; Aumont était avec nous.

M. le substitut : Avez-vous été chez le sieur Hilaire?—R. J'y entrai après que le désarmement fut effectué, et je pris de l'argent que le fils avait mis sous l'escalier. — D. N'al-lâtes-vous pas chez le sieur Prudhomme, vieillard presque octogénaire? — R. Oui, monsieur; il était dans son lit, il voulut se lever, et tomba ; je le remis sur son lit , et on lui prit cinquante francs. — D. Quel était celui qui parta-geait l'argent que vous preniez? — R. C'était Buffard.

Interrogatoire de Simonet.

— D. Quand êtes-vous entré dans les bandes? — R. Le 18 ou le 20 avril 1831. — D. Qui vous avait engagé à y entrer? — R. Le maire de notre commune. — D. N'étiez-vous pas réfractaire? — R. Oui, monsieur. — D. N'étiez-vous pas armé dans les bandes? — R. Oui, j'avais un fusil chez moi, je l'ai emporté ; mais je n'ai jamais tiré. — D. Dans quelle bande avez-vous été? — R. Dans celle de De-launay, et ensuite dans celle de Caqueray. Je quittai ce

dernier dans l'intention de retourner à mon domicile. — D.
Avez-vous assisté à des désarmements ? — R. Jamais.

Interrogatoire d'Aumont.

M. le président : Rochard dit que vous l'avez accompagné pour effectuer plusieurs désarmements ; à quelle époque êtes-vous entré dans les bandes ? — R. Le 3 mai 1831 ;
— D. Quel motif vous porta à y entrer? — R. Parce que j'avais
été dénoncé. — D. Sous quel chef étiez vous d'abord? — R. Sous
Delaunay, ensuite dans la bande de Sortant, que je quittai
lorsque ce chef eut fait sa soumission. — D. N'êtes-vous
pas allé chez le sieur Nérière, à la Renaudière ? — R.
Oui, monsieur ; l'on disait que cet homme nous cherchait
pour tuer plusieurs d'entre nous ; on résolut de le désarmer, mais nous ne le maltraitâmes pas. — D. Cependant
vous l'avez mis en joue avec votre fusil ? — R. Non, monsieur. — D. N'avez-vous pas été chez le sieur Clémot, et
n'y avez-vous pas pris plusieurs objets, tels que bretelles,
épingles, etc. ? — R. Non, monsieur. — D. N'a-t-on pas
tiré un coup de fusil chez Clémot ? — R. Je ne me rappelle pas ce fait. — D. Vous êtes allé dans plusieurs maisons à la Renaudière ? — R. Nous sommes allés dans quinze
ou vingt pour demander des armes.

M. le substitut : N'êtes-vous pas allé chez le sieur Prudhomme, et n'avez-vous pas donné un reçu des armes qu'i
vous livrait ? — R. Ce fait est vrai. — D. Ne le forçâtes-
vous pas à vous donner 50 francs ? — R. On lui demanda
cette somme, mais je ne sais ce que l'on fit de l'argent, car
c'était Buffard qui le recevait, et qui ne m'a jamais rien
donné du produit de ses exactions. — D. N'étiez-vous pas
armé quand vous vous présentâtes chez le sieur Raimbault
— R. Oui, monsieur ; Buffard lui demanda son fusil
— D. N'avez-vous pas arrêté François Voisin, le 13 janvier, parce qu'il était chargé du service des postes dans ce
pays? — R. Non, monsieur.

On procède à l'interrogatoire des témoins.

Mondain (Jean-François), âgé de 42 ans : Aumont et
Rochard se sont présentés chez moi avec un autre individu
qu'ils appelaient *le bourreau des libéraux*, Rochard me dit,
il faut me donner vos armes, et comme je refusais d'ob-
tempérer à cette demande, ils me menacèrent ; Rochard
me dit : Si tu ne veux pas faire ce que je te demande, je te
jure *sacré sans Dieu* que je te passe ma baïonnette à travers
du corps, je leur remis mon fusil ainsi qu'une carnassière,
une poudrière et un sac à plomb.

Brossier (Pierre), marchand, âgé de 51 ans : Ces deux
hommes (en désignant Aumont et Rochard) sont venus
chez moi le 21 janvier ; Aumont me demanda mon fusil,
il me donna des coups de crosse afin que je le lui remisse ;
ce que j'exécutai pour me soustraire à leurs mauvais
traitements.

Voisin (François), âgé de 17 ans : Aumont et Rochard
m'ont arrêté, et ayant ouvert la valise dont j'étais porteur,
ils ont pris connaissance de plusieurs lettres qu'elle renfermait.

M. le président : Quel est celui qui a lu les lettres ?
— R. C'est Aumont. — D. Ces hommes étaient-ils armés ?
— R. Oui, monsieur, Rochard avait un sabre de gendarme et un fusil ; Aumont avait aussi un fusil et des pistolets à une ceinture jaune. (Aumont se lève avec vivacité,
et dit qu'il n'a pas lu les lettres.)

Nérière (François), sabotier, âgé de 37 ans : Le 6 janvier, Rochard vint dans mon domicile, il me prit d'abord
au collet en me disant tu es un libéral, donne-nous ton fusil ; ensuite il me donna plusieurs coups de crosse sur la
tête qui eurent pour résultat une blessure dont je me res-
sens encore. Pendant ce temps, *Sans Peur* Aumont me tenait en joue ; Rochard lui dit : *Ne tire pas, j'en fais mon affaire ;* alors il me demanda mon fusil ou 80 francs.

Rochard se lève et dit avec véhémence : je ne l'ai pas

frappé. Quelques interpellations sont échangées entre le témoin et l'accusé avec une telle animosité que M. le président est contraint de leur imposer silence.

Barreau (René), âgé de 61 ans : Le 6 janvier, des chouans poursuivaient à coups de crosse de fusil un homme que je connais ; je sortis de ma maison, et leur dis qu'ils avaient tort de frapper un malheureux qui était père de quatre enfants dont il était le seul soutien. Pendant que j'étais dans la maison, Aumont voulut frapper Nérière d'un coup de son fusil ; je parai le coup et le reçus dans la main gauche.

M. le président : Combien étaient-ils ? — R. Ils étaient quatre, Aumont, Rochard, Buffard et un que je ne connais pas.

Cleineau (Pierre), épicier, âgé de 32 ans : Le 6 janvier, le *Bourreau des Libéraux* et *Sans Peur* vinrent chez moi, et me demandèrent des armes ; ensuite ils me dirent, tu es débitant de poudre, il faut nous en donner ; et comme je leur assurai que je n'avais point de poudre chez moi, ils me maltraitèrent, Aumont me tint en joue pendant quelque temps, et tira un coup de fusil qui heureusement ne m'atteignit pas. Je ne puis pas dire s'il l'a tiré volontairement ou si le coup a parti par hasard. Ils continuèrent à me maltraiter, et finirent par prendre dans ma boutique des bretelles, des épingles, etc. Rochard nie que l'on ait tiré un coup de fusil, et Aumont prétend que l'on n'a rien pris chez le témoin.

Boussion (Adolphe), percepteur : Trois chouans vinrent chez moi le 11 janvier, et me demandèrent de l'argent en me disant : Nous sommes soldats de Henri V. Je reconnais Rochard, ici présent, comme ayant fait partie des individus qui se sont présentés chez moi ; il y avait avec lui deux autres hommes, dont l'un avait sans doute pour sobriquet le nom de Brûleterre, et l'autre le nom de Bourreau des libéraux. Un d'eux me dit : Allons, il faut vous dépêcher de nous donner ce que nous vous demandons, et, comme je vis qu'il n'y avait pas moyen de résister, je leur comptai 79 francs qui étaient dans ma caisse. Ils me menèrent ensuite chez le maire de la commune, où ils dirent ce qu'ils venaient de faire chez moi, et ajoutèrent qu'on allait en faire autant chez tous les percepteurs.

M. le président : Ces hommes étaient-ils armés? — R. Oui, monsieur.

M. le substitut : Ils ne s'étonnèrent pas du peu d'argent que vous leur remettiez, vu l'emploi que vous exerciez ?— R. Je leur montrai des mandats qui constataient que j'avais fait un versement quelques jours avant leur arrivée.

Raimbaud (Jean), tisserand, âgé de 26 ans : J'étais chez un de mes voisins, le 13 janvier, lorsque j'entendis du bruit dans mon domicile ; je m'y rendis aussitôt; mais un homme, armé d'un fusil, et qui était à ma porte, me dit : Retire-toi ou je te brûle la cervelle. Je fis quelques pas en arrière, et voyant que cet homme rentrait dans la maison, je le suivis. Lorsque j'arrivai dans ma chambre, Aumont tenait mon père, et lui demandait son fusil ou 50 francs. Je leur dis que je n'avais pas cette somme, et ils m'ordonnèrent, après qu'Aumont eût tiré une liste de sa poche, de les conduire chez le sieur Frichet, où ils demandèrent les armes ; ensuite ils revinrent à la maison où Aumont prit environ deux livres de tabac dans un mouchoir, en me disant : Ce sera Louis-Philippe qui paiera tout cela. Je dois ajouter que Rochard ne m'a point fait de mal ; que, au contraire, il s'est opposé aux violences dont on a usé envers moi et envers mon père.

M. le substitut : Ne vous ont-ils pas dit de les conduire chez le sieur Dodin? — R. Oui, monsieur, et ils lui ont demandé son fusil. Il n'en avait pas. On lui fit donner tout l'argent qu'il avait. Il ne possédait que 30 sous. Rochard les lui fit rendre.

Michel (Ambroise), âgé de 40 ans : Aumont et Rochard

sont venus chez moi, et m'ont demandé mon fusil, au nom de la loi. Aumont me mit en joue, et Rochard me dit : Il faut que tu nous remette aussi un sac à plomb et une poudrière que tu as chez toi. Aumont tira une liste de sa poche, et dit qu'il fallait aller chez le sieur Bauchêne; mais, comme j'hésitais à satisfaire à leurs demandes, Rochard me donna un coup sur la figure, et me menaça de redoubler si je ne leur donnais pas ce qu'ils exigeaient. Je fus contraint de leur remettre ce qu'ils demandaient.

Bauchêne (Pierre), âgé de 48 ans : Ces hommes se sont présentés chez moi, et m'ont demandé mes armes ou de l'argent. Je leur remis un fusil simple, après qu'ils m'eurent pris au collet et donné plusieurs coups de poing. Ils sortirent un instant et revinrent presque aussitôt. Rochard mit un pistolet sur la poitrine de mon épouse, et lui dit : Votre mari a un fusil à deux coups, il faut nous le donner. Voyant la position de ma femme, j'allai chercher l'arme qu'ils demandaient et je la leur remis.

M. le substitut : Aumont, que fa ju:e:--r+ t ((fusils que vous preniez? — R. Nous les remettions à notre chef, et je ne sais quel usage il en faisait.

Hilaire, propriétaire, âgé de 59 ans : Le 4 mars, à neuf heures du soir, Rochard et deux ou trois autres individus, se sont présentés à mon domicile en me demandant des armes. Rochard me donna deux coups de poing, et dit : J'ai trois balles et un tire-bourre dans mon fusil : si tu ne te dépêches, ils vont te servir. Un autre de ces individus tenait un pistolet sur la poitrine de mon fils, auquel ils demandaient où était mon fusil. Voyant que l'on ne répondait pas, Rochard s'approcha de moi, me donna un coup de crosse sur le front, et me jeta à terre; ensuite ils visitèrent les armoires de la maison, prirent, dans une, 30 fr. qui s'y trouvait, et, s'étant emparé de douze chemises, ils se les partagèrent.

M. le substitut : Quelles armes avait Rochard?—R. I

avait un fusil à deux coups et un pistolet d'arçon.— D. Qui a pris les 3o francs? — R. Le nommé Rochard.

Hilaire (Auguste), âgé de 26 ans. Ce témoin, qui est le fils du précédent, confirme entièrement la déposition de son père. Il ajoute que Rochard, après avoir maltraité son père, se jeta sur lui, le renversa sur une table, et lui asséna plusieurs coups de poing.

M. Delaunay, substitut de M. le procureur du roi, a la parole pour soutenir l'accusation.

Il écarte de la cause tout caractère politique, et ne voit dans les faits reprochés aux accusés que des méfaits envers les personnes et les propriétés qu'il faut poursuivre et pu - nir comme tels, sans avoir égard à la position des accusés au milieu des bandes. Les actes dont ils se sont rendus coupables sont de telle nature qu'ils seraient repoussés sans aucun doute par les accusés qui comparaissaient il y a quelques jours sur ces bancs.

M. le substitut entre dans l'examen de tous les chefs d'accusation, et fait ressortir avec une précision remarquable, toutes les charges qui pèsent sur chacun des accusés.

Il termine en demandant à MM. les jurés une déclaration affirmative sur tous les chefs d'accusation.

Mᵉ Celliez prend la parole pour les trois accusés,

Il commence par déclarer avec douleur que les hommes qu'il vient défendre ne sont point innocents à ses yeux, qu'ils sont coupables, très coupables ; mais qu'il diffère du ministère public dans l'appréciation même de cette culpabilité. Le ministère public a cherché à faire disparaître le souvenir des causes politiques qui avaient poussé ces hommes, pour n'envisager les actes qui leur sont reprochés que comme des crimes *sociaux*. Mᵉ Celliez s'attache au contraire à démontrer, puisqu'on fait encore distinction contre l'ordre *politique* et l'ordre *social*, que les crimes dont se sont rendus coupables les accusés ont leur source intentionnelle dans des vues politiques.

Il s'étonne qu'on ait oublié au parquet une règle de droit, dont le barreau ne perd pas la mémoire parce qu'elle est une garantie sacrée pour les accusés ; c'est la règle *non bis in idem*. Aumont en effet a déjà été jugé et condamné pour complot et attentat. Or il n'y a eu qu'un seul complot ; c'est donc cumuler les accusations pour un même fait, sur la tête d'un même homme que de l'accuser encore aujourd'hui de complot et d'attentat.

Me Celliez répond à cette objection que des faits postérieurs à l'ancienne accusation sont reprochés à Aumont, en soutenant que ces faits et les faits antérieurs, non plus que ceux postérieurs, ne peuvent pas être divisés, sans qu'on risque de tomber dans un arbitraire sans limites. Les actes qu'on reproche à Aumont et à Rochard sont constitutifs de cet état des bandes, sur lequel on fonde l'accusation de complot et d'attentat.

Quand on accuse un chouan de complot, par cela qu'il est chouan, c'est sa vie de chouan tout entière qu'on traduit à la barre. Or sa vie de chouan se compose précisément de tous les actes dont on accuse Aumont ; actes coupables, accompagnés souvent de circonstances atroces, dont l'avocat ne veut pas pallier la culpabilité, parce que sa conscience s'y refuse ; mais qu'on ne peut pas apprécier clairement, et punir justement, en les séparant des circonstances qui les ont produits et environnés. En suivant ce système de division adopté par l'accusation, il n'y aurait pas de raison pour qu'on ne vint, à l'occasion de chaque désarmement commis par un chouan, renouveler contre lui l'accusation de complot et d'attentat.

Ici Me Celliez rappelle la définition que la loi nouvelle donne du complot simple, du complot suivi d'actes préparatoires, et de l'attentat, ainsi que l'échelle des peines qui s'appliquent à ces divers crimes. Il ne voit pas dans les faits inculpés la tentative d'attentat, ainsi que la caractérise la loi : il n'y voit que des actes commis pour préparer l'exécution du complot qui constitue l'attentat.

Dans l'ancienne accusation qui a pesé sur Aumont, on faisait au moins comparaître comme témoins quelques militaires qui venaient parler de quelques engagements, de quelques simulacres de combats entre les chouans et la troupe, sur lesquels on pouvait établir une apparence d'accusation d'attentat. Dans l'accusation actuelle, il ne s'agit que de désarmements individuels, de vols, de violences, qui n'ont évidemment pas le caractère de tentative d'exécution d'un complot ayant pour but direct et immédiat le renversement du gouvernement établi.

Toutefois, l'avocat le répète, ces faits ont un caractère originaire politique, qui doit se refléter sur toute la conduite des accusés, et faire écarter l'accusation d'association de malfaiteurs.

En effet, il n'y a association de malfaiteurs que lorsque les associés se sont réunis et restent unis dans le but de partager les produits de leurs méfaits envers les personnes et les propriétés, lorsqu'ils font ou veulent faire métier de leur brigandage. Dans les faits inculpés, on ne rencontre pas ce caractère. Tous ces faits, au contraire, indiquent toujours comme but général, l'existence et la conservation des bandes, lesquelles, on le sait, et personne ne peut le nier, ont toujours eu un but politique. Cela est si vrai qu'on a fondé des accusations de complot sur la seule présence de quelques hommes dans les bandes.

M⁹ Celliez passe en revue tous les faits reprochés à chacun des accusés; il ne cherche pas à dissimuler la gravité de quelques uns de ces faits; il appelle lui-même sur la tête des coupables un châtiment sévère; mais il demande qu'on leur épargne les galères, car ils ont été poussés au crime par leur position dans les bandes, et au milieu d'un pays en insurrection, mais non par cette perversité qui détruit dans le cœur de l'homme les sentiments de probité.

Les exactions qu'on leur reproche, et que l'avocat n'excuse pas, n'ont jamais eu ce caractère auquel la loi reconnaît le vol, l'intention de s'approprier, dans un but de gain particulier, la chose d'autrui. Leurs menaces, leurs violences, avaient pour but d'obtenir les armes qu'ils voulaient enlever à leurs ennemis et les choses nécessaires à leurs bandes. Mᵉ Celliez s'attache à faire ressortir les nombreuses circonstances qui, dans les actes reprochés aux accusés, viennent à l'appui de cette thèse.

L'accusation ayant été abandonnée à l'égard de Simonet, Mᵉ Celliez ne croit pas nécessaire de rien dire pour sa défense.

Il termine en demandant à MM. les jurés une déclarationaffirmative de nature à faire prononcer contre Aumont et Rochard la déportation ou une longue détention; mais en les suppliant de résoudre négativement les questions de vols qui entraînent la peine des galères. Il les prie de considérer la position des hommes et l'état du pays, et de ne point appliquer sans discernement aux temps de troubles et de guerre civile, la loi du temps de paix et de calme. C'est par une saine et intelligente application qu'ils donneront la vie à une loi qui, de sa nature, est morte parce qu'elle est écrite.

Après un résumé succinct de M. le président, les jurés entrent en délibération à cinq heures et un quart. Ils ne rentrent dans la salle d'audience qu'à huit heures passées.

Après la lecture des réponses et un court débat sur l'une des questions, la cour entre en délibéré, et rend l'arrêt dont voici la substance :

Simonet, déclaré non coupable sur tous les chefs, est acquitté. Il est reconduit à la prison, et viendra répondre à la prochaine session à l'accusation de complot qui avait été disjointe à son égard de l'affaire de Caqueray, Sortant et autres, pour cause de maladie.

Aumont, déclaré coupable de complot suivi d'actes préparatoires, mais avec circonstances atténuantes, et en outre de plusieurs vols accompagnés de circonstances plus ou moins aggravantes et d'association de malfaiteurs, crimes qui entraînent des peines moindres que celles encourues pour complots, est, par application de l'article 365 du code d'instruction criminelle, condamné à vingt ans de détention, *maximum* de la peine applicable.

Rochard, déclaré coupable d'une tentative de vol qualifié, avec violences qui ont laissé des traces, mais avec circonstances atténuantes, et en outre de complot et autres crimes qui entraînent des peines moindres que celles encourues pour le vol ci-dessus mentionné, est condamné à dix ans de réclusion, sans exposition.

M. le président déclare que la session extraordinaire des assises de Loir-et-Cher, ouverte le 30 septembre 1832, est terminée, et adresse à MM. les jurés quelques paroles pour les remercier de leur assidue coopération.

Imprimé par E. Dézairs, à Blois.

www.ingramcontent.com/pod-product-compliance
Lightning Source LLC
Chambersburg PA
CBHW061108220326
41599CB00024B/3963